Goebel/Wagener-Neef

Anwaltsgebühren im Forderungseinzug

AnwaltsGebühren

Anwaltsgebühren im Forderungseinzug

Vorgerichtlich – Mahnverfahren – Zwangsvollstreckung

---

von
VRiOLG Frank-Michael Goebel, Koblenz
und
Claudia Wagener-Neef, Frankenberg

Zitiervorschlag:
Goebel/Wagener-Neef, Anwaltsgebühren im Forderungseinzug, § 1 Rn 1

Hinweis
Die Ausführungen in diesem Werk wurden mit Sorgfalt und nach bestem Wissen erstellt. Sie stellen jedoch lediglich Arbeitshilfen und Anregungen für die Lösung typischer Fallgestaltungen dar. Die Eigenverantwortung für die Formulierung von Verträgen, Verfügungen und Schriftsätzen trägt der Benutzer. Herausgeber, Autoren und Verlag übernehmen keinerlei Haftung für die Richtigkeit und Vollständigkeit der in diesem Buch enthaltenen Ausführungen.

Anregungen und Kritik zu diesem Werk senden Sie bitte an
kontakt@anwaltverlag.de
Autoren und Verlag freuen sich auf Ihre Rückmeldung.

Copyright 2017 by Deutscher Anwaltverlag, Bonn
Satz: Griebsch & Rochol Druck GmbH, Hamm
Druck: Hans Soldan Druck GmbH, Essen
Umschlaggestaltung: gentura, Holger Neumann, Bochum
ISBN 978-3-8240-1225-1

Bibliografische Information der Deutschen Nationalbibliothek
Die Deutsche Nationalbibliothek verzeichnet diese Publikation in der Deutschen Nationalbibliografie; detaillierte bibliografische Daten sind im Internet über http://dnb.d-nb.de abrufbar.

Vorwort

Der Rechtsanwalt ist nicht nur selbständiges Organ der Rechtspflege, sondern auch freier Unternehmer. Das anwaltliche Vergütungsrecht muss deshalb in der betriebswirtschaftlichen Praxis ein hohes Augenmerk genießen. Nur eine auskömmliche Vergütung sichert, dass der Rechtsanwalt in beiden Rollen seinen Aufgaben gerecht werden kann. Die Forderungseinziehung hat dabei eine überragende Bedeutung. In Deutschland werden jährlich schätzungsweise mehr als 30 Millionen Erstmahnungen von Rechtsdienstleistern (Rechtsanwälten, Rechtsbeiständen, Inkassounternehmen) versandt, aus denen sich Vergütungsansprüche ergeben.

Im Alltag geht es für den Rechtsanwalt und seine Mitarbeiter darum, die maßgeblichen Gebühren und Auslagen sicher, präzise, vollständig und schnell zu erfassen sowie rechtssicher begründen zu können. Dabei darf die Komplexität des Kostenrechtes nicht unterschätzt werden. Das vorliegende Werk soll daher die Kommentare zum RVG nicht ersetzen, sondern in einem ersten Schritt die besonders häufig in der Praxis auftretenden Fragen auf einen schnellen Blick beantworten: Denn auch Zeit ist Geld! Fall- und Berechnungsbeispiele sollen dabei die schnelle Umsetzung und das Verständnis bei komplexeren Abrechnungen erleichtern.

Der Rechtsanwalt hat nichts zu verschenken. Gleichzeitig erwarten Mandant und Gegner, nicht über Gebühr in Anspruch genommen zu werden. Zudem verursachen unkorrekte Berechnungen bei der Kostenfestsetzung Zeitverzögerungen bei der Titulierung des Vergütungsanspruchs. Dort, wo die Rechtsprechung kein einheitliches Bild zeigt, gilt es in diesem Spannungsfeld die Möglichkeiten aufzuzeigen und pragmatische Lösungen anzubieten. Am besten sollen erst gar keine Streitigkeiten aufkommen.

Vor diesem Hintergrund haben wir versucht, aus der Praxis der täglichen Forderungsbeitreibung, wie der Entscheidungsvielfalt eines Kostensenates bei einem Oberlandesgericht, die wesentlichen Fragestellungen herauszufiltern, zu fokussieren und anwendungstauglich zu präsentieren. Dies beinhaltet den ein oder anderen geldwerten Tipp oder Trick, der die Anschaffung dieses Werks vielleicht nicht nur amortisiert, sondern sich darüber hinaus lohnt. Die praktische Herangehensweise lässt auch Raum für Wünsche und Anregungen der Leserschaft, für die wir jederzeit offen sind. Das Werk entstand überwiegend in der zweiten Hälfte des Jahres 2016.

Koblenz/Frankenberg, im Februar 2017   Frank-Michael Goebel
                                                                                   Claudia Wagener-Neef

Inhaltsverzeichnis

Vorwort	5
Autoren	17
Literaturverzeichnis	19
Abkürzungsverzeichnis	21

§ 1 Einführung ... 25
A. Einleitung ... 25
B. Grundlage: Das RVG ... 26
C. Das „jeweilige" Übergangsrecht ... 29

§ 2 Überblick, Begrifflichkeiten und Orientierung ... 31
A. Einleitung ... 31
B. Der Aufbau des RVG und die Arbeit mit der Gebührentabelle ... 32
    I. Der Aufbau des RVG ... 32
        1. Der erste Teil des RVG und seine Abschnitte ... 32
        2. Vergütungsverzeichnis ... 32
    II. Der Anwendungsbereich des RVG ... 33
        1. Das RVG als Regelwerk für die Höhe der Vergütung ... 33
        2. Personenkreis i.S.v. § 1 Abs. 1 RVG ... 33
    III. Die Begrifflichkeiten: Gebühr – Auslagen – Vergütung ... 34
        1. Definition der Begrifflichkeiten ... 34
        2. Gebühr ... 34
        3. Aufbau der Gebühren-Ziffern gem. VV ... 35
        4. Auslagen ... 35
        5. Vergütung ... 36
    IV. Die Gebührentabelle, § 13 RVG ... 37
        1. Wertgebühren/Gegenstandswert/volle Gebühr ... 37
        2. Bestimmung des Gebührenbetrages ... 37
        3. Ermittlung der vollen Gebühr ... 37
        4. Mindestbetrag ... 38
        5. Gebührentabelle für Wertgebühren aus der Staatskasse, § 49 RVG ... 39
    V. Der Gegenstandswert ... 40
        1. Begrifflichkeiten für Werte in den Kostengesetzen ... 40
        2. Allgemeine Wertvorschrift ... 40
        3. Spezielle Wertvorschriften ... 41
        4. Addition mehrerer Gegenstandswerte ... 41
        5. Höchstwert ... 42
        6. Zeitpunkt der Wertberechnung ... 42

7.	Zeitpunkt der Wertberechnung in gerichtlichen Verfahren	43
8.	Änderung des Wertes eines Gegenstands	43
9.	Hinweispflicht gem. § 49b Abs. 5 BRAO	44

VI. Der Auftrag 44
   1. Der Auftrag als entscheidender Wegweiser 44
   2. Nachweis des erteilten Auftrages 45
VII. Abgeltungsbereich der Gebühren 46
   1. Grundsatz der pauschalen Abgeltung 46
   2. Einmaligkeit der Gebühren 46
   3. Verschiedene Gebührensätze 46
   4. Vorzeitige Beendigung 47
   5. Kappungsgrenze bei erneuter Beauftragung 48
   6. Auftrag seit mehr als zwei Kalenderjahren erledigt 48
VIII. Die Angelegenheit, §§ 16–21 RVG 49
   1. Dieselbe, verschiedene, besondere Angelegenheiten 50
      a) Einheitlicher Auftrag 51
      b) Innerer Sachzusammenhang 51
      c) Einheitlicher Rahmen 52
   2. Vorbereitungs-, Neben- und Abwicklungstätigkeiten 52
   3. Verweisung, Abgabe oder Zurückverweisung 53
IX. Die Gebührenarten 53
   1. Wertgebühren 54
   2. Rahmengebühren 54
      a) Kriterien zur Bestimmung der Höhe bei Rahmengebühren 54
         aa) Umfang 55
         bb) Schwierigkeit 55
         cc) Bedeutung 55
         dd) Einkommensverhältnisse 55
         ee) Vermögensverhältnisse 56
         ff) Haftungsrisiko 56
      b) Ausgangswert Mittelgebühr 58
      c) Mindestgebühr 58
      d) Höchstgebühr 59
      e) Streitige Vergütungsabrechnung 59
   3. Festgebühren 60

§ 3 Gebührentatbestände, unabhängig von der Bearbeitungsphase 61

A. Einleitung 61
B. Die Einigungsgebühr nach Nr. 1000 VV RVG 62
   I. Einigungsgebühr 63
     1. Motivation für den RA 63

Inhaltsverzeichnis

  2. Voraussetzungen für den Anfall der Einigungsgebühr 63
   a) Bestehen eines Rechtsverhältnisses der Parteien 64
   b) Abschluss eines Vertrages/einer Zahlungsvereinbarung 64
   c) Beseitigung eines Streits oder einer Ungewissheit 66
   d) Einigung wirksam 67
    aa) Form der Einigung 67
    bb) Einigung mündlich/konkludentes Handeln 67
   e) Einigung endgültig 69
    aa) Aufschiebende Bedingung/Widerrufsvorbehalt 70
    bb) Auflösende Bedingung 70
    cc) Rücktritt von der Einigung 71
    dd) Verfall- oder Verwirkungsklausel 71
    ee) Anfechtung/Nichtigkeit 72
    ff) Einvernehmliche Aufhebung/Nichtdurchführung der Vereinbarung 73
  3. Mitwirkungstätigkeiten des RA 73
  4. Ratenzahlungsvereinbarung über den Gerichtsvollzieher im Auftrag des Gläubigers 75
 II. Der Gebührensatz der Einigungsgebühr 77
  1. Unterschiedliche Gebührensätze 77
  2. Einigung über verschiedene Teile mit unterschiedlichen Gebührensätzen 79
  3. Mehrfaches vorgerichtliches Anfallen der Einigungsgebühr 80
  4. Was gehört zu den gerichtlichen Verfahren i.S.v. Nr. 1003 VV RVG? 81
 III. Der Gegenstandswert bei der Berechnung der Einigungsgebühr 83
  1. Der Grundsatz 83
  2. Gegenstandswertbegrenzung gem. § 31b RVG 84
   a) 20%-iger Wert bei reiner Zahlungsvereinbarung 84
   b) Abgrenzung reine Zahlungsvereinbarung/weitreichende Vereinbarung 84
   c) Wirtschaftliche Auswirkungen 85
 IV. Vorsicht: Die Kostenerstattung bei der Einigungsgebühr 87
  1. Erstattung im Rechtsstreit 88
  2. Erstattung in der Zwangsvollstreckung 88
  3. Erstattung bei vorgerichtlicher Einigung 88
  4. Kostenfestsetzung: Nachweis der erfolgten Einigung 89
C. Die Erhöhungsgebühr nach Nr. 1008 VV RVG 90
 I. Grundsätze 90
  1. Einmaligkeit der Gebühr auch bei mehreren Auftraggebern 90
  2. Bezeichnung als „Erhöhungsgebühr" 90

Inhaltsverzeichnis

   3. Mehrere Personen 91
   4. Anwaltliche Funktion 92
   5. Dieselbe Angelegenheit für mehrere Auftraggeber 92
  II. Erhöhungsfähige Gebühren 95
   1. Wertgebühren 95
   2. Festgebühren 96
   3. Mehrere Erhöhungen 96
  III. Berechnung der Erhöhungen 97
   1. Wertgebühren 97
   2. Festgebühren 98
  IV. Anrechnung/Auswirkungen auf die Schwellengebühr 99
   1. Anrechnungen 99
    a) Umgang mit der Erhöhung bei Übergang vom Mahn- in das streitige Verfahren 99
    b) Umgang mit der Erhöhung bei Übergang von vorgerichtlicher zu gerichtlicher Tätigkeit 100
   2. Auswirkungen auf die Schwellengebühr 101
  V. Erstattung 102
   1. Der Gegner der Streitgenossen hat die volle Kostentragungspflicht 102
   2. Kostenerstattung bei gemeinsamem RA und unterschiedlichem Verfahrensergebnis für Streitgenossen 102
   3. Kostenerstattung bei gemeinsamem RA bei unterschiedlichem Verfahrensergebnis und verschiedenen Gegenständen 105
  VI. Mehrheit von Auftraggebern des beigeordneten RA/Erstattung durch die Staatskasse 106
   1. Echte Streitgenossen 106
   2. Unechte Streitgenossen 106
   3. Beiordnung nicht für alle Streitgenossen 108
D. Die Hebegebühr nach Nr. 1009 VV RVG 109
  I. Selbstständige Angelegenheit 109
  II. Auftrag 109
  III. Entstehen der Gebühr 110
  IV. Ausschlusskriterien 112
  V. Ab- oder Rücklieferung von Wertpapieren und Kostbarkeiten 114
  VI. Höhe der Gebühr 114
  VII. Auslagen 116
  VIII. Erstattung der Hebegebühr 116
   1. Grundsatz 116
   2. Prozessuale Erstattung 116
   3. Beispiele für die Erstattungsfähigkeit der Hebegebühr 116

Inhaltsverzeichnis

§ 4 Gebührentatbestände und Gegenstandswerte bei der außergerichtlichen Tätigkeit 119
- A. Einleitung 119
- B. Beratung 120
  - I. Gebührenvereinbarung mit dem Auftraggeber 120
  - II. Die Tätigkeitsbereiche 121
    1. Beratung 121
       - a) Abgrenzung zu anderen Gebührenvorschriften 121
       - b) Form der Beratung 123
       - c) Art und Höhe der vereinbarten Gebühr 123
       - d) Kostenerstattung 125
    2. Ausarbeitung eines schriftlichen Gutachtens 126
    3. Tätigkeit als Mediator 127
  - III. Folgen bei Fehlen einer Gebührenvereinbarung 128
    1. Taxe 129
    2. Übliche Vergütung 129
    3. Kappungsgrenze 130
  - IV. Anrechnung der Beratungsgebühr 133
- C. Die Geschäftsgebühr 135
  - I. Anwendungsbereich 135
  - II. Abgrenzungen 136
    1. Beratung und schriftliches Gutachten 137
    2. Vorgerichtliche Tätigkeit bei Prozessauftrag 138
    3. Vorgerichtliche Tätigkeit über nicht anhängige Ansprüche parallel zum Gerichtsverfahren 139
    4. Schreiben einfacher Art 140
    5. Geschäftsgebühr bei titulierten Ansprüchen 140
    6. Geschäftsgebühr im Rahmen der Beratungshilfe 142
  - III. Rahmengebühr 143
  - IV. Die Kriterien zur Bestimmung des richtigen Gebührensatzes 143
  - V. Schwellengebühr 144
  - VI. Erhöhung der Geschäftsgebühr bei mehreren Auftraggebern 147
  - VII. Anrechnung 148
    1. Beratungsgebühr 148
    2. Verfahrensgebühr 149
       - a) Anrechnung bei Gegenstandsidentität und bei unterschiedlichen Werten 150
       - b) Anrechnung bei teilweise verschiedenen Gegenständen 153
       - c) Begrenzung der Anrechnung bei geringerem Gebührensatz der nachfolgenden Angelegenheit 154
       - d) Anrechnung bei mehreren Auftraggebern 155
       - e) Zeitliche Begrenzung der Anrechnung 156

Inhaltsverzeichnis

VIII.	Erstattung	156
	1. Prozessuale Erstattungsansprüche	156
	2. Materiell-rechtliche Erstattungsansprüche	157
	a) Erstattungsansprüche des Gläubigers	157
	b) Erstattungsansprüche des Schuldners	159
	3. Schadensminderungspflicht	161
	4. Sonstiger Verzugsschaden i.S.v. § 288 Abs. 5 BGB	163
D. Schreiben einfacher Art		165
I. Begriff		165
II. Auftrag		166
III. Mehrere Schreiben		167
IV. Anrechnung		167
V. Erstattung		168
E. Der Gegenstandswert		170
I. Grundsatz		170
II. Mehrere Ansprüche		171
	1. Geltendmachung mehrerer Forderungen	171
	2. Geltendmachung mehrerer Forderungen aufgrund später erfolgten Auftrages	171
	3. Geltendmachung einer Forderung und später erteilter Auftrag zur Abwehr eines Anspruchs	172
	4. Geltendmachung von Ansprüchen gegen Streitgenossen	173
III. Wertbegrenzung gem. § 31b RVG		174

§ 5 Gebühren im gerichtlichen Mahnverfahren ... 175

A. Einleitung		175
B. Die Gebühren im gerichtlichen Mahnverfahren		175
I. Das Abrechnungsverhältnis		175
II. Das Erstattungsverhältnis		176
III. Verfahrensgebühr für die Beantragung des Mahnbescheides		177
IV. Verfahrensgebühr für die Beantragung des Vollstreckungsbescheides		179
V. Verfahrensgebühr für die Vertretung des Antragsgegners		181
VI. Die Terminsgebühr im Mahnverfahren		183
VII. Die vorzeitige Erledigung		185
VIII. Nichterlass von Mahnbescheid oder Vollstreckungsbescheid		186
IX. Die Anrechnung		187
	1. Einleitung	187
	2. Die Anrechnung der Geschäftsgebühr aufseiten des Antragstellers	188
	3. Die Anrechnung der Geschäftsgebühr aufseiten des Antragsgegners	190

12

4. Die Anrechnung der Gebühr nach Nrn. 3305, 3307 auf die nachfolgende Verfahrensgebühr im Klageverfahren 191
5. Die Anrechnung der Terminsgebühr 193
6. Die Anrechnung im Erstattungsverhältnis 196
X. Gegenstandswerte im gerichtlichen Mahnverfahren 197

§ 6 Gebühren in der Zwangsvollstreckung 199

A. Einleitung 199
B. Die Gebühren in der Zwangsvollstreckung 201
   I. Der gebührenrechtliche Begriff der Zwangsvollstreckung 202
   II. Verfahrensgebühr in der Mobiliarzwangsvollstreckung 204
   III. Terminsgebühr 208
   IV. Mindestgebühr 211
   V. Vergütung für jede Angelegenheit 211
C. Gebühren bei ausgewählten Vollstreckungsmaßnahmen 214
   I. Die gütliche Erledigung nach § 802b ZPO 215
   II. Einigungsgebühr bei gütlicher Erledigung 216
D. Die Gebühren bei der Abnahme der Vermögensauskunft und der Einholung von Drittauskünften 217
   I. Die Verfahrensgebühr 217
   II. Die Terminsgebühr 219
E. Die Gebühren für die Sachpfändung 220
F. Die Gebühren in der Forderungspfändung 221
G. Die Gebühren bei Vollstreckungsschutzanträgen 223
H. Die Gebühren bei der Herausgabevollstreckung 224
I. Die Gebühren bei der Vollstreckung vertretbarer und unvertretbarer Handlungen 225
   I. Die Gebühren im Verfahren nach § 887 ZPO 225
   II. Die Gebühren im Verfahren nach § 888 ZPO 226
J. Die Gebühren bei der Vollstreckung von Unterlassungs- und Duldungstiteln . 227
K. Die Gebühren für den Antrag auf Eintragung einer Zwangshypothek 229
L. Die Gebühren in der Immobiliarzwangsvollstreckung 230
   I. Einleitung 230
   II. Die Verfahrensgebühr 231
   III. Die Terminsgebühr 231
   IV. Die allgemeinen Gebühren in der Immobiliarzwangsvollstreckung .. 232
      1. Gebührenrechtlicher Begriff der Immobiliarzwangsvollstreckung 232
      2. Umfassende Anwendung ohne Rücksicht auf Rechtsstellung des Mandanten 232
      3. Die anwaltlichen Gebühren im Einzelnen 233
      4. Vergütung für jede Angelegenheit 234

M. Die Gebühren bei den Rechtsmitteln in der Zwangsvollstreckung 239
    I. Die Erinnerung nach § 766 ZPO 239
    II. Die sofortige Beschwerde nach § 793 ZPO 240
    III. Die Klagen nach §§ 767, 771 und 805 ZPO 240
N. Besondere Konstellationen in der Zwangsvollstreckung 240
    I. Geschäftsgebühr statt Vollstreckungsgebühr? 240
    II. Mehrere Vollstreckungsmaßnahmen in einer Sache oder gegen mehrere Schuldner 242
O. Die Gegenstandswerte in der Zwangsvollstreckung 243
    I. Gegenstandswert in der Mobiliarzwangsvollstreckung 243
    II. Gegenstandswert bei der Abnahme der Vermögensauskunft 245
    III. Gegenstandswert in der Herausgabevollstreckung 246
    IV. Gegenstandswert bei der Vollstreckung nach §§ 887 ff. ZPO 246
    V. Gegenstandswert bei Schuldnerschutzanträgen 248
    VI. Gegenstandswert in der Immobiliarzwangsvollstreckung 248
    VII. Gegenstandswert bei der Zwangshypothek 252
    VIII. Gegenstandswert bei Zahlungsvereinbarungen 252
P. Die Kostenerstattung in der Zwangsvollstreckung 253

§ 7 Die Auslagen des Rechtsanwalts 259

A. Regelung und Abgeltungsbereich 259
B. Der Erstattungsanspruch nach § 675 i.V.m. § 670 BGB 261
C. Kopierkosten- bzw. Dokumentenpauschale nach RVG 263
    I. Anspruch auf gesonderte Erstattung für Dokumentenanfertigung ... 264
       1. Kopien aus Behörden- und Gerichtsakten 264
       2. Kopien und Ausdrucke zur Zustellung oder Mitteilung 265
       3. Kopien und Ausdrucke zur notwendigen Unterrichtung des Auftraggebers 265
       4. Angefertigte Kopien und Ausdrucke im Einverständnis mit dem Auftraggeber 266
    II. Höhe der zu vergütenden Kopien/Ausdrucke 267
    III. Erstattungsanspruch gegenüber Gegner für Kopien/Ausdrucke 268
D. Überlassung elektronischer Dokumente 269
E. Entgelte für Post- und Telekommunikationsdienstleistungen 272
    I. Grundsätzliches 272
    II. Die zwei Abrechnungsmethoden 272
       1. Konkrete Auslagenabrechnung 273
       2. Pauschale Auslagenabrechnung 274
    III. Postentgeltpauschalen bei Anrechnung von Gebühren 276
F. Die Reisekosten 277
    I. Grundsätzliches 277
    II. Verschiedene Reiseziele 278

III. Kanzleisitzverlegung 280
IV. Fahrtkosten 280
   1. Benutzung des eigenen Kraftfahrzeuges 281
   2. Nutzung anderer Verkehrsmittel 282
      a) Taxifahrt 283
      b) Schifffahrt 283
      c) Luftverkehrsmittel 283
      d) Kombination der Verkehrsmittel 284
V. Tage- und Abwesenheitsgeld 285
VI. Sonstige Auslagen anlässlich einer Geschäftsreise 286
   1. Übernachtungskosten 286
   2. Weitere, sonstige Reiseauslagen 287
VII. Erstattungsfähigkeit der Reisekosten 288
   1. Grundsätze 288
   2. Ausnahmen 289
   3. Besondere Tatbestände, die eine Erstattungsfähigkeit bejahen ... 290
   4. Fiktiver Erstattungsanspruch 290
   5. Reisen des RA in eigener Sache 291
G. Berufshaftpflichtversicherung 291
H. Umsatzsteuer 291
   I. Grundsätze 291
   II. Durchlaufende Posten 292
   III. Vorsteuerabzug des RA 293
   IV. Erstattung von Dritten 293

Persönliches Nachwort der Autorin 295

Stichwortverzeichnis 297

Autoren

Frank-Michael Goebel

ist Vorsitzender Richter am OLG Koblenz und führt dort neben dem Arzthaftungssenat auch den Kostenrechtssenat. Er ist Herausgeber und Autor zahlreicher Veröffentlichungen zum Zivilprozessrecht (u.a. AnwaltFormulare Zivilprozessrecht, Die Praxis des Beschwerderechts), zum Zwangsvollstreckungsrecht (AnwaltFormulare Zwangsvollstreckungsrecht, Reform der Sachaufklärung, Kontopfändung unter veränderten Rahmenbedingungen) und zum Kostenrecht (Praxisleitfaden Inkassokosten) und Schriftleiter der Informationsdienste Forderung und Vollstreckung (FoVo) und Forderungsmanagement professionell (FMP) sowie ständiger Autor der Zeitschrift für Forderungsmanagement (zfm). Als Sachverständiger war er beim Deutschen Bundestag mit dem Gesetz gegen unseriöse Geschäftspraktiken befasst. Darüber hinaus ist er als erfahrener Referent auf vielen Kongressen, Seminarveranstaltungen, Inhouse-Seminaren und als Lehrgangsleiter, Dozent und Prüfungsvorsitzender im Sachkundelehrgang des Bundesverbandes Deutscher Inkasso-Unternehmen e.V. (BDIU) bekannt.

Claudia Wagener-Neef

absolvierte nach ihrer Ausbildung zur Rechtsanwaltsgehilfin und während ihrer Tätigkeit als Büroleiterin einer Anwaltskanzlei das Studium zur Bürovorsteherin im Rechtsanwaltsfach bei der Technischen Fachhochschule Berlin mit Abschluss vor der Rechtsanwaltskammer Berlin. Im April 1998 gründete Frau Wagener-Neef ihr gleichnamiges Inkassounternehmen in Frankenberg an der Eder und führt das Unternehmen bis heute. Frau Wagener-Neef ist Mitglied des Prüfungsausschusses des Sachkundelehrganges des Bundesverbandes Deutscher Inkasso Unternehmen e.V. (BDIU) und Dozentin für Kostenrecht in dem zur theoretischen Sachkunde führenden Lehrgang.

Literaturverzeichnis

Asperger/Hellstab, RVG effizient, 3. Aufl. 2017
Abramenko/Crolly, Streitwerte und Anwaltsgebühren im Mietrecht, 2. Aufl. 2016
Baumbach/Lauterbach/Albers/Hartmann, ZPO Kommentar, 75. Aufl. 2017
Baumgärtel/Hergenröder/Houben, RVG Kommentar, 16. Aufl. 2014
Bischof/Jungbauer, RVG Kommentar, 7. Aufl. 2016
Dickersbach, Fälle und Lösungen zur Abrechnung im Mietrecht, 1. Aufl. 2013
Enders, RVG für Anfänger, 17. Aufl. 2016
Gerold/Schmidt, RVG Kommentar, 22. Aufl. 2015
Goebel, AnwaltFormulare Zwangsvollstreckung, 5. Aufl. 2016
Goebel, Praxisleitfaden Inkassokosten, 2. Aufl. 2016
Gottwald/Goebel, RVG, 1. Aufl. 2004
Gottwald, Zwangsvollstreckung, 7. Aufl. 2015
Harbauer, Rechtsschutzversicherung – ARB, 8. Aufl. 2010
Hartmann, Kostengesetze, 47. Aufl. 2017
Hartung/Schons/Enders, RVG Kommentar, 2. Aufl. 2013
Mayer/Kroiß, RVG Kommentar, 6. Aufl. 2013
Musielak, ZPO Kommentar, 14. Aufl. 2017
Onderka, Anwaltsgebühren in Verkehrssachen, 5. Aufl. 2017
Palandt, BGB Kommentar, 76. Aufl. 2017
Reckin, Das 1x1 des RVG, 1. Aufl. 2016
Rehberg/Schons/Vogt, RVG Kommentar, 6. Aufl. 2015
Riedel/Süßbauer, RVG Kommentar, 10. Aufl. 2015
Schaefer/Schaefer, Anwaltsgebühren im Arbeitsrecht, 4. Aufl. 2015
Scherer, Grundlagen des Kostenrechts, 17. Auf. 2014
Schneider, Fälle und Lösungen zum RVG, 4. Aufl. 2015
Schneider/Herget, Streitwertkommentar, 14. Aufl. 2016
Schneider/Thiel, ABC der Kostenerstattung, 3. Aufl. 2016
Schneider/Thiel, Das neue Gebührenrecht für Rechtsanwälte, 2. Aufl. 2014
Schneider/Volpert/Fölsch, Gesamtes Kostenrecht, 2. Aufl. 2017
Schneider/Wolf, AnwaltKommentar RVG, 8. Aufl. 2017
Thomas/Putzo, ZPO Kommentar, 37. Aufl. 2016
v. Seltmann, Beck'scher Online Kommentar RVG, 34. Edition, 01.06.2016
Zöller, ZPO Kommentar, 31. Aufl. 2016

Abkürzungsverzeichnis

a.A.	andere/r Ansicht
ABl EU	Amtsblatt der Europäischen Union
Abs.	Absatz
a.F.	alte Fassung
AG	Amtsgericht
AGMV	automatisiertes gerichtliches Mahnverfahren
AGS	Anwaltsgebühren Spezial (Zeitschrift)
AnfG	Anfechtungsgesetz
Anm.	Anmerkung
AnwBl	Anwaltsblatt
ArbG	Arbeitsgericht
ArbGG	Arbeitsgerichtsgesetz
Art.	Artikel
BayObLG	Bayerisches Oberstes Landesgericht
BerHG	Beratungshilfegesetz
Beschl.	Beschluss
BGB	Bürgerliches Gesetzbuch
BGBl	Bundesgesetzblatt
BGH	Bundesgerichtshof
BGHR	BGH-Rechtsprechung (Entscheidungssammlung)
BGHZ	Entscheidungen des Bundesgerichtshofs in Zivilsachen
BRAGO	Bundesrechtsanwaltsgebührenordnung
BRAK-Mitt.	BRAK-Mitteilungen (Zeitschrift)
BRAO	Bundesrechtsanwaltsordnung
BT-Drucks	Bundestagsdrucksache
bzw.	beziehungsweise
DB	Der Betrieb (Zeitschrift)
DGVZ	Deutsche Gerichtsvollzieher Zeitung
d.h.	das heißt
DS	Drittschuldner
EFG	Entscheidungen der Finanzgerichte (Zeitschrift)
EGBGB	Einführungsgesetz zum Bürgerlichen Gesetzbuch
EGZPO	Einführungsgesetz zur Zivilprozessordnung
etc.	et cetera
f., ff.	folgend/e
FamGKG	Gesetz über Gerichtskosten in Familiensachen
FamFG	Gesetz über das Verfahren in Familiensachen und in den Angelegenheiten der freiwilligen Gerichtsbarkeit
FamRZ	Zeitschrift für das gesamte Familienrecht

Abkürzungsverzeichnis

FG	Finanzgericht
FoVo	Forderung & Vollstreckung (Zeitschrift)
GbR	Gesellschaft bürgerlichen Rechts
gem.	gemäß
GKG	Gerichtskostengesetz
GmbH	Gesellschaft mit beschränkter Haftung
GNotKG	Gesetz über Kosten der freiwilligen Gerichtsbarkeit für Gerichte und Notare
GV	Gerichtsvollzieher
GVFV	Gerichtsvollzieherformularverordnung
GvKostG	Gerichtsvollzieherkostengesetz
h.M.	herrschende Meinung
Hs.	Halbsatz
i.H.v.	in Höhe von
IKU	Inkassounternehmen
InVo	Insolvenz und Vollstreckung (Zeitschrift)
i.S.	im Sinne
i.S.d.	im Sinne des
i.S.v.	im Sinne von
i.V.m.	in Verbindung mit
JurBüro	Das juristische Büro (Zeitschrift)
JVEG	Justizvergütungs- und -entschädigungsgesetz
Kfz	Kraftfahrzeug
KGaA	Kommanditgesellschaft auf Aktien
KostO	Kostenordnung
KostRMoG	Kostenrechtsmodernisierungsgesetz
Kap.	Kapitel
KfB	Kostenfestsetzungsbeschluss
KG	Kommanditgesellschaft
KV	Kostenverzeichnis
LG	Landgericht
LSG	Landessozialgericht
MDR	Monatsschrift für Deutsches Recht (Zeitschrift)
m.E.	meines Erachtens
MediationsG	Mediationsgesetz
Mio.	Millionen
m.w.N.	mit weiteren Nachweisen
NJW	Neue Juristische Wochenschrift
NJW-RR	Neue Juristische Wochenschrift Rechtsprechungs-Report
NPL	Non Performing Loans

Abkürzungsverzeichnis

Nr., Nrn.	Nummer/n
NZM	Neue Zeitschrift für Miet- und Wohnungsrecht
OHG	offene Handelsgesellschaft
OLG	Oberlandesgericht
OLGR	OLG-Report
PfÜB	Pfändungs- und Überweisungsbeschluss
PKH	Prozesskostenhilfe
Pkw	Personenkraftwagen
RA, RAe	Rechtsanwalt, Rechtsanwälte
RAGebO	Rechtsanwaltsgebührenordnung
RDG	Rechtsdienstleistungsgesetz
RDGEG	Einführungsgesetz zum Rechtsdienstleistungsgesetz
Rdn	Randnummer innerhalb des Werks
Rn	Randnummer in anderen Veröffentlichungen
Rpfleger	Rechtspfleger (Zeitschrift)
RVG	Rechtsanwaltsvergütungsgesetz
RVG prof.	RVG professionell
S.	Satz, Seite
StraFo	Strafverteidiger-Forum (Zeitschrift)
Urt.	Urteil
UStG	Umsatzsteuergesetz
usw.	und so weiter
v.	vom
VE	Vollstreckung effektiv
Vorb., Vorbem.	Vorbemerkung
VV	Vergütungsverzeichnis
WEG	Wohnungseigentümergemeinschaft
WM	Wertpapier-Mitteilungen (Zeitschrift)
WuM	Wohnungswirtschaft und Mietrecht (Zeitschrift)
z.B.	zum Beispiel
zfm	Zeitschrift für das Forderungsmanagement
zfs	Zeitschrift für Schadensrecht
ZIP	Zeitschrift für Wirtschaftsrecht
ZPO	Zivilprozessordnung
ZVG	Gesetz über die Zwangsversteigerung und die Zwangsverwaltung
zzgl.	zuzüglich

§ 1 Einführung

A. Einleitung

Die Forderungseinziehung als Rechts- oder auch Inkassodienstleistung gehört zum Alltagsgeschäft des Rechtsanwaltes. Das ist aber nicht gleichbedeutend damit, dass auch die Gebühren und Auslagen, in Summe die anwaltliche Vergütung, mit Leichtigkeit zu berechnen sind. Das streitet wider den Anspruch des Gesetzgebers, das Vergütungsrecht trotz der Komplexität der anwaltlichen Tätigkeit einfach und transparent zu gestalten. Das Rechtsanwaltsvergütungsgesetz stellt eine komplexe Konstruktion dar, die zudem ständig im Fluss ist. Rechtsprechung und Gesetzgeber scheinen nie zu ruhen und immer wieder zeigen sich neue Fragestellungen. Nur wer sich mit dem Vergütungsrecht beschäftigt, kann seine Gebühren und Auslagen im gesetzlich zulässigen Maß geltend machen und in diesem Sinne optimieren.

Das anwaltliche Vergütungsrecht ist schon seit 1879 als Taxe im Sinne des § 612 Abs. 2 BGB geregelt. Am Anfang der Entwicklung stand die Rechtsanwaltsgebührenordnung, RAGebO. Bis zum 30.6.2004 galt die Bundesgebührenordnung für Rechtsanwälte, die BRAGO.[1] Auch wenn ihre Bedeutung nachhaltig reduziert ist, müssen deren Bestimmungen zumindest in der sogenannten Langzeitüberwachung noch herangezogen werden, d.h. in Fällen, in denen nach Titulierung und zeitnaher Zwangsvollstreckung kein Forderungsausgleich erreicht werden konnte.[2] Auch für solche Forderungen muss von Zeit zu Zeit die Einziehung durch eine aktualisierte Informationsbeschaffung, außergerichtliche Mahnungen und weitere Zwangsvollstreckungsmaßnahmen versucht werden. Die vor dem 30.6.2004 entstandenen Gebühren sind dann nach der BRAGO geltend zu machen.

> *Hinweis*
> Wird eine Maßnahme der Zwangsvollstreckung eingeleitet, kann es sich empfehlen, die Vergütung nach der BRAGO gem. § 788 Abs. 2 ZPO i.V.m. §§ 103 ff. ZPO festsetzen zu lassen. Das vermeidet Bearbeitungsverzögerungen, weil auch die Vollstreckungsorgane sich erst noch mit dem alten Recht beschäftigen müssen. Das vermindert zugleich die Gefahr, dass die Realisierung alter Auslagen und Aufwendungen nicht mehr möglich wird, weil die Belege auf dem Postwege oder auf andere Art verloren gehen. Der Kostenfestsetzungsbeschluss kann dann nach § 733 ZPO immer wieder beschafft werden.

---

1 Die BRAGO wurde am 26.7.1957 als Art. VIII des Gesetzes zur Änderung kostenrechtlicher Vorschriften verkündet (BGBl I 1957, 861, 907) und bildete bis zum Inkrafttreten des Rechtsanwaltsvergütungsgesetzes das Zentrum des anwaltlichen Vergütungsrechtes.

2 Siehe hierzu die älteren Auflagen der gebührenrechtlichen Kommentare, etwa *Gerold/Schmidt*, BRAGO, 15. Auflage, oder *Enders*, BRAGO für Anfänger, 11. Auflage, jeweils auch mit Darstellung des maßgeblichen Übergangsrechtes.

§ 1 Einführung

4 Zum 1.7.2004 ist das bis heute gültige, wenn auch schon vielfach geänderte Rechtsanwaltsvergütungsgesetz (RVG) in Kraft getreten.[3] Damit wurden nicht nur die Gebühren und Auslagen der Höhe nach angepasst, sondern vor allem auch die Struktur zur Bestimmung der anwaltlichen Vergütung nachhaltig verändert. Das Gebührenrecht steuert immer auch das taktische und prozessuale Vorgehen, sei es in dem Gedanken, die Vergütung möglichst gering zu halten, auskömmlich zu gestalten oder zu optimieren. Hier wollte der Gesetzgeber lenkend eingreifen.

5 *Hinweis*
So wurde mit der Einführung des RVG die Beweisgebühr abgeschafft, weil sich in der Praxis gezeigt hat, dass Vergleiche häufig erst geschlossen wurden, nachdem die Beweisgebühr angefallen ist. Durch den Wegfall der Beweisgebühr,[4] die Stärkung der allgemeinen Verfahrensgebühr und der Terminsgebühr werden Vergleiche früher geschlossen, was dem Rechtsfrieden und der Rechtssicherheit ebenso dient wie der Entlastung der Gerichte.

B. Grundlage: Das RVG

6 Das RVG wurde nach intensiver Beratung[5] im Jahre 2004 verabschiedet und zum 1.7.2004 in Kraft gesetzt. Wie nicht selten bei solch umfassenden Reformwerken bedurfte es der mehrfachen Nachsteuerung durch kleinere Gesetzesänderungen. Die letzte umfassende Reform[6] ist mit dem am 1.8.2013 in Kraft getretenen 2. Kostenrechtsmodernisierungsgesetz (2. KostRMoG) umgesetzt worden.[7]

7 Mit der Schaffung des RVG war die Hoffnung verbunden, dass es keiner regelmäßigen Anhebung der Gebühren mehr bedarf, weil die allgemeine Kostenentwicklung zu höheren Streitwerten und damit im Ergebnis auch zu höheren Gebühren führen werde. Diese Theorie hat der Praxis nicht standgehalten, so dass mit dem 2. KostRMoG in erster Linie eine ganz erhebliche Gebührensteigerung – im Schnitt um etwa 19 % – verbunden war. Die der Gebührenberechnung zugrunde liegenden und damit voneinander abzugrenzenden Angelegenheiten wurden weiter ausdifferenziert und Probleme in der Praxis einer Lösung zugeführt.

8 Von besonderer Bedeutung für die Forderungseinziehung sind die Änderungen bei der Einigungsgebühr. Einerseits wurde anerkannt, dass der Rechtsanwalt diese

---

3 1. Kostenrechtsmodernisierungsgesetz vom 5.5.2004, BGBl I 2004, 718, 788.
4 Die für besonders umfangreiche Beweisaufnahmen mit mindestens drei gerichtlichen Terminen, in denen Zeugen und/oder Sachverständige vernommen oder angehört wurden, als Zusatzgebühr in Nr. 1010 VV RVG wieder eingeführt wurde.
5 Vgl. BT-Drucks 15/1971.
6 Siehe zur Begründung BT-Drucks 17/11471.
7 BGBl I 2013, 2586.

B. Grundlage: Das RVG § 1

auch bei einer isolierten Zahlungsvereinbarung erhält, d.h. ohne dass weitere Fragen einer Einigung zugeführt werden, andererseits wurde für diesen Fall der Streitwert auf 20 % des maßgeblichen Wertes gedeckelt, § 31b RVG.

Auch wurde in Anm. 4 zu Nr. 1008 VV RVG klargestellt, dass die Schwellengebühr nach Nr. 2300 VV RVG bei der Vertretung mehrerer Personen keine Wirkung entfaltet, d.h. auch dann überschritten werden kann, wenn die Angelegenheit weder schwierig noch umfangreich ist. 9

Beispiel 10
In einer Mietsache vertritt der RA die Eheleute F und M, die den RA auch beide beauftragt haben, um beim Mieter S die rückständigen Mieten für Februar und März 2017 in Höhe von jeweils 800,00 EUR anzumahnen und einzuziehen. Besondere Schwierigkeiten wirft die Sache nicht auf. Der RA erhält an Vergütung

Gegenstandswert: 2 × 800,00 EUR = 1.600,00 EUR

1,3 Geschäftsgebühr nach Nr. 2300 VV RVG	195,00 EUR
0,3 Erhöhungsgebühr nach Nr. 1008 VV RVG	45,00 EUR
Post- und Telekommunikationspauschale nach Nr. 7002 VV RVG	20,00 EUR
Zwischensumme netto	260,00 EUR
zuzüglich 19 % Umsatzsteuer nach Nr. 7008 VV RVG	49,40 EUR
Gesamtvergütung brutto	309,40 EUR

Neu gefasst wurde die Vorbem. 3 Abs. 3 VV RVG und damit klargestellt, dass die Terminsgebühr aufgrund von Besprechungen zur Vermeidung eines gerichtlichen Verfahrens auch dann anfallen kann, wenn für das vermiedene gerichtliche Verfahren gar keine mündliche Verhandlung vorgesehen ist. 11

Hinweis 12
Kraft ausdrücklicher gesetzlicher Anordnung in Vorbem. 3.3.2 VV RVG entsteht die Terminsgebühr nach Maßgabe der Vorbem. 3 Abs. 3 S. 3 Nr. 2 VV RVG i.V.m. Nr. 3104 VV RVG auch im Mahnverfahren. Wird also der RA mit der Durchführung des gerichtlichen Mahnverfahrens beauftragt, muss er nicht sofort den Mahnbescheid beantragen, sondern kann auch zunächst eine „letzte" Mahnung an den Schuldner übersenden. Meldet sich der Schuldner oder sein Bevollmächtigter darauf und wird eine gütliche Einigung unter Vermeidung des gerichtlichen Mahnverfahrens erzielt, so entsteht nicht nur die Einigungs-, sondern auch die Terminsgebühr.

Mit dem 2. KostRMoG wurde auch die Deckelung des Gegenstandswertes für die Abnahme der Vermögensauskunft nach § 802c und § 802d ZPO von 1.500,00 EUR auf 2.000,00 EUR angehoben. Es fällt damit eine 0,3-Verfahrensgebühr von zumindest 45,00 EUR an. 13

§ 1 Einführung

14 *Hinweis*
Ungeachtet der Anhebung bleibt allerdings festzustellen, dass die 0,3-Verfahrensgebühren für die Angelegenheiten der Zwangsvollstreckung bei sorgfältiger Informationsbeschaffung und unter Berücksichtigung der durch die ZVFV und die GVFV geschaffenen Komplexität kaum auskömmlich erscheinen. Nur bei einem hohen Grad an Automatisierung oder in Zusammenarbeit mit spezialisierten Dienstleistern kann der RA hier auf seine Kosten kommen.

15 Bei den Auslagen haben sich auch Änderungen ergeben. So ist nun die Farbe bei Farb-Kopien statt Schwarzweiß-Kopien mit dem doppelten der allgemeinen Dokumentenpauschale im Spiel und die Datenübermittlung als Alternative zur Herstellung von schriftlichen Dokumenten auch vergütungsrechtlich zu betrachten. In solchen Kleinigkeiten bilden sich über das Jahr auch erhebliche Beträge, so dass die Auslagen nicht aus dem Blick geraten sollten.

16 Unterliegt das anwaltliche Vertragsrecht vielfach den Bestimmungen des BGB, treffen die allgemeinen Bestimmungen des RVG doch besondere Regelungen. Der Vertrag zwischen dem RA und seinem Mandanten ist seiner Rechtsnatur nach ein Geschäftsbesorgungsvertrag mit Dienstleistungscharakter gem. §§ 675, 611 BGB. Mangels vertraglicher Abreden richtet sich seine Ausgestaltung daher nach dem Auftragsrecht, §§ 662 ff. BGB, sowie dem Dienstvertragsrecht, §§ 611 ff. BGB. Daneben trifft das RVG allerdings mit § 8 RVG für die Fälligkeit der Vergütung, mit § 9 RVG für den Vorschussanspruch und mit § 10 RVG für die Honorarabrechnung besondere Bestimmungen. Das RVG ist also nicht nur Vergütungsrecht, sondern bestimmt auch das Vertragsrecht mit.

17 Das RVG muss im Kontext mit den übrigen Kostengesetzen, insbesondere dem Gerichtskostengesetz (GKG) und dem Gesetz über die Vergütung von Sachverständigen, Dolmetscherinnen, Dolmetschern, Übersetzerinnen und Übersetzern sowie die Entschädigung von ehrenamtlichen Richterinnen, ehrenamtlichen Richtern, Zeuginnen, Zeugen und Dritten – Justizvergütungs- und -entschädigungsgesetz – (JVEG) gelesen werden. Teilweise verweist das RVG auf diese Bestimmungen, teilweise werden vergleichbare Sachverhalte geregelt, die dann in der Anwendung harmonisiert werden müssen. In der Auslegung der gesetzlichen Bestimmungen stehen die Gesetze mithin in einer Wechselwirkung. Daneben sind die wirtschaftlichen Zielsetzungen ebenso zu berücksichtigen wie das grundsätzliche Bedürfnis, die Vergütungsberechnung einfach und transparent zu gestalten, so dass in der konkreten Angelegenheit die Einzelfallgerechtigkeit auch einmal zurücktreten muss. Für Billigkeitserwägungen ist kein Raum.[8]

---

8 Gerold/Schmidt/*Müller-Rabe*, RVG, Einleitung Rn 12.

Hinweis

Kann der RA im Einzelfall absehen, dass sein Aufwand in keinem Verhältnis zur Höhe der Vergütung stehen wird, muss er den Weg der Vergütungsvereinbarung mit dem Mandanten suchen, bei dem über die Abrechnung von Stundensätzen oder eine Pauschalvereinbarung ein auskömmliches Honorar gesichert wird.

Diese Grundsätze gelten auch im Hinblick auf die Höhe der Gebühren im Einzelfall. Den Gebührensätzen und der Gebührenhöhe in Abhängigkeit vom Gegenstandswert liegt eine Mischkalkulation zugrunde. Die Gebühren in den niedrigen Streitwertbereichen sind meist nicht auskömmlich, während höhere Gebühren den Aufwand auch einmal (deutlich) übersteigen können. Dem System liegt also eine Quersubventionierung zugrunde.[9]

Hinweis

Das mögen auch diejenigen bedenken, die selbst die niedrigen Gebühren im Verhältnis zu sehr kleinen Streitwerten von unter 100,00 EUR oder noch geringer für überzogen hoch halten. Der Aufwand der Rechts- oder Inkassodienstleistung ist hier nicht geringer als bei höheren Leistungen. Er ist auch bei einfachen Fällen nicht weniger aufwendig als bei komplexeren, weil die Aktenanlage, die Interessenkollisionsprüfung, die Erfassung der maßgeblichen Verjährungsfristen, die Erarbeitung der vertraglichen und gesetzlichen Grundlagen usw. in beiden Fällen dem Grunde nach gleich sind und eine nicht unerhebliche Zeit sowie Personal- und Sachaufwand in Anspruch nehmen.

C. Das „jeweilige" Übergangsrecht

Mit dem RVG wurde eine „ewige" Übergangsregelung in § 60 RVG geschaffen, die immer dann zur Anwendung kommt, wenn das RVG geändert wird. Das erspart eine Übergangsvorschrift in jedem Änderungsgesetz. Maßgebliche Grenze für die Rechtsanwendung ist der Zeitpunkt der unbedingten Auftragserteilung.

Die Vergütung ist gem. § 60 Abs. 1 S. 1 RVG nach dem alten Recht zu berechnen, wenn der unbedingte Auftrag zur Erledigung derselben Angelegenheit vor dem Inkrafttreten einer Gesetzesänderung erteilt oder der Rechtsanwalt vor diesem Zeitpunkt bestellt oder beigeordnet worden ist. Für das zuletzt in Kraft getretene 2. KostRMoG ist der maßgebliche Stichtag der 1.8.2013. Maßgeblich ist dabei der unbedingte Auftrag.

---

9 Gerold/Schmidt/*Müller-Rabe*, RVG, Einleitung Rn 12.

§ 1 Einführung

23 *Beispiel*
Wurde der Rechtsanwalt vor dem 1.8.2013 mit der umfassenden Forderungseinziehung beauftragt, bestimmt sich die vorgerichtliche Geschäftsgebühr nach Nr. 2300 VV RVG noch nach der bis zum 1.8.2013 geltenden Fassung des RVG. Wurde das gerichtliche Mahnverfahren dann ab August 2013 notwendig, bestimmen sich die Gebühren nach Nrn. 3305 ff. VV RVG nach dem neuen Recht. Der unbedingte Auftrag für das gerichtliche Mahnverfahren ist nämlich erst in dem Zeitpunkt erteilt, in dem die vorgerichtliche Forderungseinziehung abschließend erfolglos geblieben ist. Dies gilt auch dann, wenn dies nicht ausdrücklich ausgesprochen wurde.

24 Ist der Rechtsanwalt im Zeitpunkt des Inkrafttretens einer Gesetzesänderung in derselben Angelegenheit bereits tätig, ist die Vergütung für das Verfahren über ein Rechtsmittel, das nach diesem Zeitpunkt eingelegt worden ist, nach neuem Recht zu berechnen.

25 Sind Gebühren nach dem zusammengerechneten Wert mehrerer Gegenstände zu bemessen, gilt für die gesamte Vergütung zum Nachteil des anwaltlichen Vergütungsanspruchs das bisherige Recht auch dann, wenn das alte Recht nur für einen der Gegenstände gelten würde.

§ 2 Überblick, Begrifflichkeiten und Orientierung

A. Einleitung

Die Rechtsanwälte und Mitarbeiter(innen) einer Anwaltskanzlei, die sich mit dem Durchsetzen und/oder Abwehren von Forderungen befassen, kennen die Situationen: 1
Der Mandant berichtet von seinen korrekt erbrachten Leistungen oder Lieferungen an eine andere Person, die aber nicht daran denkt, das Entgelt dafür zu entrichten, oder der Auftraggeber hat eine Leistung oder Lieferung erhalten, die nach seiner Auffassung nicht vertragsgemäß war, so dass er die ihm angetragene Forderung hierfür für unrechtmäßig erachtet. Der Mandant hat verständlicherweise nur ein Ziel im Auge, nämlich dass er Hilfe erfährt, die Forderung tatsächlich durchzusetzen bzw. abzuwehren.

Wie in vielen Rechtsgebieten, aber besonders in Forderungssachen, weiß der RA bei Entgegennahme der Informationen von seinem Auftraggeber nicht, welche einzelnen Maßnahmen ergriffen werden müssen, um das vom Mandanten gewünschte Ziel zu erreichen. Ist ein Rat ausreichend, der den Mandanten in die Lage versetzt, die Sache erst einmal selbst weiter voranzubringen, z.B. Kündigung einer Ratenzahlungsvereinbarung, um die Gesamtfälligkeit des Anspruchs herbeizuführen, oder zahlt der Gegner bereits nach einem vorgerichtlichen Anwaltsschreiben oder werden Gerichts- und Zwangsvollstreckungsverfahren erforderlich oder ist – beim Abwehren eines Anspruchs – ein außergerichtliches Schreiben ausreichend oder wird die Interessenvertretung im Rechtsstreit nötig? 2

Die nachfolgenden Ausführungen dienen der grundsätzlichen Orientierung und Anwendung des RVG. Außerdem werden zur Verständniserleichterung wiederkehrende Begrifflichkeiten dargestellt. Die Behandlung der Themen „**Auftrag**" und „**Angelegenheit**" soll den RA bereits bei Entgegennahme des Auftrages sensibilisieren, den Willen des Mandanten zu erforschen, zu dokumentieren und gebührenrechtlich einzuordnen. 3

Wer sich schnell orientieren sowie einen Überblick zu den Gebührentatbeständen und Gegenstandswerten bekommen will, findet hier Beispiele zur Erläuterung von Begrifflichkeiten und zur Veranschaulichung von Grundsätzlichem. In den nachfolgenden Kapiteln werden diese Fragen dann systematisch und anhand der praktischen Bedürfnisse vertieft. 4

B. Der Aufbau des RVG und die Arbeit mit der Gebührentabelle

I. Der Aufbau des RVG

5 Das RVG = Gesetz über die Vergütung der Rechtsanwältinnen und Rechtsanwälte oder in der Kurzform = Rechtsanwaltsvergütungsgesetz ist am 1.7.2004 in Kraft getreten als Teil des 1. Kostenrechtsmodernisierungsgesetzes (KostRMoG) analog den anderen Kostengesetzen mit abstrakt-generellen Regelungen und mit Anlage 1 zu § 2 Abs. 2 RVG (Höhe der Vergütung) in Form des Vergütungsverzeichnisses (VV). Zum 1.8.2013 ist das 2. KostRMoG in Kraft getreten, das grundlegende Veränderungen mit sich brachte, wie z.b. die Einführung des Gesetzes über Kosten der freiwilligen Gerichtsbarkeit der Gerichte und Notare (GNotKG) als Ersatz der Kostenordnung (KostO). Ferner wurden zahlreiche Änderungen im GKG, FamGKG, JVEG und auch im RVG und seinem Vergütungsverzeichnis vorgenommen, die unmittelbaren Einfluss auf das Entstehen von Vergütungsansprüchen in der Forderungsbeitreibung haben.

1. Der erste Teil des RVG und seine Abschnitte

6 Der erste Teil des Gesetzes umfasst 62 Paragraphen, das Vergütungsverzeichnis rund 230 Nummern (vierstellige Ziffern), zum Teil mit übergreifenden, zum Teil mit einzelnen oder mehreren Anmerkungen. Erst aus ihrem Zusammenspiel ergibt sich der tatsächliche Vergütungsanspruch. Das RVG regelt im ersten Teil in neun Abschnitten, wann welche Angelegenheit wie abgerechnet werden kann und nach welchen Kriterien der RA die Gebühren, die eine Ermessensausübung vorsehen, zu ermitteln hat.

7 Für die Forderungssachbearbeitung sind die Abschnitte 1 (Allgemeine Vorschriften), 2 (Gebührenvorschriften), 3 (Angelegenheit), 4 (Gegenstandswert), 8 (beigeordneter oder bestellter RA, Beratungshilfe) und 9 (Übergangs- und Schlussvorschriften) von besonderer Bedeutung.

2. Vergütungsverzeichnis

8 Das Vergütungsverzeichnis als Anlage 1 zum Gesetz regelt in sieben Abschnitten mit diversen Anmerkungen und Vorbemerkungen, in welcher Höhe – im Verhältnis zu der in der Gebührentabelle des § 13 RVG genannten vollen Gebühr – die jeweilige Gebühr für welche Tätigkeit des RA anfällt. Im Rahmen der Forderungsrealisierung sind im Vergütungsverzeichnis die Teile 1 bis 3 (Allgemeine Gebühren, Außergerichtliche Tätigkeiten und Bürgerliche Streitigkeiten) sowie 7 (Auslagen) relevant. Hierauf konzentriert sich diese Darstellung.

B. Der Aufbau des RVG und die Arbeit mit der Gebührentabelle § 2

II. Der Anwendungsbereich des RVG

1. Das RVG als Regelwerk für die Höhe der Vergütung

Gemäß § 1 Abs. 1 RVG bemisst sich die Vergütung für anwaltliche Tätigkeiten der RAe nach diesem Gesetz. Diese Regelung bezieht sich auf **die Höhe** der Vergütungsansprüche, in der Regel nicht jedoch auf den Rechtsgrund. Der zugrunde liegende Rechtsgrund ergibt sich grundsätzlich als vertraglicher Anspruch aus dem BGB.[1]

9

Als Rechtsgrund der Vergütung nach BGB kommen der Dienstvertrag mit dem Inhalt einer Geschäftsbesorgung nach §§ 611, 675 Abs. 1 BGB oder bei geschuldetem Erfolg (eher selten) der Werkvertrag gem. § 631 BGB in Betracht, z.b. für die Herstellung eines Werkvertragsentwurfs.[2]

10

Als Ausnahmen zum vertraglichen Rechtsgrund kennt das RVG gesetzliche Ansprüche aus Pflichtverteidigung, Beratungshilfe und für einen im Wege der Prozesskostenhilfe beigeordneten RA.

2. Personenkreis i.S.v. § 1 Abs. 1 RVG

§ 1 Abs. 1 RVG regelt den persönlichen Anwendungsbereich, mithin den Personenkreis, dessen Vergütung nach dem RVG bestimmt wird. Weitere zwingende Voraussetzung ist, dass eine anwaltliche Tätigkeit zu vergüten ist.

11

> *Checkliste: Persönlicher Anwendungsbereich*
> - Rechtsanwälte: Mit Aushändigung der Zulassungsurkunde durch die RA-Kammer wird der Empfänger zum RA (§ 12 Abs. 1 BRAO);[3] tätig werden als RA kann er erst mit Eintragung in die Liste der RAe;[4]
> - Prozesspfleger bestellt i.s.v. §§ 57, 58 ZPO, wenn er ein RA ist;
> - Kammermitglieder wie z.B. Renten- und Versicherungsberater, vereidigte Versteigerer oder Prozessagenten, soweit sie anwaltstypische Tätigkeiten verrichten;
> - Partnerschaftsgesellschaften/sonstige Gesellschaften, wie z.B. Partnergesellschaften nach dem Partnergesellschaftsgesetz, Anwaltsgesellschaft mbH, Anwaltsaktiengesellschaft oder auch Anwalts KGaA, soweit auch sie anwaltliche Tätigkeiten ausüben.

12

---

1 Asperger/Hellstab/*Richter*, RVG effizient, 1. Kap. Rn 2, 3.
2 BGH NJW 1996, 661.
3 Gerold/Schmidt/*Müller-Rabe*, RVG, § 1 Rn 2.
4 Asperger/Hellstab/*Richter*, RVG effizient, 1. Kap. Rn 31.

III. Die Begrifflichkeiten: Gebühr – Auslagen – Vergütung

1. Definition der Begrifflichkeiten

13 Damit keine Missverständnisse beim Lesen und Anwenden der RVG-Vorschriften entstehen, müssen die vorgenannten Begrifflichkeiten streng differenziert werden. Ungeachtet dessen verlangen nicht nur die Verbraucherschutzvorschriften, sondern auch das formelle Abrechnungsrecht, § 10 Abs. 2 RVG, eine hinreichend klare und verständliche Darstellung der beanspruchten Vergütung, was eine Eindeutigkeit in den Begrifflichkeiten voraussetzt. Anderes kann deren Durchsetzung gefährden und sogar zum Verlust führen. Letztlich möchte der Gesetzgeber aber auch im Erstattungsverhältnis eine hinreichende Transparenz gewährleisten, was ebenso eine zwingende Klarheit in den Begrifflichkeiten voraussetzt. In beiden Verhältnissen werden Rückfragen und damit Mehrarbeit erspart.

2. Gebühr

14 Die Gebühr ist die eigentliche Entlohnung des RA für seine Tätigkeiten und Dienste sowie die Abgeltung seiner allgemeinen Geschäftskosten.

Unter dem Begriff „Gebühr" ist die pauschale Abgeltung für bestimmte Leistungen zu verstehen, ohne Berücksichtigung des getätigten Aufwandes. Beispielsweise steht dem RA, der den Mandanten im erstinstanzlichen Rechtsstreit vertritt, eine Verfahrensgebühr gem. Nr. 3100 VV RVG (1,3) zu, unabhängig davon, wie viele Schriftsätze der RA verfassen, lesen und bewerten muss. Der Gesetzgeber wollte mit dieser Systematik erreichen, dass der rechtsuchende Bürger schon bei Auftragserteilung kalkulieren kann, mit welchem Gebührenaufwand er bei welcher Art der Tätigkeit des RA rechnen muss. Für den Rechtsanwalt stellt sich das Vergütungssystem damit als eine Form der Mischkalkulation dar.

15 Die sich für die jeweiligen Dienste des Rechtsanwalts ergebenden Gebühren sind in den Nrn. 1000–6500 VV RVG (wenige Ausnahmen in §§ 34–36 RVG) geregelt. In der Forderungsbeitreibung sind die nachfolgenden Gebühren besonders wichtig.

16 *Beispiel*
- Geschäftsgebühr gem. Nr. 2300 VV RVG (1,3) für die vorgerichtliche Tätigkeit;
- Verfahrensgebühr gem. Nr. 3305 VV RVG (1,0) für den Antrag auf Erlass des Mahnbescheides;
- Verfahrensgebühr gem. Nr. 3309 VV RVG (0,3) für eine Maßnahme in der Zwangsvollstreckung.

17 Im Vergütungsverzeichnis unter Vorbem. 7 Abs. 1 findet sich der Hinweis, dass mit den Gebühren auch die allgemeinen Geschäftskosten abgegolten sind. Unter „allgemeine Geschäftskosten" sind Gehälter, Büromiete, Versicherungs- und Mitgliedsbeiträge, Papier, Briefumschläge etc. zu verstehen. Im Einzelfall kann die

B. Der Aufbau des RVG und die Arbeit mit der Gebührentabelle §2

Abgrenzung einerseits schwierig sein und andererseits Gestaltungsspielräume eröffnen. Darauf wird bei der Darstellung der abrechnungs- und erstattungsfähigen Auslagen zurückzukommen sein.

3. Aufbau der Gebühren-Ziffern gem. VV

- Die erste Ziffer einer Gebührenvorschrift deutet auf den Teil des VV hin; Nr. 2301 VV RVG etwa ist im 2. Teil des VV zu finden.   18
- Die zweite Ziffer einer Gebührenvorschrift zeigt den jeweiligen Abschnitt des mit der ersten Ziffer benannten Teils auf, Nr. 3100 VV RVG ist im 1. Abschnitt des 3. Teils zu finden.
- Die dritte und die vierte Ziffer geben keinen Aufschluss über eine sonstige Zuordnung, sondern stellen lediglich eine zahlenmäßige Aufzählung dar. Handelt es sich bei der dritten und vierten Ziffer jedoch um „00" ist die benannte Gebühr die Grundvorschrift für folgende Bestimmungen im selben Abschnitt.

4. Auslagen

Die Auslagen bezeichnen die baren oder pauschalierten Aufwendungen, die der Rechtsanwalt ersetzen verlangen kann. Sie müssen durch die Bearbeitung des jeweiligen Mandates entstanden sein. Die Regelungen über das Entstehen und die Höhe bestimmter Auslagen ergeben sich aus Nrn. 7000–7008 VV RVG. Dort sind Auslagen für Kopien, Telefon, Porto, Fahrtkosten, Tage- und Abwesenheitsgeld, Prämie für Haftpflichtversicherung über 30 Mio. EUR und Umsatzsteuer genannt.   19

Beispiele   20
- Dokumentenpauschale gem. Nr. 7000 VV RVG,
- Post- und Telekommunikationsentgelte gem. Nrn. 7001 oder 7002 VV RVG,
- Fahrtkosten gem. Nr. 7003 VV RVG,
- Umsatzsteuer gem. Nr. 7008 VV RVG.

Einen Anspruch auf Erstattung weiterer Auslagen als in den Nrn. 7000–7008 VV RVG genannten, hat der RA gem. § 675 i.V.m. § 670 BGB aufgrund des vorliegenden Dienstvertrages zwischen RA und Mandanten, der eine Geschäftsbesorgung zum Gegenstand hat. Gemäß § 670 BGB hat der Auftraggeber dem Beauftragten erforderliche Aufwendungen zu erstatten. Vorbem. 7 Abs. 1 VV RVG verweist ausdrücklich auf die genannten BGB-Vorschriften. Abzugrenzen sind vor allem diese Aufwendungen von den allgemeinen Geschäftskosten, die mit der Gebühr abgegolten sind.   21

Beispiele   22
- Aktenversendungspauschale,[5]
- verauslagte Gerichts- und Gerichtsvollzieherkosten,

---

5 Gerold/Schmidt/*Müller-Rabe*, RVG, VV Vorbem. 7, Rn 17.

§ 2 Überblick, Begrifflichkeiten und Orientierung

- Einwohnermeldeamtsanfragen,[6]
- Kosten der Auskünfte aus dem Schuldnerverzeichnis,
- Kosten für Bonitätsanfragen bei einem Auskunftsdienst,[7]
- Detektivkosten,
- Übersetzungskosten.[8]

5. Vergütung

23 Unter Vergütung ist die Summe aus Gebühr(en) und Auslage(n) zu verstehen (§ 1 Abs. 1 S. 1 RVG).

24 *Beispiel*

Verfahrensgebühr gem. Nr. 3305 VV RVG (1,0) aus 2.000,00 EUR **(Gebühr)**	150,00 EUR
Verfahrensgebühr gem. Nr. 3308 VV RVG (0,5) aus 2.000,00 EUR **(Gebühr)**	75,00 EUR
Post- und Telekommunikationsentgelte gem. Nr. 7002 VV RVG **(Auslage)**	20,00 EUR
Zwischensumme	245,00 EUR
Umsatzsteuer 19 % **(Auslage)**	46,55 EUR
Gesamt **(Vergütung)**	**291,55 EUR**

25 *Hinweis*

Rechnungen von Anwaltskanzleien beginnen oft mit „Kostenrechnung", „Kostenliquidation" oder „Kostennote". Unter Verwendung des korrekten Begriffs sollten die Rechnungen allerdings als „Vergütungsrechnung" bezeichnet werden. § 1 Abs. 1 S. 1 RVG definiert die Gebühren und Auslagen für anwaltliche Tätigkeiten der Rechtsanwältinnen und Rechtsanwälte als „Vergütung" und nicht als „Kosten". Im Gegensatz hierzu ergibt sich aus den Kostengesetzen für die Gerichte, Gerichtsvollzieher und Notare, dass in diesem Rahmen von „Kosten" die Rede ist (§ 1 Abs. 1 GKG, § 1 Abs. 1 GNotKG, § 1 GvKostG). Diese Unterscheidung wird damit begründet, dass der RA eine privatrechtliche Entlohnung erhält und die Gerichte, Gerichtsvollzieher und Notare im Rahmen des öffentlichen Rechts tätig werden.[9]

---

6 LG Hannover AnwBl 1989, 687.
7 Gerold/Schmidt/*Müller-Rabe*, RVG, VV Vorbem. 7, Rn 23.
8 OLG Celle Rpfleger 1964, 327; zugleich ist zu sehen, dass dieser Umstand die Sache besonders schwierig oder umfangreich machen kann und deshalb eine Erhöhung der Geschäftsgebühr über die 1,3-Schwellengebühr hinaus rechtfertigen kann.
9 *Scherer*, Grundlagen des Kostenrechts, 0–4.

B. Der Aufbau des RVG und die Arbeit mit der Gebührentabelle **§ 2**

IV. Die Gebührentabelle, § 13 RVG

1. Wertgebühren/Gegenstandswert/volle Gebühr

Auf Grundlage der in § 13 RVG geregelten Wertgebühren in Abhängigkeit des Gegenstandswertes und auf Basis der vollen Gebühr (1,0) wird die für das Vergütungsverzeichnis zugrunde gelegte Gebührentabelle wiedergegeben. Die Gebühr des Rechtsanwaltes bestimmt sich dementsprechend in einem bestimmten Verhältnis zur 1,0-Gebühr, die § 13 RVG als Grundgebühr in Abhängigkeit von dem jeweiligen Streit- oder Gegenstandswert definiert. Die Gebührentabelle ist degressiv aufgebaut, d.h. mit steigendem Gegenstandswert sinkt der prozentuale Zuwachs der Gebührenhöhe.

Beispiel

Wert bis ... EUR	Gebühr in EUR bei 1,0-Satz	Prozentuale Erhöhung
3.000,00	201,00	Ausgangswert
4.000,00	252,00	25,37 %
5.000,00	303,00	20,24 %
6.000,00	354,00	16,83 %
7.000,00	405,00	usw.

2. Bestimmung des Gebührenbetrages

Für die Bestimmung einer betragsmäßigen Gebühr in EUR wird die Höhe des Gebührensatzes, die Höhe des Gegenstandswertes und der Gebührenbetrag auf der Basis eines Satzes von 1,0 benötigt. Der jeweilige Gebührensatz ergibt sich aus dem Vergütungsverzeichnis zum RVG. Liegt z.B. ein Wert von 4.000,00 EUR zugrunde, beläuft sich die Gebühr auf der Basis eines Satzes von 1,0 auf 252,00 EUR. Hat der RA eine Gebühr in Höhe eines Satzes von 1,5 abzurechnen, ist der Ausgangswert der 1,0-Gebühr von 252,00 EUR mit 1,5 zu multiplizieren, so dass sich der Betrag von 378,00 EUR ergibt.

3. Ermittlung der vollen Gebühr

Mithilfe von Anlage 2 zu § 13 Abs. 1 S. 3 RVG lässt sich die volle Gebühr bei Gegenstandswerten zwischen 500,00 EUR und 500.000,00 EUR ermitteln.

Hinweis

In der Praxis wird allerdings nicht auf diese Tabelle zurückgegriffen, da die dort ausgewiesenen Grundbeträge oftmals weitere Berechnungen erfordern, um zu dem gewollten Ergebnis zu gelangen, sondern auf Gebührentabellen, die verschiedene weitere, detailliertere Aspekte berücksichtigen. Hierzu gehört z.B.

die „Schwarzwälder Gebührentabelle".[10] Diesen ausführlichen Tabellen kann mit einem Blick die Höhe der Gebühr bei dem jeweils zugrunde zu legenden Gegenstandswert und dem anzuwendenden Gebührensatz entnommen werden. Ferner werden die Beträge der pauschalen Post- und Telekommunikationsentgelte gem. Nr. 7002 VV RVG und die Mehrwertsteuerbeträge auf die Gebühren und Auslagen ausgewiesen. Schließlich sind auch noch Spalten für Anwaltsvergütung und Gerichtskosten der Mahn- und Vollstreckungsbescheidverfahren enthalten und noch einiges mehr. Eine solche Tabelle in der Praxis als App, elektronisches Buch oder auch ganz herkömmlich mitzuführen, gibt in allen Situationen einen schnellen Überblick zur Vergütung sowie den Kosten und dient so als Entscheidungshilfe.

Die im Vergütungsverzeichnis genannten, anzuwendenden Gebührensätze werden in Dezimalzahlen genannt und finden sich in den abgedruckten Gebührentabellen wieder.

31 *Beispiel*

Wert bis	0,3	0,5	0,65	0,8	1,0	1,1	1,2	1.3	1,5	1,8	2,5	3,5
2.000,00 EUR	45	75	97,50	120	150	165	180	195	225	270	375	525

4. Mindestbetrag

32 Gem. § 13 Abs. 2 RVG beläuft sich der Mindestbetrag einer Gebühr auf 15,00 EUR. Die Anwendung dieser Regelung kann bei dem geringen Streitwert bis 500,00 EUR greifen.

33 *Beispiel im Rahmen der Zwangsvollstreckung*
Die Verfahrensgebühr gem. Nr. 3309 VV RVG ist in Höhe eines Satzes von 0,3 anzusetzen. Bei einem Gegenstandswert von bis zu 500,00 EUR errechnet sich von der vollen Gebühr von 45,00 EUR ausgehend eine 0,3-Gebühr in Höhe von 13,50 EUR (45,00 EUR × 0,3). Wegen der zuvor genannten Mindestbetragsbestimmung hat der RA die Gebühr in Höhe von 15,00 EUR zu berücksichtigen.

34 *Hinweis*
Die Mindestbetragsbestimmung gilt nicht für Auslagen. § 13 Abs. 2 RVG bezieht sich nur auf Gebühren.

35 Eine Ausnahme ist im VV geregelt, wonach für die Hebegebühr gem. Nr. 1009 VV RVG die Mindestgebühr von 1,00 EUR gilt.

---

10 www.anwaltverlag.de.

B. Der Aufbau des RVG und die Arbeit mit der Gebührentabelle § 2

Es bedarf keiner näheren Ausführungen dazu, dass gerade in der Zwangsvollstreckung eine solche Gebühr bei Forderungen unter 500,00 EUR nicht auskömmlich sein kann. Deshalb gilt es hier insbesondere, die Möglichkeiten der Vergütungsoptimierung auszuschöpfen.

5. Gebührentabelle für Wertgebühren aus der Staatskasse, § 49 RVG

Mit § 49 RVG hat der Gesetzgeber die Höhe der Wertgebühren festgelegt, die der beigeordnete RA aus der Staatskasse erhält. Die dort genannten Wertgebühren beziehen sich, wie auch bei der Tabelle für den Wahlanwalt gem. § 13 Abs. 1 S. 2 RVG, auf eine Gebühr in Höhe eines 1,0-Satzes. Bei einem Gegenstandswert von bis zu 4.000,00 EUR gilt sowohl für den Wahlanwalt als auch für den beigeordneten RA die Tabelle gem. § 13 Abs. 1 S. 2 RVG. Ab einem Gegenstandswert von mehr als 4.000,00 EUR ist der beigeordnete RA in Bezug auf die Zahlung seiner Gebühren aus der Staatskasse jedoch auf die in der Tabelle zu § 49 RVG genannten Wertgebühren beschränkt, die wesentlich niedriger sind. 36

Auszugsweise Gegenüberstellung Wahlanwaltsgebühren gem. § 13 RVG und Gebühren für den beigeordneten RA gem. § 49 RVG, jeweils in Höhe einer 1,0-Gebühr: 37

Gegenstandswert bis	Wahlanwaltsgebühren	Gebühren für beigeordneten RA
5.000,00 EUR	303,00 EUR	257,00 EUR
8.000,00 EUR	456,00 EUR	287,00 EUR
16.000,00 EUR	650,00 EUR	335,00 EUR
30.000,00 EUR	863,00 EUR	412,00 EUR
80.000,00 EUR	1.333,00 EUR	*447,00 EUR

* Bei allen Werten über 30.000,00 EUR verbleibt es bei der Maximalgebühr von 447,00 EUR.

Aus den zuvor gegenübergestellten Beträgen ergibt sich, dass ein beigeordneter RA für die gleiche Tätigkeit eine wesentlich geringere Gebühr erhält als der Wahlanwalt. Um dieser Diskrepanz entgegenzusteuern, könnte der RA auf Folgendes hinwirken: 38

> *Praxistipp*
> ■ Prüfen des vollständigen Einkommens und Vermögens des Auftraggebers, ob diesem nicht Prozesskostenhilfe mit Zahlungsbestimmung gem. § 120 ZPO bewilligt werden kann, damit der RA nach Erfüllung der Ratenzahlungspflicht des Auftraggebers an die Staatskasse noch die Differenz zwischen den Gebühren des beigeordneten RA und des Wahlanwalts erhalten kann.[11]

---

11 Schneider/Wolf/*Fölsch*, RVG, § 49 Rn 17 f.

§ 2 Überblick, Begrifflichkeiten und Orientierung

■ Mit dem Auftraggeber abklären, ob dieser nicht in der Lage ist, Vorschusszahlungen zu erbringen. Bis zu dem Zeitpunkt, zu dem der RA noch keinen PKH-Antrag ohne Festsetzung von Raten beantragt hat, kann er die zu erwartende Differenz zwischen Gebühren des beigeordneten RA und des Wahlanwalts decken. Dies ergibt sich aus § 58 Abs. 2 RVG. Die Forderungssperre gem. § 122 Abs. 1 Nr. 3 ZPO gilt erst ab Geltung der PKH-Bewilligung.[12]

V. Der Gegenstandswert

1. Begrifflichkeiten für Werte in den Kostengesetzen

39 Der Wert im RVG wird als „Gegenstandswert" bezeichnet (§ 2 Abs. 1 RVG), das GKG hingegen spricht von Streitwerten (§ 3 Abs. 1 GKG), das FamGKG von Verfahrenswerten (§ 3 Abs. 1 FamGKG) und für Notare gilt die Wertbezeichnung gem. GNotKG als Geschäftswert (§ 3 Abs. 1 GNotKG).

2. Allgemeine Wertvorschrift

40 Regelungen über die vom RA für seine Gebühren zugrunde zu legenden Gegenstandswerte finden sich in den §§ 22 ff. RVG. § 23 Abs. 1 RVG verweist zunächst in gerichtlichen (Erkenntnis-)Verfahren auf die für die Gerichtsgebühren geltenden Wertvorschriften, mithin auf das GKG. Die Wertfestsetzung für die Gerichtsgebühren durch das Gericht ist für den RA maßgebend (§ 32 RVG). Zur Streitwertbemessung greift das Gericht hier auf die §§ 39–60 GKG und über § 48 Abs. 1 S. 1 GKG auf §§ 3 ff. ZPO zurück. § 23 RVG ist als **allgemeine Wertvorschrift** zu verstehen.

41 Für die Tätigkeiten eines RA außerhalb eines gerichtlichen Verfahrens gelten gem. § 23 Abs. 1 S. 3 RVG ebenfalls die zuvor genannten Wertvorschriften, sofern der Gegenstand der Tätigkeit auch Gegenstand eines gerichtlichen Verfahrens sein könnte. Dementsprechend sind in den überwiegenden Fällen bei der Bezifferung des Gegenstandswertes für die anwaltlichen Gebühren dieselben Wertvorschriften für die vorgerichtliche und gerichtliche Tätigkeit anzuwenden.

Wenn jedoch kein gerichtliches Verfahren anhängig ist, die Tätigkeit des RA auch nicht Gegenstand eines gerichtlichen Verfahrens sein könnte, oder wenn für eine Rechtsangelegenheit eine Wertvorschrift für die Gerichtskosten nicht existiert (z.B. weil das gerichtliche Verfahren kostenfrei ist), sind dies „andere Angelegenheiten", deren wertmäßige Behandlung in § 23 Abs. 3 S. 1 RVG geregelt ist. Danach gelten die dort genannten Vorschriften des GNotKG. Hierzu gehören z.B. Tätigkeiten für Entwürfe von Verträgen oder die Mitwirkung an Vertragsverhandlungen.

---

12 Schneider/Wolf/*Fölsch*, RVG, § 49 Rn 19 f.

B. Der Aufbau des RVG und die Arbeit mit der Gebührentabelle § 2

Kann der Gegenstandswert auch aus dem GNotKG nicht entnommen werden, ist er gem. § 23 Abs. 3 S. 2 RVG nach billigem Ermessen zu schätzen. In Ermangelung genügender tatsächlicher Anhaltspunkte für eine Schätzung und bei nichtvermögensrechtlichen Gegenständen ist von einem „Hilfswert" von 5.000,00 EUR, nach Lage des Falles niedriger oder höher, jedoch nicht über 500.000,00 EUR auszugehen.

3. Spezielle Wertvorschriften

In Ergänzung zur allgemeinen Wertvorschrift des § 23 RVG ergeben sich aus den §§ 23a–31b RVG speziellere Regelungen. Entsprechend dem allgemeinen Lex-specialis-Grundsatz hat die Anwendung der spezielleren Vorschriften Vorrang vor der allgemeinen Regelung gem. § 23 RVG. **42**

Bei der Bearbeitung von Forderungsmandaten sind die speziellen Wertvorschriften gem. § 25 RVG (Vollstreckung und Vollziehung), § 26 RVG (Zwangsversteigerung), § 27 RVG (Zwangsverwaltung), § 28 RVG (Insolvenzverfahren) und insbesondere § 31b RVG (Zahlungsvereinbarungen) zu beachten und von besonderer Bedeutung. **43**

4. Addition mehrerer Gegenstandswerte

Ist der RA in **derselben Angelegenheit** mit der Geltendmachung oder Abwehr von mehreren Gegenständen beauftragt, hat er die Werte dieser mehreren Gegenstände gem. § 22 Abs. 1 RVG zusammenzurechnen. Diese Regelung findet sich in weiteren Bestimmungen anderer Kostengesetze, z.B. § 39 Abs. 1 GKG und § 33 Abs. 1 FamGKG. **44**

Das Vorliegen mehrerer Gegenstände in derselben Angelegenheit wird grundsätzlich bejaht, wenn der RA eine einheitliche Bearbeitung vornehmen kann, die Gegenstände verfahrensrechtlich zusammengefasst oder in einem einheitlichen Vorgehen geltend gemacht werden könnten. Ein innerer Zusammenhang ist anzunehmen, wenn die verschiedenen Gegenstände nach der Zielsetzung des Auftrages zusammengehören.[13]

> *Beispiel* **45**
> Der RA wird von seinem Mandanten beauftragt, eine Forderung durchzusetzen für die Lieferung eines Sideboards in Höhe eines Wertes von 620,00 EUR und für die Montage in Höhe von 80,00 EUR. Der Wert beläuft sich nach Addition auf 700,00 EUR.

Eine Addition mehrerer Gegenstände ist ebenfalls vorzunehmen, wenn innerhalb eines Auftrages der RA zunächst beauftragt wird, eine Forderung durchzusetzen, **46**

---

13 BGH NJW-RR 2016, 883–884, RVGreport, 6/2016, S. 216.

die sich dann durch Zahlung erledigt hat, jedoch eine weitere Forderung zum Gegenstand der weiteren anwaltlichen Tätigkeit führt.

47

Beispiel
Der Mandant beauftragt den RA mit der Durchsetzung seiner Mietforderungen in Höhe von monatlich 500,00 EUR für die Monate März, April und Mai. Der Mieter zahlt die Mieten März und April. Der RA wird im laufenden Verfahren mit der weiteren Geltendmachung der zwischenzeitlich fällig gewordenen Mieten Juni und Juli beauftragt. Auch wenn zunächst und später jeweils Mietforderungen von 1.500,00 EUR realisiert werden sollen, stellen die Mieten der unterschiedlichen Monate gesonderte Gegenstände dar, so dass sich bei Zusammenrechnung aller geforderter Mieten ein Gegenstandswert von 2.500,00 EUR (5 Monate à 500,00 EUR) ergibt. Eine gleichzeitige Geltendmachung der Ansprüche ist für eine Zusammenrechnung aller Ansprüche nicht erforderlich.[14]

48 Das Erfordernis einer Zusammenrechnung und das – gebührenrechtlich – günstigere Ausgehen von Einzelwerten kann allerdings dann in Betracht kommen, wenn eine verfahrensrechtlich zweckmäßige gemeinsame Verfolgung der Ansprüche nicht mehr in Frage kommt. So muss der Rechtsanwalt etwa mit der Titulierung einer Forderung im gerichtlichen Mahnverfahren nicht zuwarten, nur weil sich eine weitere Forderung andeutet.

5. Höchstwert

49 In § 22 Abs. 2 RVG wird der Höchstwert in derselben Angelegenheit mit 30 Millionen EUR geregelt. Bei der Vertretung mehrerer Personen wegen verschiedener Gegenstände beträgt der Wert für jede Person 30 Millionen EUR, insgesamt jedoch nicht mehr als 100 Millionen EUR. Die Grenze von 30 Millionen EUR findet sich ebenfalls in § 39 Abs. 2 GKG wieder. Diese Wertgrenze ist auch zu beachten, wenn über § 23 Abs. 1 oder Abs. 3 RVG die Wertvorschriften des GNotKG die 30-Millionen-EUR-Grenze übersteigen.

6. Zeitpunkt der Wertberechnung

50 Entscheidend für die Bewertung des Gegenstandes ist grundsätzlich der Zeitpunkt der Entstehung der Gebühr aufgrund der anwaltlichen Tätigkeit. Demnach ist auf den Zeitpunkt abzustellen, zu dem der Gebührentatbestand durch die auftragsgemäße Tätigkeit des RA ausgelöst wurde.[15] Auf die Fälligkeit der Gebühr kommt es nicht an. Die Prüfung und Festlegung des Wertes ist für jede Gebühr gesondert vorzunehmen.

---

14 Gerold/Schmidt/*Müller-Rabe/Mayer*, RVG, Anhang VI, Rn 337 ff.
15 Gerold/Schmidt/*Müller-Rabe/Mayer*, RVG, § 2 Rn 19 und Schneider/Wolf/*Onderka*, RVG, § 2 Rn 32.

B. Der Aufbau des RVG und die Arbeit mit der Gebührentabelle § 2

Beispiel 51
Der RA wird von seinem Mandanten beauftragt, eine Forderung in Höhe von 1.600,00 EUR vorgerichtlich durchzusetzen. Nach dem ersten Aufforderungsschreiben zahlt der Gegner einen Betrag von 600,00 EUR. Wegen der Restforderung wird ein umfassender Teilzahlungsvergleich geschlossen.
Der RA hat seine Geschäftsgebühr gem. Nr. 2300 VV RVG auf dem Wert von 1.600,00 EUR abzurechnen und die Einigungsgebühr gem. Nr. 1000 VV RVG auf den Wert von 1.000,00 EUR, da zum Zeitpunkt des Abschlusses des Teilzahlungsvergleichs über die bereits gezahlten 600,00 EUR eine Einigung nicht mehr erforderlich war.

7. Zeitpunkt der Wertberechnung in gerichtlichen Verfahren

Bei gerichtlichen Verfahren kommt es wegen § 23 Abs. 1 S. 1 RVG i.V.m. § 40 GKG nicht auf den Zeitpunkt der Auftragserteilung, sondern auf den Zeitpunkt der die Instanz einleitenden Antragstellung und in der Zwangsvollstreckung auf die einleitende Prozesshandlung an,[16] wie z.B. Einreichung der Klageschrift oder des Antrages auf Erlass des Pfändungs- und Überweisungsbeschlusses. 52

8. Änderung des Wertes eines Gegenstands

Es kann vorkommen, dass sich der Wert **desselben Gegenstands** während der Tätigkeit des RA ändert. Dies kann z.B. bei Kurs- oder Wertschwankungen von Wertpapierdepots oder Edelmetallen (Gold) vorkommen. Außergerichtlich ist stets vom höchsten Wert, der sich im Laufe der Tätigkeit ergeben hat, auszugehen.[17] 53

Allerdings gilt auch bei Änderung des Wertes des Gegenstandes das unter Rdn 52 Genannte in Bezug auf die Wertberechnung in gerichtlichen Verfahren. Ändert sich nach Einleitung des Gerichts- oder Vollstreckungsverfahrens der Wert desselben Gegenstandes, ohne dass sich der Gegenstand als solcher ändert, sei es durch Erhöhung oder Minderung, verbleibt es bei dem Wert zum Zeitpunkt des das Verfahren einleitenden Schriftsatzes aufgrund der Verweisung von § 23 Abs. 1 S. 1 und S. 2 RVG auf § 40 GKG. Dieser Grundsatz gilt auch bei einem Anwaltswechsel im Laufe des Verfahrens, da es in gerichtlichen Verfahren in Bezug auf den Zeitpunkt der Wertermittlung nicht auf die Auftragserteilung durch den Mandanten ankommt. Der RA, der die Interessenvertretung der Partei in dem Verfahren übernimmt, hat gleichfalls den bei Beginn des Verfahrens geltenden Wert zu beachten.

---

16 Gerold/Schmidt/*Müller-Rabe/Mayer*, RVG, § 2 Rn 21.
17 Schneider/Wolf/*Onderka*, RVG, § 2 Rn 34.

§ 2 Überblick, Begrifflichkeiten und Orientierung

9. Hinweispflicht gem. § 49b Abs. 5 BRAO

54 Gem. § 49b Abs. 5 BRAO hat der RA den Mandanten vor Übernahme des Auftrages auf die Abhängigkeit der entstehenden Gebühren vom Gegenstandswert zu unterrichten. Dies gilt schon aus der Sache heraus nur beim Anfall von Gebühren, die sich nach dem Gegenstandswert richten; dementsprechend nicht bei Betragsrahmen- oder Festgebühren. Der Hinweis kann schriftlich oder mündlich erfolgen, wobei zu Beweiszwecken die Schriftform geeigneter ist.

VI. Der Auftrag

1. Der Auftrag als entscheidender Wegweiser

55 Der Umfang der anwaltlichen Tätigkeit hängt entscheidend vom erteilten Auftrag des Mandanten ab. Damit es mit dem Mandanten nicht zu Missverständnissen kommt, die nach erfolgter Abrechnung der Vergütung zu Auseinandersetzungen führen können, empfiehlt es sich, den Willen des Mandanten möglichst genau zu erfragen.

56 *Hinweis*
Der Auftrag ist von Bedeutung für
- die Anzahl der Angelegenheiten (ein Auftrag kann mehrere Angelegenheiten umfassen),
- die unterschiedlichen Gebührenarten,
- den oder die Gegenstandswert(e).

57 Mit nachfolgenden Beispielen wird die Bedeutung des erteilten Auftrages in Bezug auf die Angelegenheiten, Gebührenarten und Gegenstandswerten verdeutlicht:

58 *Beispiel 1: Anzahl der Angelegenheiten*
Der Mandant beauftragt den RA mit der Durchsetzung einer Forderung mit allen rechtlich möglichen Mitteln. Dieser Auftrag beinhaltet die vorgerichtliche Tätigkeit, das gerichtliche Mahnverfahren und/oder das Prozessverfahren sowie Tätigkeiten in der Zwangsvollstreckung. Bei einem Auftrag können demnach mehrere Angelegenheiten bestehen, die von dem Verhalten des Gegners abhängig sind.

59 *Beispiel 2: Unterschiedliche Gebührenarten*
Der RA fordert den Gegner auf, eine offene Rechnung aus Werkvertrag auszugleichen. Hat der Mandant den RA mit einem einfachen Mahnschreiben beauftragt, kann der RA die Geschäftsgebühr gem. Nr. 2301 VV RVG i.V.m. Nr. 2300 VV RVG in Höhe einer 0,3-Gebühr abrechnen; hat er den Auftrag zur umfassenden vorgerichtlichen Durchsetzung des Anspruches, kann er die Geschäftsgebühr gem. Nr. 2300 VV RVG in Höhe des Rahmens von 0,5–2,5 bean-

B. Der Aufbau des RVG und die Arbeit mit der Gebührentabelle § 2

spruchen, auch wenn das erste Mahnschreiben lediglich eine kurze Zahlungsaufforderung enthält.[18]

Beispiel 3: Gegenstandswert 60
Der RA erhält den Auftrag, vorgerichtlich die rückständigen Nettomieten für April bis Juni in Höhe von insgesamt 1.500,00 EUR durchzusetzen und die fristlose Kündigung des Mietverhältnisses auszusprechen. Wert für den Zahlungsanspruch gem. § 23 Abs. 1 RVG i.V.m. § 4 Abs. 1 ZPO, § 43 Abs. 1 GKG i.H.v. 1.500,00 EUR zuzüglich Wert für fristlose Kündigung gem. § 23 Abs. 1 RVG i.V.m. § 4 Abs. 1 ZPO, § 43 Abs. 1 GKG i.H.v. 6.000,00 EUR = 7.500,00 EUR.

2. Nachweis des erteilten Auftrages

Da der Auftrag mündlich oder stillschweigend erteilt werden kann, empfiehlt es 61 sich, dass der Inhalt des Auftrages unter Nachweisgesichtspunkten möglichst genau durch den RA dokumentiert wird. Im Streitfall trifft den RA die Darlegungs- und Beweislast für die Auftragserteilung und deren Umfang.

Die Dokumentation kann erfolgen

- mit einem internen Gesprächsvermerk, in dem Zeitpunkt und Inhalt des Gesprächs festgehalten werden. Aufgrund der fehlenden Außenwirkung kann ein interner Vermerk im Falle eines Vergütungsrechtsstreits nicht als Beweismittel (jedoch Indiz) dienen. Der Aktenvermerk setzt den Anwalt jedoch in die Lage, detaillierte Ausführungen zum erteilten Auftrag machen zu können.
- durch ein Bestätigungsschreiben an den Mandanten, in dem der abgestimmte Auftrag zusammengefasst dargelegt wird; auch dem kommt Indizwirkung zu, wenngleich es gegenüber einem Verbraucher kein „kaufmännisches Bestätigungsschreiben" gibt. Da im Forderungsmanagement zumindest für den Gläubiger regelmäßig ein gewerblicher Auftraggeber auftritt, kommt dem Bestätigungsschreiben Vertragscharakter zu.
- mit einem vom Mandanten unterzeichneten Auftrag, der den Umfang der gewollten Tätigkeit(en) möglichst detailliert beschreibt.

Praxistipp 62
Bei Übernahme von mehreren Forderungsangelegenheiten eines Auftraggebers und erst recht im Falle einer dauerhaften Zusammenarbeit ist es geboten, einen vom Auftraggeber unterzeichneten Auftrag im Zweifelsfall vorlegen zu können, um Unklarheiten auf beiden Seiten erst gar nicht aufkommen zu lassen, die bei einer Vielzahl von Vorgängen ungewollte negative wirtschaftliche Folgen nach sich ziehen können. Ferner ist der schriftliche Auftrag im Verhältnis zum zuvor erwähnten Gesprächsvermerk oder dem Bestätigungsschreiben das sicherste Beweismittel (Urkundenbeweis) bei Auseinandersetzungen.

---

18 Vgl. zur Problematik *Goebel*, zfm 2015, 22–27.

§ 2 Überblick, Begrifflichkeiten und Orientierung

63 Bei Auseinandersetzungen zwischen dem RA und seinem Mandanten hat der RA den Inhalt des vorliegenden Auftrages zu beweisen. Gelingt der Beweis in einem Rechtsstreit gegen den Mandanten über den Auftragsumfang durch Vorlage von Unterlagen nicht, bleibt nur der Antrag auf Parteivernehmung des Gegners. Ein prozessuales Mittel, das meist nur in der Theorie hilft.

VII. Abgeltungsbereich der Gebühren

1. Grundsatz der pauschalen Abgeltung

64 Nach § 15 Abs. 1 RVG entgelten die Gebühren, soweit das RVG nichts anderes bestimmt, die gesamte Tätigkeit des RA vom Auftrag bis zur Erledigung der Angelegenheit. Damit ist geregelt, dass die in derselben Angelegenheit im Rahmen ihres Abgeltungsbereichs entstandenen Gebühren alle Tätigkeiten erfassen und pauschal abgegolten werden. Dieser Grundsatz gilt für alle Gebührenarten (Wert-, Rahmen- und Festgebühren, siehe Rdn 102 ff.).

2. Einmaligkeit der Gebühren

65 Laut § 15 Abs. 2 RVG kann der RA die Gebühren in derselben Angelegenheit nur einmal fordern, auch wenn der jeweilige Gebührentatbestand mehrmals begründet wurde.

66 *Beispiel*
- Mehrere Schriftsätze an die Gegenseite während der vorgerichtlichen Tätigkeit
  = einmalige Geschäftsgebühr gem. Nr. 2300 VV RVG (allerdings kann eine umfangreiche Korrespondenz im Einzelfall das Überschreiten der 1,3-Schwellengebühr nach der Anm. zu Nr. 2300 VV RVG begründen);
- In einem Rechtsstreit, in dem zwei Verhandlungstermine stattfinden
  = einmalige Terminsgebühr gem. Nr. 3104 VV RVG.

67 Aus Letzterem ergibt sich der Umkehrschluss, dass der RA in mehreren Angelegenheiten auch mehrmals Gebühren und Auslagen beanspruchen kann. Der Unterscheidung, ob eine oder mehrere Angelegenheiten vorliegen (Rdn 83 ff.), kommt demnach – betriebswirtschaftlich betrachtet – eine wichtige Bedeutung zu.

3. Verschiedene Gebührensätze

68 Sind für Teile des Gegenstandes verschiedene Gebührensätze anzuwenden, so erhält der RA gem. § 15 Abs. 3 RVG für die Teile (ausnahmsweise) gesondert berechnete Gebühren, jedoch nicht mehr als die aus dem Gesamtbetrag der Werteteile nach dem höchsten Gebührensatz sich ergebende Gebühr.

B. Der Aufbau des RVG und die Arbeit mit der Gebührentabelle § 2

Beispiel 1 69
Der RA führt einen Rechtsstreit für seinen Mandanten wegen einer Forderung von 2.600,00 EUR. Wegen eines Teilbetrages von 1.000,00 EUR lässt der Beklagtenvertreter in der mündlichen Verhandlung Versäumnisurteil ergehen; wegen des Restanspruchs von 1.600,00 EUR wird streitig verhandelt.

Der RA des Klägers rechnet die Terminsgebühren wie folgt ab: 70

Terminsgebühr gem. Nr. 3105 VV RVG (0,5) aus 1.000,00 EUR	40,00 EUR
Terminsgebühr gem. Nr. 3104 VV RVG (1,2) aus 1.600,00 EUR	180,00 EUR
Summe	220,00 EUR
jedoch gem. § 15 Abs. 3 RVG nicht mehr als eine 1,2-Gebühr aus 2.600,00 EUR	241,20 EUR

Beispiel 2 71
Der RA führt einen Rechtsstreit für seinen Mandanten wegen einer Forderung von 1.000,00 EUR. Im Rahmen des Rechtsstreits wird unter Einbeziehung weiterer Ansprüche des Klägers von 2.600,00 EUR ein Vergleich geschlossen.

Der RA rechnet die Einigungsgebühren wie folgt ab: 72

Einigungsgebühr gem. Nr. 1000 VV RVG (1,0) aus 1.000,00 EUR	80,00 EUR
Einigungsgebühr gem. Nrn. 1000, 1003 VV RVG (1,5) aus 2.600,00 EUR	301,50 EUR
Summe	381,50 EUR
jedoch gem. § 15 Abs. 3 RVG nicht mehr als eine 1,5-Gebühr aus 3.600,00 EUR	378,00 EUR

Bei Beispiel 1 liegt der Kappungswert über den einzeln errechneten Gebühren, so 73 dass die sich aus der Einzelberechnung ergebenden Beträge geltend zu machen sind; hingegen liegt bei Beispiel 2 die Summe der einzelnen Wertgebühren höher als die Gebühr aus dem zusammengerechneten Wert mit dem höchsten Satz, so dass die Kappung des § 15 Abs. 3 RVG anzuwenden ist.

4. Vorzeitige Beendigung

§ 15 Abs. 4 RVG regelt, dass bereits entstandene Gebühren nicht wegfallen, wenn 74 sich die Angelegenheit vorzeitig erledigt oder der Auftrag endigt, soweit es das Gesetz nicht anders bestimmt. Hier spiegelt sich der Pauschalcharakter der Abs. 1 und 2 wider. Die Gebühr, die mit der ersten Tätigkeit entsteht, entfällt nicht, wenn es nicht zu weiteren Tätigkeiten kommt.

Eine vorzeitige Beendigung kann in Form einer vorzeitigen Erledigung der Angelegenheit oder eines vorzeitigen Endes des Auftrages erfolgen.

Eine vorzeitige Erledigung liegt vor, wenn der Auftrag gegenstandslos wird, bevor der RA ihn vollständig ausgeführt hat.

75 *Beispiele*
- Der Gegner nimmt seine Klage oder sein Rechtsmittel zurück, bevor der bereits für das Verfahren beauftragte RA tätig werden konnte.
- Eine Einigung der Parteien untereinander kommt ohne Zutun des RA zustande.
- Der Gegner zahlt nach Auftragserteilung, aber vor Klageerhebung oder Einreichung des Mahnbescheidsantrages.[19]

76 Eine vorzeitige Auftragsbeendigung kann durch Aufhebung oder Kündigung des Anwaltsvertrages geschehen, bevor der RA alle vom Auftrag umfassenden Tätigkeiten vorgenommen hat. Auch wenn Gegenstand des zwischen RA und Mandanten bestehenden Dienstvertrages ist, dass die Bearbeitung der Angelegenheit zu Ende zu bringen ist, kann der Vertrag ohne Einhaltung einer Kündigungsfrist gem. § 627 BGB gekündigt werden.

Die Rechtsfolgen einer vorzeitigen Kündigung ergeben sich aus § 628 BGB. Ob dem RA eine (Teil-)Vergütung für die bisherigen Leistungen zusteht oder nicht, hängt davon ab, welche Vertragspartei den Anwaltsvertrag gekündigt hat, ob die Kündigung durch vertragswidriges Verhalten einer Partei veranlasst wurde und ob ein wichtiger Grund zur Kündigung vorlag.

5. Kappungsgrenze bei erneuter Beauftragung

77 Mit § 15 Abs. 5 S. 1 RVG hat der Gesetzgeber eine Kappungsgrenze bei erneuter Beauftragung festgelegt. Danach erhält der RA in derselben Angelegenheit, in der er bereits tätig war, nicht mehr Gebühren, als er bekommen würde, wenn er von Beginn an mit diesen Tätigkeiten beauftragt worden wäre. Diese Bestimmung soll verhindern, dass der zunächst für eine einzelne Tätigkeit beauftragte RA mit späterer zusätzlicher Einzeltätigkeitsbeauftragung oder Gesamtvertretung höhere Gebühren erzielt als der RA, der unmittelbar mit der Vertretung im Ganzen beauftragt wurde.

6. Auftrag seit mehr als zwei Kalenderjahren erledigt

78 Ist der frühere Auftrag seit mehr als zwei Kalenderjahren erledigt, gilt die weitere Tätigkeit als neue Angelegenheit, wobei Anrechnungsvorschriften nicht anzuwenden sind (§ 15 Abs. 5 S. 2 RVG). Der Gesetzgeber trägt bei dieser Regelung dem Umstand Rechnung, dass sich der RA nach einem Zeitablauf von mehr als zwei Kalenderjahren nahezu neu in den Vorgang einarbeiten muss.

Bei der Bemessung des Zeitpunkts der „Erledigung" ist auf die Fälligkeit der Vergütung der abgeschlossenen Beauftragung i.S.v. § 15 Abs. 1 und 4 RVG i.V.m. § 8 Abs. 1 RVG abzustellen.

---

19 Schneider/Wolf/*N. Schneider*, RVG, § 15 Rn 236.

B. Der Aufbau des RVG und die Arbeit mit der Gebührentabelle § 2

Aus dem Wortlaut des § 15 Abs. 5 S. 2 RVG ergibt sich, dass nicht Jahre, sondern Kalenderjahre zu berücksichtigen sind.

Beispiel 79
Der RA wird vom Gläubiger mit der außergerichtlichen Durchsetzung seiner im Januar 2013 entstandenen Forderung gegen den Schuldner am 31.3.2013 beauftragt. Während der vorgerichtlichen Tätigkeit ist der Schuldner unter dem bekannten Wohnort nicht mehr anzutreffen und eine neue Anschrift kann nicht ermittelt werden. Der Gläubiger scheut die Prozesskosten und wünscht keine Zahlungsklage mit öffentlicher Zustellung und es verbleibt bei der außergerichtlichen Tätigkeit. Der Gläubiger bittet den RA im November 2013, die Sache abzuschließen. Durch Zufall erfährt der Gläubiger im Februar 2016 von dem aktuellen Wohnsitz des Schuldners und beauftragt den gleichen RA mit der außergerichtlichen Geltendmachung desselben Anspruchs.

Da zwischen Erledigung des ersten Auftrages im November 2013 und neuer Aufnahme der Tätigkeit im Februar 2016 die Kalenderjahre 2014 und 2015 liegen, begründet die Interessenvertretung des Gläubigers in 2016 eine neue Angelegenheit, was zur Folge hat, dass der RA sowohl die Geschäftsgebühr als auch die Auslagen zweimal beanspruchen kann. Zu diesem Zeitpunkt war die verfolgte Forderung auch noch nicht verjährt. Aus betriebswirtschaftlicher Hinsicht kann es deshalb sinnvoll sein, solche Fälle seitens des RA wieder aufzurufen, d.h. den Mandanten aktiv anzufragen, ob ein erneuter Beitreibungsversuch unternommen werden soll. 80

Beispiel 81
Gleicher Ausgangsfall wie zuvor, nur mit der Änderung, dass der Gläubiger bei Neubeauftragung im Februar 2016 den RA bittet, nicht mehr vorgerichtlich tätig zu werden, sondern unmittelbar Antrag auf Erlass des Mahnbescheides zu stellen, damit der Anspruch schnellstmöglich verjährungssicher festgestellt wird, bevor der Schuldner wieder abtaucht.

Wegen § 15 Abs. 5 S. 2 RVG hat der RA die Anrechnungsvorschrift gem. Teil 3, Vorbem. 3 Abs. 4 VV RVG nicht anzuwenden, die besagt, dass, wenn wegen desselben Gegenstands eine Geschäftsgebühr nach Teil 2 entsteht, diese Gebühr zur Hälfte, bei Wertgebühren jedoch höchstens in Höhe von 0,75 auf die Verfahrensgebühr des gerichtlichen Verfahrens anzurechnen ist. Der RA hat daher neben der bereits früher verdienten Geschäftsgebühr Anspruch auf die ungeschmälerte Verfahrensgebühr gem. Nr. 3305 VV RVG (1,0) für die Beantragung des Mahnbescheides. 82

VIII. Die Angelegenheit, §§ 16–21 RVG

Im dritten Abschnitt des RVG ist geregelt, wann eine Angelegenheit, verschiedene oder besondere Angelegenheiten vorliegen. 83

§ 2 Überblick, Begrifflichkeiten und Orientierung

1. Dieselbe, verschiedene, besondere Angelegenheiten

84 Mit den §§ 16–19 RVG ist die Frage, ob eine oder mehrere Angelegenheiten vorliegen, für diverse Verfahrensarten – fast ausschließlich für gerichtliche Verfahren und Zwangsvollstreckungsverfahren – beantwortet.

85 Wann es sich bei einer Tätigkeit um dieselbe Angelegenheit handelt und der RA damit die Gebühren nur einmal beanspruchen kann, ergibt sich aus § 16 RVG. Dort sind unter den Ziffern 1 bis 13 diverse Verfahren genannt, aus denen sich für die Bearbeitung in Forderungssachen im Wesentlichen keine praktischen Anwendungsfälle ergeben. Allenfalls die unter den Nrn. 2, 3 und 3a RVG genannten Bestimmungen können bedeutsam werden:

- § 16 Nr. 2 RVG: Regelt, dass das Verfahren über die Prozesskostenhilfe und das Verfahren, für das die Prozesskostenhilfe beantragt wurde, dieselbe Angelegenheit sind, so dass für das PKH-Verfahren keine besonderen Gebühren entstehen, wenn das Hauptsacheverfahren durchgeführt wird.

- § 16 Nr. 3 RVG: Mehrere Verfahren über die Prozesskostenhilfe in einem Rechtszug stellen dieselbe Angelegenheit dar. Damit sind Verfahren über die Bewilligung der Prozesskostenhilfe (§ 118 ZPO), die Aufhebung der Prozesskostenhilfe (§ 124 ZPO) und die nachträgliche Abänderung der Prozesskostenhilferaten (§ 120a ZPO) gemeint.

- § 16 Nr. 3a RVG: Das Gerichtsstandsbestimmungsverfahren und das Verfahren, für das der Gerichtsstand bestimmt werden soll. Diese Verfahren sind erforderlich, wenn mehrere Beklagte mit unterschiedlichen Gerichtsständen in Anspruch genommen werden sollen und zunächst in einem Gerichtsstandsbestimmungsverfahren geklärt wird, vor welchem Gericht das Prozessverfahren stattzufinden hat.

86 Demgegenüber bestimmt § 17 RVG, in welchen Fällen mehrere, nämlich verschiedene Angelegenheiten vorliegen. Diese Fälle sind besonders interessant, weil hier die Gebühren und Auslagen mehrfach berechnet werden können.

87 *Beispiel*
- § 17 Nr. 1 RVG: Das Verfahren über ein Rechtsmittel (Berufung, Beschwerde/Erinnerung, Revision);
- § 17 Nr. 2 RVG: Das Mahnverfahren und das streitige Verfahren;
- § 17 Nr. 5 RVG: Der Urkundenprozess und das vorbehaltene Nachverfahren (welches besonders für den Gläubigervertreter interessant ist, wenn der Anspruch primär mit einer Urkunde begründet werden kann (§§ 703a, 592 ZPO).

88 § 18 RVG führt sodann besondere Angelegenheiten auf. Hierbei handelt es sich um Tätigkeiten, die typischerweise mit einer anderen anwaltlichen Tätigkeit in Zusammenhang stehen, aber gebührenrechtlich speziell behandelt werden sollen. Hier

sind besonders viele Angelegenheiten in der Zwangsvollstreckung betroffen, was vor dem Hintergrund der niedrigen 0,3-Verfahrensgebühr nach Nr. 3309 VV RVG besonderer Beachtung bedarf.

Beispiel 89
- § 18 Nr. 1 RVG: Jede Vollstreckungsmaßnahme;
- § 18 Nr. 3 RVG: Jedes Beschwerdeverfahren und jedes Verfahren über eine Erinnerung gegen eine Entscheidung des Rechtspflegers in Angelegenheiten nach Teil 3 des VV;
- § 18 Nr. 4 RVG: Verfahren über Einwendungen gegen die Vollstreckungsklausel;
- § 18 Nr. 16 RVG: Verfahren zur Abnahme der Vermögensauskunft nach §§ 802f, 802g ZPO.

Für die Beurteilung, ob eine oder mehrere Angelegenheiten in der vorgerichtlichen Tätigkeit vorliegen, geben die zuvor genannten oder auch andere Vorschriften keinen Aufschluss. Aus der Rechtsprechung des BGH ergibt sich, dass es sich um eine vorgerichtliche Angelegenheit handelt, wenn drei Gegebenheiten vorliegen; nämlich: 90

- es liegt ein einheitlicher Auftrag zugrunde,
- Tatbestandsmerkmale mit innerem Sachzusammenhang,
- die Mandatsbearbeitung erfolgt in einem einheitlichen Rahmen.[20]

a) Einheitlicher Auftrag

Die Abgrenzung, ob es sich bei der Geltendmachung von diversen Ansprüchen oder bei der Interessenvertretung mehrerer Auftraggeber um einen einheitlichen Auftrag handelt oder nicht, hängt von dem Wunsch des Mandanten ab. Ein einheitlicher Auftrag ist auch dann gegeben, wenn der RA zu unterschiedlichen Zeitpunkten beauftragt wurde und Einvernehmen besteht, dass eine gemeinsame Behandlung erfolgen soll. Umgekehrt gilt dann aber auch das Gleiche. 91

b) Innerer Sachzusammenhang

Unter Gegenständen mit innerem Sachzusammenhang sind solche zu verstehen, die aus einem einheitlichen Lebensvorgang resultieren und zusammen in einem Gerichtsverfahren geltend gemacht werden können, wie z.B. Geltendmachung von rückständiger Miete und Ausspruch der fristlosen Kündigung des Mietverhältnisses. 92

---

20 Gerold/Schmidt/*Müller-Rabe/Mayer*, RVG, § 15 Rn 7.

§ 2 Überblick, Begrifflichkeiten und Orientierung

c) Einheitlicher Rahmen

93 Von einem einheitlichen Rahmen ist auszugehen, wenn der RA beauftragt wird, gegen die gleiche Person wegen unterschiedlicher Ansprüche tätig zu werden, z.B. Forderung aus Kaufvertrag und weitere Forderung aus Werkvertrag.

2. Vorbereitungs-, Neben- und Abwicklungstätigkeiten

94 Als Ergänzung zu § 15 Abs. 1 und 2 RVG ist § 19 RVG zu verstehen, der alle Vorbereitungs-, Neben- und Abwicklungstätigkeiten sowie Nebenverfahren dem jeweiligen Rechtszug oder Verfahren als zugehörig bestimmt. Der gebührenrechtliche Rechtszug ist **nicht** identisch mit dem verfahrensrechtlichen.[21]

95 *Beispiel*
Der RA wird von dem Gläubiger beauftragt, seinen Zahlungsanspruch klageweise vor dem Amtsgericht geltend zu machen. Nach obsiegendem Urteil beantragt derselbe RA die Erteilung der Vollstreckungsklausel.

96 Der gebührenrechtliche Rechtszug beginnt mit dem Auftrag des Gläubigers zur Erhebung der Klage; der verfahrensrechtliche Rechtszug erst mit der Einreichung der Klageschrift. Die erstmalige Erteilung der Vollstreckungsklausel gehört zum Gebührenrechtszug, da derselbe RA die Erteilung der Vollstreckungsklausel beantragt hat, der auch im Erkenntnisverfahren mandatiert war (§ 19 Abs. 1 S. 2 Nr. 13 RVG). Daraus folgt, dass dem RA für den Klauselantrag keine gesonderte Gebühr zusteht und dieser mit seiner Verfahrensgebühr aus dem Erkenntnisverfahren abgegolten ist.

Unter § 19 Abs. 1 S. 2 RVG in den Nr. 1–17 sind zahlreiche Verfahren und Tätigkeiten benannt, die zum Rechtszug oder zum (Haupt-)Verfahren gehören und somit gebührenrechtlich nicht gesondert zu behandeln sind. Dass der Gesetzgeber die Katalogauflistung mit den Worten „Hierzu gehören insbesondere" einleitet, lässt den Schluss zu, dass die benannten Ziffern nicht abschließend sein sollen.[22] Entsprechend der Gesetzesbegründung sind mit dem Begriff „Verfahren" auch die Verfahren der Zwangsvollstreckung gemeint.[23]

97 *Beispiel*
Ist der RA mit der Durchführung der Zwangsvollstreckung beauftragt und legt der Gläubiger dem RA ein Urteil ohne Vollstreckungsklausel vor, gehört die Tätigkeit des RA zur Erlangung der Vollstreckungsklausel zum vorbereitenden Verfahren und wird nicht gesondert vergütet. Diese Tätigkeit ist mit der im Rah-

---

21 Schneider/*Wolf/Mock/Volpert/N. Schneider/Fölsch/Thiel*, RVG, § 19 Rn 5.
22 Schneider/*Wolf/Mock/Volpert/N. Schneider/Fölsch/Thiel*, RVG, § 19 Rn 1.
23 *Baumgärtel/Hergenröder/Houben*, RVG, § 19 Rn 3.

men der Zwangsvollstreckung verdienten Verfahrensgebühr gem. Nr. 3309 VV RVG abgegolten, obwohl das Klauselverfahren bereits die Zwangsvollstreckung vorbereitet und als Einzeltätigkeit gesondert vergütet wird.

3. Verweisung, Abgabe oder Zurückverweisung

Die §§ 20 und 21 RVG regeln, ob ein oder mehrere Rechtszüge bei Verweisung, Abgabe oder Zurückverweisung einer Sache vorliegen, was wiederum zur Folge hat, dass der in allen Rechtszügen tätige RA bei Vorliegen eines Rechtszuges die Gebühren nur einmal verdienen kann und bei mehreren Rechtszügen gesondert. Die Vorschriften gelten für alle gerichtlichen Verfahren. 98

Mit Verweisung oder Abgabe der Sache an ein anderes Gericht des gleichen Rechtszuges gem. § 20 S. 1 RVG ist die Horizontalverweisung gemeint, z.B. wenn der Rechtsstreit wegen sachlicher, örtlicher oder funktioneller Unzuständigkeit oder wegen Anrufung eines nicht zuständigen Gerichts verwiesen wird. Die Verfahren vor dem abgebenden als auch übernehmenden Gericht stellen eine Angelegenheit dar, so dass der RA seine Gebühren i.S.v. § 15 Abs. 2 RVG nur einmal erheben kann. 99

Bei Verweisung oder Abgabe der Sache von einem Rechtsmittelgericht an ein Gericht des niedrigeren Rechtszuges (Diagonalverweisung), stellt das weitere Verfahren vor diesem Gericht einen neuen Rechtszug dar (§ 20 S. 2 RVG), was zur Folge hat, dass die Gebühren neu entstehen. 100

Gemäß § 21 RVG gilt das Verfahren nach Zurückverweisung der Sache durch das Rechtsmittelgericht an die untere Instanz als neuer Rechtszug. Dementsprechend erhält der RA, der vor und nach der Zurückverweisung tätig war, mehrfach Gebühren.[24] Allerdings ist die Anrechnungsvorschrift der Vorbem. 3 Abs. 6 VV RVG zu beachten, wonach die bereits vor Zurückverweisung entstandene Verfahrensgebühr auf die Verfahrensgebühr des neuen Verfahrens anzurechnen ist. Nicht nur aus primären prozessualen, sondern auch aus Gründen der Vergütungsoptimierung empfiehlt sich ein zumindest hilfsweiser Zurückverweisungsantrag in den Rechtsmittelinstanzen. 101

IX. Die Gebührenarten

Das RVG kennt drei verschiedene Gebührenarten: 102
- Wertgebühren,
- Rahmengebühren, die unterschieden werden in
- Satz- und
- Betragsrahmengebühren und
- Festgebühren.

---

24 Gerold/Schmidt/*Mayer*, RVG, § 21 Rn 1.

§ 2 Überblick, Begrifflichkeiten und Orientierung

1. Wertgebühren

103 Bei den Wertgebühren ermittelt sich die konkrete Gebührenhöhe aus dem im VV genannten Verhältnis zur vollen Gebühr (= Gebührensatz) und dessen Anwendung auf den sich nach dem Gegenstandswert aus der Tabelle des § 13 RVG abzulesenden Betrag. Die Wertgebühren werden folglich aus der Tabelle abgelesen und können der Höhe nach vom RA nicht anders bestimmt werden.

104 *Beispiel jeweils Gegenstandswert 2.500,00 EUR*

Einigungsgebühr gem. Nr. 1000 VV RVG (1,5)	301,50 EUR
Geschäftsgebühr gem. Nrn. 2301, 2300 VV RVG (0,3)	60,30 EUR
Terminsgebühr gem. Nr. 3104 VV RVG (1,2)	241,20 EUR

2. Rahmengebühren

105 Bei den Rahmengebühren gibt der Gesetzgeber einen Rahmen vor, in dem der RA seine Gebühr nach Ermessensgesichtspunkten bestimmt. Zwei Arten von Rahmengebühren sind zu unterscheiden, und zwar Betragsrahmen- und Satzrahmengebühren. Bei einem Betragsrahmen ist ein Mindest- und ein Höchstbetrag festgelegt und bei Satzrahmen ein Mindest- und ein Höchstsatz. Im Forderungsmanagement ist die Geschäftsgebühr als Satzrahmengebühr von zentraler Bedeutung.

106 *Beispiel*

Betragsrahmen = Grundgebühr in Strafsachen gem. Nr. 4100 VV RVG i.H.v. 40,00 EUR–360,00 EUR
Satzrahmen = Geschäftsgebühr gem. Nr. 2300 VV RVG (0,5–2,5)

a) Kriterien zur Bestimmung der Höhe bei Rahmengebühren

107 Die Kriterien, die der RA für seine Ermessensentscheidung anzuwenden hat, ergeben sich aus § 14 RVG. Danach bestimmt der RA nach **billigem Ermessen** die Gebühr im Einzelfall unter Berücksichtigung aller Umstände, vor allem des Umfangs und der Schwierigkeit seiner Tätigkeit, der Bedeutung der Angelegenheit sowie der Einkommens- und Vermögensverhältnisse des Auftraggebers und im Hinblick auf ein besonderes Haftungsrisiko des RA. Unter „billigem Ermessen" ist zu verstehen, dass bei der Bestimmung der Gebühr alle Umstände angemessen zu berücksichtigen sind, wobei die Bemessung der Gebühr in jedem Einzelfall gerecht zu erfolgen hat. Die Entscheidung des Rechtsanwaltes darf nur auf Ermessensfehler, nicht aber auf ihre „Richtigkeit" überprüft werden, d.h. der Richter darf nicht sein Ermessen an die Stelle des Beurteilungsspielraums des Rechtsanwaltes setzen.

aa) Umfang

Bei der Betrachtung des „Umfangs" ist nicht auf den Umfang der Angelegenheit abzustellen, sondern auf den Umfang der anwaltlichen Tätigkeit, insbesondere den erforderlichen Zeitaufwand zur Betreuung des Mandats.[25] Bei der Bemessung des Umfangs kommen z.b. die Dauer der Vorarbeit, insbesondere der Informationsbeschaffung, die Dauer der Auswertung von Rechtsprechung und Literatur oder die Dauer von Besprechungen und Vertragsverhandlungen in Betracht.[26]

108

bb) Schwierigkeit

Das Kriterium „Schwierigkeit" ergibt sich aus der Intensität der Arbeit. Die anwaltliche Tätigkeit ist als schwierig zu beurteilen, wenn Probleme in tatsächlicher und rechtlicher Art zu lösen sind, die in durchschnittlichen Angelegenheiten nicht auftreten. Tatsächliche Schwierigkeiten können z.b. sein, dass zwischen dem RA und dem Auftraggeber oder dem Gegner sprachliche Verständigungsschwierigkeiten bestehen; ein Anhaltspunkt für rechtliche Schwierigkeiten kann auch vorliegen, wenn sich der RA in abgelegene Rechtsgebiete einzuarbeiten hat.[27]

109

cc) Bedeutung

Die „Bedeutung" der Angelegenheit stellt ein subjektives Merkmal dar, das aus der Betrachtung des Auftraggebers zu ermitteln ist. Neben der tatsächlichen und rechtlichen Bedeutung ist auch auf die wirtschaftlichen, gesellschaftlichen und ideellen Auswirkungen des Ausgangs der Angelegenheit abzustellen.[28] Darunter können z.b. Verlust der Arbeitsstelle oder der wirtschaftlichen Existenz fallen.

110

dd) Einkommensverhältnisse

Hinsichtlich der Einkommensverhältnisse des Auftraggebers ist von den durchschnittlichen Verhältnissen der Bevölkerung auszugehen, wobei vielfach auf die Werte des statistischen Bundesamtes zurückgegriffen werden. Die vom statistischen Bundesamt veröffentlichen Werte berücksichtigen jedoch nicht die Personen, die über kein eigenes Einkommen verfügen, so dass zum Ausgleich ein Abschlag vorzunehmen ist.[29] Damit das Einkommen des Auftraggebers bei der Ermessensentscheidung i.S.v. § 14 Abs. 1 S. 1 RVG relevant ist, muss die Differenz zum Durchschnittswert erheblich sein. Erheblichkeit wird bejaht bei einer Differenz von 20 %, so dass ausgehend von einem durchschnittlichen Bruttoeinkommen von 1.500,00 EUR innerhalb einer Einkommensspanne von 1.200,00 EUR bis

111

---

25 *Baumgärtel/Hergenröder/Houben*, RVG, § 14 Rn 7.
26 *Baumgärtel/Hergenröder/Houben*, RVG, § 14 Rn 9.
27 *Baumgärtel/Hergenröder/Houben*, RVG, § 14 Rn 14 ff.
28 Schneider/Wolf/*Onderka*, RVG, § 14 Rn 38.
29 Gerold/Schmidt/*Mayer*, RVG, § 14 Rn 35.

1.800,00 EUR die Einkommensverhältnisse des Auftraggebers ohne Bedeutung sind.[30] In der Praxis handelt es sich um einen kaum tragfähigen Gesichtspunkt.

ee) Vermögensverhältnisse

112 Bei den Vermögensverhältnissen ist auf die Vermögensverhältnisse des Auftraggebers – nicht eines erstattungspflichtigen Dritten – abzustellen. Auch insoweit gilt, dass ein Erhöhen oder Mindern der Gebühren nur dann in Betracht kommt, wenn eine erhebliche Abweichung des Vermögens von den durchschnittlichen Vermögensverhältnissen vorliegt. Ist der Mandant Eigentümer eines Ein- oder Zweifamilienhauses, verfügt er über ein kleines Sparguthaben und den üblichen Hausrat, ist von durchschnittlichen Vermögensverhältnissen auszugehen.[31]

Unterschiedliche Meinungen existieren zum Zeitpunkt der Beurteilung. Es wird zum einen auf den Zeitpunkt der Abrechnung[32] abgestellt und zum anderen auf die wirtschaftlichen Verhältnisse bei der Auftragserteilung bzw. der Fälligkeit der Vergütung, je nachdem in welchem Zeitpunkt sie besser sind.[33] Da der Mandant zum Zeitpunkt der Auftragserteilung soll überblicken können, welchen Vergütungsansprüchen er sich ausgesetzt sieht, ist richtigerweise auf den Zeitpunkt der Auftragserteilung abzustellen.

ff) Haftungsrisiko

113 Als weiteres Bemessungskriterium führt § 14 Abs. 1 S. 2 und 3 RVG das Haftungsrisiko des Anwalts an. Nach S. 2 *kann* ein besonderes Haftungsrisiko bei der Bemessung herangezogen werden. Diese Bestimmung bezieht sich auf Satzrahmengebühren, die auf Grundlage des Gegenstandswertes ermittelt werden. Durch die Höhe des jeweiligen Gegenstandswertes soll das Ausmaß des Haftungsrisikos bereits Berücksichtigung gefunden haben. In Forderungssachen, sei es bei der Durchsetzung oder bei der Abwehr von Ansprüchen, liegen regelmäßig konkrete Beträge zugrunde, so dass das Kriterium des Haftungsrisikos bei Satzrahmengebühren in der Regel eine zu vernachlässigende Größe darstellt. Allerdings können im Einzelfall besonders hohe Folgeschäden zu berücksichtigen sein, d.h. wenn bei einer Pflichtverletzung über den Verlust der Forderung hinausgehende, erhebliche Schäden zu beklagen sein könnten.

Der Gesetzgeber hat bei verschiedenen Wertvorschriften Kappungsgrenzen vorgeschrieben, die unter Umständen nicht im wertmäßigen Einklang zum Haftungsrisiko des RA stehen. Auch in diesen Fällen kann der RA bei Satzrahmengebühren

---

30 Schneider/Wolf/*Onderka*, RVG, § 14 Rn 42.
31 Schneider/Wolf/*Onderka*, RVG, § 14 Rn 43 ff.
32 Schneider/Wolf/*Onderka*, RVG, § 14 Rn 46.
33 Gerold/Schmidt/*Mayer*, RVG, § 14 Rn 36.

B. Der Aufbau des RVG und die Arbeit mit der Gebührentabelle § 2

ein höheres Haftungsrisiko begründen, da der zugrunde zu legende Gegenstandswert das tatsächliche Haftungsrisiko nicht abdeckt.

Beispiel 114
Der RA ist beauftragt, neben den rückständigen Monatsmieten auch den Räumungsanspruch gerichtlich geltend zu machen. Der Zahlungsanspruch ermittelt sich aus den rückständigen Mieten und der Räumungsanspruch gem. § 41 Abs. 2 GKG aus dem zu zahlenden Entgelt, begrenzt auf ein Jahr. Das Haftungsrisiko kann allerdings wesentlich höher liegen, wenn z.B. der Räumungsanspruch nicht zuerkannt wird und der Auftraggeber nun gezwungen ist, ein für ihn ungünstiges Mietverhältnis über mehrere Jahre weiterzuführen.[34]

Sicher ist in vielen, wenn nicht allen Anwaltskanzleien das Phänomen bekannt, 115 dass sich das Jahresende so plötzlich und unerwartet nähert und Auftraggeber sich erinnern, dass die Verjährung ihrer Ansprüche bevorsteht. Übernahme von Mandaten unmittelbar vor Verjährungseintritt können ebenfalls ein erhöhtes Haftungsrisiko begründen.[35]

Hinweis 116
Zusammengefasst sollte der RA bei der Bemessung der Satzrahmengebühr im Einzelfall folgende Überlegungen hinsichtlich der einzelnen Kriterien des § 14 Abs. 1 RVG anstellen:
- Prüfung der Kriterien „Umfang" und „Schwierigkeit", ob sie über- oder unterdurchschnittlich sind.
- Für beide Kriterien jeweils einen Gebührensatz festlegen; Die Praxis zeigt, dass bei der Geschäftsgebühr eine 1,3-Gebühr für den durchschnittlichen Fall angenommen wird, die bereits unter der Mittelgebühr von 1,5 liegt.
- Aus diesen beiden Gebührensätzen den Durchschnittssatz bilden, indem beide Werte addiert und dann durch zwei geteilt werden.
- Sodann die Prüfung der weiteren Kriterien des § 14 Abs. 1 RVG durchführen, wie Bedeutung der Sache, Einkommens- und Vermögensverhältnisse des Auftraggebers und Haftungsrisiko des RA. Ergibt sich daraus eine Abweichung vom Durchschnittlichen, wird der zuvor bestimmte Mittelwert erhöht oder gesenkt.[36]

§ 14 Abs. 1 S. 3 RVG bezieht sich mit der Formulierung „... Rahmengebühren, die 117 sich *nicht* nach dem Gegenstandswert richten, ..." auf Betragsrahmengebühren. Ohne Einflussnahme eines Wertes soll diese Bestimmung den RA in die Lage versetzen, bei der Überlegung des Rahmens sein Haftungsrisiko einfließen zu lassen.

---

34 Schneider/Wolf/*Onderka*, RVG, § 14 Rn 48; Gerold/Schmidt/*Mayer*, RVG, § 14 Rn 38.
35 Schneider/Wolf/*Onderka*, RVG, § 14 Rn 52; hier sollten aber auch besondere vertragliche Regelungen zur Haftungsbegrenzung Platz greifen.
36 *Scherer*, Grundlagen des Kostenrechts, 1–47.

§ 2 Überblick, Begrifflichkeiten und Orientierung

Der Einzelfall ist dahingehend zu prüfen, ob tatsächlich ein objektiv höheres Risiko vorliegt. Da Betragsrahmengebühren in Forderungssachen keine Relevanz haben, sondern z.b. in sozialrechtlichen, verwaltungsrechtlichen oder strafrechtlichen Angelegenheiten, soll hierauf nicht näher eingegangen werden.

b) Ausgangswert Mittelgebühr

118 Sollte der RA nach Prüfung zu dem Ergebnis gekommen sein, dass über- oder unterdurchschnittliche Umstände im konkreten Fall vorliegen, ist bei der Erhöhung oder Herabsenkung seiner Gebühr von der Mittelgebühr auszugehen. Die Mittelgebühr errechnet sich wie folgt:

Bei Satzrahmengebühren:

$$\frac{\text{Mindestsatz} + \text{Höchstsatz}}{2} = \text{Mittelgebühr}$$

119 *Beispiel*
Geschäftsgebühr gem. Nr. 2300 VV RVG:

$$\frac{0,5 + 2,5}{2} = 1,5$$

120 Zur Schwellengebühr siehe § 4 Rdn 83 ff.

121 Bei Betragsrahmengebühren:

$$\frac{\text{Mindestgebühr} + \text{Höchstgebühr}}{2} = \text{Mittelgebühr}$$

122 *Beispiel*
Grundgebühr in Strafsachen gem. Nr. 4100 VV RVG:

$$\frac{40,00 + 360,00\,\text{EUR}}{2} = 200,00\,\text{EUR}$$

c) Mindestgebühr

123 Dass lediglich die Mindestgebühr des Rahmens in Ansatz zu bringen ist, käme allenfalls dann in Frage, wenn sämtliche Kriterien des § 14 Abs. 1 RVG unterdurchschnittlich wären oder in Ausnahmefällen, wenn sich die Sache unmittelbar nach Erteilung des Auftrages erledigt hat, bevor der RA etwas veranlassen konnte.[37]

---

37 Schneider/Wolf/*Onderka*, RVG, § 14 Rn 65.

d) Höchstgebühr

Das Bejahen der Höchstgebühr erfordert hingegen nicht das überdurchschnittliche Vorliegen aller Kriterien des § 14 Abs. 1 RVG. Vielmehr kann es genügen, wenn ein Merkmal vorliegt, das überdurchschnittlich ist, um den Ansatz der Höchstgebühr zu bejahen. Regelmäßig sollten jedoch mehrere Umstände überdurchschnittlich sein, damit die Höchstgebühr begründet werden kann.[38]

124

e) Streitige Vergütungsabrechnung

Betrachtet man nur die unterschiedlichsten Überlegungen bei der Beurteilung und wertmäßigen Einschätzung der Kriterien, liegt es nahe, dass sich das Ergebnis nicht immer decken kann mit der Einschätzung des Auftraggebers, was zur Folge haben kann, dass über die Höhe der Gebühr, auch wegen anderer Gründe, Streit aufkommt. Es liegt deshalb nicht fern, mit dem Auftraggeber schon bei der Mandatsannahme die maßgeblichen Kriterien und den anzunehmenden Gebührensatz zu klären und Aspekte, die sich erst bei der Bearbeitung zeigen, unmittelbar zu kommunizieren.

125

Wird ein Rechtsstreit geführt, in dem die Höhe der anwaltlichen Gebühr streitig ist, hat das Gericht gem. § 14 Abs. 2 RVG ein Gutachten des Vorstandes der Rechtsanwaltskammer einzuholen. Streitig ist die Sache nicht, wenn der Auftraggeber den Anspruch anerkennt. Auch bedarf es der Einholung eines Gutachtens nicht, wenn die Parteien einen Prozessvergleich schließen, der RA lediglich die Mindestgebühr abgerechnet hat oder das Gericht bereits den Anspruch des RA dem Grunde nach verneint.[39]

126

Diese Verpflichtung des Gerichts bezieht sich auf Rechtsstreitigkeiten zwischen RA und seinem Auftraggeber und nicht z.B. auf Verfahren gegen den Rechtsschutzversicherer oder gegen einen erstattungsfähigen Dritten.[40]

Bei dem Gutachten des Vorstandes der Rechtsanwaltskammer handelt es sich nicht um ein Sachverständigengutachten i.S.v. § 411 ZPO, sondern es ist als amtliche Auskunft zu qualifizieren.[41] Dass es nicht als Sachverständigengutachten zu verstehen ist, hat zur Folge, dass der Verfasser des Gutachtens nicht veranlasst werden kann, Erläuterungen zum Inhalt des Gutachtens in der mündlichen Verhandlung vorzunehmen.

---

38 Schneider/Wolf/*Onderka*, RVG, § 14 Rn 66 f.
39 Gerold/Schmidt/*Mayer*, RVG, § 14 Rn 66.
40 Gerold/Schmidt/*Mayer*, RVG, § 14 Rn 64.
41 Schneider/Wolf/*Onderka*, RVG, § 14 Rn 116.

3. Festgebühren

127 Unter Festgebühren sind feste Geldbeträge zu verstehen, die im RVG und auch anderen Kostengesetzen mit Euro-Beträgen ausgewiesen sind. Sie stehen in keinem Zusammenhang mit einem Wert. Festgebühren finden sich im Rahmen der Beratungshilfe und sind in den Nrn. 2500 ff. VV RVG geregelt.

128 *Beispiele*

Beratungshilfegebühr gem. Nr. 2500 VV RVG (bemerkenswert: inkl. USt)	15,00 EUR
Geschäftsgebühr für außergerichtliche Vertretung des Schuldners zur Herbeiführung eines Schuldenbereinigungsplans i.S.v. § 305 Abs. 1 S. 1 InsO bei bis zu fünf Gläubigern gem. Nr. 2504 VV RVG i.V.m. Nr. 2503 VV RVG	270,00 EUR
Einigungs- und Erledigungsgebühr gem. Nr. 2508 VV RVG	150,00 EUR

§ 3 Gebührentatbestände, unabhängig von der Bearbeitungsphase

A. Einleitung

Das Vergütungsverzeichnis zum RVG beginnt im Teil 1 mit den allgemeinen Gebühren. Die unter den Nrn. 1000–1010 VV RVG genannten Gebühren können grundsätzlich in allen Tätigkeitsbereichen des RA entstehen, die in den folgenden Teilen des VV RVG geregelt sind. In der Forderungssachbearbeitung sind es die Bearbeitungsabschnitte der vorgerichtlichen und gerichtlichen Tätigkeit sowie im Rahmen der Zwangsvollstreckung und ggf. Mandatsüberwachungstätigkeiten.

1

Dass es unter Vorbem. 1 heißt *„Die Gebühren dieses Teils entstehen neben den in anderen Teilen bestimmten Gebühren"* bedeutet, dass die im Teil 1 genannten Gebühren **nicht isoliert** erwachsen können, sondern nur im Zusammenhang mit mindestens einer anderen (Betriebs-)Gebühr, wie z.b. der Beratungs-, Geschäfts- oder Verfahrensgebühr.

Im Rahmen der Bearbeitung von Forderungssachen haben in Bezug auf Teil 1 des VV die Einigungsgebühren gem. Nr. 1000 VV RVG und gem. Nr. 1003 VV RVG i.V.m. Nr. 1000 VV RVG, die Erhöhungsgebühr für mehrere Auftraggeber gem. Nr. 1008 VV RVG und die Hebegebühr gem. Nr. 1009 VV RVG besondere Bedeutung.

> *Hinweis*
> Auf diese Gebührentatbestände sollte auch bei der Bearbeitung der einzelnen Forderungssache und bei kanzleiinternen Vorgaben für Standards bei der Mandatsbetreuung ein besonderes Augenmerk gerichtet sein, um keine Gebühren zu verschenken, erst recht, wenn die Betriebsgebühr[1] gering ausfällt.

2

> *Beispiel*
> Der RA erhält von seinen zwei Mandanten den Auftrag, die rechtskräftig festgestellten Ansprüche im Wege der Zwangsvollstreckung durchzusetzen. Der RA fordert den Schuldner vor Einleitung von Vollstreckungsmaßnahmen zur Zahlung auf. Der Schuldner meldet sich nach Zugang des Aufforderungsschreibens und es kommt zu einem umfassenden Teilzahlungsvergleich.
> Die Betriebsgebühr, nämlich die Verfahrensgebühr gem. Nr. 3309, beträgt lediglich 0,3. Unter Beachtung der Einigungsgebühr gem. Nrn. 1000, 1003 VV RVG in Höhe einer 1,5-Gebühr und der 0,3-Gebühr für den weiteren Auftraggeber gem. Nr. 1008 VV RVG kommen Gebühren in Höhe eines Satzes von 1,8 hinzu,

3

---

1 Geschäfts- oder Verfahrensgebühr.

mithin Gebühren aus Teil 1 VV RVG um das Sechsfache höher als die Verfahrensgebühr.

4 Zu unterscheiden sind das Entstehungs- und das Erstattungsverhältnis. Nicht alle entstandenen Gebühren sind in ihrer Art oder in der entstandenen Höhe erstattungsfähig. Die nachfolgenden Ausführungen zu den Gebühren befassen sich zunächst mit dem Entstehungsverhältnis zwischen RA und Auftraggeber. Die Verpflichtung des Gegners zur Erstattung der jeweiligen Gebühren wird gesondert behandelt und entsprechend kenntlich gemacht. Im Kern ist davon auszugehen, dass sie nur dann erstattungsfähig sind, wenn sie auch notwendig waren.

B. Die Einigungsgebühr nach Nr. 1000 VV RVG

5 Der Gesetzgeber misst der gütlichen Einigung eine besondere Bedeutung zu, was sich auch im Verfahrensrecht widerspiegelt, wie z.B.
- im PKH-Bewilligungsverfahren gem. § 118 ZPO;
- gem. § 278 ZPO, wonach das Gericht in jeder Lage des Verfahrens auf eine gütliche Beilegung des Rechtsstreits bedacht sein soll;
- im Rahmen der Beweisaufnahme i.S.v. § 492 ZPO und auch
- gem. § 802b ZPO bei der Zwangsvollstreckung durch den Gerichtsvollzieher.

Häufig ordnet das Gericht im Rechtsstreit das persönliche Erscheinen der Parteien zum Verhandlungstermin an, um auf eine einvernehmliche Lösung hinzuwirken, oftmals mit den Argumenten höherer Kosten im Falle einer Beweisaufnahme und eines möglichen Rechtsmittelverfahrens sowie der wesentlich längeren Verfahrensdauer.

6 Die Einigung ist in Forderungssachen nicht nur ein Mittel zur Beilegung eines Streits über Grund und Höhe des Anspruchs, sondern auch ein Beitrag zur Erfüllung der Zahlungsverpflichtung, vor allem, wenn der Schuldner finanziell nicht in der Lage ist, die Zahlung in einer Summe sofort zu bewirken. Wenn dem Schuldner gestattet wird, die Schuld in Raten zu tilgen, muss es im Interesse des Gläubigers liegen, seine Rechte zu wahren, z.B. abstraktes Schuldanerkenntnis zur Vermeidung von Beweisverlusten, verjährungsverlängernde Abreden, um den Verlust der Durchsetzbarkeit zu verhindern oder Einräumung von Sicherheiten. Auch für den Schuldner sind die zuletzt genannten Rechte nützlich, da er sich keinen Maßnahmen des Gläubigers ausgesetzt sieht, weil z.B. der Gläubiger zur Titulierung gezwungen ist, damit der Anspruch nicht zu verjähren droht, oder die Kosten eines Pfändungs- und Überweisungsbeschlusses vermieden werden können bei Gewährung einer Einkommensabtretung.

7 Jede Partei, die vor der Entscheidung steht, ob der präsentierte Einigungsvorschlag eine akzeptable Lösung bietet, oder die selbst die Unterbreitung eines Regelungsangebotes beabsichtigt, muss abwägen und in Alternativen denken. Ein solcher Ab-

wägungsprozess kann bei der Bearbeitung von Forderungsangelegenheiten in allen Verfahrensabschnitten auftreten.

Beispiele 8
- Rechtfertigt das Ablehnen eines geringen Entgegenkommens die Kosten und das Beweisrisiko einer ansonsten bevorstehenden gerichtlichen Geltendmachung?
- Besteht die Gefahr, den Rechtsstreit ganz oder teilweise zu verlieren?
- Wird zur Beweisführung ein Sachverständigengutachten benötigt und welches zusätzliche Kostenrisiko ist zu kalkulieren?
- Ist es wirtschaftlich sinnvoll, dass durch eine Einigung im Rechtsstreit zwar weniger Gerichtskosten (1,0 Gerichtsgebühr statt 3,0), aber RA-Einigungsgebühren (1,0) entstehen?
- Kann der zahlungspflichtige, aber in wirtschaftlich misslichen Verhältnissen lebende Schuldner durch ein Nachgeben in dem Vergleich, z.b. des Zinsanspruchs bei Erfüllung der Ratenzahlungsvereinbarung, zu lückenlosen Teilzahlungen motiviert werden?
- Besteht das Risiko, dass bei langer streitiger Verfahrensdauer der Zugriff auf pfändbares Einkommen oder Vermögen nicht mehr möglich ist, weil der Schuldner bis zur Vorlage des vollstreckungsfähigen Titels über diese Einnahmen oder das Vermögen nicht mehr verfügt?
- Ist es sinnvoll, sich auf Teilzahlungen einzulassen, wenn in diesem Vergleich Regelungen enthalten sind, die zeit- und kostenaufwendige Vollstreckungsverfahren entbehrlich machen?

I. Einigungsgebühr

1. Motivation für den RA

Der RA soll für die Mitwirkung am Abschluss eines Vertrages honoriert werden, 9 durch den der Streit oder die Ungewissheit über ein Rechtsverhältnis beseitigt wird (Anm. 1 S. 1 Nr. 1 zu Nr. 1000 VV RVG). Letztlich wird damit die Justiz entlastet. Andererseits muss das erhöhte Haftungsrisiko gesehen und vergütet werden.

2. Voraussetzungen für den Anfall der Einigungsgebühr

Aus dem Wortlaut der Gebührenvorschrift lässt sich nachfolgende Checkliste zum 10 Prüfen der Voraussetzungen des Anfalls der Einigungsgebühr herleiten, wobei die Fragen sämtlich mit „ja" zu beantworten sind:
- Besteht ein Rechtsverhältnis zwischen den Parteien?
- Wird durch den Abschluss des Vertrages oder einer Zahlungsvereinbarung ein Streit oder eine Ungewissheit beseitigt?
- Ist die getroffene Einigung wirksam und endgültig?
- Ist die Einigung aufgrund der Mitwirkung des RA zustande gekommen?

§ 3 Gebührentatbestände, unabhängig von der Bearbeitungsphase

a) Bestehen eines Rechtsverhältnisses der Parteien

11 Der Begriff des Rechtsverhältnisses kann im weitesten Sinne verstanden werden. Darunter fallen schuld- oder sachenrechtliche, familien-, erb- und öffentlich-rechtliche Rechtsverhältnisse, auch aufgrund Gesetzes entstandene[2] (z.b. Schadensersatzforderungen gem. §§ 823 ff. BGB) sowie vorvertragliche Pflichten und vertragliche Nebenpflichten.

Das Rechtsverhältnis zwischen den Parteien muss zum Zeitpunkt der Einigung bereits bestanden haben oder zumindest eine Partei behauptet, dass ein Rechtsverhältnis besteht,[3] und leitet daraus Rechte ab und die andere Partei bestreitet dies. Nicht ausreichend ist es, wenn das Rechtsverhältnis erst nach der Einigung begründet wird. Wirkt ein RA bei der Gestaltung eines noch nicht bestehenden Rechtsverhältnisses mit, z.B. Erstellung eines Miet-, Kauf- oder Werkvertrages, kann die Einigungsgebühr für diese Tätigkeit nicht entstehen.

Nicht zwingend erforderlich ist das Zustandekommen der Einigung nur zwischen den Parteien selbst, sondern auch bei Abschluss eines Einigungsvertrages mit einem Dritten. Dritte können z.B. der Bürge oder die Haftpflichtversicherung der Partei sein. Ferner auch nach Pfändung des Arbeitseinkommens der Arbeitgeber als Drittschuldner.[4]

Der RA als Interessenvertreter einer Partei, Schuldnerberatungsstellen, Eltern von Minderjährigen oder amtlich bestellte Betreuer gelten nicht als Dritte, weil sie für die Partei als Vertreter handeln und nicht im eigenen Namen. Die Einigung mit Vertretern einer Partei ist mit einer Einigung unmittelbar mit der Partei gleichzusetzen.

b) Abschluss eines Vertrages/einer Zahlungsvereinbarung

12 Erforderlich ist der Abschluss eines Vertrages, d.h. zweier korrespondierender Willenserklärungen, der den Streit oder die Ungewissheit über ein Rechtsverhältnis beseitigt. Dabei ist es nicht erforderlich, dass der abgeschlossene Vertrag als „Einigung" oder „Vergleich" bezeichnet wird. Vielmehr kommt es auf den Inhalt der getroffenen Regelungen an.

13 *Hinweis*
Damit die Gebühr nach Nr. 1000 VV RVG entsteht, ist der Abschluss eines Vergleichs i.S.v. § 779 BGB **nicht** erforderlich. Nach § 779 Abs. 1 BGB kommt beim Abschluss eines Vergleichs über die Beseitigung des Streits oder die Ungewissheit eines Rechtsverhältnisses noch ein gegenseitiges Nachgeben hinzu. Jeder Vergleich ist demnach immer eine Einigung, nicht aber jede Einigung auch ein Vergleich.

---

2 Gerold/Schmidt/*Müller-Rabe*, RVG, VV 1000 Rn 97.
3 Düsseldorf OLGR 2003, 242 = AGS 2003, 496.
4 Schneider/Wolf/*Onderka/Schafhausen/Schneider/Thiel*, RVG, VV 1000 Rn 36.

B. Die Einigungsgebühr nach Nr. 1000 VV RVG § 3

Nicht in den Anwendungsbereich der Nr. 1000 VV RVG fällt ein Vertrag, der lediglich ein **isoliertes Anerkenntnis** oder einen **isolierten Verzicht** (Anm. 1 zu Nr. 1000 VV RVG) beschreibt. Ein vollständiges Anerkenntnis liegt auch vor, wenn der geltend gemachte Anspruch erfüllt wird. Erfolgt die Weiterverfolgung des Anspruches aufgrund eines vollständigen Verzichts nicht, dann ist ebenfalls eine Einigungsgebühr nicht gerechtfertigt.

14

Ob es bei ähnlicher Fallgestaltung doch zu einer Einigungsgebühr kommen kann, hängt entscheidend von den Erklärungen der Parteien ab, die zur Folge haben müssen, dass nicht nur ein isoliertes Ankerkenntnis oder ein isolierter Verzicht vorliegt. Durch die Erklärungen der Parteien muss ein anderes Ergebnis erzielt werden als durch ein bloßes Anerkenntnis- oder Verzichtsurteil bzw. Klagerücknahme.

Beispiel
- Der Kläger hat einen Betrag von 15.000,00 EUR eingeklagt. Das Gericht lässt erkennen, dass es einen Betrag von 10.000,00 EUR für begründet erachtet. Die Anwälte der Parteien stimmen sich ab mit dem Ergebnis, dass der Beklagte einen Betrag von 10.000,00 EUR anerkennt und der Kläger im Gegenzug die Klage in Höhe von 5.000,00 EUR zurücknimmt. Die Einigungsgebühr ist entstanden, da zum einen ein Vertrag geschlossen wurde, der den Streit oder die Ungewissheit über ein Rechtsverhältnis beseitigt, und zum anderen kein isoliertes Anerkenntnis oder isolierter Verzicht vorliegt, da sowohl ein Anerkenntnis als auch ein Verzicht erfolgte.[5]
- Der Kläger nimmt den Klaganspruch oder das Rechtsmittel vollständig zurück und der Beklagte verzichtet auf sein Kostenerstattungsrecht i.S.v. § 269 Abs. 3 ZPO. Hier kann von einer Vereinbarung der Parteien ausgegangen werden.[6]
- Die Parteien vereinbaren, dass der Beklagte einen Teilbetrag der eingeklagten Summe zahlt und danach vom Kläger die Klagrücknahme erklärt wird.

15

Der Gesetzgeber hat im Rahmen des 2. KostRMoG mit Einführung der Anm. 1 S. 1 Nr. 2 zu Nr. 1000 VV RVG Rechtssicherheit dahingehend geschaffen, dass bei Abschluss einer Zahlungsvereinbarung die Einigungsgebühr anfällt. Dies war vorher äußerst streitig, weil insbesondere bei titulierten Ansprüchen grundsätzlich ein Streit über das Rechtsverhältnis nicht (mehr) vorliegen kann. Nach der klarstellenden Anmerkung entsteht die Einigungsgebühr für die Mitwirkung einer Zahlungsvereinbarung, die die Erfüllung des Anspruches bei gleichzeitigem vorläufigen Verzicht auf die gerichtliche Geltendmachung und, wenn bereits ein zur Zwangsvollstreckung geeigneter Titel vorliegt, bei gleichzeitigem vorläufigen Verzicht auf Vollstreckungsmaßnahmen regelt. Mit dieser präzisierenden Regelung er-

16

---

5 OLG Stuttgart FamRZ 2011, 997.
6 OLG Düsseldorf AGS 2009, 17–18 = JurBüro 2009, 28.

65

sparen sich alle im Forderungsbereich tätigen Rechtsdienstleister einiges an Zeit und Arbeit zur Rechtfertigung der geltend gemachten Einigungsgebühr.[7] Danach reicht es für das Entstehen der Einigungsgebühr aus, dass der Schuldner die Erfüllung der Forderung zusagt und der Gläubiger dem Schuldner den Anspruch stundet oder ihm gestattet, den Schuldbetrag ratenweise zu tilgen und gleichzeitig für die Dauer der Stundung oder Ratenzahlung vorläufig auf eine Titulierung oder Einleitung von Vollstreckungsmaßnahmen verzichtet. Ein Nachgeben des Gläubigers, dass er einen Teil seiner Forderung nicht weiter begehrt, ist nicht vonnöten.

17 *Hinweis*
Um das Entstehen der Einigungsgebühr nicht zu gefährden, sollte der RA beim Abschluss von Zahlungsvereinbarungen darauf bedacht sein, die Mindestanforderungen
- der Schuldner erklärt, dass er zahlen will,
- der Gläubiger gewährt dem Schuldner Ratenzahlung oder Stundung und
- der Gläubiger verzichtet – je nach Stand der Angelegenheit – auf die Titulierung bzw. auf die Einleitung der Zwangsvollstreckung

zu regeln.

c) Beseitigung eines Streits oder einer Ungewissheit

18 Unter Streit ist zu verstehen, wenn die Parteien hinsichtlich des bestehenden Rechtsverhältnisses und der sich daraus ergebenden Folgen unterschiedlicher Auffassung sind.

19 Gemäß § 779 Abs. 2 BGB bedeutet „Ungewissheit", dass die Verwirklichung eines Anspruches unsicher ist. Die Ungewissheit über ein Rechtsverhältnis kann sich sowohl aus rechtlichen als auch aus tatsächlichen Aspekten ergeben.[8] Folgende Punkte können in Forderungssachen ungewiss sein, wobei es für das Entstehen des Kriteriums „Ungewissheit" ausreicht, wenn einer oder mehrere zutreffend sind:
- Hauptanspruch,
- Fälligkeit des Anspruchs,
- Nebenforderungen wie Mahnauslagen, Kosten und/oder Zinsen (Höhe und/oder Fälligkeit),
- Zahlungsfähigkeit und -willigkeit des Schuldners,
- Durchsetzbarkeit eines Anspruchs.

Grundsätzlich ist bei der (Raten-)Zahlungsvereinbarung zwischen Gläubiger und Schuldner schon eine Ungewissheit über die Zahlungsfähigkeit des Schuldners gegeben, da, wenn Gläubiger und Schuldner der Auffassung wären, dass der Schuld-

---
7 Allerdings ist die Streitwertbegrenzung nach § 31b RVG zu beachten.
8 *Baumgärtel/Hergenröder/Houben*, RVG, VV 1000 Rn 13.

ner den Anspruch sofort und in einer Summe befriedigen könnte, keine der Parteien den Vorschlag einer Zahlungsvereinbarung unterbreiten würde.

Bei der Beurteilung, ob ein Streit oder eine Ungewissheit vorliegt, sind keine hohen Maßstäbe zu deren Bejahung heranzuziehen. Es reicht aus, wenn die Parteien unterschiedliche Meinungen zur Rechts- und Sachlage vortragen oder sich über die Rechtslage nebst ihren Konsequenzen unsicher sind.

Zum Zeitpunkt der Einigung muss der Streit oder die Ungewissheit noch andauern.

d) Einigung wirksam

aa) Form der Einigung

Der Abschluss der Einigung ist grundsätzlich an keine Form gebunden. Eine wirksame Einigung kann auch mündlich geschlossen werden. Sie kann auch stillschweigend[9] oder durch konkludentes Handeln der Parteien erfolgen. Das Entstehen der Einigungsgebühr setzt demnach einen formalen, z.b. schriftlichen, Einigungsabschluss nicht voraus.

Formfreiheit besteht nicht, wenn aufgrund materiell-rechtlicher Bestimmungen eine bestimmte Form vorgeschrieben ist. Hierzu zählen u.a.:

Beispiel
- Notarielle Beurkundung bei Grundstücksgeschäften gem. § 311b BGB,
- Schriftform bei Kündigung eines Arbeitsverhältnisses gem. § 623 BGB,
- Schriftform bei einem abstrakten Schuldanerkenntnis gem. §§ 780, 781 BGB,
- Notarielle Beurkundung bei Zugewinnausgleich gem. § 1378 Abs. 3 S. 2 BGB,
- Niederschrift eines Notars bei Vereinbarungen über den Versorgungsausgleich gem. §§ 1408 Abs. 2 S. 1, 1410 BGB,
- Notarielle Beurkundung bei Verfügungsrecht des Miterben gem. § 2033 Abs. 1 BGB.

Hinweis
Der Abschluss eines Prozessvergleichs i.S.v. § 794 Abs. 1 ZPO ersetzt wegen § 127a BGB die notarielle Beurkundung und damit auch die öffentliche Beglaubigung und die Schriftform.[10]

bb) Einigung mündlich/konkludentes Handeln

Da Formfreiheit besteht, ist noch nicht einmal zum wirksamen Abschluss einer Einigung die Schriftform vorgeschrieben. Natürlich ist, wenn die Vereinbarung

---

9 OLG Naumburg AGS 2004, 446.
10 Palandt/*Ellenberger*, BGB, § 127a Rn 1.

schriftlich verfasst und von den Parteien bzw. von ihren Vertretern unterschrieben wurde, der Nachweis über das Zustandekommen der Einigung durch einfache Vorlage des Schriftstückes leicht zu führen, so dass sich die Schriftform grundsätzlich immer empfiehlt. Die schriftliche Auflistung der Regelungspunkte hilft nicht nur beim Nachweis, dass überhaupt eine Einigung zustande gekommen ist, sondern verhindert auch Missverständnisse oder Erinnerungslücken einer Partei über den Inhalt. Vor allem bei bewilligten Sicherheiten durch den Schuldner, wie z.B. Abtretung des Arbeitseinkommens oder von Bankguthaben, gestaltet es sich praktisch schwierig, dem Drittschuldner deutlich zu machen, dass der Schuldner die Forderung tatsächlich zugunsten des Gläubigers abgetreten hat, auch wenn für eine Abtretung grundsätzlich ebenfalls keine Form vorgeschrieben ist. Letztlich stellt die Schriftform sicher, dass die Glaubhaftmachung eines Kostenansatzes nach § 104 Abs. 2 S. 1 ZPO im Kostenfestsetzungsverfahren ohne Schwierigkeiten gelingt.

24 Gerade bei der Bearbeitung von Forderungssachen kommt es aber nicht selten vor, dass der Schuldner sich telefonisch meldet und der RA mit dem Schuldner einen Teilzahlungsvergleich vereinbart. Kann ein Schriftstück nicht vorgelegt werden, bietet sich folgende Lösung an:

25 *Praxistipp*
Der RA sollte bei Nichtvorliegen einer schriftlichen Einigung und bei Anforderung einer solchen zum Nachweis der Rechtmäßigkeit der Einigungsgebühr § 104 Abs. 2 S. 1 ZPO zur Anwendung bringen. Danach genügt zur Berücksichtigung eines (Gebühren-)Ansatzes die Glaubhaftmachung. Die Glaubhaftmachung ist mit allen Beweismitteln möglich,[11] wobei ausdrücklich auch die Versicherung an Eides statt zuzulassen ist (§ 294 Abs. 1 ZPO).

Der RA kann demnach zur Glaubhaftmachung des Zustandekommens der Einigung und somit der Rechtmäßigkeit seiner Einigungsgebühr den Inhalt nebst dem Ergebnis der telefonischen Einigung mit der Gegenseite durch eidesstattliche Versicherung in Form der anwaltlichen Versicherung[12] belegen. Hat nicht er, sondern ein Mitarbeiter aufgrund entsprechender Delegation das Gespräch geführt, bedarf es allerdings der Vorlage einer förmlichen eidesstattlichen Versicherung.[13]

26 Die bei dem Einigungsvertrag erforderlichen korrespondierenden Willenserklärungen können auch konkludent abgegeben werden. Bei konkludenten Erklärungen findet das Gewollte nicht unmittelbar in einer Erklärung seinen Ausdruck. Vielmehr nimmt der Erklärende Handlungen vor, die mittelbar den Schluss auf einen

---

11 Zöller/*Herget*, ZPO, § 104 Rn 8.
12 Zöller/*Herget*, ZPO, § 104 Rn 8.
13 Zu den besonderen Anforderungen vgl. BGH NJW 1988, 2045; BGH NJW 1996, 1682.

bestimmten Rechtsfolgewillen zulassen. Eine Annahmeerklärung kann durch das Bewirken der Leistung erfolgen.[14]

Dieser grundsätzliche Gedanke kann auf den Abschluss einer Ratenzahlungsvereinbarung übertragen werden, nämlich dann, wenn der RA dem Schuldner die schriftliche Vereinbarung übersendet mit der Aufforderung, ein Exemplar des Vertrages – zu Nachweiszwecken und nicht als Annahmeerklärung, die schon mündlich erklärt wurde – unterzeichnet zurückzusenden, der Schuldner die Rücksendung allerdings nicht veranlasst, aber vereinbarungsgemäß die Ratenzahlung aufnimmt.

Das AG Heidelberg[15] hatte jüngst das Entstehen der Einigungsgebühr bejaht nach Übersendung der Vereinbarung durch den Gläubigervertreter an die Schuldnerin und Aufnahme der Ratenzahlung, in der es hieß: 27

Die Schuldnerin erklärt sich – gegebenenfalls auch ohne Unterzeichnung – mit der ersten Rate zur Annahme des Ratenzahlungsangebotes und zur Übernahme der damit verbundenen Kosten bereit.

Die Schuldnerin hatte in diesem Fall die erste Rate fast auf den Tag genau erbracht. Hierin sah das Gericht die Annahmeerklärung zu der vorgelegten Einigung, so dass der GV, der eine Durchsetzung der Einigungsgebühr im Rahmen der Zwangsvollstreckung verneinte, nun angehalten war, auch diese Gebühr mit durchzusetzen. Weitere Gerichte haben ebenso entschieden.[16] Dem ist zu folgen.

Praxistipp   28
Da aufgrund der obigen Ausführungen und der dargestellten Entscheidungen durchaus auch eine konkludente Willenserklärung durch Aufnahme der Ratenzahlung zu dem Zustandekommen des Einigungsvertrages führen kann, sollte der RA in die Teilzahlungsvereinbarung die zuvor als Zitat aufgeführten Worte mit aufnehmen. Damit kann im Falle einer Auseinandersetzung in Bezug auf die Einigungsgebühr argumentiert werden, dass der Schuldner wusste, dass die Ratenzahlungsvereinbarung bei Aufnahme der Zahlungen auch dann zustande gekommen ist, wenn er den Vertrag nicht unterzeichnet zurück sendet.

e) Einigung endgültig

Wie schon in Rdn 12 ff. erläutert, muss der Einigungsvertrag zwischen den Parteien entstanden sein, damit der RA Anspruch auf die Einigungsgebühr gem. Nr. 1000 VV RVG hat. Im Nachfolgenden werden Sachverhalte beschrieben, die das Entstehen der Einigungsgebühr unter Hinderungsgesichtspunkten untersucht.   29

---

14 Palandt/*Ellenberger*, BGB, § 147 Rn 2.
15 AG Heidelberg AGS 2016, 333–334 = DGVZ 2016, 113.
16 LG Augsburg JurBüro 2013, 45 = FoVo 2013, 210; AG Landsberg JurBüro 2013, 45.

§ 3 Gebührentatbestände, unabhängig von der Bearbeitungsphase

aa) Aufschiebende Bedingung/Widerrufsvorbehalt

30 Ist eine unter aufschiebender Bedingung geschlossene Einigung erfolgt, erwächst die Einigungsgebühr erst, wenn die Bedingung eingetreten ist. Dies ergibt sich schon aus § 158 Abs. 1 BGB, wonach für den Fall, dass ein Rechtsgeschäft unter einer aufschiebenden Bedingung vorgenommen wurde, die von der Bedingung abhängig gemachte Wirkung erst dann eintritt, wenn die Bedingung erfolgt ist. Die Bedingung kann zwischen den Parteien vereinbart sein oder sich auch aus den Umständen ergeben. Unter Anm. 3 zu Nr. 1000 VV RVG ist die Vereinbarung einer aufschiebenden Bedingung im gebührenrechtlichen Sinne in gleicher Weise auch noch einmal ausdrücklich erwähnt, nämlich, dass die Einigungsgebühr bei Vorliegen einer aufschiebenden Bedingung erst dann entsteht, wenn die Bedingung eingetreten ist.

31 *Beispiel*
Die Einigung zur Übertragung des Eigentums i.S.d. § 929 Abs. 1 BGB wird unter der aufschiebenden Bedingung der Kaufpreiszahlung geschlossen, § 449 BGB (Eigentumsvorbehalt). Erst bei vollständiger Zahlung hat der Verkäufer das Eigentum an den Käufer zu übertragen.

32 Anm. 3 zu Nr. 1000 VV RVG bezieht sich darüber hinaus ebenfalls auf Verträge, die unter dem Vorbehalt des Widerrufs abgeschlossen wurden. Auch insoweit gilt, dass die Einigungsgebühr erst dann entsteht, wenn feststeht, dass der Vertrag nicht mehr widerrufen werden kann. Vereinbarungen unter dem Vorbehalt des Widerrufs werden geschlossen, wenn z.B. der RA in der mündlichen Verhandlung ohne seinen Mandanten ist, dieser sich aber die Möglichkeit erhalten will, nach Rücksprache mit seinem Auftraggeber die Vereinbarung zu widerrufen.

33 *Beispiel*
Regelung in einem gerichtlichen Vergleich:
... Dem Beklagten wird gestattet, den Vergleich bis zum (Datum) gegenüber dem Gericht zu widerrufen.

34 Klarstellend sei angemerkt, dass auch der RA die Einigungsgebühr nicht verdienen kann, der die Vereinbarung nicht widerruft, da der Widerruf einer Partei ausreicht, damit der geschlossene Vertrag keinen Bestand hat.

Aus isoliert gebührenrechtlicher Sicht sollte der RA daher vermeiden, eine Einigung unter eine aufschiebende Bedingung zu stellen. Nicht selten lässt sich durch eine leicht abweichende Formulierung, etwa einer auflösenden Bedingung, der Gebührenanspruch sichern.

bb) Auflösende Bedingung

35 Bei der auflösenden Bedingung wird das Vereinbarte sofort wirksam und bleibt es, bis die auflösende Bedingung eintritt (§ 158 Abs. 2 BGB). Bei der auflösenden Bedingung handelt es sich um ein in die Zukunft gerichtetes Ereignis.

B. Die Einigungsgebühr nach Nr. 1000 VV RVG § 3

> *Beispiel* 36
> Der DFB schließt zur Unterbringung der deutschen Fußballnationalmannschaft während der Europameisterschaft 2016 einen Mietvertrag mit dem „Ermitage Hotel" in Evian ab, unter der auflösenden Bedingung, dass der Mietvertrag als sofort beendet gilt, wenn die Mannschaft das Turnier verlassen muss.

Nach überwiegender Auffassung,[17] die geteilt wird, (anderer Ansicht[18]) entsteht 37 die Einigungsgebühr, auch wenn die auflösende Bedingung eintritt, weil zunächst der Einigungsvertrag wirksam zustande gekommen war. Ein weiteres Argument für diese Auffassung liefert die Anm. 3 zu Nr. 1000 VV RVG, die sich ausdrücklich „nur" auf aufschiebend bedingte Verträge und Verträge unter Widerrufsvorbehalt bezieht. Hätte der Gesetzgeber gewollt, dass auch Verträge unter auflösender Bedingung darunter fallen, ist davon auszugehen, dass er diese dann auch an dieser Stelle genannt hätte. Es fehlt an einer Regelungslücke.

cc) Rücktritt von der Einigung

Die Ausübung eines gesetzlichen Rücktrittsrechts ändert nichts daran, dass ein 38 wirksamer Vertrag zustande gekommen ist. Dieser wird auch nicht durch die Geltendmachung des gesetzlichen Rücktrittsrechts unwirksam. Er kann nur gem. § 346 BGB abgewickelt werden. Die verdiente Einigungsgebühr bleibt daher auch nach Erklärung des Rücktritts vom Vertrag bestehen. Gesetzliche Rücktrittsrechte können sich z.b. aus Mängelhaftung im Kauf-, Werk- oder Reisevertrag gem. §§ 437 Nr. 2 BGB, 634 Nr. 3 BGB und 651i BGB oder bei nicht rechtzeitig oder nicht vertragsgemäß erbrachter Leistung gem. § 323 BGB ergeben.

Der vertragliche „Rücktritt" fällt nicht hierunter und ist im Rechtssinne als Widerruf zu verstehen. Insoweit gilt das unter Rdn 30 ff. Genannte.

dd) Verfall- oder Verwirkungsklausel

Gerade beim Tilgungsvergleich[19] und beim Teilzahlungsvergleich sollte eine Verfall- oder Verwirkungsklausel in der Vereinbarung mit aufgenommen sein, damit 39 das (teilweise) Gebundensein an die Vereinbarung eine zeitliche Begrenzung hat und bei Teilzahlungsvergleichen eine Kündigung der Ratenzahlung bei Zahlungsverzug durch den Schuldner entbehrlich ist, so dass der offene Betrag in einer Summe geltend gemacht werden kann.

---

17 Gerold/Schmidt/*Müller-Rabe*, RVG, VV 1000 Rn 84; *Baumgärtel/Hergenröder/Houben*, RVG, VV 1000 Rn 17.
18 *Hartmann*, Kostengesetze, VV 1000 Rn 84.
19 Abfindungsvergleich.

§ 3   Gebührentatbestände, unabhängig von der Bearbeitungsphase

40
Beispiel
- Der Schuldner zahlt einen Tilgungsvergleichsbetrag von 5.000,00 EUR bis zum 31.12. Nach fristgemäßem Eingang des Betrages von 5.000,00 EUR werden dem Schuldner die darüber hinaus bestehenden Ansprüche des Gläubigers erlassen.
- Gerät der Schuldner mit der Zahlung einer Rate ganz oder teilweise länger als 7 Tage in Verzug, wird der dann noch offen stehende Restbetrag zur sofortigen Zahlung ohne vorherige Anmahnung durch den Gläubiger fällig.

41 Selbst wenn aufgrund von Verfall- oder Verwirkungsklauseln die Vereinbarung nicht oder nicht bis zum Ende zur Durchführung kommt, steht dem RA die Einigungsgebühr zu. Die Einigungsvereinbarung ist wirksam zustande gekommen, so dass die Einigungsgebühr angefallen ist. Die einmal getroffene Vereinbarung bleibt wirksam.

ee)   Anfechtung/Nichtigkeit

42 Bei Anfechtung einer Einigung treten die Rechtsfolgen gem. § 142 BGB ein, wonach der Vertrag als von Anfang an als nichtig gilt. Unter Anwendung des Grundsatzes, dass der Einigungsvertrag für das Entstehen der Einigungsgebühr zustande gekommen sein muss, kann bei einer Anfechtung die Einigungsgebühr nicht entstanden sein.[20]

43 Andere Auffassungen bejahen die Einigungsgebühr mit der Anwendung von damals § 13 Abs. 4 BRAGO, heute § 15 Abs. 4 RVG, wonach es auf bereits entstandene Gebühren ohne Einfluss ist, wenn sich die Angelegenheit vorzeitig erledigt oder der Auftrag endigt, bevor die Angelegenheit erledigt ist.[21] Diese Ansicht vermag nicht zu überzeugen, da aufgrund Anfechtung die Nichtigkeit der Vereinbarung erfolgt und die Angelegenheit sich mit der Vereinbarung gerade nicht erledigt hat. Der mit der Einigung angestrebte Erfolg des Rechtsfriedens ist nicht eingetreten. Auch würde die Sanktionswirkung der Anfechtung verfehlt. § 142 BGB verdrängt insoweit § 15 Abs. 4 RVG.

44 Bei Nichtigkeit der Vereinbarung, z.B. bei Scheingeschäften, § 117 BGB, Rechtsgeschäft gegen ein gesetzliches Verbot, § 134 BGB, oder Sittenwidrigkeit, § 138 BGB, ist der Einigungsvertrag von Anfang an nicht zustande gekommen, so dass auch in diesen Fällen die Einigungsgebühr nicht entstanden sein kann.[22]

---

20   Thüringer OLG AGS 2012, 127 = JurBüro 2012, 142–143; OLG München AnwBl 1991, 273–274 = MDR 1991, 263.
21   OLG Schleswig JurBüro 1991, 932–933; OLG Karlsruhe v. 24.3.1999 – 20 WF 19/99.
22   Gerold/Schmidt/*Müller-Rabe*, RVG, VV 1000 Rn 90 ff.

ff) Einvernehmliche Aufhebung/Nichtdurchführung der Vereinbarung

Sowohl die spätere einvernehmliche Aufhebung der Vereinbarung durch die Parteien als auch die Nichtdurchführung des Einigungsvertrages haben keine Auswirkungen auf die verdiente Einigungsgebühr. In beiden Fällen war die Einigung wirksam zustande gekommen, so dass auch ein nachträgliches Wegfallen der Gebühr nicht in Frage kommen kann, § 15 Abs. 4 RVG.

Hinweis
Die einvernehmliche Aufhebung der Vereinbarung kommt sicher in der Praxis nicht so häufig vor wie die Nichtdurchführung. Vor allem in den Forderungssachen, in denen der Schuldner nach einer gewissen Zeit die vereinbarten Raten nicht mehr erfüllt, wird die getroffene Vereinbarung nicht bis zum Schluss durchgeführt. Dies hat zur Folge, dass der RA weitere Beitreibungsmaßnahmen anstrengt, die ggf. neue Gebühren auslösen, ohne dass die Einigungsgebühr entfällt.

3. Mitwirkungstätigkeiten des RA

Die Einigungsgebühr ist im Gegensatz zu anderen Gebühren – wegen dem Abschluss eines Vertrages – abhängig vom Erfolg der anwaltlichen Tätigkeit, so dass sie auch als „Erfolgsgebühr" bezeichnet wird. Demnach reicht allein der Auftrag zum Abschluss einer Einigung für das Entstehen der Einigungsgebühr nicht aus.

Gemäß Anm. 1 zu Nr. 1000 VV RVG entsteht die Gebühr für die Mitwirkung des RA beim Abschluss eines Vertrags sowie gem. Anm. 2 zu Nr. 1000 VV RVG für die Mitwirkung bei Vertragsverhandlungen, wenn sie für den Abschluss des Vertrages ursächlich waren. Zwei Voraussetzungen müssen vorliegen, um ein Mitwirken zu bejahen, nämlich der RA muss eine Tätigkeit entfalten, die auf das Zustandekommen der Einigung abzielt und diese Tätigkeit muss mitursächlich sein für den Abschluss. Unter „mitursächlich" wird in diesem Zusammenhang verstanden, dass die Tätigkeit des RA eine nicht hinwegzudenkende Handlung darstellt.[23]

Eindeutig liegen die vorgenannten Voraussetzungen vor, wenn der RA selbst für seinen Mandanten den Einigungsvertrag abgeschlossen oder unterzeichnet hat, wobei es noch nicht einmal erforderlich ist, dass er zuvor an den Vertragsverhandlungen beteiligt war.[24] Indem der RA den Vertrag abgeschlossen oder unterzeichnet hat, hat er sich mit den Inhalten auseinandergesetzt, sie geprüft und übernimmt Verantwortung – und Haftung – für die Reglungen. Seine Tätigkeiten führen auch kausal zum Abschluss. Beim Abschluss des Vertrages für den Mandanten in Bezug auf die Einigungsgebühr ist es irrelevant, ob der RA den Vertrag selbst entworfen oder (nur) bestätigt hat. In der Praxis geschieht es häufig, dass ein RA einen Einigungs-

---

23 Schneider/Wolf/*Onderka/Schaffhausen/Schneider/Thiel*, RVG, VV 1000 Rn 127.
24 Gerold/Schmidt/*Müller-Rabe*, RVG, VV 1000 Rn 256.

vorschlag schriftlich abfasst, dem gegnerischen RA zusendet, dieser prüft sodann die Inhalte und bestätigt schließlich die Annahme. Die Einigungsgebühr ist aufgrund beidseitiger Mitwirkung und der Zielrichtung Einigung für beide RAe entstanden.

50 Weitere mitursächliche Mitwirkungstätigkeiten des RA, die dann zum Abschluss der Einigung geführt haben, sind:
- Beratung des Mandanten im Zuge von Verhandlungen,
- Prüfung eines Einigungsvorschlages und Beratung des Mandanten,
- Beratung des Mandanten bei der Abgabe eines Einigungsvorschlages,[25]
- Beratung zugunsten der Nichteinlegung des Widerrufs einer abgeschlossenen Einigung,[26]
- Teilnahme an Einigungsverhandlungen,
- Der RA entwirft einen Einigungsvertrag, der später – ohne seine Beteiligung – von den Parteien unverändert abgeschlossen wird,[27]
- Der protokollierte Vergleich, an dem der RA mitgewirkt hat, wird widerrufen. Danach schließen die Parteien, ohne Hinzuziehung des RA, den gleichen bzw. in weiten Teilen identischen Vergleich.[28]

Die vorgenannten Fallbeispiele machen deutlich, dass die Mitwirkung des RA umfassend, z.B. in langen, manchmal auch an mehreren Tagen stattfindenden Verhandlungen und Abfassung eines schriftlichen Vergleichstextes oder minimal in Form eines kurzen Telefonates mit der Gegenseite erfolgen kann, wobei die Tätigkeit allerdings kausal für den Vertragsabschluss gewesen sein muss.

51 Nachfolgend noch ein paar Beispiele, bei denen eine Ursächlichkeit der Tätigkeit des RA zum Abschluss der Vereinbarung zu verneinen ist:
- Bloße Anwesenheit bei der Vergleichsprotokollierung ohne Beratung mit Gericht, Gegenseite oder Mandanten (RA erscheint im Termin nach Abstimmung, Einigung und erst bei Diktat),[29]
- Der Mandant schließt die Einigung später selbst ab, nachdem der RA von der Annahme des gegnerischen Einigungsvorschlages abgeraten hat,[30]
- Der RA spricht nur eine allgemeine Empfehlung aus, den Streit gütlich beizulegen, ohne sich an den Einigungsverhandlungen zu beteiligen.[31]

52 Grundsätzlich liegt die Beweislast für die Mitwirkung an der Einigung beim RA. In gerichtlichen Verfahren kann die Mitwirkung aus dem Protokoll der mündlichen

---

25 Thüringer LSG JurBüro 2001, 474–475.
26 OLG Frankfurt AnwBl 1983, 186–187.
27 BGH NJW 2009, 922–923 = AGS 2009, 109–111.
28 LG Offenburg AGS 2010, 123–125.
29 LG Frankfurt Rpfleger 1985, 166–167.
30 Schneider/Wolf/*Onderka/Schaffhausen/Schneider/Thiel*, RVG, VV 1000 Rn 128.
31 Schneider/Wolf/*Onderka/Schaffhausen/Schneider/Thiel*, RVG, VV 1000 Rn 128.

B. Die Einigungsgebühr nach Nr. 1000 VV RVG § 3

Verhandlung entnommen werden. Bei Tätigkeiten des RA an Vertragsverhandlungen, die zu einer Einigung führten, besteht gem. Anm. 2 zu Nr. 1000 VV RVG die Vermutung der ursächlichen Mitwirkung des RA. Der Beweis der fehlenden Ursächlichkeit ist insoweit von dem Mandanten zu führen. Der RA sollte deshalb stets auf die Dokumentation seiner Beiträge achten.

4. Ratenzahlungsvereinbarung über den Gerichtsvollzieher im Auftrag des Gläubigers

Gem. § 802b Abs. 1 ZPO soll der GV in jeder Lage des Verfahrens auf eine gütliche Erledigung bedacht sein und gem. Abs. 2 kann der GV mit dem Schuldner eine Ratenzahlung vereinbaren, sofern der Gläubiger den Abschluss einer Zahlungsvereinbarung nicht ausgeschlossen hat. Das amtliche Formular für Vollstreckungsaufträge an den GV gibt dem Gläubiger bzw. dem RA des Gläubigers unter „E" die Möglichkeit, sich mit der Einziehung von Teilbeträgen in bestimmter Höhe oder nach dem Ermessen des GV einverstanden zu erklären oder unter „F" festzulegen, dass kein Einverständnis mit einer Zahlungsvereinbarung besteht. 53

Der BGH hat bereits 2006[32] entschieden, dass es bei einem Abschluss einer Ratenzahlungsvereinbarung durch den GV, auch wenn er vom RA beauftragt wurde, an der Mitwirkung des RA fehlt. Auch das LG Duisburg hat in seiner Entscheidung vom 12.8.2013 ausgeführt, dass die Zahlungsvereinbarung nicht auf Mitwirkung des RA, sondern aufgrund der Tätigkeit des GV geschlossen wurde. Die in dem zu entscheidenden Fall abgegebene Zustimmungserklärung des Gläubigervertreters zum Abschluss einer Zahlungsvereinbarung soll für das Zustandekommen der Vereinbarung unerheblich gewesen sein. Auch das „Nichtwidersprechen" zu dem vom GV aufgestellten Ratenplan sei keine Mitwirkung i.S. eines aktiven Tuns, das als Mitwirkung des RA ausgelegt werden könnte. Sinn und Zweck der Vergütungsvorschriften des RVG kann es nicht sein, eine Vergütung für eine bloße Untätigkeit zu schaffen. 54

Die Auffassung, der RA wirke an der gütlichen Einigung nicht mir, kann nicht geteilt werden. Es kann nicht der Schluss gezogen werden, der RA war untätig, nur weil er der Ratenzahlungsvereinbarung des GV nicht widersprochen habe. Üblicherweise ist es doch so, dass sich der RA die Nachricht des GV gem. § 802b Abs. 3 ZPO über die getroffene Vereinbarung anschaut, prüft, ggf. mit dem Mandanten erörtert und dann zu der Entscheidung kommt, dass der Vereinbarung widersprochen wird oder nicht. Nur, weil es in § 802b Abs. 3 ZPO heißt *„Widerspricht der Gläubiger unverzüglich, so wird der Zahlungsplan mit der Unterrichtung des Schuldners hinfällig ..."* und somit ein nach außen hin gerichtetes Tätigwerden nur 55

---

32 BGH NJW 2006, 3640–3641 = AGS 2006, 496–497 (noch zu § 806b ZPO); ebenso zur neuen Rechtslage nach § 802b ZPO: LG Duisburg AGS 2013, 577 = FoVo 2013, 196 mit. Anm. *Goebel*; AG Schleswig AGS 2014, 274; AG Augsburg DGVZ 2014, 25; AG Oberndorf JurBüro 2013, 586.

§ 3 Gebührentatbestände, unabhängig von der Bearbeitungsphase

beim Nichtzustandekommen der Vereinbarung erforderlich ist, kann unter diesem Gesichtspunkt erst recht nicht unterstellt werden, der RA habe an dem Abschluss der Vereinbarung nicht mitgewirkt. Wenn schon außerhalb der Zwangsvollstreckung über den GV die Prüfung und Beratung eines vorgelegten Einigungsvorschlages die Einigungsgebühr auslöst (Rdn 47 ff.), warum wird die Mitwirkung bei Vorlage der Einigung durch den Gerichtsvollzieher verneint?

Auch wenn der Gläubigervertreter bei Beauftragung des GV keine Erklärung zu § 802b ZPO abgibt, muss dies noch nicht heißen, dass der RA untätig war. Vor Beauftragung des GV wird der RA abgewogen und mit dem Auftraggeber erörtert haben, welche unterschiedlichen Antragsmöglichkeiten bestehen. Der RA kann dabei zu dem Ergebnis gekommen sein, erst einmal abzuwarten, ob der Schuldner überhaupt ein Ratenzahlungsangebot unterbreitet, um es dann zu prüfen und ggf. anzunehmen. Die anzustellenden Überlegungen können mit einer Untätigkeit des RA nicht gleichgesetzt werden, auch wenn sie nicht enäußert werden. Nicht selten macht der RA im Rahmen der Antragstellung sogar Vorgaben zur gütlichen Erledigung nach § 802b ZPO.

56 Der BGH weist darauf hin, dass der GV nicht Vertreter des Gläubigers, sondern aufgrund des ihm verliehenen Amtes in Ausübung des staatlichen Vollstreckungsmonopols und damit in hoheitlicher Funktion tätig ist. Die für die Ratenbewilligung erforderliche Einwilligung des Gläubigers sei nur als Verfahrenserklärung des Gläubigers gegenüber dem GV zu werten. Hierin liegt in der Tat das Problem, dass als Voraussetzung zum Entstehen der Einigungsgebühr der Vertrag nicht mit dem Gläubiger geschlossen wurde. Danach ist das Entstehen einer Einigungsgebühr für den RA, wenn der GV die Ratenzahlungsvereinbarung trifft, nicht gegeben. Nicht nur im Gebühreninteresse, sondern auch wegen der Möglichkeit überschießender Vereinbarungen sollte deshalb vorrangig der Weg einer außergerichtlichen Einigung gesucht werden.

57 *Praxishinweise*
- Da der RA eine Einigungsgebühr nicht verdienen kann, wenn der GV die Ratenzahlungsvereinbarung abschließt, sollte der RA unter diesem Gesichtspunkt abwägen, ob er den GV überhaupt zum Abschluss einer Teilzahlungsvereinbarung ermächtigt oder dies ausschließt. Zumal der GV zweifelsfrei nicht die Möglichkeit hat, auch weitergehende Regelungen wie Sicherungsabtretungen oder verjährungsverlängernde Vereinbarungen zu treffen, um die Vereinbarung wesentlich werthaltiger zu gestalten.
- Ggf. kann der Schuldner nach Aufnahme der Tätigkeit durch den GV und der Erkenntnis, dass die Zwangsvollstreckung nun gegen ihn läuft, durch einen Anruf oder ein Schreiben der Anwaltskanzlei dazu bewegt werden, die Teilzahlungsvereinbarung nebst weiteren Vereinbarungen unmittelbar mit dem RA abzuschließen.

B. Die Einigungsgebühr nach Nr. 1000 VV RVG §3

- Ferner ist der Anfall der Einigungsgebühr zu bejahen, wenn der Schuldner erkennt, dass er die mit dem GV verabredete Teilzahlungsvereinbarung nicht einhalten kann und er sich dann an den RA des Gläubigers wendet mit der Folge, dass der Schuldner und der RA einen neuen Teilzahlungsvergleich schließen.
- Denkbar wäre auch die Alternative, den Schuldner statt vom GV durch einen Außendienst ansprechen zu lassen. Die dort geschlossene Teilzahlungsvereinbarung löst ebenfalls die Einigungsgebühr aus.

II. Der Gebührensatz der Einigungsgebühr

1. Unterschiedliche Gebührensätze

Unterschiedliche Gebührensätze sind für die Einigungsgebühr in den Nrn. 1000–1006 VV RVG geregelt. Nr. 1001 VV RVG (Aussöhnungsgebühr) gilt bei der Erhaltung einer ernstlich gefährdeten Ehe oder Lebenspartnerschaft, Nr. 1002 VV RVG in Verwaltungsangelegenheiten und die Nrn. 1005, 1006 VV RVG beziehen sich auf Verwaltungsverfahren in sozialrechtlichen Angelegenheiten. In Forderungsangelegenheiten sind die Regelungen der Nrn. 1000, 1003 und 1004 VV RVG von Relevanz. **58**

Grundsätzlich beläuft sich die Einigungsgebühr auf einen Satz von 1,5 gem. Nr. 1000 VV RVG.

Ist jedoch über den Gegenstand ein erstinstanzliches gerichtliches Verfahren zur Hauptsache anhängig oder ein PKH-Bewilligungsverfahren für das beabsichtigte Hauptsacheverfahren, reduzieren sich gem. Nr. 1003 VV RVG die Einigungsgebühren der Nrn. 1000 und 1002 VV RVG von 1,5 auf eine 1,0-Gebühr. Ausnahme: Bei dem Gerichtsverfahren handelt es sich um ein selbstständiges Beweisverfahren oder ein darauf gerichtetes Prozesskostenhilfeverfahren. **59**

Mit dem isolierten vorgeschalteten PKH-Bewilligungsverfahren ist der Gegenstand verfahrensrechtlich noch nicht gerichtlich anhängig,[33] so dass sich daraus eine Reduzierung des Satzes von 1,5 auf 1,0 nicht herleiten lässt. Aufgrund der Anm. 1 zu Nr. 1003 VV RVG ist jedoch im Hinblick auf die Einigungsgebühr festgelegt, dass die Ermäßigung auf die 1,0-Gebühr auch gilt, wenn ein Verfahren über die Prozesskostenhilfe anhängig ist. Insoweit ausgenommen ist lediglich das PKH-Bewilligungsverfahren für ein selbstständiges Beweisverfahren.

Sofern über den Gegenstand ein Berufungs- oder Revisionsverfahren, ein Verfahren über die Beschwerde gegen die Nichtzulassung eines dieser Rechtsmittel oder ein Verfahren vor dem Rechtsmittelgericht über die Zulassung des Rechtsmittels an- **60**

---

33 Zöller/*Geimer*, ZPO, § 117 Rn 7; BGH MDR 2009, 400.

hängig ist, verringert sich der Gebührensatz der Nr. 1000 VV RVG gem. Nr. 1004 VV RVG auf einen Satz von 1,3.

Abzustellen ist auch bei Anwendung dieser Regelung, in welcher Instanz der Gegenstand anhängig ist, unabhängig davon, wo die Parteien die Einigung schließen. Neben den Berufungs- oder Revisionsverfahren sind auch berufungs- und revisionsgleiche Verfahren mitgeregelt.

Die 1,3-Einigungsgebühr gilt für Beschwerden gegen die Nichtzulassung einer Berufung, Revision oder Rechtsbeschwerde bei Beschwerden nach § 544 ZPO, § 72a ArbGG, § 92a ArbGG, § 75 GWB, § 25 Abs. 1 VSchDG, § 87 EnWG, § 133 VwGO, § 115 Abs. 3 FGO, § 145 SGG und § 160a SGG.[34]

61 Der Gesetzgeber will zur Entlastung der Gerichte eine Motivation für die RAe schaffen, Auseinandersetzungen bereits außerhalb von gerichtlichen Verfahren einer Lösung zuzuführen. In der Tat kann es sich für den RA lohnen, ohne einen zeit- und arbeitsintensiven Rechtsstreit die Sache außergerichtlich einer Einigung zuzuführen, da er unter Berücksichtigung einer Geschäftsgebühr von z.B. 1,3 und der Einigungsgebühr von 1,5 schon bei einem Gesamtgebührensatz von 2,8 liegt. In einem Rechtsstreit, der nicht mit einer Einigung endet, verdient der RA in der Regel nur eine 2,5-Gebühr, nämlich zusammengesetzt aus der Verfahrensgebühr gem. Nr. 3100 VV RVG in Höhe von 1,3 und der Terminsgebühr gem. Nr. 3104 VV RVG in Höhe von 1,2. Auch die Berücksichtigung der nicht anzurechnenden Geschäftsgebühr führt zu keinem mit dem Mehraufwand korrespondierenden Mehrverdienst.

62 Unter Anhängigkeit ist der Eingang der Klage oder Antragsschrift bei Gericht zu verstehen. Der reduzierte Satz der Einigungsgebühr gilt auch dann, wenn der Gegenstand nicht in dem Verfahren anhängig ist, bei dem die Einigung geschlossen wird, sondern in einem anderen gerichtlichen Verfahren.[35]

63 *Beispiel*
Zwischen den Parteien sind zwei unterschiedliche erstinstanzliche Rechtsstreitigkeiten anhängig; und zwar ein Verfahren vor dem Amtsgericht wegen einer Forderung von 3.000,00 EUR und das weitere Verfahren vor dem Landgericht wegen einer Forderung von 7.000,00 EUR. In der mündlichen Verhandlung vor dem Amtsgericht schließen die Parteien einen Vergleich zur Einigung beider Ansprüche.
Der RA hat insgesamt eine 1,0-Einigungsgebühr abzurechnen, da beide Gegenstände sich bei Abschluss der Einigung in einem gerichtlichen Verfahren befinden.

---

34 Schneider/Wolf/*Onderka/Schaffhausen/Schneider/Thiel*, RVG, VV 1000 Rn 165.
35 OLG Zweibrücken AGS 2007, 609 = JurBüro 2007, 78.

B. Die Einigungsgebühr nach Nr. 1000 VV RVG § 3

Es spielt für die Reduzierung der Einigungsgebühr gem. Nr. 1003 VV RVG auch keine Rolle, ob der RA Kenntnis von der Anhängigkeit des gerichtlichen Verfahrens hat. **64**

Beispiel **65**
Der Gläubigervertreter erhält über das Mahngericht den Vollstreckungsbescheid. Fristwahrend hat der Schuldner Einspruch eingelegt, wobei das Mahngericht die Sache unmittelbar an das Prozessgericht abgegeben hat. Der Gläubigervertreter weiß noch nichts von der Einspruchseinlegung und Abgabe an das Streitgericht, da er hierüber seitens des Gerichts noch nicht informiert wurde. Die Parteien erzielen zu diesem Zeitpunkt eine Einigung.

Auch dem Gläubigervertreter steht lediglich die 1,0-Einigungsgebühr zu, da es rein auf die Anhängigkeit des gerichtlichen Verfahrens ankommt und nicht auf die Kenntnis eines Beteiligten.

Ein gerichtliches Verfahren ist nicht mehr anhängig, wenn es beendet ist, z.b. Urteil, Klagerücknahme, Erledigungserklärung, Rechtsmittelrücknahme usw. Ist z.B. ein erstinstanzliches Urteils ergangen und eine Partei beabsichtigt Berufung einzulegen, hat dies aber noch nicht getan, und es kommt vor Einlegung der Berufung zur Einigung, erhält der RA keine verminderte Einigungsgebühr, sondern den grundsätzlichen Satz von 1,5, da das erstinstanzliche Verfahren beendet und das zweitinstanzliche Verfahren noch nicht anhängig war. Gleiches gilt für den Zeitraum nach Vorlage eines vollstreckungsfähigen Titels und vor Einleitung der Zwangsvollstreckung. **66**

2. Einigung über verschiedene Teile mit unterschiedlichen Gebührensätzen

Grundsätzlich gilt, dass innerhalb derselben Angelegenheit die Einigungsgebühr nur einmal anfallen kann (§ 15 Abs. 1, Abs. 2 S. 1 RVG) (§ 2 Rdn 64 ff.). Eine Ausnahme bildet der Fall, dass über verschiedene Teile eines Gegenstands eine Einigung geschlossen wurde, für die die unterschiedlichen Gebührensätze der Nrn. 1000, 1003 und 1004 VV RVG anzuwenden sind. Aus den jeweiligen Teilwerten sind die entsprechenden Gebühren zu ermitteln, wobei die Kappungsgrenze gem. § 15 Abs. 3 RVG (§ 2 Rdn 68 ff.) zu beachten ist. Wegen der Gegenstandswerte siehe Rdn 80 ff., 84 ff. **67**

Beispiel 1 **68**
Eingeklagt wurde in einem Rechtsstreit der Betrag von 12.000,00 EUR. Die Parteien einigen sich in der mündlichen Verhandlung über den im Rechtsstreit befindlichen Betrag und noch über eine weitere, nicht anhängige Forderung von 9.000,00 EUR.

§ 3 Gebührentatbestände, unabhängig von der Bearbeitungsphase

Es ergibt sich hinsichtlich der Einigungsgebühr folgende Berechnung:

Einigungsgebühr gem. Nr. 1003 VV RVG (1,0) aus 12.000,00 EUR	604,00 EUR
Einigungsgebühr gem. Nr. 1000 VV RVG (1,5) aus 9.000,00 EUR	760,50 EUR
Summe	1.364,50 EUR
gem. § 15 Abs. 3 RVG nicht mehr als 1,5 aus 21.000,00 EUR	1.113,00 EUR

69 *Beispiel 2*

Wegen eines Betrages von 6.000,00 EUR wird das Berufungsverfahren geführt. Die Parteien einigen sich in der mündlichen Verhandlung über den im Berufungsverfahren befindlichen Betrag und noch über eine weitere, nicht anhängige Forderung von 2.000,00 EUR.

Es ergibt sich hinsichtlich der Einigungsgebühr folgende Berechnung:

Einigungsgebühr gem. Nr. 1004 VV RVG (1,3) aus 6.000,00 EUR	460,20 EUR
Einigungsgebühr gem. Nr. 1000 VV RVG (1,5) aus 2.000,00 EUR	225,00 EUR
Summe	685,20 EUR
gem. § 15 Abs. 3 RVG nicht mehr als 1,5 aus 8.000,00 EUR	684,00 EUR

70 *Beispiel 3*

Wegen eines Betrages von 7.000,00 EUR wird das Berufungsverfahren geführt. Die Parteien einigen sich im Berufungsrechtsstreit über den im Berufungsverfahren befindlichen Betrag und noch über eine weitere, erstinstanzlich anhängige Forderung von 2.000,00 EUR.

Es ergibt sich hinsichtlich der Einigungsgebühr folgende Berechnung:

Einigungsgebühr gem. Nr. 1004 VV RVG (1,3) aus 7.000,00 EUR	526,50 EUR
Einigungsgebühr gem. Nr. 1003 VV RVG (1,0) aus 2.000,00 EUR	150,00 EUR
Summe	676,50 EUR
gem. § 15 Abs. 3 RVG nicht mehr als 1,3 aus 9.000,00 EUR	659,10 EUR

3. Mehrfaches vorgerichtliches Anfallen der Einigungsgebühr

71 Die Einigungsgebühr kann vorgerichtlich auch mehrfach anfallen, wenn die Parteien zu unterschiedlichen Zeitpunkten Vereinbarungen unterschiedlichen Inhaltes treffen. Die Gebühr fällt nämlich an für den Abschluss „eines" Vertrages. Werden zeitlich versetzt mehrere Verträge geschlossen, fällt für jeden Vertragsschluss die Einigungsgebühr gesondert an. Wird kein neuer Vertrag geschlossen, sondern nur

B. Die Einigungsgebühr nach Nr. 1000 VV RVG § 3

die alte Vereinbarung wieder aufgenommen – der Schuldner zahlt nach dreimaliger Unterbrechung die vereinbarte Rate unverändert weiter – entsteht dagegen keine neue Einigungsgebühr.

Beispiel 72
Der Schuldner wendet sich nach dem ersten Mahnschreiben telefonisch an den RA und erklärt, die Forderung von 1.200,00 EUR in Raten ausgleichen zu wollen. Er zahle monatlich 100,00 EUR. Der RA erklärt sich damit einverstanden mit der Maßgabe, dass die Ratenzahlungsabrede hinfällig wird, wenn der Schuldner mit einer Rate mehr als zehn Tage in Rückstand gerät. Weiteres wird nicht geregelt. Der Schuldner zahlt jedoch nicht mehr als zwei Raten und ist dann zunächst auch nicht erreichbar. Nach weiteren Ermittlungsmaßnahmen zum Aufenthalt und weiteren Mahnschreiben kündigt der RA dann die Einleitung des gerichtlichen Mahnverfahrens an. Darauf meldet sich der Schuldner erneut und bietet eine Rate von 50,00 EUR an. Der RA erklärt, dass er sich hierauf nur einlassen könne, wenn der Schuldner ein abstraktes Schuldanerkenntnis mit verjährungsverlängernder Vereinbarung abgebe, der Abtretung seines Arbeitseinkommens und seiner Ansprüche gegenüber Kreditinstituten zustimme, zugleich potenzielle Auskunftsstellen von der Schweigepflicht entbinde und letztlich die Kosten der Vereinbarung übernehme. Angesichts der bereits einmal nicht eingehaltenen Ratenzahlungsvereinbarung sei eine weitere Vereinbarung nur mit Sicherheiten zu realisieren. Dem stimmt der Schuldner zu.

Hier ist eine erste 1,5-Einigungsgebühr aus einem reduzierten Streitwert von 240,00 EUR = 1.200,00 EUR × 20 % (Rdn 84 ff.) nach § 31b RVG entstanden und eine weitere 1,5-Einigungsgebühr aus dem vollen Wert.

Anders verhält es sich, wenn die Parteien außergerichtlich einen Vergleich schließen, der dann nur noch einmal in andere Form gebracht wird, etwa in einem notariellen Schuldanerkenntnis mit Vollstreckungsunterwerfung oder einem Prozessvergleich. 73

4. Was gehört zu den gerichtlichen Verfahren i.S.v. Nr. 1003 VV RVG?

Gerichtliche Verfahren i.S.v. Nr. 1003 VV RVG sind gerichtliche Verfahren aller Gerichtsbarkeiten. Da der Gesetzgeber lediglich ein gerichtliches Verfahren und nicht ein richterliches Gerichtsverfahren vorgibt, sind auch die Verfahren, in denen der Rechtspfleger entscheidet, gemeint. 74

Beispiel 75
- Zivilgerichtsverfahren,
- verwaltungs-, sozial- und finanzgerichtliche Verfahren,
- Beschwerdeverfahren,
- Eilverfahren,
- Erinnerungsverfahren,

§ 3 Gebührentatbestände, unabhängig von der Bearbeitungsphase

- Mahnverfahren,
- PKH-Bewilligungsverfahren, außer für selbstständiges Beweisverfahren,
- Vergütungsfestsetzungsverfahren,
- Zwangsvollstreckungsverfahren,
- Zwangsvollstreckungsmaßnahmen über den GV.

76 Vor Inkrafttreten der ab 31.12.2006 geltenden Fassung der Anlage 1 zum VV RVG in Bezug auf Nr. 1003 VV RVG kam es zu Diskussionen, ob sich die Einigungsgebühr von 1,5 auf 1,0 reduziert, wenn es während der Tätigkeit des GV zu einer Einigung zwischen Gläubiger und Schuldner kam. Der GV ist nun wahrlich nicht in einem Gerichtsverfahren tätig, so dass nach dem seinerzeitigen Wortlaut der Vorschrift die Anwendung der Nr. 1003 VV RVG zu verneinen war. Der Gesetzgeber wollte aber offensichtlich nicht nur die Gerichte entlasten, sondern auch die GV. Ferner ist es im Vergleich zu z.B. Forderungspfändungsverfahren, die ein gerichtliches Verfahren darstellen, nicht nachzuvollziehen, warum Vollstreckungsmaßnahmen über den GV gebührenrechtlich anders zu bewerten sind. Der Gesetzgeber hat nachgebessert und in der Anm. 1 zu Nr. 1003 VV RVG am Schluss angefügt „Das Verfahren vor dem GV steht einem gerichtlichen Verfahren gleich".

77 *Hinweis*
Nicht jede Tätigkeit des GV ist ein Verfahren vor dem GV. Ist der GV nur Zustellungsorgan, verringert sich die Einigungsgebühr nicht und der RA kann eine 1,5-Gebühr abrechnen.

78 *Beispiel*
Der GV wird vom Gläubiger mit der Zustellung der Vorpfändungsbenachrichtigung (vorläufiges Zahlungsverbot) an den Drittschuldner beauftragt. Noch vor Zustellung an den DS schließen der RA des Gläubigers und der Schuldner einen Teilzahlungsvergleich.

79 Es ist zu unterscheiden:

Hat der Gläubiger den GV gem. § 845 Abs. 1 S. 2 ZPO mit der Anfertigung der Vorpfändungsbenachrichtigung beauftragt, so muss der GV nach § 126 Abs. 3 GVGA die Voraussetzungen der Pfändung prüfen. In diesem Fall wird der GV als Vollstreckungsorgan tätig, so dass sich die Einigungsgebühr auf 1,0 reduziert.

Wird der GV jedoch nur mit der Zustellung der vom Gläubiger bzw. Gläubigervertreter gefertigten Vorpfändungsbenachrichtigung beauftragt, wird der GV nicht als Vollstreckungsorgan, sondern lediglich als Zustellungsorgan gem. § 126 Abs. 4 GVGA tätig. In diesem Fall ist eine Einigungsgebühr in voller Höhe von 1,5 zu bejahen.

War zum Zeitpunkt der Einigung allerdings bereits der Antrag auf Erlass des Pfändungs- und Überweisungsbeschlusses bei Gericht anhängig, reduziert sich die Einigungsgebühr auf eine 1,0, nicht aber wegen der reinen Zustellungstätigkeit des GV, sondern wegen der gerichtlichen Anhängigkeit durch den PfÜB-Antrag.

III. Der Gegenstandswert bei der Berechnung der Einigungsgebühr

1. Der Grundsatz

Grundsätzlich richtet sich der Wert der Einigungsgebühr nach der Summe der Ansprüche, die durch die Einigung erledigt werden, somit kommt es auf die Ansprüche an, über die der Streit oder die Ungewissheit durch die Einigung erledigt wurde. Auf den Wert des erzielten Einigungsergebnisses kommt es nicht an. Oder anders ausgedrückt: 80

Gegenstandswert der Einigung ist immer der Betrag **über** den man sich einigt, nicht der, **auf** den man sich einigt!

Der zugrunde zu legende Wert richtet sich grundsätzlich gem. § 23 Abs. 1 S. 3 RVG, § 43 Abs. 1 GKG, § 4 Abs. 1 ZPO nach der Höhe der Hauptforderung, und in der Zwangsvollstreckung gem. § 25 RVG nach der Gesamtforderung, d.h. Hauptforderung, Kosten und Zinsen (§ 2 Rdn 40 ff.).

Beispiel 1 81
Der RA wehrt für seinen Mandanten vorgerichtlich eine Hauptforderung von 2.000,00 EUR, Zinsen von 50,00 EUR und Kosten von 225,00 EUR ab. Die Parteien einigen sich auf eine Vergleichszahlung von 1.500,00 EUR.

Mit dem Vergleich wurden die Hauptforderung, Zinsen und Kosten erledigt, wobei vorgerichtlich bei der Bemessung des Gegenstandswerts lediglich die Hauptforderung zu berücksichtigen ist, so dass dem RA die Einigungsgebühr gem. Nr. 1000 VV RVG (1,5) auf den Betrag von 2.000,00 EUR zusteht.

Beispiel 2 82
Der Klägervertreter erhebt für seinen Mandanten Klage und macht in dem Rechtsstreit einen Anspruch für den Verkauf eines Fahrzeuges von 10.000,00 EUR und eine weitere Forderung für die Reparatur des Fahrzeuges des Beklagten in Höhe von 1.000,00 EUR geltend. Das Gericht entscheidet über den Kaufpreisforderungsanspruch streitig; bezüglich der Reparaturforderung schließen die Parteien einen Vergleich auf 500,00 EUR.

Verglichen wurde sich lediglich über die Reparaturforderung von 1.000,00 EUR, so dass der RA die Einigungsgebühr gem. Nr. 1003 VV RVG (1,0) auf den Betrag von 1.000,00 EUR abrechnen kann.

Beispiel 3 83
Der Gläubiger beauftragt den RA mit der Zwangsvollstreckung seiner titulierten Forderung in Höhe der Hauptforderung von 3.000,00 EUR, bis dahin entstandener Kosten von 540,00 EUR und aufgelaufenen Zinsen von 360,00 EUR. Der RA beauftragt den GV mit der Zustellung des vorläufigen Zahlungsverbotes und reicht gleichzeitig Antrag auf Erlass des Pfändungs- und Überweisungs-

beschlusses ein. Nach Zustellung des vorläufigen Zahlungsverbotes und vor Erlass des Pfändungs- und Überweisungsbeschlusses schließen die Parteien einen umfassenden Ratenzahlungsvergleich mit verjährungsverlängernder Regelung sowie Bewilligung von Lohn- und Bankguthabenabtretungen.
Dem RA steht eine Einigungsgebühr gem. Nr. 1003 VV RVG (1,0) (gerichtliches Verfahren anhängig) auf die Gesamtforderung einschließlich Nebenforderungen in Höhe von 3.900,00 EUR (§ 25 RVG) zu.

2. Gegenstandswertbegrenzung gem. § 31b RVG

84 Mit Inkrafttreten des 2. KostRMoG zum 1.8.2013 wurde mit § 31b RVG eine Streitwertbegrenzung eingeführt. Motivation für die Einführung des § 31b RVG war, dass bei einer Vereinbarung, die unstreitige Ansprüche betrifft und über die lediglich eine Regelung über Zahlungsmodalitäten getroffen wird, der Wert des Interesses dieser Regelung geringer zu bewerten ist als der Wert einer Einigung über im Streit stehende Ansprüche. In der Rechtsprechung kam es zu unterschiedlichsten Bewertungen, wie z.B. 10 % oder $1/3$ des Anspruchs.

a) 20 %-iger Wert bei reiner Zahlungsvereinbarung

85 Der Gesetzgeber hat nun festgelegt: Ist Gegenstand einer Einigung „nur" eine Zahlungsvereinbarung (Nr. 1000 VV RVG) beträgt der Gegenstandwert 20 % des Anspruches. Der Begriff „Anspruch" ist nicht mit „Hauptforderung" gleichzusetzen. Im Rahmen des Vollstreckungsauftrages oder während der Zwangsvollstreckung gilt das unter Rdn 80 Genannte, nämlich, dass auch bei der Berechnung des Wertes gem. § 31b RVG von 20 % der Gesamtforderung (Haupt- und Nebenforderungen) auszugehen ist.

b) Abgrenzung reine Zahlungsvereinbarung/weitreichende Vereinbarung

86 Bei der Bestimmung des Wertes zur Berechnung der Einigungsgebühr hat der RA demnach zu prüfen, ob lediglich eine Zahlungsvereinbarung vorliegt oder eine weitreichendere Einigung abgeschlossen wurde. Nach der Anm. 1 S. 1 Nr. 2 zu Nr. 1000 VV RVG liegt dann eine Zahlungsvereinbarung vor, wenn die Erfüllung des Anspruchs bei gleichzeitigem vorläufigen Verzicht auf die gerichtliche Geltendmachung und, wenn bereits ein zur Zwangsvollstreckung geeigneter Titel vorliegt, bei gleichzeitigem vorläufigen Verzicht auf Vollstreckungsmaßnahmen geregelt wird. Die Reduzierung des Streitwertes soll nur gelten, wenn **ausschließlich** Zahlungsmodalitäten Gegenstand der Vereinbarung sind.[36]

---

36 Gesetzesentwurf der Bundesregierung zum 2. KostRMoG, BT-Drucks 17/11471 S. 269.

B. Die Einigungsgebühr nach Nr. 1000 VV RVG § 3

Beispiel für eine reine Zahlungsvereinbarung 87
Der Schuldner zahlt auf die dem Gläubiger zustehende Forderung aus der Rechnung vom 25.6.2016 i.H.v. von 5.000,00 EUR nebst Zinsen in Höhe von 5%-Punkten über dem Basiszinssatz seit dem 1.8.2016, Mahnkosten von pauschal 10,00 EUR und vorgerichtliche Anwaltskosten in Höhe von 413,90 EUR monatliche Raten in Höhe von 500,00 EUR zum 3. eines jeden Monats, erstmals zum 3.2. Für die Dauer der Ratenzahlungsvereinbarung verzichtet der Gläubiger auf die gerichtliche Geltendmachung.

Anders verhält es sich, wenn zusätzlich weitere Vereinbarungen Gegenstand der Einigung sind.

c) Wirtschaftliche Auswirkungen

Die betragsmäßigen Auswirkungen bei Beachtung des reduzierten Wertes ab einem 88
Streitwert von 500,01 EUR sind deutlich, wobei bis zu einem Anspruchswert von 2.500,00 EUR (davon 20% = 500,00 EUR) in dem § 31b-RVG-Bereich überhaupt keine Anhebung stattfindet, da sich eine erste Erhöhung erst ab einem 20%-igen Gegenstandswert von 500,01 EUR ergibt:

Gegenstandswert	1,5-Einigungsgebühr ohne § 31b RVG	1,5-Einigungsgebühr mit § 31b RVG	Differenz
500,01–1.000	120,00	67,50	**-52,50**
1000,01–1.500	172,50	67,50	**-105,00**
1.500,01–2.500	225,00	67,50	**-157,50**
2.500,01–3.000	301,50	120,00	**-181,50**
3.000,01–4.000	378,00	120,00	**-258,00**

Praxishinweis 89
Einmal ganz davon abgesehen, dass, wenn der Gegner schon zum Abschluss einer Vereinbarung gebracht werden kann, es Ziel zur besseren Sachbearbeitung sein sollte, weitere Verpflichtungen und Sicherheiten aufzunehmen, lohnt dies wirtschaftlich, um sich der Wertbegrenzung des § 31b RVG zu entziehen, allemal. Folgende Punkte[37] könnten z.B. zusätzlich vertraglich vereinbart werden:

- Abstraktes Schuldanerkenntnis,
- Feststellung einer vorsätzlich begangenen unerlaubten Handlung,
- Verjährungsverlängernde Vereinbarung,
- Einräumung von Sicherheiten, wie z.B. Abtretung von Arbeitseinkommen und Bankguthaben,

---

37 Zu den Varianten ausführlich *Goebel*, AnwaltFormulare Zwangsvollstreckung, § 3 Rn 4 ff.

§ 3   Gebührentatbestände, unabhängig von der Bearbeitungsphase

- Im Turnus wiederkehrende Auskunftsverpflichtung über Art und Höhe des Einkommens,
- Schweigepflichtentbindungserklärung.

90 In Anbetracht des Umfangs der Einigung schon unter rein tatsächlichen Gesichtspunkten und hinsichtlich des abstrakten Schuldanerkenntnisses nach §§ 780, 781 BGB auch rechtlich, dürfte eine schriftliche Vereinbarung erforderlich sein oder ist sogar zwingend.

91 Die Abgrenzung, ob es sich um eine Teilzahlungsvereinbarung i.S.v. Anm. 1 S. 1 oder S. 2 zu Nr. 1000 VV RVG handelt, hängt bei Abschluss einer Zahlungsvereinbarung auch davon ab, ob der Anspruch als solcher vor der Vereinbarung streitig war oder nicht. Wurde mit der Vereinbarung der Streit oder die Ungewissheit des Anspruches beseitigt (Rdn 18), kommt eine Reduzierung des Gegenstandswertes für die Einigung auf 20 % auch dann nicht in Betracht, wenn ansonsten nur Zahlungsmodalitäten verabredet wurden.

92 Folgende Fallgestaltung ist nicht selten in der Praxis anzutreffen:

Der vom Gläubiger begehrte Anspruch in Höhe von 6.000,00 EUR ist unstreitig. Der RA des Gläubigers betreibt bereits das gerichtliche Mahnverfahren. Nach Zustellung des Mahnbescheides meldet sich der Schuldner und bietet eine Ratenzahlung an. Der Gläubigeranwalt ist mit der Zahlungsvereinbarung einverstanden, nimmt in die Vereinbarung mit auf, dass das gerichtliche Mahnverfahren zu Ende geführt wird, so dass Vollstreckungsbescheid ergeht, wobei er versichert, bei Einhaltung der Zahlungsvereinbarung die Zwangsvollstreckung aus dem ergehenden Vollstreckungsbescheid nicht zu betreiben.

Nun könnte man auf den Gedanken kommen, dass der Verzicht des Antragsgegners im gerichtlichen Mahnverfahren auf Einlegung des Widerspruchs gegen den Mahnbescheid eine Beseitigung des Streits oder der Ungewissheit i.S.v. Anm. 1 S. 1 Nr. 1 zu 1000 VV RVG darstellt und somit die Einigungsgebühr auf den vollen Wert von 6.000,00 EUR zu bemessen ist. Da der Anspruch jedoch von Beginn an unstreitig war, ist die Nichteinlegung des Rechtsbehelfs als isoliertes Anerkenntnis zu werten, so dass der RA *dafür* gem. Anm. 1 zu 1000 VV RVG überhaupt keine Einigungsgebühr zu beanspruchen hat (Rdn 14 ff.).

In dem beschriebenen Fall erhält der RA die Einigungsgebühr für die Zahlungsvereinbarung mit vorläufigem Verzicht auf die Zwangsvollstreckung i.S.v. Anm. 1 S. 1 Nr. 2 zu Nr. 1000 VV RVG gem. Nr. 1003 VV RVG (1,0) auf den Wert von 1.200,00 EUR (20 % von 6.000,00 EUR). Nicht nur aus dem Gebührenrecht heraus, sondern auch in der Sache wäre der RA also gut beraten, weitere Vereinbarungen aufzunehmen.

93 Ist der Gegenstand, über den sich die Parteien einigen, derselbe, kann eine Werteaddition nicht stattfinden. Wird in derselben Angelegenheit zunächst eine Einigung über den (streitigen) Anspruch von 6.000,00 EUR als solchen geschlossen und in

B. Die Einigungsgebühr nach Nr. 1000 VV RVG § 3

diesem Zusammenhang eine Zahlungsvereinbarung getroffen, kommt eine Zusammenrechnung der Werte für die Streitbeilegungseinigung von 6.000,00 EUR und für die Zahlungsvereinbarung von 1.200,00 EUR nicht in Betracht, da sich beide Einigungen auf denselben Gegenstand beziehen.

Verhält es sich dagegen so, dass Einigung und Zahlungsvereinbarung über verschiedene Gegenstände stattfinden, sind die Werte zusammen zu addieren. Dies wäre z.b. der Fall, wenn sich die Parteien über einen streitigen Anspruch aus einer Kfz-Reparatur von 2.000,00 EUR auf einen Betrag von 1.500,00 EUR vergleichen und wegen eines unstreitigen Anspruchs aus einem Kfz-Verkauf in Höhe von 5.000,00 EUR eine Zahlungsvereinbarung von monatlich 500,00 EUR schließen. Der Wert hinsichtlich der Einigung über die Kfz-Reparatur beläuft sich auf 2.000,00 EUR und bezüglich des Kfz-Verkaufs auf 1.000,00 EUR (20 % von 5.000,00 EUR). Da es sich um verschiedene Gegenstände handelt, sind diese Werte zu addieren (§ 22 Abs. 1 RVG), so dass sich ein einheitlicher Wert für die Einigung in Höhe von 3.000,00 EUR ergibt. 94

Eine Addition der Werte ist jedoch nicht geboten, wenn Einigung und Zahlungsvereinbarung in verschiedenen oder besonderen Angelegenheiten abgeschlossen werden. 95

Beispiel 96
In einem Rechtsstreit schließen die Parteien einen Vergleich, der zum Inhalt hat, dass der Beklagte auf die Klagsumme von 8.000,00 EUR an den Kläger einen Betrag von 6.000,00 EUR zahlt. Nach Zustellung des Vergleichs erhält der Gläubigervertreter den Auftrag, die Zwangsvollstreckung einzureichen. Bevor er den GV beauftragt, fordert er den Schuldner noch einmal zur Zahlung auf, wobei es danach zu einer reinen Zahlungsvereinbarung in Höhe von 600,00 EUR monatlich kommt.
Der Gegenstandswert der Einigung in dem Rechtsstreit beläuft sich auf 8.000,00 EUR; der Wert für die Zahlungsvereinbarung auf 1.200,00 EUR (20 % von 6.000,00 EUR). Da der Gläubiger bereits Vollstreckungsauftrag erteilt hatte, stellt das Schreiben an den Gegner nach Zustellung des Vergleichs eine besondere Angelegenheit i.S.d. § 18 Abs. 1 S. 1 RVG dar.[38] Der RA rechnet seine Einigungsgebühren gesondert, mithin zweimal auf die zuvor genannten Werte ab (Nr. 1003 VV RVG (1,0) aus 8.000,00 EUR und Nr. 1000 VV RVG (1,5) aus 1.200.00 EUR).

IV. Vorsicht: Die Kostenerstattung bei der Einigungsgebühr

Von besonderer Bedeutung für den Gläubiger ist, ob er sich die Kosten seiner Rechtsverfolgung und der so erzielten Einigung vom Gegner erstatten lassen kann. 97

---

38 Schneider/Wolf/*Volpert*, RVG, VV 3309 Rn 71 ff.

§ 3 Gebührentatbestände, unabhängig von der Bearbeitungsphase

1. Erstattung im Rechtsstreit

98 Soweit die Einigung nur einen Teil des Rechtsstreites betrifft, kommt es zu einer Kostengrundentscheidung des Gerichts nach den §§ 91 ff. ZPO. Damit ist geklärt, wer die Kosten in welchem Anteil zu tragen hat. Die Höhe der Kostenerstattung wird dann im Kostenfestsetzungsverfahren nach den §§ 103 ff. ZPO geklärt.

99 Schließt dagegen der Vergleich den Prozess ab, muss besondere Vorsicht walten. § 98 ZPO bestimmt nämlich, dass die Kosten eines Vergleiches als gegeneinander aufgehoben gelten. Dies bedeutet, dass jede Partei ihre eigenen Kosten trägt; die Gerichtskosten werden geteilt. Soll etwas anderes gelten, müssen die Parteien eine anders lautende Kostenregelung vereinbaren. Damit es nicht zu ungewollten Überraschungen kommt, sollte auf eine ausdrückliche Kostenregelung im Vergleich nicht verzichtet werden. Dies zu vergessen, kann für den RA einen Haftungsfall begründen.

2. Erstattung in der Zwangsvollstreckung

100 Im Rahmen der Zwangsvollstreckung gilt allgemein für die Kostenerstattung § 788 ZPO. Gemäß § 788 Abs. 1 S. 1 ZPO fallen dem Schuldner die notwendigen Kosten der Zwangsvollstreckung zur Last. Diese Regelung steht allerdings in Konkurrenz zu § 98 ZPO, wonach bei nicht anderslautender Vereinbarung Kostenaufhebung gilt. Die höchstrichterliche Rechtsprechung[39] gibt § 98 ZPO den Vorrang, so dass der Gläubiger die Einigungsgebühr seines Bevollmächtigten zu tragen hat, obwohl er in der Regel dem Schuldner entgegenkommt. Will der Gläubiger erreichen, dass die Einigungskosten vom Schuldner zu erstatten sind, ist diese Verpflichtung stets im Vergleich mit aufzunehmen. Hat der Schuldner die Kosten der Einigung, die im Rahmen der Zwangsvollstreckung entstanden sind, übernommen, können diese gem. § 788 ZPO als regelmäßig notwendige Kosten geltend gemacht[40] und festgesetzt werden.[41]

3. Erstattung bei vorgerichtlicher Einigung

101 Wird der Vergleich vorgerichtlich geschlossen, kommt kraft Gesetzes lediglich ein Erstattungsanspruch des Gläubigers aus dem materiellen Recht, also aus Verzug (§§ 280, 286 BGB) oder Schadensersatz (§ 823 BGB) in Betracht. Auch dabei stellt sich jedoch die Frage, ob § 98 ZPO diesen Anspruch nicht überlagert. Die Rechtsprechung sieht § 98 ZPO als allgemeinen Rechtsgedanken und wendet ihn auch vorgerichtlich an.[42] Um dem vorzubeugen und dem Grundsatz des sichersten We-

---

39 BGH NJW 2007, 1213 = AGS 2007, 302–303.
40 BGH NJW 2006, 1598–1600 = AGS 2006, 214–216.
41 Zöller/*Stöber*, ZPO, § 788 Rn 7.
42 BGH NJW 2009, 519–520 = AGS 2009, 95–97.

ges folgend, sollte deshalb auch vorgerichtlich stets eine Kostenregelung in den Vergleich aufgenommen werden.

Die Festsetzung der Einigungsgebühr kann auch im Rahmen des gerichtlichen Mahnverfahrens erfolgen.

102

Beispiel 103
Für den Mandanten hat der RA einen Mahnbescheid erwirkt. Nach Zustellung des Mahnbescheides meldet sich der Antragsgegner und die Parteien schließen eine Teilzahlungsvereinbarung, die auch zum Gegenstand hat, dass Vollstreckungsbescheid ergehen möge. Der Zahlungspflichtige übernimmt in der Vereinbarung die Kosten der Einigung.

Unter Nachweis des Entstehens und der Kostentragungspflicht der Einigungsgebühr hat dann das Mahngericht auf Antrag des Antragstellers diese Kosten in dem Vollstreckungsbescheid gem. § 699 Abs. 3 ZPO mit festzusetzen.[43]

4. Kostenfestsetzung: Nachweis der erfolgten Einigung

Im Rahmen der Kostenfestsetzung oder der Zwangsvollstreckung wird bei Geltendmachung der Einigungsgebühr regelmäßig die Vorlage der schriftlichen Einigung vom Gericht oder GV verlangt, andernfalls wird der Anfall der Gebühr nicht anerkannt.

104

In den Fällen, in denen eine Einigung mündlich zustande gekommen ist, kann der RA das Zustandekommen der Einigung gem. §§ 104 Abs. 2 S. 1 ZPO, 294 Abs. 1 ZPO durch Vorlage einer eidesstattlichen Erklärung glaubhaft machen (Rdn 24 f.). Allerdings ist es für den Anspruch auf Erstattung der Einigungsgebühr gegenüber dem Schuldner erforderlich, dass dem Schuldner (in dem Telefonat) bedeutet wird, dass beim Zustandekommen der Einigung eine Vergütung auf ihn zukommt und wie sich diese ermittelt. Die vorzulegende eidesstattliche Erklärung zur Glaubhaftmachung des Einverständnisses des Schuldners mit der Übernahme der Einigungsgebühr sollte sich auch darauf beziehen, dass eine entsprechende Vereinbarung mündlich getroffen wurde.

105

Hat der Schuldner den ihm übersandten schriftlichen Ratenzahlungsvergleich, in dem das Zustandekommen der Einigung von der Übernahme der detailliert benannten Einigungsvergütung abhängig gemacht wird, nicht unterzeichnet zurück gesandt, aber vereinbarungsgemäß die Ratenzahlung aufgenommen, kann von einer konkludenten Annahme des Ratenzahlungsangebotes und damit auch einer Zustimmung zur Übernahme der Einigungsvergütung ausgegangen werden (Rdn 23 ff.). Zur Glaubhaftmachung bei Gericht oder GV bietet sich die Vorlage einer Kopie der dem Schuldner übersandten Vereinbarung und Nachweis der Zahlung, wie z.B. Kopie des Kontoauszuges an.

106

---

43 BGH NJW 2009, 234–235 = AGS 2009, 21–22; Zöller/*Vollkommer*, ZPO, § 699 Rn 10.

C. Die Erhöhungsgebühr nach Nr. 1008 VV RVG

I. Grundsätze

1. Einmaligkeit der Gebühr auch bei mehreren Auftraggebern

107 Ist der RA in derselben Angelegenheit für mehrere Auftraggeber tätig, erhält er die Gebühren gem. § 7 Abs. 1 RVG nur einmal. Die erste Frage der Gebührenoptimierung ist also immer, ob überhaupt dieselbe Angelegenheit für jeden der mehreren Auftraggeber vorliegt.[44]

108 § 15 Abs. 2 S. 1 RVG regelt, dass der RA die Gebühren in derselben Angelegenheit nur einmal fordern kann (§ 2 Rdn 65 ff.). Mit § 7 Abs. 1 RVG wird bestimmt, dass auch eine Tätigkeit für mehrere Auftraggeber nicht zu einer Vermehrung der Gebühren führt. Das wird der tatsächlichen anwaltlichen Tätigkeit aber nicht gerecht.

109 **Größerer Aufwand und höheres Haftungsrisiko**
Der Gesetzgeber lässt deshalb nicht unberücksichtigt, dass es für den RA einen erhöhten Aufwand bedeutet, wenn er für mehrere Auftraggeber tätig wird. Er muss mit mehreren Personen kommunizieren, von diesen Informationen entgegennehmen und Widersprüche klären sowie Unterlagen mehrfach versenden. Ferner kann es bei der Vertretung mehrerer Personen zu einem höheren Haftungsrisiko des RA kommen. Diesen Mehraufwand erfasst Nr. 1008 VV RVG. Voraussetzungen für das Entstehen der Erhöhungsgebühr sind mehrere Auftraggeber betreffend denselben Gegenstand. Ob sich tatsächlich ein erhöhter Aufwand während der Tätigkeit ergibt, ist nicht von Bedeutung.

2. Bezeichnung als „Erhöhungsgebühr"

110 Mit der Bezeichnung „Erhöhungsgebühr" wird der Anschein erweckt, es handele sich bei der Gebühr gem. Nr. 1008 VV RVG um eine selbstständige Gebühr. Dies ist nicht der Fall, da Nr. 1008 VV RVG besagt, dass sich die Verfahrens- oder Geschäftsgebühr für jede weitere Person um einen Satz von 0,3, bei Festgebühren um 30 % und bei Betragsrahmengebühren der Mindest- und Höchstbetrag um 30 % erhöht. Es findet eine Gebührenerhöhung statt. Eine Gebühr nach Nr. 1008 VV RVG kann dementsprechend nie isoliert stehen. Die erhöhte Geschäfts- oder Verfahrensgebühr stellt eine einheitliche Gebühr dar.[45] Dies spiegelt sich auch in der gebräuchlichsten Benennung der Gebühren z.B. in Literatur, der Rechnung oder im Festsetzungsverfahren wider:

111 *Beispiel*
Verfahrensgebühr gem. Nrn. 3305, 1008 VV RVG (1,3)

---

44 Dazu die Ausführungen unter Rdn 118 ff.
45 OLG Stuttgart AGS 2010, 121; Schneider/Wolf/*Volpert*, RVG, VV 1008 Rn 3.

3. Mehrere Personen

Eine Erhöhung gem. Nr. 1008 VV RVG erfolgt auch nur, wenn mehrere Personen die anwaltliche Tätigkeit gemeinschaftlich beauftragen. Es muss sich um mehrere Personen im Rechtssinne handeln, also entweder juristische oder natürliche Personen. **112**

Der Begriff des „Auftraggebers" i.S.v. § 7 Abs. 2 RVG und Nr. 1008 VV RVG ist nicht identisch anzuwenden. § 7 Abs. 2 RVG bezieht sich auf den Auftraggeber, der zur Zahlung der Vergütung des RA verpflichtet ist. Auftraggeber i.S.d. Nr. 1008 VV RVG sind die Personen, deren Rechtsangelegenheiten erledigt werden sollen.[46] In vielen Fällen sind die Personen, die den Auftrag erteilen, identisch mit den Personen, deren Rechtsangelegenheit bearbeitet werden soll, wie z.B. beide Eheleute beauftragen den RA, eine gegen sie herangetragene gesamtschuldnerische Forderung abzuwehren (zwei Auftraggeber gem. Nr. 1008 VV RVG). Denkbar ist aber auch, dass mehrere Personen Auftraggeber sind und der RA nur die Interessen einer Person vertritt. Dies ist z.b. dann gegeben, wenn beide Elternteile den RA mit der Durchsetzung einer Schadensersatzforderung ihres Sohnes beauftragen. Bei dieser Konstellation hat der RA den Anspruch des Sohnes zu realisieren, mithin nur einer Person, so dass eine Erhöhung der Gebühr nicht stattfindet. Umgekehrt kann es vorkommen, dass ein Gesellschafter einer GbR den RA beauftragt, seine eigenen Interessen, die des Mitgesellschafters sowie die der GbR wahrzunehmen. Bei einer Person, die den Vertretungsauftrag erteilt hat, ergeben sich drei Personen i.S.v. Nr. 1008 VV RVG. **113**

Nachfolgend Beispiele für das Vorliegen von Personenmehrheit:

Beispiele **114**
- Eheleute sind zwei natürliche Personen,
- GbR zusammen mit einem oder mehreren Gesellschaftern (die GbR isoliert stellt keine Personenmehrheit dar, da sie nach der Rspr. rechtsfähig ist),
- WEG zusammen mit einzelnen Eigentümern (die WEG isoliert stellt keine Personenmehrheit dar, da sie nach der Rspr. teilrechtsfähig ist),
- OHG und ihre Gesellschafter (§§ 124, 128 HGB),
- KG und der Komplementär, wobei die Komplementärin auch eine GmbH sein kann (GmbH & Co. KG) (§ 161 HGB),
- Gesamtgläubiger (§ 428 BGB),
- Gesamtschuldner (§ 421 BGB),
- Erbengemeinschaft (§ 2032 BGB),
- Streitgenossen,

---

46 Gerold/Schmidt/*Müller-Rabe*, RVG, VV 1008 Rn 38.

§ 3 Gebührentatbestände, unabhängig von der Bearbeitungsphase

- Vertreter = jede Art von Vertreter, auch gesetzlich; entscheidend ist die Anzahl der Vertretenen. Der Vertreter bleibt bei der Berechnung der Personenanzahl unberücksichtigt.

115 Keine Personenmehrheit liegt vor:
- Gesellschaften mit eigener Rechtspersönlichkeit wie OHG, KG, GbR, eingetragene Partnerschaftsgesellschaft, auch nicht rechtsfähige Vereine (wg. § 54 S. 1 BGB) und Vor-GmbH, soweit sie den Auftrag isoliert erteilen und nicht auch ihre Gesellschafter persönlich den Auftrag erteilen;
- Partei kraft Amtes wie Testamentsvollstrecker, Insolvenz-, Zwangs- oder Nachlassverwalter;
- juristische Personen wie AG, GmbH, rechtsfähiger Verein, eingetragene Genossenschaft, Stiftungen;
- juristische Personen des öffentlichen Rechts wie Staat, Gemeinden, Gemeindeverbände, Anstalten und Stiftungen des öffentlichen Rechts.

116 Voraussetzung für die Erhöhung aufgrund Mehrfachvertretung ist eine gemeinsame Beauftragung oder mehrere Einzelaufträge mindestens von zwei Auftraggebern in derselben Angelegenheit. Dabei reicht es aus, wenn nur ein zeitlich begrenzter Abschnitt oder ein einzelner Gegenstand der anwaltlichen Tätigkeit für mehrere Mandanten gilt.[47] Unerheblich ist, ob alle gleichzeitig den Auftrag an den RA erteilen oder nacheinander.

4. Anwaltliche Funktion

117 Die erhöhten Gebühren stehen jedem RA zu, unabhängig davon, in welchem verfahrensrechtlichen Rahmen die Interessenvertretung erfolgt, z.B. auch als Verkehrsanwalt (Verfahrensgebühr gem. Nr. 3400 VV RVG) oder Terminsvertreter (Verfahrensgebühr gem. Nr. 3401 VV RVG).

5. Dieselbe Angelegenheit für mehrere Auftraggeber

118 Voraussetzung für eine Erhöhung von Wertgebühren ist, dass der Gegenstand der anwaltlichen Tätigkeit derselbe ist (nicht, wenn es um einen gleichen oder ähnlichen Anspruch geht). Gegenstandsidentität ist gegeben, wenn in derselben Angelegenheit mehrere Personen an einer Rechtsverfolgung gemeinschaftlich beteiligt sind, d.h. der RA ist wegen desselben Rechts oder Rechtsverhältnisses tätig. Gemäß Anm. 2 zu Nr. 1008 VV RVG wird die Erhöhung nach dem Betrag berechnet, an dem die Personen gemeinschaftlich beteiligt sind.

---

47 Schneider/Wolf/*Volpert*, RVG, VV 1008 Rn 37.

C. Die Erhöhungsgebühr nach Nr. 1008 VV RVG §3

Beispiel 1 119
Eheleute und ihr Sohn sind Vermieter und haben den RA beauftragt, Antrag auf Erlass des Mahnbescheides gegen den Mieter wegen rückständiger Mieten in Höhe von 1.500,00 EUR einzureichen.

Bei den Mandanten des RA handelt es sich um Gesamtgläubiger (3 Auftraggeber = 2 Erhöhungen), die denselben Gegenstand, nämlich die Zahlung von 1.500,00 EUR begehren. Die Voraussetzungen der Nr. 1008 VV RVG sind gegeben.

Es entsteht die Verfahrensgebühr gem. Nrn. 3305, 1008 VV RVG (1,0 + 2 × 0,3 = 1,6) aus 1.500,00 EUR = 184,00 EUR.

Beispiel 2 120
Der betagte A ist gesundheitlich nicht mehr in der Lage, seine Fahrzeuge zu führen und überträgt daher das Eigentum an seinem Fahrzeug 1 (Wert: 15.000,00 EUR) an seinen Enkel B und das Eigentum an seinem Fahrzeug 2 (Wert: 12.000,00 EUR) an seinen Enkel C mit notariellem Schenkungsvertrag und unterwirft sich hinsichtlich der Herausgabe der Fahrzeuge der Zwangsvollstreckung. Da A sich nun weigert, die Fahrzeuge an B und C heraus zu geben, beauftragen diese ihren RA mit der Herausgabevollstreckung.

In diesem Beispiel verlangt jeder Enkel die ihm jeweils zustehende Leistung, nämlich Herausgabe des entsprechenden Fahrzeuges, und nicht eine Leistung an die Gemeinschaft. Dementsprechend ist von verschiedenen Gegenständen auszugehen, so dass kein Raum für eine erhöhte Verfahrensgebühr ist. Vielmehr hat der RA der Enkel die Werte i.S.v. § 22 RVG zusammenzurechnen und aus dem Gesamtwert von 27.000,00 EUR die Verfahrensgebühr gem. Nr. 3309 VV RVG zu ermitteln, da dies zu einer geringeren Gebühr führt als eine getrennte Berechnung, § 15 Abs. 3 RVG.

Beispiel 3 121
A und B haben das in ihrem gemeinsamen Eigentum stehende Motorrad an C zu einem Preis von 7.000,00 EUR veräußert. Ferner hat B gegen C noch einen Anspruch auf Rückzahlung eines ausgereichten Darlehens von 3.000,00 EUR. Da C beide Verpflichtungen nicht erfüllt, beauftragen A und B ihren RA mit der Erhebung der Klage und Vertretung im Rechtsstreit.

A und B sind Gesamtgläubiger des gemeinsamen Anspruchs aus dem Motorradkaufvertrag. Personenmehrheit i.S.d. Nr. 1008 VV RVG liegt vor. Der gemeinschaftliche Gegenstand der Angelegenheit ist insoweit auch gegeben. An dem

93

§ 3 Gebührentatbestände, unabhängig von der Bearbeitungsphase

Anspruch aufgrund Darlehensrückzahlung ist nur B beteiligt. Nach herrschender Meinung[48] ist in Bezug auf die Verfahrensgebühr abzurechnen:

Verfahrensgebühr gem. Nr. 3100 VV RVG (1,3) aus
10.000,00 EUR   725,40 EUR
Erhöhte Verfahrensgebühr gem. Nr. 1008 VV RVG (0,3) aus
7.000,00 EUR   121,50 EUR

122 Bei der vorstehenden Lösung zu Beispiel 3 mit einer Gesamtvergütung von 846,90 EUR wurde zunächst aus dem zusammengerechneten Gesamtwert (§ 22 RVG) die Verfahrensgebühr ohne Erhöhung ermittelt und dann auf den Teilbetrag des gemeinschaftlichen Gegenstandes die erhöhte Verfahrensgebühr gesondert berücksichtigt. Zwar ist die Art der isolierten Darstellung der erhöhten Verfahrensgebühr als grundsätzlich nicht allein stehende Gebühr nicht systemgerecht, allerdings muss bei Anwendung dieser überwiegenden herrschenden Meinung dieser Kompromiss hingenommen werden.

123 Eine Mindermeinung[49] vertritt die Auffassung, dass unter Anwendung des Beispiels 3 die erhöhte Verfahrensgebühr gem. Nrn. 3100, 1008 VV RVG in Höhe eines 1,6-Satzes aus dem Wert der Mehrfachvertretung von 7.000,00 EUR = 648,00 EUR und eine Verfahrensgebühr gem. Nr. 3100 VV RVG in Höhe des Satzes von 1,3 aus dem Wert der Einzelvertretung von 3.000,00 EUR = 261,30 EUR zu berechnen ist. Die Anwendung von § 15 Abs. 3 RVG wird beachtet, wonach dem RA nicht mehr als eine 1,6-Gebühr aus 10.000,00 EUR = 892,80 EUR zusteht. Insgesamt ergibt sich so eine höhere Vergütung.

Dass diese Berechnungsmethode in Literatur und Rechtsprechung überwiegend kritisiert wird, wird damit begründet, dass § 15 Abs. 3 RVG deshalb schon nicht einschlägig ist, weil danach für Teile des Gegenstandes verschiedene Gebührensätze, also verschiedene Gebührentatbestände aufeinandertreffen müssen. Es liegen keine verschiedenen Gebührentatbestände vor, wenn zwei Verfahrensgebühren nebeneinander stehen, einmal mit und einmal ohne die Erhöhung nach Nr. 1008 VV RVG. Die Erhöhung nach Nr. 1008 VV RVG lässt aus der zu erhöhenden Gebühr keinen anderen Gebührentatbestand werden.[50] Ungeachtet dessen ist der RA berechtigt, zunächst die für ihn günstigere vertretbare Abrechnungsweise zu wählen. Akzeptiert der Mandant sie nicht, muss er sich des Risikos einer streitigen Auseinandersetzung bewusst sein.

---

48 OLG Celle AGS 2014, 165; Schneider/Wolf/*Volpert*, RVG, VV 1008 Rn 128 ff.; Gerold/Schmidt/*Müller-Rabe*, RVG, VV 1008 Rn 228 ff.
49 LG Saarbrücken AGS 2012, 56–57 = DAR 2012, 177–178; LG Bonn AGS 1998, 115 = Rpfleger 1995, 384.
50 Schneider/Wolf/*Volpert*, RVG, VV 1008 Rn 127.

II. Erhöhungsfähige Gebühren

1. Wertgebühren

Nr. 1008 VV RVG bestimmt, dass die Verfahrens- oder Geschäftsgebühr erhöht werden. Dass sich die Vorschrift im Teil 1 des VV befindet, lässt erkennen, dass sie für alle Geschäfts- und Verfahrensgebühren gilt, unabhängig davon, in welchen Teilen sie geregelt sind. **124**

Die Einigungs-, Erledigungs-, Aussöhnungs-, Hebe- und Terminsgebühr[51] sind weder eine Geschäfts- noch eine Verfahrensgebühr, so dass für diese Gebühren eine Erhöhung nicht erfolgen kann.

Unter die Geschäfts- und Verfahrensgebühren fallen z.B.: **125**

Beispiele
- (Einvernehmens-)Geschäftsgebühr gem. Nrn. 2200, 2201 VV RVG,
- Geschäftsgebühren gem. Nrn. 2300 ff. VV RVG,
- Geschäftsgebühr bei Beratungshilfe gem. Nr. 2503 VV RVG,
- Verfahrensgebühr für die Vertretung des Antragstellers im Mahnverfahren gem. Nr. 3305 VV RVG,
- Verfahrensgebühr gem. Nrn. 3100, 3101, 3200, 3201, 3206, 3207 VV RVG für Prozessverfahren in den jeweiligen Instanzen,
- Verfahrensgebühr für die Vertretung des Antragsgegners im Mahnverfahren gem. Nr. 3307 VV RVG,
- Verfahrensgebühr für die Vertretung des Antragstellers für den Antrag auf Erlass des Vollstreckungsbescheides gem. Nr. 3308 VV RVG, aber nicht, wenn sich bereits die Verfahrensgebühr gem. Nr. 3305 VV RVG (Mahnbescheidsantrag) erhöht hat,
- Verfahrensgebühr in der Zwangsvollstreckung gem. Nr. 3309 VV RVG,
- Verfahrensgebühr in der Zwangsversteigerung gem. Nr. 3311 VV RVG,
- Verfahrensgebühr für die Vertretung der Gläubiger im Eröffnungs- und Insolvenzverfahren gem. Nrn. 3314, 3316, 3317, 3320 VV RVG,
- Verfahrensgebühr im PKH-Antragsverfahren gem. Nr. 3335 VV RVG,
- Verfahrensgebühr für den Verkehrsanwalt gem. Nrn. 3400, 3401 VV RVG,
- Verfahrensgebühren in Strafsachen gem. Nrn. 4104, 4106 VV RVG.

---

51 Gerold/Schmidt/*Müller-Rabe*, RVG, VV 1008 Rn 14, OLG Köln JurBüro 1992, 237 = Rpfleger 1992, 223; a.A. LG Dortmund Rpfleger 1990, 437 = JurBüro 1991, 237–238.

2. Festgebühren

126 Gem. Nr. 1008 VV RVG erfolgt die Erhöhung einer Festgebühr um 30 %. Erhöhungsfähige Festgebühren, da es sich um Geschäftsgebühren handelt, finden sich bei der Beratungshilfe gem. Nrn. 2503–2507 VV RVG.[52] Die Festgebühr gem. Nr. 2503 VV RVG von 85,00 EUR erhöht sich um 30 % für jeden weiteren Auftraggeber, höchstens um das Doppelte der Festgebühr (Anm. 3 zu Nr. 1008 VV RVG). Soweit Anm. 1 zu Nr. 1008 VV RVG regelt, dass eine Erhöhung der Gebühr nur bei Wertgebühren erfolgt, wenn der Gegenstand der anwaltlichen Tätigkeit derselbe ist, betrifft dies nicht die Geschäftsgebühr nach Nr. 2503 VV RVG, weil sie keine Wert- sondern eine wertunabhängige Festgebühr ist. Dies hat zur Konsequenz, dass die Gebührenerhöhung ohne Rücksicht darauf, ob sich die Tätigkeit des RA auf denselben Gegenstand erstreckt oder nicht, anwendbar ist. Begründet wird diese Regelung damit, dass bei der Festgebühr ein Zusammenrechnen verschiedener Gegenstände, wie bei den Wertgebühren, nicht in Frage kommt.

3. Mehrere Erhöhungen

127 Der Wortlaut der Nr. 1008 VV RVG „... *die Verfahrens- oder Geschäftsgebühr erhöht ...*" hat zu Überlegungen geführt, ob der Gesetzgeber mehrere aufeinanderfolgende Erhöhungen mit der Verwendung des Wortes „**oder**" anstelle von „**und**" ausschließen wollte.

Wie in der Kommentarliteratur[53] dezidiert ausgeführt, kann der Gesetzgeber unter mehreren Gesichtspunkten nicht damit gemeint haben, dass der RA, z.B. nach Vertretung mehrerer Personen vorgerichtlich, die erhöhte Gebühr auf die Verfahrensgebühr des anschließenden Rechtsstreits nicht zusätzlich verdienen kann. Mit dem Begriff „oder" sollte lediglich klargestellt werden, dass die erhöhungsfähigen Gebühren entweder als Geschäfts- oder Verfahrensgebühr benannt werden. Ferner wird ausgeführt, dass lediglich in derselben Angelegenheit entweder eine Geschäfts- oder Verfahrensgebühr entstehen kann. Besonders überzeugend ist die Argumentation, dass dem Gesetzgeber zuzutrauen ist, dass er mehrfache Erhöhungen durch besondere Regelungen ausschließt, sofern sie nicht gewollt sind, wie z.B. bei der Verfahrensgebühr für die Beantragung des Vollstreckungsbescheides. Hier hat der Gesetzgeber erkannt, dass eine mehrfache Erhöhung aufgrund des Begriffs „Verfahrensgebühr" sowohl für die Beantragung des Mahn- als auch des Vollstreckungsbescheides erfolgt und hat dies mit der Anm. zu Nr. 3308 VV RVG unterbunden. Danach ist Nr. 1008 VV RVG nicht anzuwenden, wenn sich bereits die Gebühr Nr. 3305 erhöht. Haben die Auftraggeber z.B. selbst Mahnbescheidsantrag gestellt und beauftragen den RA ab Beantragung des Vollstreckungsbescheides,

---

52 OLG Oldenburg NJW-RR 2007, 431 = AGS 2007, 45–46.
53 Schneider/Wolf/*Volpert*, RVG, VV 1008 Rn 93 ff.

C. Die Erhöhungsgebühr nach Nr. 1008 VV RVG § 3

kann der RA bezogen auf die Gebühr gem. Nr. 3308 VV RVG die erhöhte Gebühr dagegen ansetzen. Im Umkehrschluss ist daraus abzuleiten, dass eine mehrfache Erhöhung nur ausgeschlossen ist, soweit dies gesetzlich besonders angeordnet wurde.

III. Berechnung der Erhöhungen

1. Wertgebühren

Die Gebührensätze erhöhen sich bei **Wert- und Satzrahmengebühren** um je 0,3 für jeden **weiteren** Auftraggeber. Mehrere Erhöhungen dürfen den Satz von 2,0 jedoch nicht übersteigen. **128**

Hier hat der Gesetzgeber wieder eine Kappungsgrenze festgelegt (Anm. 3 zu Nr. 1008 VV RVG). Demnach kommt der RA bei insgesamt acht oder mehr Auftraggebern über diese Grenze = sieben weitere Auftraggeber × 0,3 = 2,1. Ab dem 8. Auftraggeber sind dann die Erhöhungen mit 2,0 zu berücksichtigen mit der Folge, dass für den 7. weiteren Auftraggeber wegen der Kappung nur noch eine 0,2-Erhöhung zur Verfügung steht, bis die 2,0 erreicht ist, und für weitere Auftraggeber überhaupt keine Erhöhung mehr erfolgt.

Beispiel 1 **129**
Der RA wird beauftragt, für fünf Gläubiger vorgerichtlich tätig zu werden wegen eines Anspruchs von 2.500,00.

Geschäftsgebühr gem. Nrn. 2300, 1008 VV RVG (2,5) aus
2.500,00 EUR   502,50 EUR

Ausgehend von einem Geschäftsgebühren-Satz von 1,3 und unter Hinzuaddierung der vierfach erhöhten Gebühren für die weiteren Auftraggeber von 0,3 = 1,2 ergibt sich der ausgewiesene Satz von 2,5.

Beispiel 2 **130**
Sechs Auftraggeber mandatieren den RA für ihre Interessenvertretung im Berufungsverfahren wegen der Abwehr einer Forderung von 4.800,00 EUR. Bevor der RA den Berufungseinlegungsschriftsatz einreicht, teilen die Mandanten mit, dass sie es sich anders überlegt haben und das erstinstanzliche Urteil doch akzeptieren wollen.

Verfahrensgebühr gem. Nrn. 3201, 1008 VV RVG (2,6) aus
4.800,00 EUR   787,80 EUR

Für die vorzeitige Beendigung des Auftrages erhält der RA nach 3201 VV RVG i.V.m. Nr. 3200 VV RVG eine 1,1-Gebühr. Für weitere fünf Auftraggeber steht dem RA ein Satz von 5 × 0,3 = 1,5 zu, so dass sich der Satz von insgesamt 2,6 ermittelt.

§ 3 Gebührentatbestände, unabhängig von der Bearbeitungsphase

131 *Beispiel 3*

Wegen eines titulierten Anspruchs von 5.400,00 EUR beauftragen die zehn Gesamtgläubiger den RA, gegen den Schuldner das Verfahren auf Abnahme der Vermögensauskunft durchzuführen.

Verfahrensgebühr gem. Nrn. 3309, 1008 VV RVG (0,3 + 2,0 (statt
2,7) = 2,3) aus 2.000,00 EUR   225,00 EUR

Der Antrag auf Abnahme der VA ist eine Maßnahme im Rahmen der Zwangsvollstreckung, so dass der RA eine Verfahrensgebühr gem. Nr. 3309 VV RVG in Höhe von 0,3 erhält. Für weitere 9 Auftraggeber errechnen sich zunächst die Erhöhungen von 9 × 0,3 = 2,7. Unter Beachtung des Kappungssatzes von 2,0 ergibt sich mit der 0,3 Verfahrensgebühr der Gesamtsatz von 2,3. Hinsichtlich des Wertes ist eine weitere Kappungsgrenze zu beachten, nämlich bei Verfahren auf Abnahme der Vermögensauskunft gem. § 25 Abs. 1 Nr. 4 RVG von 2.000,00 EUR.

132 *Praxishinweis*

Gerade das letzte Beispiel zeigt, dass der RA und seine Mitarbeiter darauf bedacht sein müssen, dass die ihm zustehenden Erhöhungen beachtet und berechnet werden, um keine ihm zustehenden Gebühren zu verschenken. Durch die Wert-Kappungsgrenze 2.000,00 EUR ist der RA ohnehin schon reduziert bei einer 0,3-Verfahrensgebühr auf einen Betrag von 45,00 EUR. Durch die Erhöhungen in dem Beispiel können immerhin weitere 180,00 EUR verdient werden. Zugegebenermaßen ist ein Auftrag mit 10 Gläubigern nicht so häufig, aber auch schon bei einem weiteren Auftraggeber (z.B. oft: Gläubiger als Eheleute) verdoppelt sich immerhin die 0,3-Verfahrensgebühr.

2. Festgebühren

133 Bei Festgebühren steht dem RA gem. Nr. 1008 VV RVG eine Erhöhung um 30 % der Gebühr zu. Laut der Anm. 3 zu Nr. 1008 VV RVG beträgt die Kappungsgrenze für mehrere Erhöhungen das Doppelte der Festgebühr.

Auch hier ist die Kappungsgrenze bei einer Anzahl der Auftraggeber ab acht Personen zu beachten.

134 *Beispiel*

Geschäftsgebühr gem. Nrn. 2503, 1008 VV RVG   255,00 EUR

Die Geschäftsgebühr im Rahmen der Beratungshilfe ist mit einem Betrag von 85,00 EUR festgesetzt. Sieben weitere Auftraggeber bedeuten eine Erhöhung von 7 × 30 % = 210 %. 85,00 EUR × 210 % = 178,50 EUR. Das Doppelte der

C. Die Erhöhungsgebühr nach Nr. 1008 VV RVG § 3

Festgebühr als Kappungsgrenze in Höhe von 2×85,00 EUR = 170,00 EUR ist zu beachten, so dass sich insgesamt eine Gebühr von 255,00 EUR (85,00 EUR + 170,00 EUR) ergibt.

IV. Anrechnung/Auswirkungen auf die Schwellengebühr

1. Anrechnungen

Nachfolgend werden zwei unterschiedliche Anrechnungen unter Berücksichtigung von mehreren Auftraggebern i.S.v. Nr. 1008 VV RVG betrachtet: **135**

a) Umgang mit der Erhöhung bei Übergang vom Mahn- in das streitige Verfahren

Die Verfahrensgebühr aus dem gerichtlichen Mahnverfahren gem. Nr. 3305 VV RVG wird wegen der dort aufgeführten Anmerkung auf die Verfahrensgebühr des nachfolgenden Rechtsstreits in **voller Höhe** angerechnet. Zu beachten ist jedoch, dass die Anrechnung der im gerichtlichen Mahnverfahren erwachsenen Gebühr nur insoweit erfolgt, als im Prozessverfahren der gleiche Gegenstand anhängig ist. **136**

Beispiel 1 **137**
Die drei Gesellschafter einer GbR beauftragen den RA mit der Einreichung des Mahnbescheidsantrages wegen rückständiger Mieten von 2.100,00 EUR. Der Antragsgegner legt Widerspruch gegen den Mahnbescheid ein. Der RA erhält von allen drei Gesellschaftern den Auftrag, das streitige Verfahren zu führen und weitere aufgelaufene Mieten in Höhe von 1.400,00 EUR geltend zu machen.

Verfahrensgebühr gem. Nrn. 3305, 1008 VV RVG (1,6) aus 2.100,00 EUR		321,60 EUR
Verfahrensgebühr gem. Nrn. 3100, 1008 VV RVG (1,9) aus 3.500,00 EUR	478,80 EUR	
abzgl. Anrechnung gem. Anm. zu Nr. 3305 VV RVG (1,6) aus 2.100,00 EUR	./. 321,60 EUR	= 157,20 EUR
Summe		478,80 EUR

Beispiel 2 **138**
Die drei Gesellschafter einer GbR beauftragen den RA mit der Einreichung des Mahnbescheidsantrages wegen rückständiger Mieten von 2.100,00 EUR. Der Antragsgegner zahlt nach Zustellung des Mahnbescheides einen Betrag von 700,00 EUR und legt Widerspruch gegen den Mahnbescheid ein. Der RA erhält von allen drei Gesellschaftern den Auftrag, das streitige Verfahren wegen des Restbetrages von 1.400,00 EUR zu führen.

§ 3 Gebührentatbestände, unabhängig von der Bearbeitungsphase

Verfahrensgebühr gem. Nrn. 3305, 1008 VV RVG (1,6) aus 2.100,00 EUR		321,60 EUR
Verfahrensgebühr gem. Nrn. 3100, 1008 VV RVG (1,9) aus 1.400,00 EUR	218,50 EUR	
abzgl. Anrechnung gem. Anm. zu Nr. 3305 VV RVG (1,6) aus 1.400,00 EUR[54]	./. 184,00 EUR	= 34,50 EUR
Summe		356,10 EUR

b) Umgang mit der Erhöhung bei Übergang von vorgerichtlicher zu gerichtlicher Tätigkeit

139 Hingegen wird die Geschäftsgebühr nach Teil 2 VV RVG gem. Vorbem. 3 Abs. 4 S. 1 VV RVG **zur Hälfte** angerechnet, bei Wertgebühren jedoch höchstens mit einem Gebührensatz von 0,75 auf die Verfahrensgebühr des gerichtlichen Verfahrens. Vor der Einführung des 2. KostRMoG ist es immer wieder zu Diskussionen hinsichtlich der Art und Weise der Anrechnung in Bezug auf die Berücksichtigung der erhöhten Gebühren gekommen. Hierauf muss nicht mehr näher eingegangen werden, da sich nun eine einheitliche Praxis seit dem 1.8.2013 gebildet hat.[55] Indem in der Anm. zu Nr. 1008 VV RVG Abs. 4 hinzugefügt wurde, dass sich der Gebührensatz dieser Gebühren entsprechend erhöht, steht fest, dass sich die Anrechnungsgrenze von 0,75 nicht erhöht.

Demnach ist unter Berücksichtigung des Gedankens der Einheitlichkeit der Gebühr und der Erhöhung zunächst der Satz der Gebühr inkl. der Erhöhung zu ermitteln. Das Ergebnis ist dann durch zwei zu teilen, wobei höchstens ein Satz von 0,75 angerechnet wird.

140
Beispiel
Vier Studenten einer Wohngemeinschaft werden vom Energieversorger auf Zahlung der Jahresverbrauchsrechnung in Höhe von 560,00 EUR in Anspruch genommen. Sie beauftragen den RA mit der Abwehr der Forderung zunächst vorgerichtlich. Außergerichtlich wird die Sache nicht erledigt, so dass der Energieversorger Klage erhebt. Der RA vertritt die vier Beklagten in dem Prozess.

Gegenstandswert: 560,00 EUR		
Geschäftsgebühr gem. Nrn. 2300, 1008 VV RVG (2,2) = (1,3 + 0,9)		176,00 EUR
Verfahrensgebühr gem. Nrn. 3100, 1008 VV RVG (2,2) = (1,3 + 0,9)	176,00 EUR	

---

54 In analoger Anwendung der Vorbem. 3 Abs. 4 S. 3 VV RVG ist die Anrechnung der Gebühr für den Mahnbescheid nach dem Wert des Gegenstandes vorzunehmen, der sich dann noch im Streitverfahren befindet.
55 Gerold/Schmidt/*Müller-Rabe*, RVG, VV 1008 Rn 283.

abzgl. Anrechnung gem. Vorbem. 3 Abs. 4 S. 1
VV RVG zu $^{1}/_{2}$ = (1,1), aber wegen Kappungs- ./. 60,00 EUR
grenze nur (0,75) = 116,00 EUR
Summe 292,00 EUR

2. Auswirkungen auf die Schwellengebühr

Die Geschäftsgebühr gem. Nr. 2300 VV RVG kann der RA unter Beachtung der Kriterien gem. § 14 RVG (§ 2 Rdn 105 ff.) in Höhe des dort geregelten Rahmens von 0,5–2,5 bestimmen. Eine höhere Geschäftsgebühr als einen Satz von 1,3 kann der RA aufgrund der Anm. zu Nr. 2300 VV RVG nur verlangen, wenn seine Tätigkeit umfangreich oder schwierig war (§ 4 Rdn 83 ff.). Diese Kappungsgrenze für Tätigkeiten im Normalbereich wird als „Schwellengebühr" bezeichnet.

141

Bezogen auf die 1,3-Schwellengebühr bei der Geschäftsgebühr war bisher (unverständlicherweise) umstritten, ob auch diese sich bei mehreren Auftraggebern erhöht. Das hat der Gesetzgeber mit der Anm. 4 zu Nr. 1008 VV RVG dahingehend klargestellt, dass auch die Schwellengebühr bei mehreren Auftraggebern anzuheben ist.[56]

142

Der RA erhält daher bei Tätigkeiten für mehrere Auftraggeber immer die erhöhte Gebühr gem. Nr. 1008 VV RVG, unabhängig davon, ob die Tätigkeit schwierig oder umfangreich war. Demnach kann der RA die Geschäftsgebühr bei einem durchschnittlichen Bearbeitungsaufwand mit einem Satz von 1,3 abrechnen und die 0,3-Erhöhungen entsprechend der Anzahl seiner weiteren Auftraggeber hinzuaddieren (bis max. 2,0 für die weiteren Auftraggeber insgesamt) ungeachtet dessen, dass die ausgewiesene Geschäftsgebühr inkl. der/den Erhöhung(en) über dem Schwellenwert von 1,3 liegt und insgesamt auch den Wert von 2,5 überschreiten kann. Liegen Gründe vor, die ein Anheben der Schwellengebühr i.S.v. § 14 RVG begründen, hat der RA zunächst den auf den konkreten Sachverhalt angemessenen Gebührensatz zu ermitteln und sodann die Erhöhung(en) hinzuzurechnen. Weitere Auftraggeber sind kein Kriterium für ein Abweichen vom Schwellenwert, da diesem Mehraufwand gerade mit der erhöhten Gebühr nach Anwendung der Nr. 1008 VV RVG Rechnung getragen wird.

> *Beispiel*
> Der RA wird beauftragt, für sechs Gläubiger vorgerichtlich wegen eines Anspruchs von 6.500,00 EUR tätig zu werden, wobei erhebliche Ermittlungsarbeiten stattfinden mussten, da der Gegner aufgrund seines wiederholten Umzuges und der unterschiedlichen Schreibweise seines ausländischen Namens bei den Auskunfteien und Einwohnermeldeämtern schwer zu finden war.

143

---

56 Schneider/Wolf/*Volpert*, RVG, VV 1008 Rn 113 ff., Gerold/Schmidt/*Müller-Rabe*, RVG, VV 1008 Rn 260.

§ 3 Gebührentatbestände, unabhängig von der Bearbeitungsphase

Geschäftsgebühr gem. Nrn. 2300, 1008 VV RVG (3,3) aus
6.500,00 EUR   1.336,50 EUR
Hier wird von einem erhöhten Umfang aufgrund der über Gebühr hinausgehenden Ermittlungstätigkeiten i.S.v. § 14 RVG ausgegangen und die Geschäftsgebühr mit einem Satz von 1,8 veranschlagt. Unter Hinzuaddierung der fünffach erhöhten Gebühren von 0,3 = 1,5 ergibt sich der ausgewiesene Satz von 3,3.

V. Erstattung

144 Im Erstattungsverhältnis sind verschiedene Konstellationen in Abhängigkeit von der Kostengrundentscheidung zu unterscheiden.

1. Der Gegner der Streitgenossen hat die volle Kostentragungspflicht

145 Ist die Kostengrundentscheidung so ausgefallen, dass den Gegner der Streitgenossen die uneingeschränkte Kostentragungspflicht trifft, können die Streitgenossen ihre Anwaltskosten in voller Höhe erstattet verlangen. Dieser Fall wirft keine Schwierigkeiten auf.

2. Kostenerstattung bei gemeinsamem RA und unterschiedlichem Verfahrensergebnis für Streitgenossen

146 Nicht ganz so einfach ist es, wenn Streitgenossen durch einen RA vertreten werden und der Gegner gegen einen Teil der Streitgenossen obsiegt und gegenüber anderen Streitgenossen verliert.

147 *Beispiel*
A nimmt in einem Rechtsstreit B und C als Gesamtschuldner wegen eines Anspruchs in Höhe von 15.000,00 EUR in Anspruch. Streitgenosse B obsiegt, C verliert. Nach der Kostengrundentscheidung hat A die außergerichtlichen Kosten von B zu erstatten.

148 Zwei unterschiedliche Meinungen in Rechtsprechung und Literatur haben für den Gegner der Streitgenossen deutlich spürbare verschiedene Konsequenzen in der Höhe seiner Erstattungsverpflichtung, und für die Streitgenossen darüber hinaus im Anspruchsverhältnis zueinander. Die nach den zwei Methoden von dem obsiegenden Streitgenossen geltend zu machenden Kosten ergeben sich wie folgt:

C. Die Erhöhungsgebühr nach Nr. 1008 VV RVG § 3

1. Berechnungsmethode:

Verfahrensgebühr gem. Nr. 3100 VV RVG (1,3) aus 15.000,00 EUR	845,00 EUR
Terminsgebühr gem. Nr. 3104 VV RVG (1,2) aus 15.000,00 EUR	780,00 EUR
Post- und Telekommunikationsentgelte gem. Nr. 7002 VV RVG	20,00 EUR
Summe	1.645,00 EUR

2. Berechnungsmethode:

Verfahrensgebühr gem. Nrn. 3100, 1008 VV RVG (1,6) aus 15.000,00 EUR	1.040,00 EUR
Terminsgebühr gem. Nr. 3104 VV RVG (1,2) aus 15.000,00 EUR	780,00 EUR
Post- und Telekommunikationsentgelte gem. Nr. 7002 VV RVG	20,00 EUR
Summe	1.840,00 EUR
Davon kann B $^1/_2$ entsprechend seines Kopfanteils gegenüber A geltend machen	920,00 EUR

Bei der 1. Berechnungsmethode werden mit Ausnahme der erhöhten Gebühr sämtliche Kosten des obsiegenden Streitgenossen als Erstattungsanspruch geltend gemacht, so dass nach Erfüllung durch den Erstattungspflichtigen der unterliegende Streitgenosse nur noch die 0,3 erhöhte Gebühr zu tragen hat.

Bei der Berechnung nach der 2. Methode werden sämtliche Gebühren und Auslagen unter Einschluss der erhöhten Gebühr addiert und durch die Kopfanzahl der Streitgenossen geteilt. Das Ergebnis stellt den Erstattungsanspruch des obsiegenden Streitgenossen dar. Im vorstehenden Beispiel hat der Streitgenosse, der den Rechtsstreit verloren hat, nach Erstattung des Gegners gem. der 2. Berechnungsmethode 920,00 EUR zu tragen und bei Anwendung der 1. Methode nur 195,00 EUR (0,3 erhöhte Gebühr aus 15.000,00 EUR).

Die vorgestellte zweite Berechnungsmethode ist inzwischen herrschende Meinung durch mehrere BGH-Entscheidungen[57] geworden. Sie ist auch sachlich gerechtfertigt, sofern beide Streitgenossen im Innenverhältnis dem Rechtsanwalt hälftig verpflichtet sind.

Schon früh hat der BGH entschieden:

> *„Bei Beauftragung eines gemeinsamen Rechtsanwalts durch Streitgenossen kann der obsiegende Streitgenosse von dem unterlegenen Gegner nur in Höhe des seiner Beteiligung am Rechtsstreit entsprechenden Bruchteils, nicht entsprechend seinem Haftungsanteil nach § 6 Abs. 2 S. 1 BRAGO[58] Erstattung seiner außergerichtlichen Kosten verlangen."*

---

[57] BGH NJW-RR 2003, 1217–1218 = JurBüro 2004, 197–199; BGH NJW-RR 2003, 1507–1508 = JurBüro 2004, 199–200; BGH NJW-RR 2006, 215 = FamRZ 2005, 1740; BGH AGS 2006, 620–621.

[58] Der benannte § 6 Abs. 2 S. 1 BRAGO entspricht dem heutigen § 7 Abs. 2 S. 1 RVG.

Eine Ausnahme zu dieser Bruchteilsauffassung sieht der BGH nur, wenn feststeht, dass der obsiegende Streitgenosse seinen gesetzlichen Ausgleichsanspruch im Innenverhältnis gem. § 426 Abs. 1 S. 1 BGB aufgrund Zahlungsunfähigkeit des anderen Streitgenossen nicht realisieren kann und er deshalb mit den vollen Kosten belastet wird oder – wenn er bereits über seinen Anteil hinaus gezahlt hat – den ihm im Innenverhältnis zustehenden Ausgleich nicht erhalten wird.[59] Dabei reicht es nicht aus, dass der antragstellende Streitgenosse die Zahlungsunfähigkeit des anderen Streitgenossen behauptet oder gar nur die Befürchtung äußert, den Ausgleichsanspruch nicht realisieren zu können. Die Zahlungsunfähigkeit ist glaubhaft zu machen, § 104 Abs. 2 S. 1 ZPO.

150 *Praxishinweis*
Der RA, der die Streitgenossen vertritt und feststellt, dass der obsiegende Streitgenosse seinen Anteil im Innenverhältnis gegen den anderen Streitgenossen wegen Zahlungsunfähigkeit nicht wird realisieren können, sollte diesen Umstand im Kostenfestsetzungsverfahren durch Vorlage entsprechender Unterlagen, wie einer Fruchtlosigkeitsbescheinigung, eines Insolvenzantrages oder -eröffnungsbeschlusses oder auch eine strafbewehrte eidesstattliche Versicherung des zahlungsunfähigen Streitgenossen glaubhaft und die Vergütung nach der 1. Berechnungsmethode gegen den Gegner geltend machen.

151 Das OLG Hamm hat in Kenntnis der zu diesem Zeitpunkt bereits ergangenen BGH-Entscheidungen die Kostenübernahmeverpflichtung des Gegners der dem obsiegenden Streitgenossen entstandenen Vergütung anders beurteilt[60] und geht nach der 1. Berechnungsmethode vor. In Bezug auf den Ausgleichsanspruch des obsiegenden Streitgenossen gegenüber dem weiteren Streitgenossen führt das OLG u.a. aus, dass der BGH das Regulierungsinteresse des erstattungsberechtigten Streitgenossen mit der „Ausfallbürgschaft" des Gegners nur unzureichend berücksichtigen würde. Ferner führt das OLG Hamm u.a. als Argument noch an, dass der obsiegende Streitgenosse bei einer Einzelvertretung von dem Risiko der Eigenhaftung gänzlich freigestellt würde.

Die in den ergangenen Entscheidungen beider Rechtsauffassungen zahlreich vorgebrachten Argumente sind lesens- und bedenkenswert. In der Praxis kann und muss der Rechtsanwalt die für seinen Mandanten günstigste Variante vertreten. Nicht immer tritt der Gegner dem entgegen und nicht immer ist der Kostenbeamte aufmerksam. Bevor der Rechtsmittelweg bei negativer Bescheidung bestritten wird, sollte allerdings das Risiko abgeschätzt werden.

---

59 BGH NJW-RR 2003, 1217–1218 = JurBüro 2004, 197–199.
60 OLG Hamm AGS 2005, 34–36 = JurBüro 2005, 91–93.

C. Die Erhöhungsgebühr nach Nr. 1008 VV RVG § 3

Im Folgenden noch ein Berechnungsbeispiel unter Anwendung der herrschenden Meinung entsprechend der 2. Berechnungsmethode bei teilweise Obsiegen und Unterliegen mit unterschiedlichen Haftungsanteilen:

152

Beispiel
Zwei Streitgenossen, vertreten durch einen RA, werden zu einer Gesamtschuld von 18.000,00 EUR verklagt. Streitgenosse A gewinnt den Prozess zu 60 %, B zu 30 %. Der Kläger hat von den außergerichtlichen Kosten des A 60 % und von denen des B 30 % zu tragen.

153

Verfahrensgebühr gem. Nrn. 3100, 1008 VV RVG (1,6) aus 18.000,00 EUR	1.113,60 EUR
Terminsgebühr gem. Nr. 3104 VV RVG (1,2) aus 18.000,00 EUR	835,20 EUR
Post- und Telekommunikationsentgelte gem. Nr. 7002 VV RVG	20,00 EUR
Summe	1.968,80 EUR
Davon ½ Kopfanteil für je A und B	984,40 EUR

A steht ein Erstattungsanspruch gegenüber dem Kläger in Höhe von 60 % aus 984,40 EUR, mithin 590,64 EUR und B in Höhe von 30 % aus 984,40 EUR, mithin 295,32 EUR zu.

3. Kostenerstattung bei gemeinsamem RA bei unterschiedlichem Verfahrensergebnis und verschiedenen Gegenständen

Vertritt der RA mehrere Streitgenossen, wobei es um verschiedene Gegenstände geht, erhöht sich nicht die Gebühr, sondern der Gegenstandswert. Hinsichtlich der Erstattung der den Streitgenossen entstandenen Kosten ergeben sich die gleichen Fragen wie zuvor beschrieben. Auch bei Berücksichtigung unterschiedlicher Gegenstände ist der Anteil des jeweiligen Auftraggebers an den Gesamtkosten entscheidend.

154

Beispiel
Die Kläger A und B werden durch denselben RA vertreten und erheben Klage gegen C wegen eines Anspruchs von A i.H.v. 7.000,00 EUR und wegen eines Anspruches von B i.H.v. 3.000,00 EUR. Die Kläger gewinnen den Prozess mit der Folge, dass C die Verfahrenskosten zu erstatten hat.

155

Zunächst einmal ist die Gesamtvergütung aufzustellen:

Verfahrensgebühr gem. Nr. 3100 VV RVG (1,3) aus 10.000,00 EUR	725,40 EUR
Terminsgebühr gem. Nr. 3104 VV RVG (1,2) aus 10.000,00 EUR	669,60 EUR
Post- und Telekommunikationsentgelte gem. Nr. 7002 VV RVG	20,00 EUR
Summe	1.415,00 EUR

§ 3 Gebührentatbestände, unabhängig von der Bearbeitungsphase

Davon hat A einen Erstattungsanspruch von ⁷/₁₀ der Gesamtkosten von 1.415,00 EUR = 990,50 EUR
und B von ³/₁₀ der Gesamtkosten von 1.415,00 EUR = 424,50 EUR

VI. Mehrheit von Auftraggebern des beigeordneten RA/ Erstattung durch die Staatskasse

1. Echte Streitgenossen

156 Vertritt der RA im Rahmen seiner Beiordnung wegen desselben Gegenstands mehrere Auftraggeber, gelten die gleichen Grundsätze wie auch beim RA ohne Beiordnung. Allerdings erhält der beigeordnete RA seine Gebühren gem. den in § 49 RVG festgelegten Beträgen, wobei sich die Gebühren bei einem Gegenstandswert über 30.000,00 EUR wegen der dort bestimmten Wertkappungsgrenze nicht mehr erhöhen.

157 *Beispiel*
Der beigeordnete RA vertritt in einem erstinstanzlichen Rechtsstreit drei als Gesamtschuldner in Höhe des Betrages von 60.000,00 EUR in Anspruch genommene Auftraggeber.

Verfahrensgebühr gem. Nrn. 3100, 1008 VV RVG (1,9) aus über
30.000,00 EUR 849,30 EUR

2. Unechte Streitgenossen

158 Wird der RA von mehreren Auftraggebern wegen **verschiedener Gegenstände** beauftragt, kann Nr. 1008 VV RVG nicht angewandt werden, sondern die Werte der Gegenstände werden gem. § 22 Abs. 1 RVG zusammengerechnet. Ergibt die Addition der Werte einen Betrag über 30.000,00 EUR, kommt dem RA der Umstand, dass er mehrere Streitgenossen vertritt, nicht mehr zugute. Die Tabelle der Wertgebühren aus der Staatskasse gem. § 49 RVG endet mit der letzten Stufe „über 30.000,00 EUR".

Damit ist der beigeordnete RA, der seine Mandanten wegen verschiedener Gegenstände bei einem Gesamtwert über 30.000,00 EUR vertritt, schlechter gestellt als der RA, dessen Mandanten echte Streitgenossen sind, weil dieser ja immerhin die Erhöhung der Gebühr aus dem Höchstwert des § 49 RVG erhält. Die Nichtberücksichtigung der Werterhöhung in diesen Fällen verstößt gegen den Grundsatz, dass dem RA bei einer Mehrfachvertretung auch höhere Gebühren zustehen als bei einer Einzelvertretung. Diese Regelung wird unter dem Gesichtspunkt, dass der Gesetzgeber den Arbeitsaufwand eines Mandates bei unechten Streitgenossen höher ansieht als bei echten, noch unverständlicher.

C. Die Erhöhungsgebühr nach Nr. 1008 VV RVG § 3

Eine gesetzliche Regelung für die Lösung dieser Ungleichbehandlung im Verhältnis zu dem nicht beigeordneten RA bei der Vertretung von mehreren Auftraggebern existiert nicht.

Diese gesetzliche Ungleichbehandlung ist von den Richtern erkannt worden, so dass die Rechtsprechung eine Lösung entwickelt hat, die mit analoger Anwendung von Nr. 1008 VV RVG für einen gewissen Ausgleich bei einer Mehrfachvertretung sorgt.[61] Die Erhöhung ist auf die Gebühr vorzunehmen, die bei einem Gegenstandswert von bis 30.000,00 EUR anfällt und nicht auf die, die beim Gegenstandswert von über 30.000,00 EUR entstehen würde, da ansonsten der Bereich über 30.000,00 EUR doppelt berücksichtigt würde, nämlich einmal durch die Grundgebühr und zum anderen durch die Erhöhung der Gebühr.[62]

Beispiel 159
Der PKH-RA führt den Rechtsstreit für A wegen einer Forderung von 30.000,00 EUR und für B wegen einer weiteren Forderung von 50.000,00 EUR.

Verfahrensgebühr gem. Nr. 3100 VV RVG (1,3) aus
30.000,00 EUR aus Tabelle zu § 49 RVG   535,60 EUR
Erhöhte Verfahrensgebühr analog Nr. 1008 VV RVG (0,3) aus
30.000,00 EUR aus Tabelle zu § 49 RVG   123,60 EUR

Belaufen sich die Einzelwerte mehrerer Gegenstände oder eines Gegenstandes unter 30.000,00 EUR, ist Wertgrundlage für die Erhöhung der Betrag, der sich nach Addition aller Werte ergibt abzüglich 30.000,00 EUR.[63] 160

Beispiel 161
Der beigeordnete RA vertritt zwei Gesamtschuldner wegen der Abwehr einer Forderung für A in Höhe von 25.000,00 EUR und für B von 15.000,00 EUR.

Verfahrensgebühr gem. Nr. 3100 VV RVG (1,3) aus
30.000,00 EUR (Tabelle § 49 RVG)   535,60 EUR
Erhöhte Verfahrensgebühr analog Nr. 1008 VV RVG (0,3) aus
10.000,00 EUR (Tabelle § 49 RVG)   92,10 EUR

Praxistipp 162
Im Einzelfall muss geprüft werden, ob in diesen Fällen eine getrennte Vertretung durch verschiedene Rechtsanwälte als notwendig begründet werden kann. Dies dürfte etwa in Betracht kommen, wenn ein späterer Innenausgleich zu Interessenkonflikten führen könnte.

---

61 BGH AnwBl 1981, 402–403 = JurBüro 1981, 1657–1659.
62 Gerold/Schmidt/*Müller-Rabe*, RVG, VV 1008 Rn 253.
63 Gerold/Schmidt/*Müller-Rabe*, RVG, VV 1008 Rn 255.

§ 3 Gebührentatbestände, unabhängig von der Bearbeitungsphase

3. Beiordnung nicht für alle Streitgenossen

163 Wurde PKH für alle Streitgenossen bewilligt, ist der Anspruch gegen die Staatskasse unproblematisch, da der beigeordnete RA seine Gebühren unter Einschluss der erhöhten Gebühr gem. Nr. 1008 VV RVG erhält.

164 Werden mehrere Streitgenossen durch einen RA vertreten und ist nur einem Auftraggeber Prozesskostenhilfe bewilligt worden, werden unterschiedliche Auffassungen in der Rechtsprechung vertreten:

- Eine Meinung besagt, dass die PKH-Vergütung auf den Bruchteil der Wahlanwaltsvergütung begrenzt ist, an dem der Streitgenosse mit PKH am Rechtsstreit beteiligt ist.[64] Mit dieser Bruchteilsauffassung soll verhindert werden, dass sich der Streitgenosse ohne PKH-Bewilligung seinem Anteil an der gesamtschuldnerischen Vergütungshaftung gegenüber dem RA auf Kosten der Staatskasse entledigt.

- Eine andere Auffassung beschränkt den Vergütungsanspruch des beigeordneten Rechtsanwalts auf die Erhöhungsgebühr nach Nr. 1008 VV RVG.[65] Auch bei dieser vertretenen Meinung wird als Argument angeführt, dass der nicht bedürftige Auftraggeber von seiner Verbindlichkeit aus Mitteln der Staatskasse entlastet wird. Des Weiteren sei es auch nicht Aufgabe der Prozesskostenhilfe, den bedürftigen Streitgenossen vor einer Inanspruchnahme des nicht bedürftigen Streitgenossen i.S.v. § 426 Abs. 1 BGB zu schützen.

- Die herrschende Meinung gewährt die vollen Anwaltsgebühren (§ 49 RVG), die durch die Vertretung der bedürftigen Partei ausgelöst worden sind, sofern PKH ohne Beschränkung bewilligt wurde.[66] Besteht aufgrund des PKH-Bewilligungsbeschlusses keine Beschränkung, richtet sich der Vergütungsanspruch nach § 7 Abs. 2 S. 1 Hs. 1 RVG, so dass sich die Höhe der Vergütung ergibt, die entstanden wäre, wenn der RA nur den bedürftigen Auftraggeber vertreten hätte. Mit dieser Auffassung soll vermieden werden, dass die bedürftige Partei von dem leistungsfähigen Streitgenossen nach § 426 Abs. 1 BGB in Anspruch genommen wird. Die PKH-Bewilligung soll ja gerade den Zweck erfüllen, dass die bedürftige Partei mit Prozesskosten nicht belastet wird.

---

64 OLG Jena OLGR Jena 2007, 163–164; OLG Köln NJW-RR 1999, 725–727.
65 OLG Koblenz AGS 2004, 249 = Rpfleger 2004, 503; OLG Naumburg Rpfleger 2004, 168–169.
66 OLG Bamberg OLGR Bamberg 2001, 28; OLG München AGS 2011, 76–78 = JurBüro 2011, 146–147.

D. Die Hebegebühr nach Nr. 1009 VV RVG §3

Beispiel 165
Der nur einer Partei beigeordnete RA vertritt zwei Kläger wegen einer Forderung von 6.500,00 EUR.

Verfahrensgebühr gem. Nr. 3100 VV RVG (1,3) aus 6.500,00 EUR (Tabelle § 49 RVG)	360,10 EUR
Terminsgebühr gem. Nr. 3104 VV RVG (1,2) aus 6.500,00 EUR (Tabelle § 49 RVG)	332,40 EUR
Post- und Telekommunikationsentgelte gem. Nr. 7002 VV RVG	20,00 EUR
Umsatzsteuer 19 % gem. Nr. 7008 VV RVG	135,38 EUR
Summe	847,88 EUR

D. Die Hebegebühr nach Nr. 1009 VV RVG

I. Selbstständige Angelegenheit

Die allgemeinen Geschäfts- und Verfahrensgebühren decken nicht die Einziehungs- und Auszahlungstätigkeiten des RA, wie Verbuchen, Verrechnen und Weiterleiten von Geldbeträgen, und auch nicht die Ab- oder Rücklieferung von Wertpapieren und Kostbarkeiten ab. Diese genannten Tätigkeiten des RA stellen jeweils eine selbstständige Angelegenheit i.S.d. § 15 RVG dar und sind daher gesondert zu vergüten. Vor allem ist dieser Gesichtspunkt von Relevanz bei mehreren Auszahlungen. Bei jeder Auszahlungsangelegenheit entstehen eigene Gebühren.[67] Zu beachten ist, dass die Erstattungsfähigkeit dieser Gebühren engen Grenzen unterliegt, weshalb häufig darauf verzichtet wird. Das lässt sich anders gestalten. Überlegen Sie, wie viele Auszahlungsbuchungen Sie im Jahr haben. Schon mit der Mindesthebegebühr von 1,00 EUR ergibt sich so eine erhebliche Ertragsquelle. 166

Entsprechend der Systematik des RVG ist die Hebegebühr in Teil 1 des Vergütungsverzeichnisses geregelt, was bestätigt, dass sie neben den in anderen Teilen bestimmten Gebühren entstehen kann, mithin in allen Bearbeitungsphasen.

II. Auftrag

Voraussetzung für die Geltendmachung der Hebegebühr ist, dass dem RA ein Auftrag zur Empfangnahme und Auszahlung oder Rückzahlung von Geldern erteilt wurde. In der anwaltlichen Praxis wird wohl wenig über den konkreten Auftrag zur Auszahlung von Geld gesprochen, so dass in den seltensten Fällen ein formulierter Auftrag für die Auszahlungs-, Ab- oder Rücklieferungstätigkeiten vorliegt. Die Auftragserteilung kann jedoch in unterschiedlicher Weise erfolgen: 167

---

67 Schneider/Wolf/*N. Schneider*, RVG, VV 1009 Rn 9.

- Hat sich der RA in der allgemeinen Vollmacht zur Entgegennahme von Geld ermächtigen lassen, erwartet der Mandant, dass die eingezogenen Beträge auch an ihn ausgezahlt werden, so dass von einer entsprechenden Beauftragung ausgegangen werden kann. Die Vollmacht dient als Indiz für den erteilten Auszahlungsauftrag.
- In Forderungsbeitreibungssachen kann der RA in aller Regel von einem konkludent erteilten Auftrag ausgehen, da es ja gerade darum geht, Gelder einzuziehen und auszuzahlen.[68] Es liegt auch im Rahmen einer geordneten Sachbearbeitung, dass der RA und sein Mandant darauf bedacht sein müssen, dass der RA die auf die geltend gemachten Forderungen eingehenden Gelder überwacht, um z.B. Folgebeitreibungsmaßnahmen nicht unnötig oder in falscher Höhe zu veranlassen, die Erfüllung von Ratenzahlungsvereinbarungen zu überwachen oder nicht ständig beim Mandanten nachfragen zu müssen, ob Geldeingänge zu verzeichnen sind, um ein aktuelles Forderungskonto führen zu können. Will der Mandant nicht, dass im Rahmen von Forderungseinziehungsangelegenheiten Gelder über den RA abgewickelt werden, muss er dies ausdrücklich erklären.
- Der Mandant übergibt dem RA Gelder zur Weiterleitung.

168 Das Auftragsverhältnis entsteht nur zwischen dem RA und seinem Mandanten. Ein Auftragsverhältnis mit der Gegenseite kann auch dann nicht begründet werden, wenn diese aus freien Stücken an den RA zahlt.

169 Gemäß Anm. 2 zu Nr. 1009 VV RVG stehen unbare Zahlungen baren Zahlungen gleich. Zu den unbaren Zahlungen gehören Überweisungen, Lastschriften, sonstige Zahlungen über das Konto des RA sowie Zahlungen aufgrund Gutschrift eines auf dem Konto des RA eingelösten Schecks.

III. Entstehen der Gebühr

170 Die Hebegebühr entsteht nicht mit der Entgegennahme von Geld, sondern entsprechend der Anm. 1 zu Nr. 1009 VV RVG erst mit der Auszahlung oder Rückzahlung von entgegengenommenen Geldbeträgen an den Mandanten oder an Dritte. Ob der RA die Gelder von seinem Auftraggeber oder von dritter Seite erhalten hat, ist unerheblich.

171 Auch die Hinterlegung der Sicherheit für den Mandanten bei Gericht ist eine Auszahlung i.S.d. Nr. 1009 VV RVG. Dem steht auch nicht Anm. 5 zu Nr. 1009 VV RVG entgegen, wonach die Hebegebühr nicht entsteht, wenn der RA Kosten an ein Gericht weiterleitet, da es sich bei der Sicherheitsleistung nicht um Kosten handelt.

172 Die Hebegebühr entsteht auch dann, wenn der RA vom Mandanten zur Verfügung gestellte Geldmittel nicht verbraucht und diese (auch teilweise) an den Auftraggeber zurück entrichtet.

---

68 Schneider/Wolf/*N. Schneider*, RVG, VV 1009 Rn 13.

D. Die Hebegebühr nach Nr. 1009 VV RVG § 3

Beispiel 173
Der Mandant als Schuldner beauftragt den RA mit Tilgungsvergleichsverhandlungen, um eine Verbindlichkeit von 5.000,00 EUR zu regeln. Der Auftraggeber will vier Wochen in den Urlaub und hat in dieser Zeit keine Möglichkeit, beim Zustandekommen einer Einigung den ausgehandelten Tilgungsvergleichsbetrag kurzfristig zu überweisen. Er überweist seinem Anwalt daher vor Antritt seines Urlaubes einen Betrag von 3.500,00 EUR mit der Maßgabe, einen Tilgungsvergleich auf höchstens 3.500,00 EUR auszuhandeln. Dem RA gelingt es, eine Einigung mit 3.000,00 EUR zu erzielen, so dass er 500,00 EUR an den Auftraggeber zurückzahlt.

Für die Rückzahlung der nicht verbrauchten 500,00 EUR steht dem RA die Hebegebühr zu.

Die Hebegebühr entsteht auch dann, wenn die Auszahlung des Geldes vor der Empfangnahme erfolgte. Dies könnte z.B. dann der Fall sein, wenn der RA eine Zahlung an die Gegenseite zunächst aus eigenen Mitteln vornimmt und der Auftraggeber diesen Geldbetrag seinem RA erst später zur Verfügung stellt. 174

Der RA kann die Hebegebühr auch mehrfach verdienen, selbst wenn es sich um den gleichen Betrag handelt, sofern mehrere Auszahlungs- bzw. Rückzahlungsvorgänge stattgefunden haben. 175

Beispiel 176
Der Mandant überweist an den RA einen Geldbetrag zur Tilgung seiner Verbindlichkeit gegenüber seinem ehemaligen Vermieter. Der Auftraggeber ist Gesamtschuldner mit seiner nun getrennt lebenden Ehefrau. Nach Zahlung durch den RA an den ehemaligen Vermieter überweist dieser das Geld zurück mit dem Hinweis, dass er keine Ansprüche mehr habe, da die Ehefrau bereits geleistet hat. Der RA zahlt den zurück erhaltenen Betrag an seinen Auftraggeber zurück.

Dem RA steht zum einen die Hebegebühr für die Auszahlung an den früheren Vermieter und zum anderen für die Rückzahlung an den Auftraggeber zu.

Gerade bei der Bearbeitung von Forderungssachen kommt es sehr oft vor, dass Zahlungen in Teilbeträgen eingehen und der RA diese in einer Summe an den Auftraggeber auszahlt. Vor allem, wenn mit dem Gegner eine Teilzahlungsabrede besteht und dieser Zahlungen in geringer Höhe vornimmt, vereinbaren der Auftraggeber und der RA oftmals, dass eine Weiterleitung erst ab einer bestimmten Summe oder nach Ablauf einer festgelegten Zeit erfolgen möge, um den Verwaltungsaufwand möglichst gering zu halten. Ferner können auch Gelder von unterschiedlichen Zahlern eingehen, z.B. wenn Gesamtschuldner sich mit ihren intern zu zahlenden Anteilen absprechen oder aufgrund mehrerer Pfändungsmaßnahmen. Ungeachtet der einzelnen Zahlungseingänge steht dem RA nur die Hebegebühr aus dem ausgezahlten Gesamtbetrag zu. 177

§ 3 Gebührentatbestände, unabhängig von der Bearbeitungsphase

178 Etwas anderes gilt, wenn der RA für seinen Auftraggeber Teilbeträge einnimmt, die aufgrund verschiedener Aufträge gezahlt wurden, selbst wenn der RA diese in einer Summe an seinen Auftraggeber weiterleitet.

179 *Beispiel*
Der RA wird von seinem Mandanten beauftragt, seine Ansprüche in 20 Angelegenheiten durchzusetzen. Nach den ersten Aufforderungsschreiben in allen Angelegenheiten zahlen vier Schuldner die ihnen aufgegebenen Beträge in Höhe von $2 \times 1.000,00$ EUR, $1 \times 500,00$ EUR und $1 \times 2.000,00$ EUR auf das Konto des RA. Der RA leitet die eingegangenen Gelder aus den vier Angelegenheiten in einer Summe $= 4.500,00$ EUR an seinen Auftraggeber weiter.

Da die Auszahlungen in vier verschiedenen Angelegenheiten erfolgten, ist die Hebegebühr, obwohl Weiterleitung in einer Summe erfolgte, aus den einzelnen Beträgen zu ermitteln.

180 Die Hebegebühr steht dem RA auch aus jeweils weitergeleiteten Teilbeträgen zu, wenn der Geldeingang in einer Summe erfolgt. Dies ergibt sich aus Anm. 3 zu Nr. 1009 VV RVG, wonach die Gebühr von jedem Betrag besonders erhoben wird, wenn das Geld in mehreren Beträgen gesondert ausgezahlt oder zurückgezahlt wird.

181 *Beispiel*
Der RA hat für seinen Mandanten Tilgungsvergleiche mit sechs Gläubigern getroffen. Der Auftraggeber stellt dem RA den Gesamtbetrag von 10.000,00 EUR zur Verfügung und der RA zahlt die jeweils ausgehandelten Tilgungsbeträge in Höhe von $2 \times 2.500,00$ EUR, $3 \times 1.000,00$ EUR und $1 \times 2.000,00$ EUR.

Der RA kann seine Hebegebühr aus den sechs ausgezahlten Teilbeträgen berechnen.

IV. Ausschlusskriterien

182 Anm. 5 zu Nr. 1009 VV RVG regelt, dass in drei Fällen die Hebegebühr nicht entsteht:

- **Weiterleitung von Kosten an ein Gericht oder eine Behörde**
Der GV ist in der Anmerkung nicht genannt. Da es von der Systematik aber keinen Unterschied machen kann, ob es sich um Kostenzahlungen an das Gericht oder an den GV handelt, ist das Entstehen der Hebegebühr auch insoweit zu verneinen.[69] Üblicherweise werden an das Gericht bzw. die Gerichtskasse Gerichtskosten und Auslagenvorschüsse, wie z.B. Sachverständigenkosten, gezahlt.

---

[69] Schneider/Wolf/*N. Schneider*, RVG, VV 1009 Rn 34.

D. Die Hebegebühr nach Nr. 1009 VV RVG § 3

- **Weiterleitung eingezogener Kosten an den Auftraggeber**
Hier sind Kosten als Nebenforderung gemeint, die im Zusammenhang mit dem zugrundeliegenden Auftrag stehen. Dies ist z.b. der Fall, wenn der Gegner aufgrund des vorgerichtlichen Aufforderungsschreibens die vom Gegner erstatteten Anwaltskosten an seinen Mandanten weiterleitet.
Werden hingegen die Kosten zur Hauptforderung, dann steht dem RA die Hebegebühr bei Weiterleitung des Betrages zu. Beispielsweise ist dies der Fall, wenn der Gegner vorgerichtlich nur den ursprünglichen Hauptforderungsbetrag gezahlt hat, nicht aber aufgrund Verzuges die vorgerichtlichen Anwaltskosten, und der RA zieht nach gewonnenem Rechtsstreit den Kostenbetrag ein und leitet ihn an den Mandanten weiter.
Denkbar ist auch, dass die Weiterleitung von Geld an den Mandanten sowohl Kosten als Hauptforderung als auch als Nebenforderung beinhaltet. Dies liegt z.B. vor, wenn der RA wegen eines Anspruchs aus einem Kostenfestsetzungsbeschluss die Kontopfändung betreibt. Die Drittschuldnerin zahlt aufgrund der Pfändung den Betrag gem. KfB und die Kosten der Kontopfändung (Anwalts-, Gerichts- und Gerichtsvollzieherzustellungskosten). Den Gesamtbetrag leitet der RA an den Mandanten weiter. Auf den durchgesetzten Betrag gem. KfB steht dem RA die Hebegebühr zu, da dieser Kostenbetrag in der Zwangsvollstreckung zur Hauptsache wurde, und auf den Betrag der Kosten der Pfändung erhält der RA die Hebegebühr nicht, da sie Nebenforderungen sind.
Eine Weiterleitung nicht verbrauchter Gerichtskostenvorschüsse an den Mandanten fällt nicht unter Anm. 5 zu Nr. 1009 VV RVG, da diese Kosten nicht **eingezogen** werden.[70] Hier ist der RA demnach berechtigt, die Hebegebühr abzurechnen. Strittig ist, ob auch für die Rückzahlung eines nicht verbrauchten Gebührenvorschusses die Hebegebühr in Ansatz gebracht werden kann.[71]
- **Wenn eingezogene Beträge auf die Vergütung verrechnet werden**
Danach erhält der RA die Hebegebühr nicht, wenn er eingezogene Gelder auf seine Vergütung verrechnet. Für die Entnahme der Hebegebühr selbst gilt diese Regelung jedoch nicht.

> *Beispiel*
> Der Gegner zahlt an den RA die Hauptforderung von 2.000,00 EUR. Der RA verrechnet von der Zahlung einen Teilbetrag von 470,05 EUR auf seine Vergütung und zieht dann noch auf den verbleibenden Betrag von 1.529,95 EUR die Hebegebühr nebst Auslagen und Mehrwertsteuer von 21,85 EUR ab, so dass er den Restbetrag von 1.508,10 EUR an den Mandanten weiterleitet.

---

70 Schneider/Wolf/*N. Schneider*, RVG, VV 1009 Rn 39.
71 Dagegen: Schneider/Wolf/*N. Schneider*, RVG, VV 1009 Rn 39, dafür: Gerold/Schmidt/*Madert*, RVG, VV 1009 Rn 12.

§ 3 Gebührentatbestände, unabhängig von der Bearbeitungsphase

Der RA erhält die Hebegebühr auf den Betrag von 1.529,95 EUR, obwohl er lediglich 1.508,10 EUR auszahlt.

Praxistipp
Will der RA eine Verkürzung seiner Hebegebühr nicht hinnehmen, sollte er eingezogene Beträge nicht mit seiner Vergütung verrechnen, sondern die Beträge auszahlen und seine Leistung gesondert aufgeben. Eine solche Verfahrensweise kommt sicher nur bei liquiden, seriösen Mandanten in Betracht.

V. Ab- oder Rücklieferung von Wertpapieren und Kostbarkeiten

183 Die Hebegebühr fällt nicht nur bei baren oder unbaren Auszahlungen an, sondern auch, wenn der RA Wertpapiere oder Kostbarkeiten entgegennimmt und diese an den Auftraggeber oder an Dritte ab- oder zurückliefert (Anm. 4 zu Nr. 1009 VV RVG).

Wertpapiere i.S.d. Nr. 1009 VV RVG sind z.B. Schecks, Wechsel, Aktien, Anleihen, Kuxe, sonstige Papiere mit Börsenkurs, Pfandscheine und Schuldverschreibungen auf den Inhaber sowie Anweisungen gem. § 363 HGB.

In der Praxis wird der RA noch am häufigsten mit Schecks und, in den letzten Jahren wohl auch immer weniger, mit Wechseln umzugehen haben. Schecks sind i.S.v. Anm. 4 zu Nr. 1009 VV RVG ein Wertpapier, wenn sie weiter ab- oder zurückgeliefert werden und nicht zur Gutschrift auf das Konto des RA eingezogen werden.

Keine Wertpapiere i.S.d. Anm. 4 zu Nr. 1009 VV RVG sind z.B. Kfz-Zulassungsbescheinigungen Teil II, Hypotheken-, Grund- und Rentenschuldbriefe, Versicherungsscheine, Schuldurkunden, Ausweisdokumente, Bürgschaftsurkunden und Sparbücher.

184 Kostbarkeiten sind Gegenstände von besonderem Wert. Ihr Wert ist im Verhältnis zur Größe besonders hoch, was auch nach allgemeiner Verkehrsanschauung so gesehen wird. Hierzu gehören z.B. Kunstwerke, Gemälde, Antiquitäten, wertvolle Bücher, Briefmarkensammlungen, Schmuck, Münzen, Edelsteine oder wertvolle Pelze.

VI. Höhe der Gebühr

185 Die Höhe der Hebegebühr ist abhängig von der Höhe des ausgezahlten Nennbetrags gem. Anm. 1–3 zu Nr. 1009 VV RVG. Danach ermittelt sich die Hebegebühr nicht als Gebührensatz zur vollen Gebühr nach der Tabelle zu § 13 RVG, sondern in Höhe der genannten Prozentsätze an dem weiterzuleitenden Betrag. Bei Wertpapieren und Kostbarkeiten kommt es auf den Kurswert oder sonstigen Wert zum Zeitpunkt der Ab- oder Rücklieferung an. Insoweit verweist Anm. 4 zu Nr. 1009 VV RVG auf die Anm. 1–3 zu Nr. 1009 VV RVG.

D. Die Hebegebühr nach Nr. 1009 VV RVG § 3

Gem. Nr. 1009 VV RVG erhält der RA für die Auszahlung oder Rückzahlung von entgegengenommenen Geldbeträgen oder die Ab- oder Rücklieferung von Wertpapieren und Kostbarkeiten: **186**
- Bis einschließlich 2.500,00 EUR: 1 %,
- von dem Mehrbetrag bis einschließlich 10.000,00 EUR: 0,5 %,
- und von dem Mehrbetrag über 10.000,00 EUR: 0,25 %

des aus- oder zurückgezahlten Betrages, mindestens 1,00 EUR. Es ist centgenau abzurechnen. Beträge unterhalb von einem Cent werden gem. § 2 Abs. 2 RVG auf- oder abgerundet; 0,5 Cent werden aufgerundet.

Beispiel 1 **187**
Der RA zahlt an seinen Mandanten das Fremdgeld einer durchgesetzten Forderung in Höhe von 80,00 EUR aus.

Hebegebühr gem. Nr. 1009 VV RVG (1 % von 80,00 EUR =
0,80 EUR, Mindestgebühr)   1,00 EUR

Beispiel 2 **188**
Der Auftraggeber überweist an den RA einen Betrag von 19.094,40 EUR mit Verwendungszweck „2.094,40 EUR für Ihre Vergütung und 17.000,00 EUR zur Weiterleitung an die Gegenseite". Der RA überweist dann den dem Gegner zustehenden Betrag von 17.000,00 EUR.

Hebegebühr gem. Nr. 1009 VV RVG

von 2.500,00 EUR i.H.v. 1 % =	25,00 EUR
von 7.500,00 EUR i.H.v. 0,5 % =	37,50 EUR
von 7.000,00 EUR i.H.v. 0,25 % =	17,50 EUR
Summe	80,00 EUR

Praxistipp **189**
Für die drei Betragsstufen können folgende Formeln verwandt werden, wobei der insgesamt ausgezahlte Betrag den Ausgangswert (Betrag) der Berechnung darstellt:

Wert bis einschließlich 2.500,00 EUR:	Betrag × 1 %
Wert von 2.500,01 EUR bis 10.000,00 EUR:	(Betrag − 2.500,00 EUR) × 0,5 % + 25,00 EUR
Wert über 10.000,00 EUR:	(Betrag − 10.000,00 EUR) × 0,25 % + 62,50 EUR

VII. Auslagen

190 Über die Hebegebühr als solche hinaus hat der RA noch Anspruch auf Erstattung seiner Auslagen. Er kann die Post- und Telekommunikationsentgelte, auch hier wahlweise nach konkretem Anfall gem. Nr. 7001 VV RVG oder pauschal gem. Nr. 7002 VV RVG, abrechnen. Da jede Auszahlung eine selbstständige Angelegenheit ist, löst jede Auszahlung einen gesonderten Anspruch auf Erstattung der Auslagen aus.

Sofern dem RA zusätzliche Kosten für die Abwicklung der Zahlung entstanden sind, kann er diese ebenfalls nach §§ 670, 675 BGB gesondert liquidieren. Dies können z.b. zusätzliche Bankrückbuchungskosten sein, wenn der Auftraggeber eine falsche Bankverbindung angegeben hat oder Kosten für eine Eilüberweisung.

VIII. Erstattung der Hebegebühr

1. Grundsatz

191 Die Erstattungspflicht des Gegners hinsichtlich der Hebegebühr wird in der Rechtsprechung bejaht, wenn die Zuziehung des Rechtsanwalts bei der Empfangnahme des Geldes zur zweckentsprechenden Rechtsverfolgung notwendig war, was nach ganz überwiegender Meinung strengen Anforderungen unterliegt und nur ausnahmsweise der Fall ist.[72]

In der Kommentierung werden diese strengen Voraussetzungen auch kritisch gesehen und die Auffassung vertreten, dass das Einziehen von Geldern durch den Anwalt in aller Regel zweckentsprechend ist, da der RA den Eingang zu überwachen und die Abrechnungen zu kontrollieren hat.[73]

2. Prozessuale Erstattung

192 Erfolgt die Zahlung während oder nach Abschluss des Rechtsstreits, aber noch außerhalb einer Vollstreckungsmaßnahme, können erstattungsfähige Hebegebühren gem. §§ 103 ff. ZPO zur Festsetzung gelangen. Im Rahmen der Zwangsvollstreckung erfolgt die Festsetzung der Hebegebühren über § 788 Abs. 2 ZPO und sie können als Kosten der Zwangsvollstreckung beigetrieben werden.

3. Beispiele für die Erstattungsfähigkeit der Hebegebühr

193 In der Rechtsprechung und Literatur sind folgende Fälle anerkannt, in denen die Hebegebühr zu erstatten ist:

---

72 OLG Karlsruhe AGS 2006, 406–408.
73 Schneider/Wolf/*N. Schneider*, RVG, VV 1009 Rn 70.

- Der Mandant wohnt im Ausland.[74]
- Der Mandant verfügt über kein eigenes Konto.[75]
- Der Mandant ist krankheits- oder verletzungsbedingt nicht in der Lage, über sein Konto zu verfügen.[76]
- Die Zahlung erfolgt an RA, ohne dass der RA oder die Partei hierzu aufgefordert hat[77] oder wenn ein ausdrücklicher Hinweis erfolgte, dass die Zahlung unmittelbar an die Partei zu erfolgen hat.[78] Hat der RA zur Zahlung auf sein Konto aufgefordert, wird die Erstattungsfähigkeit nur dann gegeben sein, wenn er den Gegner gleichzeitig auf die dadurch entstehenden Kosten hinweist.[79]
- Der Schuldner hat sich in einem Vergleich ausdrücklich verpflichtet, an den RA zu zahlen.[80]
- Der Vergleichsbetrag wird vom Schuldner freiwillig ratenweise an den RA gezahlt.[81]
- Die titulierte Forderung wird in unregelmäßiger Weise abgezahlt und langwierige Lohnpfändungen waren erforderlich.[82]
- Wenn der Verdacht besteht, dass das Verhalten des Schuldners die Überwachung der Zahlungen durch einen RA erforderlich macht, z.B. wenn der RA kontrollieren muss, ob der Schuldner bei Vorliegen mehrerer Zahlungsverpflichtungen die richtige Reihenfolge einhält.[83]
- Eilfälle.[84]
- Wenn der GV die vom Schuldner eingezogenen Beträge an den RA des Gläubigers überweist.[85] Die Erstattungspflicht des Schuldners ist in diesen Fällen jedoch nur zu bejahen, wenn der GV die vom Schuldner realisierten Zahlungen nicht hätte auch unmittelbar an den Gläubiger zahlen können.[86]

---

74 OLG München AnwBl 1963, 339.
75 Schneider/Wolf/*N. Schneider*, RVG, VV 1009 Rn 70.
76 Schneider/Wolf/*N. Schneider*, RVG, VV 1009 Rn 70.
77 OLG Schleswig AnwBl 1989, 169–170 = zfs 1989, 162.
78 OLG Düsseldorf JurBüro 1985, 714–714 = Rbeistand 1985, 27–28.
79 Schneider/Wolf/*N. Schneider*, RVG, VV 1009 Rn 72.
80 KG Berlin JurBüro 1981, 1349–1350 = Rpfleger 1981, 410–410; entsprechend sollten Sie Vergleichstexte formulieren.
81 AG Charlottenburg JurBüro 1996, 607–608.
82 OLG Düsseldorf AGS 1998, 115–116 = JurBüro 1995, 49–50.
83 AG Rpfleger 2005, 384–385.
84 AG Ulm zfs 1988, 388.
85 Gerold/Schmidt/*Mayer*, RVG, VV 1009 Rn 22.
86 Schneider/Wolf/*N. Schneider*, RVG, VV 1009 Rn 81.

§ 4 Gebührentatbestände und Gegenstandswerte bei der außergerichtlichen Tätigkeit

A. Einleitung

Der außergerichtlichen Tätigkeit kommt in der anwaltlichen Praxis eine große Bedeutung zu. Nach statistischen Untersuchungen werden mehr als 70 % aller Aufträge von den Anwaltskanzleien vorgerichtlich erledigt.[1] Dies verwundert nicht, da die außergerichtlichen Tätigkeiten der RAe sehr vielschichtig sind, indem sie Auftraggeber beraten, die Streitfälle vorgerichtlich beilegen und dafür Lösungen anbieten sowie in vielen Angelegenheiten vorsorgende Rechtspflege betreiben, wie z.b. das Gestalten und Überprüfen von Verträgen.

Das RVG regelt die anwaltlichen Gebühren für die außergerichtliche Tätigkeit in den §§ 34–36 RVG und im Teil 2 des Vergütungsverzeichnisses, unmittelbar nach Teil 1 mit den allgemeinen Gebühren. Dass die außergerichtlichen Tätigkeiten direkt nach den allgemeinen Gebührenvorschriften im VV RVG geregelt sind, wird mit der großen Bedeutung für den RA aufgrund der Anwendung auf eine hohe Anzahl von Mandaten begründet.

Nach der Vorbem. 2 Abs. 1 VV RVG sind die Regelungen von Teil 2 VV RVG nur anzuwenden, soweit nicht die §§ 34–36 RVG etwas anderes bestimmen. Dementsprechend erfolgt zunächst die Prüfung, ob für die Gebühr des RA § 34 RVG (Beratung, Gutachten, Mediation), § 35 RVG (Hilfeleistung in Steuersachen) oder § 36 RVG (schiedsrichterliche Verfahren und Verfahren vor dem Schiedsgericht) anzuwenden ist oder nicht. Kommt der RA zu dem Ergebnis, dass §§ 34–36 RVG nicht anwendbar sind, hat er die Vorschriften des Teil 2 VV RVG zu beachten.

Um eine korrekte Gebührenberechnung vornehmen zu können, ist die Abgrenzung der Gebührentatbestände zwingende Voraussetzung. Hierbei sollte sich der RA nicht in erster Linie von der erfolgten Tätigkeit leiten lassen, weil diese Beurteilung zu falschen gebührenrechtlichen Ergebnissen führen kann, sondern den gewollten Auftrag des Mandanten zugrunde legen. Bei Aufnahme des Mandats ist es daher ratsam, den Willen und den Umfang des Auftrags des Mandanten zu erforschen und zu dokumentieren (§ 2 Rdn 55 ff.).

Zu unterscheiden sind das Entstehungs- und das Erstattungsverhältnis. Nicht alle entstandenen Gebühren sind in ihrer Art oder in der entstandenen Höhe erstattungsfähig. Die nachfolgenden Ausführungen zu den Gebühren befassen sich zunächst mit dem Entstehungsverhältnis zwischen RA und Auftraggeber. Die Verpflichtung des Gegners zur Erstattung der jeweiligen Gebühren wird gesondert behandelt und

---

1 *Scherer*, Grundlagen des Kostenrechts, 3–1.

entsprechend kenntlich gemacht. Dass eine Gebühr ganz oder teilweise nicht erstattungsfähig ist, bedarf dabei der besonderen Kommunikation mit dem Mandanten, die ebenfalls dokumentiert sein sollte.

B. Beratung

I. Gebührenvereinbarung mit dem Auftraggeber

6   Gem. § 34 Abs. 1 S. 1 RVG soll der RA für drei Tätigkeitsbereiche auf eine Gebührenvereinbarung mit dem Auftraggeber hinwirken, sofern die Bestimmungen in Teil 2 Abschnitt 1 VV RVG nicht anwendbar sind:
- Einen mündlichen oder schriftlichen Rat oder eine Auskunft (Beratung), die nicht mit einer anderen gebührenpflichtigen Tätigkeit zusammenhängen;
- Die Ausarbeitung eines schriftlichen Gutachtens;
- Die Tätigkeit als Mediator.

Im Forderungsmanagement kommt insbesondere der Rat, etwa über vertragliche Gestaltungen zur Ausfallminimierung, zur Einräumung von Sicherheiten und Auskunftsrechten sowie zur Erstattung von internen Rechtsverfolgungskosten (Mahnspesen), als Gegenstand in Betracht.

7   Bei der vorgenannten Bestimmung handelt es sich um eine „Soll-Vorschrift". Der Gesetzgeber hat von einer konkreten Regelung über die Gebührenhöhe bei den zuvor genannten Tätigkeitsbereichen Abstand genommen und beabsichtigt damit, den RA zu motivieren, eine Gebührenvereinbarung mit dem Auftraggeber zu treffen. Diese Deregulierung in Bezug auf die Gebührenhöhe geschah in der Absicht, dass nach Abschluss einer Gebührenvereinbarung für den Auftraggeber eine bessere Gebührentransparenz entsteht mit der Folge einer Entlastung der Justiz aufgrund weniger Streitigkeiten zwischen RA und Mandant. Diese seit dem 30.6.2006 geltende Regelung erfordert mehr Initiative des RA und auch Zeit, weil der RA nach Aufnahme des Anliegens des Mandanten über seine Gebühren zu sprechen und diese zu vereinbaren hat, bevor er sich der Sache selbst annehmen kann. Offensichtlich scheint es noch heute so zu sein, dass ein hoher Prozentsatz der zugelassenen RAe das Gespräch mit dem Auftraggeber über die entstehende Vergütung als unangenehm empfindet. Nur 32 % der RAe sollen damit kein Problem haben.[2]

8   Die mit dem Auftraggeber zu treffende Gebührenvereinbarung richtet sich nach den Vorschriften gem. §§ 3a ff. RVG, auch wenn dort von einer Vergütungsvereinbarung die Rede ist. Nach der Definition gem. § 1 Abs. 1 RVG setzt sich die Vergütung aus den Gebühren und Auslagen zusammen. Durch den Wortlaut des § 34 RVG soll eine Vereinbarung über die Gebühr(en) erfolgen, nicht aber über die Auslagen, so dass der RA die Auslagen entsprechend der gesetzlichen Regelungen hier-

---

[2] Schneider/Wolf/*Onderka*, RVG, § 34 Rn 4.

für im Teil 7 des VV bestimmen kann. Dem RA bleibt es aber unbenommen, auch über die Auslagen eine Vereinbarung i.S.v. § 3a RVG zu schließen.

Form der Gebührenvereinbarung 9
Grundsätzlich hat der RA die Formerfordernisse gem. § 3a Abs. 1 S. 1 und S. 2 RVG zu beachten. Danach muss die Vereinbarung (zumindest) in Textform (§ 126b BGB) abgeschlossen werden und sie muss als Vergütungsvereinbarung oder in vergleichbarer Weise bezeichnet werden, von anderen Vereinbarungen mit Ausnahme der Auftragserteilung deutlich abgesetzt und darf nicht in der Vollmacht enthalten sein. Dieser Grundsatz wird jedoch in § 3a Abs. 1 S. 4 RVG für Gebührenvereinbarungen gem. § 34 RVG abbedungen. Dementsprechend ist die Vereinbarung über Tätigkeiten des RA nach § 34 RVG formfrei.

Die Verpflichtung des RA gem. § 3a Abs. 1 Nr. 3 RVG, wonach dieser den Auftraggeber aufzuklären hat, dass eine Kostenerstattung von dritter Seite über die gesetzliche Vergütung hinaus nicht erfolgt, ist zwar für die Beratung gem. § 34 RVG nicht ausgeschlossen, jedoch ist der praktische Fall nicht denkbar, dass sich im Rahmen der Beratung eine Erstattungspflicht des Gegners oder der Staatskasse ergibt.

II. Die Tätigkeitsbereiche

1. Beratung

„Beratung" ist gem. § 34 Abs. 1 S. 1 RVG mit der Erteilung eines mündlichen oder 10
schriftlichen Rates oder einer Auskunft definiert. Unter dem Begriff „Rat" ist die nach Prüfung und Beurteilung einer Rechtssache durch den RA abgegebene Empfehlung zu verstehen, wie sich der Mandant in einer konkreten Situation verhalten möge. Eine Auskunft liegt dann vor, wenn der RA eine allgemeine Frage beantworten soll, ohne dass eine Verbindung mit einer konkreten Rechtssache gegeben ist. Manchmal ist die Unterscheidung nicht ganz einfach, und der Übergang von einer Auskunft zu einem Rat kann fließend sein. Für den Gebührentatbestand des § 34 RVG ist jedoch eine Abgrenzung der beiden Begrifflichkeiten nicht erforderlich, da sowohl bei der Ratserteilung als auch bei der Auskunft eine Beratung vorliegt.

Die Tätigkeit des RA, die als Beratung zu qualifizieren ist, darf nicht mit einer anderen gebührenpflichtigen Tätigkeit im Zusammenhang stehen (§ 34 Abs. 1 S. 1 RVG). Ist der RA im Rahmen einer anderen gebührenpflichtigen Tätigkeit, wie z.B. vorgerichtliche Geschäftsbesorgung, gerichtliches Mahnverfahren, Rechtsstreit oder Zwangsvollstreckung betraut, ist der insoweit erforderliche Beratungsbedarf in den Gebühren dieser Tätigkeiten inkludiert und wird nicht gesondert vergütet.

a) Abgrenzung zu anderen Gebührenvorschriften
Zu Abgrenzungsproblemen kann es mitunter im Verhältnis zu anderen Gebühren- 11
vorschriften kommen.

12 *Hinweis*
Sind folgende Kriterien erfüllt, dann ist der Beratungsgebührentatbestand **nicht** gegeben:
- Der Auftrag des Mandanten lautet, dass der RA nach außen hin für ihn tätig wird, auch wenn es zu einer entsprechenden Tätigkeit – aus welchen Gründen auch immer – nicht mehr kommt.
- Der mündliche oder schriftliche Austausch zwischen dem RA und einem Dritten geht über reine Informationseinholung hinaus.
- Der Auftraggeber möchte zunächst nur beraten werden, erweitert aber dann wegen des für ihn positiven Beratungsergebnisses seinen Auftrag dahin, dass der RA seine Interessen nach außen hin vertritt.
- Der Mandant beabsichtigt, den RA mit Tätigkeiten zu beauftragen, die über die Beratung hinausgehen, will aber, bevor dieser Auftrag greift, vom RA wissen, wie die Erfolgsaussichten sind. Der Auftrag zur Beratung ist in diesem Fall bedingungslos; der Auftrag für die Tätigkeit hängt von der eintretenden Bedingung ab, d.h. der Bejahung der Erfolgsaussicht. Tritt die Bedingung ein, wird der Rahmen der Beratung verlassen.
- Der Auftraggeber beauftragt den RA mit einer konkreten Tätigkeit, will sich vom RA über die sinnvollste Vorgehensweise beraten lassen.
- Der Mandant beauftragt den RA mit dem Entwurf eines Vertrages. Auch wenn eine Tätigkeit nach außen durch die Vertragsgestaltung nicht erfolgt, liegt eine Beratung wegen Vorbem. 2.3 Abs. 3 VV RVG nicht vor, da für die Mitwirkung bei der Gestaltung eines Vertrages die Geschäftsgebühr gem. Nr. 2300 VV RVG anwendbar ist.

In all diesen Fällen liegt dann eine Geschäftsbesorgung vor, die einen Rat einschließt, nicht aber eine isolierte Beratung.

13 Entwirft der RA für seinen Mandanten Mahnschreiben, die der Auftraggeber dann selbst absendet, kann der RA lediglich die Beratung, nicht aber eine Geschäftsgebühr gem. Nr. 2300 oder 2301 VV RVG abrechnen. Das OLG Nürnberg[3] hat in seinem Urteil zutreffend und folgerichtig entschieden, dass dem RA eine Geschäftsgebühr mangels eines vorliegenden Geschäftsbesorgungsauftrages nicht zusteht.

14 *Praxishinweis*
Wahrscheinlich erlebt jede Anwaltskanzlei das Ansinnen von so manchen potenziellen Mandanten, eine Anwaltsleistung möglichst günstig zu erhalten. Um das zu erreichen, werden mehrere RAe angerufen und/oder besucht, um zu erfragen, auf welchen Betrag sich die Gebühren belaufen würden, wenn der Auftraggeber den RA mit seiner Sache betrauen würde. Um dem Anfragenden die

---

3 OLG Nürnberg NJW 2011, 621–623 = AGS 2010, 480–483.

Höhe der Gebühr nennen zu können, muss sich der RA aber erst einmal ein Bild von dem zu lösenden juristischen Problem machen. Der evtl. zukünftige Mandant berichtet – oftmals ausführlich – von der Sachlage und der RA teilt ihm seine Gebührenbedingung mit. Entscheidet sich der interessierte Rechtssuchende dann gegen die Erteilung des Mandats, kann der RA gar keine Gebühr geltend machen, auch keine Beratungsgebühr.[4] Dieser Austausch wird als Beantwortung einer allgemeinen Frage bewertet. Um nicht zu viel kostbare Zeit zu investieren, sollte der RA bemüht sein, das Gespräch zu leiten; und zwar stringent und faktenorientiert. Wenn dem Anrufer/Besucher zu viel Raum gegeben wird, besteht schnell die Gefahr, zu viel Zeit und Gedankengut investiert zu haben, ohne ein Entgelt zu realisieren. Kostenanfragen können ggf. auch schriftlich beantwortet werden, nachdem der Mandant einen Fragebogen ausgefüllt hat. Dies in der konkreten Situation zu beantworten, verlangt nach dem Unternehmer im Rechtsanwalt.

b) Form der Beratung

Die Erteilung des Rates oder der Auskunft ist nicht an eine bestimmte Form gebunden. Sie kann schriftlich, mündlich oder auch fernmündlich erfolgen. Dem RA ist bekannt, dass grundsätzlich die Vermutung der Entgeltlichkeit seiner anwaltlichen Tätigkeit besteht, auch dann, wenn keine Vereinbarung über die Gebühr getroffen wurde und § 612 BGB greift. Allerdings ist zu beobachten, dass bei den Rechtssuchenden die Einsicht der Entgeltlichkeit bei einem schriftlichen Rat oder einer mündlichen Beratung während einer Besprechung in aller Regel noch vorhanden sind, jedoch nicht bei einer fernmündlichen Ratserteilung. Sätze nach Übersendung der Rechnung wie „Ich habe doch kurz nur mal angerufen und wollte wissen … Warum muss ich nun etwas bezahlen?" können vermieden werden, wenn der RA oder der/die Kanzleiangestellte eingangs des Telefonates die Personalien des Anrufenden aufnimmt und erklärt, dass auch die fernmündliche Beratung gebührenpflichtig ist.

c) Art und Höhe der vereinbarten Gebühr

Bei der Vereinbarung zwischen RA und dem Auftraggeber besteht aufgrund des gewollten Deregulierungsgedankens des Gesetzgebers hinsichtlich der Art und der Höhe der Gebühr grundsätzlich Vertragsfreiheit. Die Bemessung der Gebühr hängt von den Umständen des Einzelfalls ab. Der RA hat die Angemessenheit i.S.v. § 3a Abs. 2 RVG zu berücksichtigen und, damit es nicht zur Nichtigkeit der Vereinbarung kommt, die Höhe der Gebühr darf nicht sittenwidrig bzw. im wucherischen Bereich i.S.v. § 138 BGB sein.

---

4 *Madert*, AGS 1996, 82.

17 Als Grundlage der Gebührenvereinbarung kommen unterschiedliche Modelle in Betracht, die isoliert oder auch als Mischform angewendet werden können:
- Gesetzliche Gebührenbestimmungen in angepasster Form, wie z.b.
  - die analoge Anwendung eines bestimmten Gebührentatbestandes des VV,
  - ein prozentualer Aufschlag auf die gesetzlichen Gebühren,
  - die Vereinbarung einer Zusatzgebühr,
  - die Vereinbarung eines zusätzliches Festbetrages,
  - die Festlegung eines höheren Gegenstandswertes.[5]
- Pauschalvergütung:

  Eine Pauschale kann für die Beratung in einer bestimmten Rechtssache vereinbart werden oder auch – bei einem dauerhaften Bedarf des Mandanten – für eine bestimmte Anzahl von Angelegenheiten oder sich auf sämtliche Rechtssachen des Auftraggebers beziehen, in denen eine Beratung gewünscht wird. Bei einer umfassenden Beratungstätigkeit sollte sich der RA ein genaues Bild machen, in welcher Größenordnung der zu erwartende Beratungsbedarf besteht, um die Pauschalvergütung in einem angemessenen Verhältnis vereinbaren zu können. Die Pauschalvergütung kann mit Fall-, Stunden-, Wochen- oder Monatspauschalen abgestimmt werden. Wochen- oder Monatspauschalen kommen sicher überwiegend in der Beratung von Unternehmen in Betracht, die naturgemäß ein höheres Aufkommen an Rechtssachen haben als Privatpersonen. Der Vorteil einer Pauschalvergütungsvereinbarung liegt bei dem Mandanten darin, dass dieser die wiederkehrenden Kosten der Rechtsberatung fest kalkulieren, und beim RA, dass er mit gleichbleibenden Einnahmen rechnen kann.

- Zeitvergütung:

  Bei der zeitabhängigen Gebühr erhält der RA ein Entgelt für seinen tatsächlichen Arbeitsaufwand. Die Vereinbarung auf Grundlage einer Zeitgebühr ist das am meisten angewandte Vergütungsmodell. Bei einer zeitabhängigen Gebühr geht der RA nahezu kein Risiko ein, da er immer dann einen Anspruch auf finanziellen Ausgleich erfährt, wenn er sich um die Rechtssache des Auftraggebers kümmert. Der Mandant hingegen muss dem RA Vertrauen entgegen bringen, dass die aufgewendete Zeit sinnvoll genutzt und korrekt notiert wird. Ferner klärt ein RA, der sich in dem gefragten Gebiet besonders gut auskennt, das zu lösende Rechtsproblem schneller, als ein weniger versierter, der wahrscheinlich mehr Zeit benötigt.

  In die Vereinbarung sollte die zugrunde zu legende Zeiteinheit (z.B. Tag oder Stunde) festgelegt werden. Wird eine stundenmäßige Abrechnung abgestimmt, empfiehlt es sich, die gewollte Taktung zu beschreiben, z.B. welche Zeit berechnet wird, wenn die Tätigkeit des RA keine volle Stunde ausfüllt.

---

5 Schneider/Wolf/*Onderka*/*N. Schneider*, RVG, § 3a Rn 58.

Unter Transparenzgesichtspunkten gegenüber dem Auftraggeber und im Falle des Bestreitens durch den Auftraggeber ist das Führen eines Stundenberichts unerlässlich. Der RA sollte diese Dokumentation so detailliert gestalten, dass nachvollzogen werden kann, welche Tätigkeit er wann in welcher Zeit erledigt hat. Die Tätigkeitsbeschreibung sollte so konkret sein, dass der Auftraggeber sich ein Bild von dem Erledigten machen kann.

Die in Deutschland vereinbarten Stundensätze variieren zwischen 25,00 EUR und 500,00 EUR, liegen in Einzelfällen allerdings auch deutlich darüber. Der durchschnittliche Stundensatz beläuft sich nach einer Studie des Soldan-Instituts für Anwaltsmanagement aus 2005 auf 182,00 EUR, bereinigt für die anwaltliche Arbeitsstunde ergibt sich ein Betrag von 150,00 EUR.[6]

- Sach- oder Naturalvergütung:

Dem RA und seinem Auftraggeber steht es auch frei zu vereinbaren, dass die Gebühren des RA nicht in Form von Geld ausgeglichen werden, sondern durch Sach- oder Naturalleistungen des Mandanten. Sachleistungen können die Übertragung von Sachen oder von Rechten sein, wie z.b. Abtretung von Forderungen oder Nutzung von Räumlichkeiten des Auftraggebers. Naturalleistungen können Dienstleistungen des Mandanten sein, z.b. der Auftraggeber führt ein Reinigungsunternehmen und säubert zum Ausgleich des Entgelts der anwaltlichen Leistung die Kanzleiräume. Da die wertmäßige Bestimmung der im Gegenzug zur anwaltlichen Tätigkeit angebotenen Sachen und Naturalleistungen oftmals schwierig ist, dürfte dieses Gebührenmodell gewisse Risiken in der Angemessenheit der Höhe mit sich bringen und in der Umsetzung nicht praktikabel sein.

d) Kostenerstattung

Sowohl die nach § 34 Abs. 1 S. 1 RVG vereinbarte Beratungsgebühr als auch die übliche Vergütung gem. § 34 Abs. 1 S. 2 RVG i.V.m. § 612 Abs. 2 BGB sollen prozessual grundsätzlich nicht erstattungsfähig sein. Sie werden nicht als Kosten des Rechtsstreits gem. § 91 Abs. 1 ZPO angesehen.[7] Das Kostenfestsetzungsverfahren sei nicht geeignet, Beträge festzusetzen, die sich aus einer Honorarvereinbarung ergeben, auch dann nicht, wenn sie niedriger sind als die gesetzlichen Gebühren eines Prozessbevollmächtigten. Auch mit der Festsetzung einer nach BGB geschuldeten Gebühr für den Fall, dass eine Gebührenvereinbarung nicht getroffen wurde, sei das Kostenfestsetzungsverfahren überfordert.

18

---

6 Schneider/Wolf/*Onderka*/N. *Scheider*, RVG, § 3a Rn 71.
7 OLG Rostock AGS 2008, 314–315 = RVGreport 2008, 269–270; OLG Celle AGS 2014, 150–152 = RVGreport 2014, 115–116; Zöller/*Herget*, ZPO, § 91 Rn 13 (Ratsgebühr) u. § 104 Rn 21 (Außergerichtliche Anwaltskosten).

Positiv entschieden haben dagegen Gerichte,[8] wenn der vom RA erteilte Rat prozessbegleitend für einen Auftraggeber erfolgt, der anwaltlich in dem Rechtsstreit nicht vertreten ist.[9]

19 *Beispiel*
Der Beklagte legt dem RA die ihm zugegangene Klageschrift vor, wonach der Kläger ihn und seine seit fünf Jahren getrennt lebende Ehefrau als Gesamtschuldner für den Kaufpreis eines Fernsehers, den die Ehefrau vor einem Jahr bestellt hat, in Anspruch nimmt. Der RA berät den Mandanten dahingehend, dass seine Inanspruchnahme gem. § 1357 Abs. 1 BGB wegen der bereits seit langem erfolgten Trennung von seiner Frau nach § 1357 Abs. 3 BGB nicht gerechtfertigt ist. Der Beklagte wehrt mit dieser Begründung ohne anwaltliche Vertretung den Anspruch mit dem Ergebnis ab, dass die Klage gegen ihn abgewiesen wird.

20 Das LG Berlin hat in seiner Entscheidung vom 6.2.2008 die Erstattungsfähigkeit in Höhe der gesetzlichen Gebühren und Auslagen bejaht, die auch ein als Prozessbevollmächtigter tätiger RA berechnen könnte. Das KG Berlin hat in seinem Beschl. v. 7.3.1989 (noch vor dem 2. KostRMoG) eine 3/10 Ratsgebühr zugebilligt.

21 *Hinweis*
Von der mangelnden Erstattungsfähigkeit kraft Gesetzes ist natürlich der Fall zu unterscheiden, dass der spätere Gegner im Rahmen einer gütlichen Einigung die Kosten – vertraglich – übernimmt, weil dies für ihn günstiger ist als ein Auftreten des ratgebenden RA als Bevollmächtigter. Das kann dem ratsuchenden Mandanten mit auf den Weg gegeben werden.

2. Ausarbeitung eines schriftlichen Gutachtens

22 Gemäß § 34 Abs. 1 S. 1 RVG soll der RA auch für die Ausarbeitung eines schriftlichen Gutachtens auf eine Gebührenvereinbarung hinwirken. Der RA sollte den Inhalt des Auftrages durch seinen Mandanten erforschen, um beurteilen zu können, ob ein schriftlicher Rat oder ein schriftliches Gutachten gewünscht wird. Die Unterscheidung ist für den RA allein schon deshalb von Bedeutung, da für die Ausarbeitung eines schriftlichen Gutachtens in der Regel Werkvertragsrecht anwendbar ist und nicht die Bestimmungen des Dienstvertrages gelten. Außerdem ist für die Beratung § 34 Abs. 2 RVG zu beachten, wonach die Gebühr für die Beratung auf eine Gebühr für eine sonstige Tätigkeit, die mit der Beratung zusammenhängt, anzurechnen ist.

---

8 LG Berlin AGS 2008, 515–518 = RVGreport 2008, 268–269; KG Berlin JurBüro 1989, 1114–1117; LG Berlin Rpfleger 1982, 234–234 = JurBüro 1982, 1028–1029.
9 *Schneider/Thiel*, Das ABC der Kostenerstattung, S. 104.

Form und Inhalt eines Gutachtens: 23
- Das Gutachten ist schriftlich zu erstellen. Damit ist nicht das Schriftformerfordernis i.S.v. §§ 126 ff. BGB gemeint. Eine Übersendung via Telefax, E-Mail oder per Datenträger genügt, wenn es dem Mandanten möglich ist, das Gutachten schriftlich herzustellen.[10]
- Das Gutachten muss sich an den Auftraggeber wenden.
- Es muss eine verständliche, geordnete Darstellung des durch den RA zu beurteilenden Sachverhalts beinhalten.
- Besondere rechtliche Probleme und der Umgang damit in Rechtsprechung und Literatur müssen aufgezeigt werden.
- Der RA hat die Rechtsauffassungen zu würdigen und seine eigene Auffassung zu begründen.
- Das Gutachten erfordert eine wissenschaftliche Arbeit des RA, wobei der RA Verantwortung dafür übernimmt, dass seine Überlegungen und Ergebnisse einer wissenschaftlichen Überprüfung standhalten.[11]

Ein weiterer Unterschied zwischen Gutachten und Rat liegt darin, dass der RA die Interessen des Auftraggebers nicht in den Vordergrund zu stellen hat, sondern losgelöst von der Perspektive des Mandanten die Sach- und Rechtslage zu prüfen und zu bewerten hat. 24

Auch wenn sich der Anwendungsbereich für ein schriftliches Gutachten auf alle Rechtsangelegenheiten erstrecken kann, dürfte die Gutachtererstellung in einzelnen Forderungssachen eher die Ausnahme sein. In der Regel geht es darum, den Anspruch des Auftraggebers zu realisieren oder abzuwehren und bei diesen anwaltlichen Tätigkeiten den Weg einzuschlagen, der aus Sicht des Mandanten der Beste ist. Bei diesen Überlegungen werden Zweckmäßigkeitserwägungen getroffen, die nicht Gegenstand eines Gutachtens sind. Anders kann es sich verhalten, wenn Fragen zu begutachten sind, die sich für ganze Forderungsgruppen stellen, etwa welche Risiken im Hinblick auf die Durchsetzung von Nebenforderungen in Bankverträgen bestehen, bevor z.B. ein größeres Portfolio notleidender Forderungen (NPL) gekauft wird.

3. Tätigkeit als Mediator

Unter Mediation ist ein außergerichtliches, vertrauliches und strukturiertes Verfahren zu verstehen, bei dem Parteien unter Mitwirkung eines besonders geschulten, neutralen Dritten versuchen, eine einvernehmliche Beilegung ihres Konfliktes zu erreichen (§ 1 Abs. 1 MediationsG). Der Mediator ist eine unabhängige und neutrale Person ohne Entscheidungsbefugnis, die die Parteien durch die Mediation führt; und zwar durch Kommunikation und Verhandlung. 25

---

10 Schneider/Wolf/*Onderka/Thiel*, RVG, § 34 Rn 51.
11 *Baumgärte/Hergenröder/Houben*, RVG, § 34 Rn 13.

§ 4 Gebührentatbestände/Gegenstandswerte bei außergerichtlicher Tätigkeit

Der Unterschied zur Beratung liegt darin, dass die Überlegungen und Tätigkeiten des RA bei der Mediation nicht das Interesse des einzelnen Mandanten entsprechend bei der Beratung betreffen, sondern der RA die Interessen aller an der Mediation beteiligten Personen in gleicher Weise zu berücksichtigen hat mit dem Ziel einer gütlichen Regelung. Der RA als Mediator, der über juristische Fachkompetenz im materiellen Recht und Verfahrensrecht verfügt, ist in der Lage und sollte es sich zum Ziel machen, die wechselseitigen Rechte und Pflichten der Konfliktparteien zu fixieren und diese in einer wirksamen Vereinbarung festzuhalten.

Nach § 34 Abs. 1 RVG soll der RA in seiner Eigenschaft als Mediator auf eine Gebührenvereinbarung hinwirken. Da der Mediator Interessenvertreter aller am Verfahren beteiligten Personen ist, hat er die Gebührenvereinbarung auch mit allen Parteien abzuschließen. § 34 RVG greift nur für Verfahren, in denen der RA selbst Mediator ist, nicht für Verfahren, in denen er als Interessenvertreter einer Partei in einem von einem anderen Mediator geführten Verfahren beteiligt ist. Für eine solche Interessenvertretung kommen die Geschäftsgebühren gem. Nrn. 2300, 2303 VV RVG zur Anwendung.

26 **Art und Höhe der vereinbarten Gebühr**

Der RA kann mit den am Mediationsverfahren beteiligten Personen sowohl Art als auch Berechnungsmethode grundsätzlich frei vereinbaren unter Berücksichtigung der zivil- und berufsrechtlichen Grenzen (§§ 105, 134, 138 BGB, § 49b BRAO).

Es bieten sich unterschiedliche Modelle der Vergütung an, z.B.

- eine Vereinbarung dahingehend, dass an sich nicht einschlägige gesetzliche Gebühren gelten,
- Pauschalgebühr,
- Zeitvergütung nach Stundensätzen, wobei den Parteien bei diesem Vergütungsmodell bewusst wird, dass, je länger sie für eine Annäherung brauchen, desto kostenintensiver das Mediationsverfahren wird.

Die Anrechnungsvorschrift des § 34 Abs. 2 RVG ist nicht bei den Gebühren für eine Mediation zu beachten.

III. Folgen bei Fehlen einer Gebührenvereinbarung

27 Ist der RA der Empfehlung des Gesetzgebers nicht gefolgt, verweist § 34 Abs. 1 S. 2 RVG auf die Vorschriften des bürgerlichen Rechts. Folgerichtig gilt dies ebenfalls, wenn die getroffene Gebührenvereinbarung unwirksam ist, weil im Rechtssinne keine vorliegt. Für die Beratung gilt aufgrund des Dienstleistungscharakters § 612 Abs. 2 BGB und für die Erstellung des schriftlichen Gutachtens, was eine als Werkvertrag zu qualifizierende Tätigkeit darstellt, § 632 Abs. 2 BGB.

1. Taxe

Entsprechend der beiden zuvor genannten Normen ist zunächst eine taxmäßige Bestimmung heranzuziehen. Die Taxe ist ein für eine bestimmte Leistung gesetzlich festgelegter Preis. Für RAe gilt als gesetzliche Preisbestimmung das RVG mit dem VV zum RVG. Da jedoch die Gebührentatbestände Beratung und schriftliches Gutachten aus dem RVG gestrichen wurden, fehlt es an einer solchen Taxe.

28

2. Übliche Vergütung

Gemäß §§ 612 Abs. 2, 632 Abs. 2 BGB ist beim Fehlen einer Taxe die übliche Vergütung als vereinbart anzusehen. Üblich ist eine Vergütung, die am gleichen Ort für die gleiche oder ähnliche Dienstleistung, die von gleichen oder ähnlichen Berufsträgern verrichtet wird, gewöhnlich bezahlt wird.

29

Was die Ortsüblichkeit angeht, findet sich in der Literatur[12] der Hinweis auf § 60 BRAO, wonach die RAe eines OLG-Bezirks zu einer RA-Kammer zusammengeschlossen sind. Einen ganzen Kammerbezirk als „gleichen Ort" i.S.d. Üblichkeit anzusehen, scheint jedoch den Strukturunterschieden zwischen größeren Städten und ländlicheren Bereichen nicht gerecht zu werden. Zum Beispiel befinden sich im OLG-Bezirk Hamm die Städte Essen, Dortmund, Bochum und Hagen als wirtschaftlich stärkere Regionen, aber auch solche Orte wie Bad Salzuflen, Marsberg oder Winterberg, in denen ein niedrigeres durchschnittliches Vergütungsniveau vorherrscht. Innerhalb eines Kammerbezirks können daher deutliche Unterschiede in der Ortsüblichkeit bestehen, so dass der Vergleich mit ähnlicheren Regionen innerhalb des Kammerbezirks angestellt werden sollte.

30

Die übliche Vergütung von gleichen Berufsträgern, also Anwaltskollegen, zu ermitteln, dürfte für den einzelnen RA schwierig bis unmöglich sein. Die Vergütungsunterschiede innerhalb der Berufsgruppe sind erheblich und resultieren aus der Spezialisierung der Kanzlei, dem Ruf eines RA innerhalb eines Rechtsgebietes oder der Mandatsstruktur. Solange entsprechende Datenerhebungen innerhalb des Kammerbezirks nicht erfolgen, die der RA dann abfragen könnte, ist eine Bewertung der üblichen Vergütung der Anwaltskollegen nicht möglich. Allenfalls auf abzufragende Erkenntnis der Anwaltskammer kann zurückgegriffen werden. Im Einzelfall verfügt diese über in anderen Streitigkeiten gefertigte Gutachten.

31

Soweit die übliche Vergütung nicht zu ermitteln ist, erfolgt grundsätzlich eine Bestimmung nach billigem Ermessen gem. §§ 315, 316 BGB. Dieses vom RA ausgeübte Bestimmungsrecht lehnt der BGH jedoch mit der Begründung ab, dass das Fehlen fester Vergütungssätze für vergleichbare Tätigkeiten eine einseitige Leistungsbestimmung zugunsten einer Vertragspartei nicht rechtfertige. Da somit auch eine Bestimmung nach billigem Ermessen nach Auffassung des BGH nicht erfol-

32

---

12 Schneider/Wolf/*Onderka/Thiel*, RVG, § 34 Rn 96.

gen kann, soll als Grundlage der Vergütungsbemessung der hypothetische Parteiwille dienen.[13] Dabei soll entscheidend sein, was RA und Mandant bei angemessener Abwägung ihrer Interessen nach Treu und Glauben vereinbart hätten, wenn sie die nicht geregelte Vergütung bedacht hätten.[14] Es soll eine individuelle und einzelfallbezogene Betrachtung unter Anwendung des Rechtsgedankens nach § 14 Abs. 1 RVG erfolgen, mithin Umfang und Schwierigkeit der anwaltlichen Tätigkeit, Bedeutung der Sache für den Auftraggeber, seine Einkommens- und Vermögensverhältnisse sowie das Haftungsrisiko des RA (§ 2 Rdn 107 ff.).

33 Im Ergebnis bleibt festzuhalten, dass es für den RA äußerst schwierig ist, eine übliche Vergütung zu erarbeiten und im Falle eines Gebührenprozesses stichhaltig zu begründen. Um diese Unsicherheit zu vermeiden, empfiehlt sich der Abschluss einer Gebührenvereinbarung. Damit schließt sich der Kreis zum Ausgangspunkt der vom Gesetzgeber gewollten Regelung des § 34 Abs. 1 S. 1 RVG, nämlich, dass der RA auf eine Gebührenvereinbarung hinwirken soll.

3. Kappungsgrenze

34 Haben der RA und der Auftraggeber eine Gebührenvereinbarung nicht getroffen oder ist diese unwirksam und handelt es sich bei dem Auftraggeber um einen Verbraucher, hat der RA für beratende oder gutachterliche Tätigkeiten die Höchstgrenze für die Beratung von 250,00 EUR zu beachten. Für ein erstes Beratungsgespräch erhält der RA bei den gleichen Voraussetzungen höchstens eine Gebühr von 190,00 EUR. Diese Regelungen finden sich in § 34 Abs. 1 S. 3 RVG, der ergänzend auf § 14 Abs. 1 RVG verweist.

35 Die Definition der Verbrauchereigenschaft ergibt sich aus § 13 BGB, wonach ein Verbraucher jede natürliche Person ist, die ein Rechtsgeschäft zu einem Zweck abschließt, der weder ihrer gewerblichen noch ihrer selbstständigen beruflichen Tätigkeit zugerechnet wird. Zur Abgrenzung kann § 14 BGB, in dem der Unternehmerbegriff definiert ist, hinzugezogen werden.

Bei dem zwischen dem Mandanten und dem RA geschlossenen Anwaltsvertrag handelt es sich um das nach der vorstehenden Definition zugrunde zu legende Rechtsgeschäft. Da der gleiche Auftraggeber sowohl Verbraucher als auch Unternehmer (§ 14 BGB) sein kann, kommt es auf die Funktion des Mandanten an und darauf, zu welchem Zweck der Auftraggeber den RA konsultiert.

36 *Beispiel*
Der Auftraggeber, der inhabergeführt einen Fahrzeughandel betreibt, bittet den RA um Beratung wegen der Abwehr des Rücktritts des Käufers vom Kfz-Kaufvertrag und wegen der Voraussetzungen zum Ausspruch der fristlosen Kündi-

---

13 BGH NJW 2006, 2172.
14 Schneider/Wolf/*Onderka/Thiel*, RVG, § 34 Rn 100.

gung eines Mietverhältnisses, wobei die vermietete Wohnung seinem Privateigentum zuzurechnen ist.

Die Beratung hinsichtlich des Kfz-Kaufvertrags begehrt der Auftraggeber zwar als natürliche Person, jedoch als Inhaber eines Unternehmens, wobei der Zweck der Beratung nicht seine Privatinteressen verfolgt, sondern seine unternehmerischen, so dass der RA insoweit die Kappungsgrenzen des § 34 Abs. 1 S. 3 RVG nicht zu beachten hat. Anders verhält es sich bei der mietrechtlichen Beratung, da sich die Immobilie des Auftraggebers in seinem Privateigentum befindet und er in diesem Fall als Verbraucher anzusehen ist.

In einer Vielzahl der in der Praxis vorkommenden Fälle dürfte die Bestimmung, ob ein Verbraucherstatus vorliegt oder nicht, unter Anwendung der vorstehenden Kriterien, nicht sehr schwer fallen. 37

Einige Beispiele zu möglichen Abgrenzungsproblemen 38
- Existenzgründer sind keine Verbraucher in Bezug auf Geschäfte, die nach ihrer objektiven Zweckrichtung auf unternehmerisches Handeln ausgerichtet sind. Die Verbrauchereigenschaft eines Existenzgründers wird in der Rechtsprechung allerdings dann bejaht, wenn das eingegangene Rechtsgeschäft dazu dienen soll, eine Entscheidung zu treffen, ob sich die Person selbstständig machen will oder nicht.[15] Im Darlehensrecht werden Existenzgründer als Verbraucher durch § 512 BGB auf Darlehen bis zu 75.000,00 EUR begrenzt.[16]
- Wird ein Vertragsgegenstand sowohl für den privaten als auch den gewerblichen Bereich eingesetzt, ist auf die überwiegende Nutzung des Gegenstandes abzustellen.[17]
- Die Wohnungseigentümergemeinschaft als Zusammenschluss von nicht gewerblich handelnden natürlichen Personen ist einem Verbraucher gleichzustellen, wenn ihr wenigstens ein Verbraucher angehört und sie ein Rechtsgeschäft zu einem Zweck abschließt, der weder einer gewerblichen noch einer selbstständigen beruflichen Tätigkeit dient.[18]

Die Gebühr des RA für die Beratung oder Ausarbeitung eines schriftlichen Gutachtens für einen Verbraucher beläuft sich auf höchstens 250,00 EUR, wobei § 34 Abs. 1 Nr. 3 RVG auf die für die Bemessung von Rahmengebühren geltenden Kriterien des § 14 Abs. 1 RVG Bezug nimmt. Danach hat der RA zunächst seine Gebühr nach Umfang und Schwierigkeit der anwaltlichen Tätigkeit, der Bedeutung der Angelegenheit, den Einkommens- und Vermögensverhältnissen des Auftraggebers und dem Haftungsrisiko des RA zu beurteilen. Kommt der RA dann auf eine Ge- 39

---

15 BGH NJW 2008, 435–436 = MDR 2008, 131.
16 Palandt/*Ellenberger*, BGB, § 13 Rn 3.
17 Palandt/*Ellenberger*, BGB, § 13 Rn 4.
18 BGH NJW 2015, 3228–3234 = MDR 2015, 575–576.

bühr von unter 250,00 EUR, ist diese zu berechnen; kommt er auf einen Betrag über 250,00 EUR, greift die Kappung von 250,00 EUR.

40 Für ein erstes Beratungs**gespräch** hat der Gesetzgeber in § 34 Abs. 1 S. 3 letzter Hs. RVG eine Höchstgrenze von 190,00 EUR festgelegt. Dem Wortlaut nach gilt die Kappung auf 190,00 EUR bei Verbrauchern nur, wenn die Beratung in Form eines Gesprächs erfolgt ist, wobei auch ein Telefonat hierunter fällt. Demnach greift die Kappungspflicht nicht bei einer schriftlichen Beratungstätigkeit.

Die Höchstgrenze von 190,00 EUR muss ferner nur dann beachtet werden, wenn die Tätigkeit des RA mit einem **ersten** Beratungsgespräch erledigt ist. Bei folgenden Gegebenheiten wird der Erstberatungsstatus verlassen, was zur Folge hat, dass die um 60,00 EUR höhere Kappung gilt:

- Die Beratung wird später fortgesetzt, z.b. weil der Auftraggeber noch Zusatzfragen beantwortet wissen will.
- Der Auftraggeber hat die im ersten Gespräch erteilte Handlungsempfehlung umgesetzt und dadurch haben sich neue Erkenntnisse ergeben, die einen weiteren Rat des RA erforderlich machen.
- Der Mandant benötigt bis zum nächsten Gespräch eine Bedenkzeit.[19]
- Der RA muss sich zunächst sachkundig machen, da mit einer Erstberatung nur eine pauschale, überschlägige Einstiegsberatung geschuldet[20] ist und keine sofortige, umfassende Beratung.

Musste ein weiterer Gesprächstermin deshalb stattfinden, da der RA das erste Gespräch aufgrund äußerer Umstände, die er zu vertreten hat, nicht fortsetzen konnte, dann zählt das weitere Gespräch noch zur Erstberatung. Dies kann z.B. geschehen, wenn der RA nicht ausreichend Zeit für das Erstgespräch kalkuliert hat und es beenden muss wegen der Wahrnehmung eines anderen Termins oder weil er die Mittagspause oder die Büroschlusszeiten einhalten will.

41 In den einschlägigen Kommentaren besteht überwiegend die Auffassung, dass bei Mandatierung für die Beratung von mehreren Auftraggebern Nr. 1008 VV RVG anwendbar sei, obwohl dort geregelt ist, dass sich nur die Geschäfts- und Verfahrensgebühren um 0,3 bzw. 30 % erhöhen.[21] Nach der dort vertretenen Auffassung erhöhen sich demgemäß auch die Kappungsgrenzen für jeden weiteren Auftraggeber um 30 %, wobei mehrere Erhöhungen das Doppelte des Höchstbetrages nicht überschreiten dürfen. Die analoge Anwendung der Nr. 1008 VV RVG wird damit begründet, dass dies bereits zu Zeiten des § 20 BRAGO bzw. Nr. 2102 VV RVG a.F. geschah. Die Analogie zur Geschäftsgebühr liegt nahe, der mit dem Rat gegenüber

---

19 Schneider/Wolf/*Onderka/Thiel*, RVG, § 34 Rn 124.
20 BGH AGS 2008, 7–8 = AnwBl 2007, 870–872.
21 Schneider/Wolf/*Onderka/Thiel*, RVG, § 34 Rn 118, Gerold/Schmidt/*Mayer*, RVG, § 34 Rn 56, *Baumgärtel/Hergenröder/Houben*, RVG, § 34 Rn 48.

mehreren Personen verbundene Mehraufwand – unterschiedliche Sichtweisen und ein Mehr an Fragen – rechtfertigt sie auch sachlich.

Danach kann der RA bei der Beratung und der Kappungsgrenze 250,00 EUR für zwei Auftraggeber 325,00 EUR, für drei 400,00 EUR, für vier 475,00 EUR, für fünf 550,00 EUR, für sechs 625,00 EUR, für sieben 700,00 EUR und ab acht 750,00 EUR sowie bei der Kappungsgrenze 190,00 EUR für zwei Auftraggeber 247,00 EUR, für drei 304,00 EUR, für vier 361,00 EUR, für fünf 418,00 EUR, für sechs 475,00 EUR, für sieben 532,00 EUR und ab acht 570,00 EUR berechnen.

Nach anderer Auffassung ist eine solche Erhöhung nicht gerechtfertigt, da es bei der Beratung von mehreren Mandanten an einem erhöhten Aufwand bei der Informationsbeschaffung, vor allem beim Erstberatungsgespräch, fehlen soll.[22] Die tägliche Praxis widerlegt diese Annahme. Im Einzelfall sollte deshalb der Mehraufwand dargestellt und begründet werden. 42

IV. Anrechnung der Beratungsgebühr

Gemäß § 34 Abs. 2 RVG ist, wenn nichts anderes vereinbart wurde, die Gebühr für die Beratung auf eine Gebühr für eine sonstige Tätigkeit, die mit der Beratung zusammenhängt, anzurechnen. Indem der Gesetzgeber ausdrücklich nur die „Beratung" bei der Anrechnungsvorschrift nennt, scheidet eine Berücksichtigung der Anrechnung für die Ausarbeitung des schriftlichen Gutachtens und für die Mediatortätigkeiten aus. 43

Die Anrechnungsvorschrift ist auf sämtliche Vergütungsmöglichkeiten, wie Beratungsgebühr nach Gebührenvereinbarung, die übliche Beratungsgebühr i.V.m. § 612 Abs. 2 BGB und auch bei Berücksichtigung der Verbraucher-Kappungsgrenzen, anzuwenden.

Entscheidend ist, ob überhaupt die erfolgte Beratung mit einer sonstigen Tätigkeit im Zusammenhang steht. Für die begleitende Beratung erhält der RA ohnehin keine gesonderte Beratungsgebühr, so dass auch keine Anrechnung stattzufinden hat. 44

Zwischen Beratung und sonstiger Tätigkeit muss ein sachlicher Zusammenhang bestehen. Dieser ist immer dann gegeben, wenn es sich um dieselbe Angelegenheit i.S.v. § 16 RVG (§ 2 Rdn 83 ff.) handelt oder der Gegenstand der Beratung und der sonstigen Tätigkeit identisch ist. 45

Weiteres Kriterium zur Beachtung der Anrechnungsvorschrift ist, dass ein zeitlicher Zusammenhang in der Art besteht, dass die sonstige Tätigkeit unmittelbar der Beratung nachfolgt. 46

---

22 Gerold/Schmidt/*Müller-Rabe*, RVG, VV 1008 Rn 19 f.

§ 4 Gebührentatbestände/Gegenstandswerte bei außergerichtlicher Tätigkeit

47 *Beispiel*
Der RA berät den Auftraggeber als Antragsgegner nach Zustellung des Mahnbescheides mit dem Ergebnis, dass der Mandant selbst Widerspruch gegen den Mahnbescheid einlegt. Dem Auftraggeber geht kurze Zeit späte die Anspruchsbegründung zu. Er beauftragt den RA mit seiner Interessenvertretung im Rechtsstreit.

48 Ist der frühere Auftrag seit mehr als zwei Kalenderjahren erledigt, entfallen die nach RVG bestimmten Anrechnungen gem. § 15 Abs. 5 S. 2 RVG.

49 Die Anrechnung der Beratungsgebühr hat grundsätzlich in voller Höhe zu erfolgen. Die Anrechnung findet nur einmal statt, auch wenn im Rahmen der Mandatsbearbeitung nacheinander mehrere Gebühren entstehen. Ist die Gebühr für die Folgetätigkeit geringer als die Beratungsgebühr, findet die Anrechnung nur in Höhe der Gebühr für die sonstige Tätigkeit statt.

50 *Beispiel*
Der RA und der Auftraggeber treffen für die vorgerichtliche Beratung, in der es um die Geltendmachung eines Anspruchs von 8.000,00 EUR geht, eine Gebührenvereinbarung über einen Betrag von 500,00 EUR zuzüglich Auslagen und Mehrwertsteuer. Der Gegner zahlt nach der erfolgten Beratung einen Teilbetrag von 5.000,00 EUR. Wegen des Restanspruchs von 3.000,00 EUR vertritt der RA den Auftraggeber im Rechtsstreit, der mit streitigem Urteil endet.

Beratung:

Pauschalgebühr gem. § 34 Abs. 1 S. 1 RVG	500,00 EUR
Post- und Telekommunikationsentgelte gem. Nr. 7002 VV RVG	20,00 EUR
Zwischensumme	520,00 EUR
19 % Umsatzsteuer gem. Nr. 7008 VV RVG	98,80 EUR
Summe Beratung	**618,80 EUR**

Rechtsstreit:

Verfahrensgebühr gem. Nr. 3100 VV RVG (1,3) aus 3.000,00 EUR	261,30 EUR
./. Anrechnung gem. § 34 Abs. 2 RVG i.H.d. Pauschalgebühr 500,00 EUR, jedoch höchstens in Höhe der nachfolgenden Gebühr	./. 261,30 EUR
Zwischensumme	0,00 EUR
Terminsgebühr gem. Nr. 3104 VV RVG (1,2) aus 3.000,00 EUR	241,20 EUR
Post- und Telekommunikationsentgelte gem. Nr. 7002 VV RVG	20,00 EUR
Zwischensumme	261,20 EUR
19 % Umsatzsteuer gem. Nr. 7008 VV RVG	49,63 EUR
Summe Rechtsstreit	**310,83 EUR**
Gesamtbetrag aus Beratung und Rechtsstreit	**929,63 EUR**

Die Verpflichtung zur Anrechnung bezieht sich ausschließlich auf die Gebühr, so dass eine Anrechnung der Auslagen nicht zu erfolgen hat.
Der erste Halbsatz des § 34 Abs. 2 RVG „*Wenn nichts anderes vereinbart ist*" macht deutlich, dass eine Anrechnung der Beratungsgebühr durch Vereinbarung zwischen RA und Auftraggeber abbedungen werden kann. Die Parteien können sich z.b. darauf verständigen, dass eine Anrechnung komplett ausgeschlossen ist oder der Ausschluss der Anrechnung auf einen abgestimmten Betrag begrenzt wird oder eine Anrechnung nur auf eine bestimmte Art erfolgt, z.b. auf eine mögliche Geschäftsgebühr, nicht aber auf eine Verfahrensgebühr.

51

Hinweis
Um nicht eine unnötige Schmälerung der Folgegebühr zu riskieren, empfiehlt es sich für den RA, den Ausschluss der Anrechnungsvorschrift zu vereinbaren. Dies sollte gerade dann gelten, wenn die Nachfolgetätigkeit nicht konkret im Raum steht. Da der RA die Nichtberücksichtigung der Anrechnungsverpflichtung im Falle einer Auseinandersetzung mit dem Auftraggeber wird beweisen müssen, ist es ratsam, den Ausschluss zumindest in Textform zu vereinbaren.

52

C. Die Geschäftsgebühr

I. Anwendungsbereich

Aus Teil 2 Abschnitt 3 VV RVG ergeben sich die Gebühren der außergerichtlichen Vertretungen, so auch der Bereich, der in Forderungssachen besondere Relevanz hat, nämlich bürgerlich-rechtliche Auseinandersetzungen. Die Vorschriften gem. Teil 2 VV RVG sind wegen der Vorbem. 2 Abs. 1 VV RVG für außergerichtliche Tätigkeiten nur dann anzuwenden, wenn § 34 RVG (Beratung, Gutachten, Mediation), § 35 RVG (Hilfeleistung in Steuersachen) oder § 36 RVG (schiedsrichterliche Verfahren und Verfahren vor dem Schiedsgericht) nicht Vorrang haben (Rdn 6 ff.). Die Bestimmungen des Teil 2 VV RVG greifen auch nicht, wenn der RA bereits einen unbedingten **Auftrag** für die Tätigkeiten des Teil 3 VV RVG (Prozess- oder Verfahrensbevollmächtigter) erhalten hat. Ob der RA bereits als Prozess- oder Verfahrensbevollmächtigter tätig war, ist irrelevant.

53

In Vorbem. 2.3 Abs. 3 VV RVG ist der Anfall der Geschäftsgebühr geregelt, wonach die Geschäftsgebühr für das Betreiben des Geschäfts einschließlich der Information und für die Mitwirkung bei der Gestaltung eines Vertrages entsteht. Daraus ergibt sich, dass es sich bei der Geschäftsgebühr um eine Pauschalgebühr handelt (§ 2 Rdn 64).

54

Mit der Geschäftsgebühr sind folgende Tätigkeiten des RA abgegolten:

55

- Die Entgegennahme der Informationen sowie deren Sichtung, auch anderer Akten (z.B. Strafakten), und juristische Bewertung inkl. Prüfung der Forderungsberechtigung.

> *Hinweis*
> Bereits hier entsteht die Gebühr und nicht erst mit der ersten – späteren – Geltendmachung der Forderung gegenüber dem Gegner. Der RA ist also auch mit der Geschäftsgebühr zu vergüten, wenn er bereits mit der Informationsbeschaffung begonnen hat, der Schuldner aber vor der Geltendmachung der Forderung zahlt. Der Gläubiger hat einen korrespondierenden Erstattungsanspruch.

- Bei RAen, die Inkassodienstleistungen erbringen, und wenn der Gegner eine Privatperson ist, Beschaffung und Verarbeitung der nach § 43a BRAO erforderlichen Darlegungs- und Informationspflichten.
- Alle Besprechungen mit dem Auftraggeber, dem Gegner, dem gegnerischen RA oder einem sonstigen Dritten.
- Der gesamte Schriftverkehr mit Mandant, Gegner und Dritten.
- Ermittlungstätigkeiten, z.B. Adressermittlungen, Bonitätsanfragen, Einsichtnahmen in Grundbücher, Handels-, Genossenschafts- und Vereinsregister, Schuldnerverzeichnisse, Prüfung von Insolvenzbekanntmachungen.
- Anwendung von Spezial- oder Fremdsprachenkenntnissen.

56 Entsprechend dem Charakter der Pauschalgebühr erhält der RA auch keine zusätzliche vorgerichtliche Gebühr, wenn die zuvor genannten Tätigkeiten viel Zeit oder Mühen in Anspruch genommen haben, wie z.B. eine überdurchschnittliche Anzahl von Besprechungen mit dem Mandanten oder zahlreicher Schriftverkehr mit Gegner und Mandant oder Vornahme sämtlicher genannter Ermittlungstätigkeiten durch den RA.

Vergleicht der RA verschiedene vorgerichtliche Mandate mit gleichen Gegenstandswerten, die demzufolge die gleiche Gebühr entstehen lassen, bei denen sich der Arbeitsaufwand bei manchen Vorgängen im geringen Rahmen hält und in anderen Fällen extrem aufwendig gestaltet, ist es verständlich, dass der Gedanke einer gewissen Ungerechtigkeit aufkommen kann. Ein Ausgleich des unterschiedlichen Umfangs der Tätigkeit in der Mandatsbetreuung kann jedoch nicht mit einer zusätzlichen Gebühr geschaffen werden. Auch hier gilt der Grundsatz der Einmaligkeit der Gebühr in derselben Angelegenheit gem. § 15 Abs. 2 RVG. Um eine gebührenmäßige Unterscheidung der Höhe nach bei unterschiedlichem Umfang oder Schwierigkeitsgrad treffen zu können, hat der Gesetzgeber den Satzrahmen gem. Nr. 2300 VV RVG von einer 0,5–2,5-Gebühr geschaffen.

II. Abgrenzungen

57 Ob die vorgerichtliche Tätigkeit des RA mit der Geschäftsgebühr gem. Nr. 2300 VV RVG zu vergüten ist, hängt entscheidend von dem Auftrag des Mandanten ab. Schwierigkeiten kann die Abgrenzung im Verhältnis zur Beratung, zum Prozessverfahren oder zum Schreiben einfacher Art bereiten.

C. Die Geschäftsgebühr § 4

1. Beratung und schriftliches Gutachten

Im Verhältnis zur Beratung zielt der Auftrag des Mandanten i.S.d. Geschäftsgebühr darauf ab, dass der RA nicht nur eine Auskunft oder eine Verhaltensempfehlung zur Regelung des konkreten Anliegens des Mandanten erteilt, sondern sich der Angelegenheit eingehender annimmt, indem er z.b. dem Mandanten eine Formulierungshilfe gibt oder gar für ihn nach außen hin tätig wird. 58

> *Beispiel* 59
> Der Auftraggeber legt dem RA die von seinem Vermieter erhaltene Nebenkostenabrechnung vor mit der Bitte um Überprüfung. Der RA stellt fest, dass der Vermieter Betriebskosten geltend gemacht hat, die nicht Gegenstand des Mietvertrages und somit nicht geschuldet sind. Da der Mandant das ansonsten gute Verhältnis zu seinem Vermieter nicht beeinträchtigen möchte, beauftragt er den RA, ein Schreiben zu formulieren, das der Mandant unter seinem Namen an den Vermieter absendet.

Beim vorstehenden Sachverhalt ist wegen der weitergehenden Befassung mit dem Rechtsproblem des Mandanten, die in der Formulierung für den Schriftsatz des Auftraggebers liegt, der Bereich der Beratung verlassen, so dass der RA die Geschäftsgebühr zu beanspruchen hat. 60

Hätte sich der Mandant von seinem RA hingegen mitteilen lassen, welche Argumente er zur Abwehr der Forderung in seinem Schreiben an den Vermieter aufnehmen möge, und das Schreiben anschließend selbst verfasst, kann der RA lediglich eine Beratung gem. § 34 Abs. 1 RVG abrechnen.

Die durch die Beauftragung des Mandanten erwachsene Geschäftsgebühr bleibt auch bestehen, wenn es zur angedachten Tätigkeit nicht mehr kommt, sondern es bei der beratenden Tätigkeit verbleibt. Insoweit ist folgender Fall denkbar: 61

> *Beispiel* 62
> Der Auftraggeber hat einen Zimmereifachbetrieb und beauftragt den RA mit der vorgerichtlichen Geltendmachung seines Werklohnanspruchs aus der Errichtung eines Carports. Anlässlich der geführten Besprechung stellt der Auftraggeber fest, dass er das vom Gegner unterzeichnete Abnahmeprotokoll nicht dabei hat, so dass verabredet wird, dass er die fehlende Unterlage dem RA nachreicht. Aus nicht vom RA zu vertretenden Gründen kündigt der Auftraggeber das Mandat, noch bevor er das Abnahmeprotokoll zur Verfügung stellt. Auch wenn der RA sich noch nicht gegenüber dem Gegner legitimiert hatte und dementsprechend eine Tätigkeit nach außen hin noch nicht erfolgt war, ist die Geschäftsgebühr aufgrund des entsprechend erteilten Auftrages entstanden und bleibt bestehen.

Im Vergleich zum Gutachten ist der Auftrag des Mandanten nicht auf eine wissenschaftliche Aufarbeitung ausgelegt, die losgelöst von der Perspektive des Mandanten die Sach- und Rechtslage untersucht und bewertet (Rdn 22 ff.), sondern es ste- 63 hen die Interessen des Mandanten im Vordergrund, der RA möge ein bestimmtes Ergebnis durch seine vorgerichtlichen Bemühungen erreichen. Im Rahmen der Forderungssachbearbeitung lautet das Ziel in der Regel, einen Anspruch durchzusetzen oder abzuwehren.

2. Vorgerichtliche Tätigkeit bei Prozessauftrag

64 Handelt der RA entgegen dem ihm erteilten Auftrag, ändert dies nichts an seinem Gebührenanspruch.

65 *Beispiel*
Der Auftraggeber legt dem RA seine an den Kunden versandte Rechnung über die von ihn erbrachten Dienstleistungen vor. Der Mandant hat den Ausgleich der Rechnung bereits dreimal schriftlich angemahnt und beauftragt den RA mit dem Antrag auf Erlass des Mahnbescheides. Der RA fordert den Gegner jedoch zunächst noch einmal schriftlich zur Zahlung auf. Daraufhin zahlt der Kunde des Mandanten.

Eine Geschäftsgebühr kann mangels entsprechenden Auftrags nicht entstanden sein. Gemäß dem erteilten Auftrag hätte der RA für den Mahnbescheidsantrag eine Verfahrensgebühr gem. Nr. 3305 VV RVG in Höhe einer 1,0-Gebühr zu beanspruchen. Da sich der Auftrag auf Einreichung des Mahnantrages jedoch aufgrund Zahlung der Gegenseite vorzeitig erledigt, steht dem RA die Gebühr gem. Nr. 3306 i.V.m. 3305 VV RVG in Höhe einer Verfahrensgebühr von lediglich 0,5 zu.

66 *Hinweis*
In anwaltlichen vorgerichtlichen Anspruchsschreiben an den Gegner ist immer wieder zu lesen – vermutlich, um mehr Ernsthaftigkeit in der Konsequenz der Beitreibung bei Nichtzahlung zum Ausdruck zu bringen –, dass bereits Klagauftrag vorliegt und bei Nichtzahlung nach Ablauf der gesetzten Frist umgehend Klage erhoben wird, obwohl der RA vom Mandanten zunächst beauftragt wurde, die Forderung vorgerichtlich durchzusetzen. Bei solchen Formulierungen darf sich der RA dann nicht wundern, wenn der Gegner ihm die in Ansatz gebrachte Geschäftsgebühr gem. Nr. 2300 VV RVG z.B. in Höhe eines Satzes von 1,3 auf die Verfahrensgebühr gem. Nr. 3101 i.V.m. Nr. 3100 VV RVG (vorzeitige Erledigung) in Höhe des Satzes von 0,8 reduziert. Sollte daher der Klagauftrag noch gar nicht erteilt worden sein oder nur unter der Bedingung, dass die außergerichtlichen Bemühungen gescheitert sind (Klagauftrag aufschiebend bedingt), kann es gebührenschädlich sein, eine solche Formulierung zu wählen. Besser könnte der RA formulieren, dass er seinem Mandanten bei Nichtzahlung innerhalb der gesetzten Frist empfehlen wird, Klage zu erheben.

C. Die Geschäftsgebühr § 4

3. Vorgerichtliche Tätigkeit über nicht anhängige Ansprüche parallel zum Gerichtsverfahren

Denkbar ist auch, dass im Rahmen eines Rechtsstreits nicht anhängige Ansprüche berücksichtigt werden. Insoweit stellt sich die Frage, ob bezogen auf die nicht anhängigen Ansprüche die Geschäftsgebühr entsteht oder nicht. Auch hierbei ist auf den Auftrag des Mandanten abzustellen. Liegt dem RA bereits für die nicht anhängigen Ansprüche Klagauftrag vor, richten sich die Gebühren nach Teil 3 VV RVG, wenn nicht, ist die Geschäftsgebühr gem. Nr. 2300 VV RVG in Ansatz zu bringen. **67**

Beispiel **68**
Der RA führt für seinen Mandanten einen Rechtsstreit wegen eines Anspruchs von 5.000,00 EUR. Im Laufe des Rechtsstreits kommt es zu einem außergerichtlichen Termin, in dem sich die Parteien über die im Rechtsstreit befindliche Forderung sowie über einen weiteren, nicht anhängigen Anspruch von 2.000,00 EUR auf einen Betrag von 5.800,00 EUR einigen. Für die Forderung von 2.000,00 EUR wurde noch kein Klagauftrag erteilt.

Verfahrensgebühr gem. Nr. 3100 VV RVG (1,3) aus
5.000,00 EUR   393,90 EUR
Terminsgebühr gem. Nr. 3104 (1,2) VV RVG aus 5.000,00 EUR   363,60 EUR
Einigungsgebühr gem. Nrn. 1000, 1003 VV RVG (1,0) aus
5.000,00 EUR   303,00 EUR
Einigungsgebühr gem. Nr. 1000 VV RVG (1,5) aus 2.000,00 EUR   225,00 EUR
(bei den Einigungsgebühren § 15 Abs. 3 RVG beachten = nicht
mehr als 1,5 aus 7.000,00 EUR = 607,50 EUR)
Geschäftsgebühr gem. Nr. 2300 VV RVG (1,3) aus 2.000,00 EUR   195,00 EUR

Die Terminsgebühr entsteht lediglich auf den im Rechtsstreit befindlichen Betrag, da bezüglich des weiteren Anspruchs von 2.000,00 EUR kein Klagauftrag vorlag. Dass sich der Termin auch auf die nicht anhängigen Ansprüche bezog, kann sich gebührenrechtlich auf den nach § 14 Abs. 1 RVG zu bemessenen Gebührensatz der Geschäftsgebühr auswirken.

Beispiel **69**
Im vorgenannten Beispiel lag Klagauftrag hinsichtlich des weiteren Anspruchs von 2.000,00 EUR nicht vor. Nachfolgend die Gebührendarstellung unter Verwendung des gleichen Sachverhalts, nur mit dem Unterschied, dass der RA bereits Klagauftrag über den nicht anhängigen Anspruch hatte.

Verfahrensgebühr gem. Nr. 3100 VV RVG (1,3) aus
5.000,00 EUR   393,90 EUR
Verfahrensgebühr gem. Nr. 3101 Nr. 2 i.V.m. Nr. 3100 VV RVG
(0,8) aus 2.000,00 EUR   120,00 EUR

(bei den Verfahrensgebühren § 15 Abs. 3 RVG beachten = nicht
mehr als 1,3 aus 7.000,00 EUR = 526,50 EUR)
Terminsgebühr gem. Nr. 3104 VV RVG (1,2) aus 7.000,00 EUR   486,00 EUR
Einigungsgebühr gem. Nrn. 1000, 1003 VV RVG (1,0) aus
5.000,00 EUR   303,00 EUR
Einigungsgebühr gem. Nr. 1000 VV RVG (1,5) aus 2.000,00 EUR 225,00 EUR
(bei den Einigungsgebühren § 15 Abs. 3 RVG beachten = nicht
mehr als 1,5 aus 7.000,00 EUR = 607,50 EUR)

Die Terminsgebühr entsteht nun auf den Gesamtwert, da auch für den weiteren, nicht anhängigen Anspruch Klagauftrag vorlag. Für eine Geschäftsgebühr ist auch bei vorgerichtlicher Tätigkeit hinsichtlich des Anspruchs von 2.000,00 EUR kein Raum aufgrund des vorliegenden Prozessauftrages.

Die zweite Variante mit Gebühren von insgesamt 1.527,90 EUR ist gegenüber der ersten mit 1.480,50 EUR für den RA also günstiger. Einer schnellen Klageerhöhung ist betriebswirtschaftlich dementsprechend der Vorrang vor einer zunächst außergerichtlichen Vorgehensweise zu geben.

4. Schreiben einfacher Art

70 Nr. 2301 VV RVG reduziert die Geschäftsgebühr der Nr. 2300 VV RVG auf einen Gebührensatz von 0,3, wenn sich **der Auftrag** auf ein Schreiben einfacher Art beschränkt. Die Abgrenzung zwischen der Gebühr für ein Schreiben einfacher Art und der Geschäftsgebühr für das Betreiben des Geschäfts hat in der anwaltlichen Praxis große Bedeutung. Aus diesem Grund wird der Gebührentatbestand der Nr. 2301 VV RVG unter Rdn 148 ff. in diesem Kapitel gesondert behandelt. In der Regel liegt kein einfaches Schreiben vor.[23]

5. Geschäftsgebühr bei titulierten Ansprüchen

71 Für die Zwangsvollstreckung steht dem RA gem. Nr. 3309 VV RVG die Verfahrensgebühr in Höhe einer 0,3-Gebühr zu. Die vorbereitenden Verfahren, wie z.B. Erlangung der Vollstreckungsklausel, Zustellung des Titels sowie das Aufforderungsschreiben mit Vollstreckungsandrohung, gehören zur Zwangsvollstreckung und sind mit der Verfahrensgebühr gem. Nr. 3309 VV RVG abgegolten. Liegt dem RA der Auftrag zur Zwangsvollstreckung vor und er fordert den Schuldner vor Einleitung der Zwangsvollstreckung zur Zahlung auf, erhält er für diese Tätigkeit die Verfahrensgebühr gem. Nr. 3309 VV RVG (0,3). Zahlt der Schuldner nach dem Aufforderungsschreiben nicht und die Zwangsvollstreckung folgt, erhält der RA die Gebühr für das Aufforderungsschreiben nicht gesondert, da es zum vorbereitenden Verfahren der Zwangsvollstreckung gehört.

---

23 BGH NJW 2015, 3793.

C. Die Geschäftsgebühr § 4

Liegt dem RA jedoch kein Vollstreckungsauftrag vor und versendet er eine Zahlungsaufforderung ohne Vollstreckungsandrohung, stellt sich die Frage, wie diese Tätigkeit zu vergüten ist. Da kein Vollstreckungsauftrag vorliegt, ist kein Raum für die Verfahrensgebühr gem. Nr. 3309 VV RVG. Die Gebühren des gerichtlichen Erkenntnisverfahrens kommen ebenfalls nicht in Betracht, da das Erkenntnisverfahren bei Vorlage des vollstreckungsfähigen Titels abgeschlossen ist. **72**

Nach – allerdings umstrittener Auffassung – handelt es sich insoweit um einen Vertretungsauftrag i.S.d. Nr. 2300 VV RVG oder bei Beauftragung eines Schreibens einfacher Art i.S.v. Nr. 2301 VV RVG.[24] Die gegenteilige Auffassung verneint ein Anfallen der Geschäftsgebühr gem. Nr. 2300 VV RVG.[25] Diese Meinung wird damit begründet, dass der Wille des Mandanten bei bereits titulierten Ansprüchen nur noch darauf ausgerichtet sein kann, den Anspruch realisiert zu halten, wobei jegliche darauf gerichtete Tätigkeit des RA daher als zur Zwangsvollstreckung gehörig anzusehen sei. Dass der Wille des Mandanten die Realisierung seines Anspruchs ist, ist plausibel, da ihm durch das Gericht bereits Recht zugesprochen wurde. Allerdings verkennt die für die Nichtanwendung der Nrn. 2300 und 2301 VV RVG plädierende Auffassung, dass es Sachverhalte gibt, bei denen der Auftraggeber erkennt, dass weitere Vollstreckungsmaßnahmen aller Voraussicht nach nicht zum Zahlungserfolg führen und daher zur zweckentsprechenden Rechtsverfolgung andere Wege beschritten werden sollten. In der Gesamtschau aller Kosten kann dies für den erstattungspflichtigen Schuldner sogar deutlich günstiger sein. Nachfolgend ein typisches Beispiel aus der Praxis, das so oder in ähnlicher Form häufig vorkommen dürfte.

Beispiel **73**
Der Auftraggeber legt dem RA den vollstreckungsfähigen Titel sowie diverse Vollstreckungsunterlagen vor. Daraus ergibt sich, dass der Schuldner auf Betreiben des Gläubigers die Vermögensauskunft vor 1 $^{1}/_{2}$ Jahren abgegeben hat. Nach dem Protokoll der Vermögensauskunft hat der Schuldner als Spielhallenaufsicht gearbeitet und einen Nettolohn von 850,00 EUR monatlich erhalten. Der Gläubiger hat, um evtl. bei einem höheren Verdienst oder bei Sondergratifikationen Gelder zu erhalten, die Lohnansprüche des Schuldners gepfändet sowie das vom Schuldner innegehaltene Bankkonto mit einer Pfändung belegt. Zu pfändbaren Beträgen war es bei Beauftragung des RA nicht gekommen, wobei der Schuldner noch immer bei demselben Arbeitgeber beschäftigt ist; das Bankkonto wird als Pfändungsschutzkonto geführt. Über weitere Einnahmen bzw. Vermögen soll der Schuldner nach seinen Angaben nicht verfügen.

---

24 Schneider/Wolf/*Volpert*, RVG, VV 3309 Rn 74, Gerold/Schmidt/*Müller-Rabe*, RVG, VV 3309 Rn 445.
25 Asperger/Hellstab/*Richter*, RVG effizient, 5. Kap. Rn 70 ff.

74 Für den Auftraggeber besteht keine begründete Erwartung, dass er mit den bereits durchgeführten Vollstreckungsmaßnahmen seinen Anspruch wird durchsetzen können und schon gar nicht ergeben sich Anhaltspunkte, die die Einleitung neuer Vollstreckungsmaßnahmen erfolgversprechend machen. Dementsprechend will der Auftraggeber den Vollstreckungspfad verlassen und einen anderen Weg einschlagen, nämlich mithilfe des beauftragten RA eine gütliche, außergerichtliche Einigung zu erreichen, die der beschränkten Leistungsfähigkeit des Schuldners Rechnung trägt und die neben einem ratenweisen Forderungsausgleich auch das Erlangen von Sicherheiten (z.B. Abtretung von künftigen Lohnansprüchen oder Bankguthaben) oder Informationsrechten zum Ziel hat. Dies lässt sich im Rahmen der Zwangsvollstreckung nicht erreichen. Insbesondere lässt § 802b ZPO keine qualifizierten Ratenzahlungsvereinbarungen zu.

Aus den vorstehenden Gründen ist es sachdienlich, wenn sich der RA im Rahmen seines Vertretungsauftrages mit dem Schuldner in Verbindung setzt und ihm Möglichkeiten aufzeigt, wie er trotz angespannter finanzieller Situation den Gläubiger befriedigen kann. Diese Tätigkeiten lösen nach hiesiger Auffassung die Geschäftsgebühr gem. Nr. 2300 VV RVG aus.

75 Sollte der Auftraggeber das zuvor beschriebene Ziel verfolgen, aber den RA lediglich bitten, ein Schreiben einfacher Art abzufassen, um zu versuchen, die Sprachlosigkeit zwischen Gläubiger und Schuldner zu überwinden, damit der Gläubiger die weitere Tilgung mit dem Schuldner unmittelbar selbst abstimmt, kann der RA die Gebühr gem. Nr. 2301 i.V.m. 2300 VV RVG (0,3) berücksichtigen. Diese Auftragsgestaltung dürfte aber eher selten vorkommen, da es dem Gläubiger in der Regel darauf ankommt, dass der RA die Bedingungen der Tilgung aushandelt und schriftlich fixiert.

6. Geschäftsgebühr im Rahmen der Beratungshilfe

76 Nr. 2503 VV Abs. 1 RVG regelt die Geschäftsgebühr im Rahmen der Beratungshilfe und gibt den Inhalt der Vorbem. 2.3 Abs. 3 VV RVG, dass die Gebühr für das Betreiben des Geschäfts einschließlich der Information oder die Mitwirkung bei der Gestaltung des Vertrages entsteht, wieder. Der Abgeltungsbereich ist mit dem der Nr. 2300 VV RVG identisch (Rdn 53 ff.).

Die Gebühr gem. Nr. 2503 VV RVG entsteht mit der Annahme des Auftrags und der Entgegennahme der diesbezüglichen Information[26] oder wenn der RA eine der in Abs. 1 genannten Tätigkeiten ausübt.[27]

77 Der Mandant, der bereits über Erfahrungen mit der Beratungshilfebewilligung verfügt, stellt schon einmal selbst den Antrag gem. § 6 Abs. 1 BerHG und bringt bei

---

26 *Baumgärtel/Hergenröder/Houben*, RVG, VV 2503 Rn 3.
27 Schneider/Wolf/*Fölsch*, RVG, VV 2503 Rn 5.

der ersten Kontaktaufnahme mit dem RA den Berechtigungsschein des Gerichts mit. Oftmals ist es aber so, dass der Auftraggeber zuerst das Gespräch mit dem RA sucht und sich dann in der Unterredung herausstellt, dass der Mandant wirtschaftlich nicht in der Lage ist, die Anwaltsvergütung zu bezahlen und Anspruch auf Beratungshilfe hat. Zu diesem Zeitpunkt hat der RA bereits den Auftrag für das Betreiben des Geschäfts erhalten sowie Informationen entgegengenommen.

Praxistipp 78
Damit der Auftraggeber dann nicht selbst die Geschäftsgebühr gem. Nr. 2300 VV RVG zu übernehmen hat, kann der RA Antrag auf nachträgliche Bewilligung der Beratungshilfe gem. § 6 Abs. 2 S. 1 BerHG stellen. Dabei muss der RA die Ausschlussfrist von vier Wochen nach Beginn der Beratungstätigkeit gem. § 6 Abs. 2 S. 2 BerHG beachten.

Bei der Gebühr gem. Nr. 2503 VV RVG handelt es sich um eine Festgebühr. Die 79
Gebühr beläuft sich auf den Betrag von 85,00 EUR. Dabei ist es ohne Bedeutung, ob die Angelegenheit schwierig oder umfangreich ist. Selbst wenn die Anwendung der Geschäftsgebühr gem. Nr. 2300 VV RVG eine geringere Gebühr als 85,00 EUR ausmachen würde, stünde dem RA, der über Beratungshilfe abrechnet, der feste Betrag von 85,00 EUR zu.

III. Rahmengebühr

Bei der Geschäftsgebühr der Nr. 2300 VV RVG handelt es sich um eine Rahmen- 80
gebühr in Form einer Satzrahmengebühr. Der Gesetzgeber hat einen Rahmen von 0,5–2,5 der vollen Gebühr aus dem Gegenstandswert vorgegeben. Innerhalb dieses Rahmens hat der RA den für den Einzelfall zutreffenden Gebührensatz unter Berücksichtigung aller Umstände nach billigem Ermessen zu bestimmen, § 14 RVG. Die Mittelgebühr errechnet sich aus der Addition des Mindestsatzes von 0,5 und des Höchstsatzes von 2,5 = 3 geteilt durch 2 = 1,5. Durch die 1,3-Schwellengebühr nach der Anm. zu Nr. 2300 VV RVG wird sie gekappt.

IV. Die Kriterien zur Bestimmung des richtigen Gebührensatzes

Der RA ermittelt den im Einzelfall zutreffenden Gebührensatz unter Anwendung 81
der gesetzlichen Vorgaben gem. § 14 RVG nach seinem billigen Ermessen. Nach § 14 Abs. 1 RVG hat der RA unter Berücksichtigung aller nachfolgend genannten Umstände den Gebührensatz festzulegen:
- Umfang und Schwierigkeiten der anwaltlichen Tätigkeit,
- Bedeutung der Angelegenheit aus Sicht des Auftraggebers,
- Vermögens- und Einkommensverhältnisse des Auftraggebers,
- unter besonderen Umständen das erhöhte Haftungsrisiko des RA, z.B. bei Kappung des Wertes, so dass eine adäquate Berücksichtigung des Haftungsrisikos

über den Wert nicht erreicht werden kann (§ 2 Rdn 113 ff.), ansonsten nicht bei Satzrahmen-, sondern nur bei Betragsrahmengebühren (§ 14 Abs. 1 S. 3 RVG), die im Forderungseinzug nicht von Relevanz sind.

82 Die einzelnen Kriterien des § 14 Abs. 1 RVG wurden bereits in § 2 Rdn 107 ff. dargestellt mit Ausführungen zu ihrer jeweiligen Gewichtung und Anwendung. Hierauf kann verwiesen werden.

V. Schwellengebühr

83 Der Gesetzgeber hat der grundsätzlichen Bestimmung des Gebührensatzes durch den RA anhand der Kriterien des § 14 Abs. 1 RVG mit der Anm. zu Nr. 2300 VV RVG für die Geschäftsgebühr eine Beschränkung auferlegt. Danach kann der RA eine Gebühr von **mehr als 1,3** nur fordern, wenn die Tätigkeit **umfangreich** oder **schwierig** war. Diese Grenze des Gebührensatzes von 1,3 wird als Regel- oder auch Schwellengebühr bezeichnet und stellt eine Kappungsgrenze dar.

84 Mit dieser Regelung hat der Gesetzgeber für die Geschäftsgebühr einen Eingriff in die Wertigkeit der Kriterien des § 14 Abs. 1 RVG vorgenommen, indem der RA, um eine über den Schwellenwert hinausgehende Gebühr zu rechtfertigen, nicht „alle Umstände" berücksichtigen, sondern nur auf eine umfangreiche oder schwierige Tätigkeit abstellen kann. Auch wenn die übrigen Tatbestandsmerkmale wie Bedeutung, Einkommens- und Vermögensverhältnisse überdurchschnittlich sind, begründen solche Faktoren ein Überschreiten der Regelgeschäftsgebühr nicht. Bemerkenswert ist, dass die Schwellengebühr mit 1,3 noch unterhalb der Mittelgebühr von 1,5 festgelegt wurde.

85 Mit Urt. v. 13.1.2011 hat der BGH noch die Auffassung vertreten, dass ein Überschreiten der Regelgebühr innerhalb der Toleranzrechtsprechung bis zu 20 % der gerichtlichen Überprüfung entzogen ist.[28] Das OLG Koblenz kam in seinem Urt. v. 5.9.2011 zu der gegenteiligen Auffassung.[29] Diese Entscheidung hob der BGH in seinem Urt. v. 8.5.2012[30] mit der Begründung auf, dass bei Einhalten eines Spielraums von 20 % nicht davon auszugehen ist, dass die vom RA festgelegte Gebühr unbillig i.S. des § 14 Abs. 1 S. 4 RVG und damit auch nicht erstattungsfähig ist.

Später hat der BGH dann die Auffassung des OLG Koblenz in seiner Entscheidung vom 11.7.2012 bestätigt. Ein Überschreiten der Regelgebühr unter dem Gesichtspunkt der Toleranzrechtsprechung bis zu 20 % sei der gerichtlichen Überprüfung nicht entzogen.[31] In dem der Entscheidung des BGH vom 11.7.2012 zugrunde liegenden Fall hatte der Klägervertreter ein Versäumnisurteil erwirkt, wonach der Be-

---

28 Gerold/Schmidt/*Mayer*, RVG, § 14 Rn 12 f., BGH v. 13.1.2011 – IX ZR 110/10.
29 OLG Koblenz AGS 2011, 536–538 = JurBüro 2012, 75–76.
30 BGH AGS 2012, 220–222 = BRAK-Mitt 2012, 190–191.
31 BGH NJW 2012, 2813–2814 = AGS 2012, 373–374.

C. Die Geschäftsgebühr § 4

klagte verurteilt wurde, die Mieträume an den Kläger zu räumen und herauszugeben, einen Betrag zu zahlen und die vorgerichtlichen Anwaltskosten auf der Grundlage einer 1,3-Gebühr auszugleichen. Die weiter geltend gemachten Anwaltskosten von 0,2 (Differenz zu 1,5) wurden dem Kläger nicht zugebilligt, auch wenn die Überschreitung nicht an den Toleranzwert von 20 % herankommt. Der BGH begründet seine Auffassung damit, dass es zur Begründung einer 1,5-Gebühr an einem Vortrag über eine überdurchschnittlich umfängliche oder schwierige Tätigkeit des RA fehle. Würde die Toleranzrechtsprechung von bis zu 20 % ohne Prüfung des erkennenden Gerichts bei der Geschäftsgebühr angewandt, könne der RA ohne Weiteres eine 1,5 Gebühr verlangen, was gegen den Wortlaut und auch gegen den Sinn und Zweck des gesetzlichen Gebührentatbestands in Nr. 2300 VV RVG verstieße.

Der zuletzt genannten Auffassung ist im Hinblick auf die Schwellengebühr der Geschäftsgebühr zuzustimmen, da in der Tat bei Anwendung der Toleranzrechtsprechung der RA per se ohne nähere Begründung bis zu 20 % auf die 1,3-Gebühr aufgeschlagen könnte und sich somit eine 1,5-Gebühr ergeben würde. Dies kann der Gesetzgeber mit der Festlegung der Schwellengebühr in Höhe von 1,3 nicht gewollt haben. Die andere Meinung, die die Anwendung der Toleranzrechtsprechung bejaht, wird nun auch von dem für die Entscheidung vom 8.5.2012 verantwortlichen BGH-Senat nicht mehr aufrechterhalten. Dieser Senat hat in seinem Urt. v. 5.2.2013 erklärt, dass, soweit dem Urt. v. 8.5.2012 etwas Abweichendes zu entnehmen sein sollte, daran nicht mehr festgehalten wird.[32]

Hinweis 86
Bevor der RA schematisch immer die Geschäftsgebühr mit einem Satz von 1,3 bestimmt, lohnt es sich, etwas Zeit für die Prüfung des Einzelmandats zu investieren, ob ein Abweichen wegen einer umfangreichen oder schwierigen Tätigkeit begründet werden kann. Konsequenterweise sollte dies auch gelten, wenn Umfang und Schwierigkeit unterdurchschnittlich waren und ein geringerer Satz gerechtfertigt wäre. In beiden Fällen lassen sich Fallgruppen bilden, die die Einordnung erleichtern und berechtigte Gebühren mit vertretbarem Aufwand einbringen.

Nachfolgend genannte Umstände können einen überdurchschnittlichen Umfang 87
oder eine überdurchschnittliche Schwierigkeit der Tätigkeit des RA im Rahmen der Geschäftsgebühr begründen:

---

32 BGH AGS 2013, 111–112 = AnwBl 2013, 295.

88 *Praxistipp*
Umfang:
- Zeitintensives Durcharbeiten von umfangreicheren Akten oder Ordnern;[33]
- Langwieriges Abstimmen mit dem Mandanten über die weitere Vorgehensweise;
- Intensivere Besprechungen, die über die Beantwortung von Sachstandsanfragen hinausgehen,[34] insbesondere auch mit dem Gegner, um Tilgungsmöglichkeiten zu erörtern;
- Extensive Bemühungen im Rahmen der telefonischen Forderungsrealisierung beim Schuldner, insbesondere wenn Einwendungen zu prüfen und zu bescheiden sind;
- Außendiensttätigkeiten, wie Schuldnerbesuche;
- Die Einholung zahlreicher Auskünfte, um den Aufenthaltsort des Schuldners zu ermitteln;
- Überobligatorische Prüfung von Rechtsprechung und Schrifttum.[35]

Schwierigkeit:
- Die Bearbeitung weicht in rechtlicher oder tatsächlicher Hinsicht deutlich vom Normalfall ab, wobei in rechtlicher Hinsicht auf den Durchschnittsanwalt abzustellen ist;
- Bearbeitung mit Auslandsbezug, z.B. Arbeiten mit fremdsprachigen Unterlagen oder fremdsprachige Informationsweitergabe an Mandanten oder gegen einen Schuldner, der sich im Ausland aufhält;
- Notwendigkeit buchhalterischer Kenntnisse;[36]
- Umstände in der Persönlichkeit des Mandanten,[37] wie z.B. eingeschränktes Sehvermögen, Schwerhörigkeit, aufgrund körperlicher Gebrechen kann der Auftraggeber zu Besprechungen nicht in die Kanzlei kommen, sondern der RA muss sich zum Mandanten begeben, starke emotionale Betroffenheit der Parteien.

89 Gerade Besprechungen mit Dritten oder der Gegenseite sind bei der Bewertung des Umfangs der Tätigkeit von besonderer Bedeutung. Damit ist allerdings nicht jede Besprechung gemeint. Gebührenerhöhende Besprechungstätigkeiten zeichnen sich dadurch aus, dass sie dazu dienen sollen, die auf beiden Seiten bestehenden Argumente und Rechtsansichten auszutauschen oder das Ziel einer gütlichen Einigung umzusetzen.

---

33 Schneider/Wolf/*Onderka*, RVG, VV 2300 Rn 14.
34 Schneider/Wolf/*Onderka*, RVG, VV 2300 Rn 14.
35 Schneider/Wolf/*Onderka*, RVG, VV 2300 Rn 14.
36 Schneider/Wolf/*Onderka*, RVG, VV 2300 Rn 13.
37 Schneider/Wolf/*Onderka*, RVG, VV 2300 Rn 13.

Vor Inkrafttreten des RVG wurden gem. § 118 Abs. 1 Nr. 2 BRAGO die dort genannten Besprechungen gesondert gebührenrechtlich behandelt; und zwar mit einem Satzrahmen von 5/10 bis 10/10. Der entsprechende Rahmen galt ebenfalls für die Geschäftsgebühr gem. § 118 Abs. 1 S. 1 BRAGO. In vorgerichtlichen Angelegenheiten erhielt der RA unter Zugrundelegung einer jeweiligen Mittelgebühr von 7,5/10 für das Betreiben des Geschäfts und für die Besprechung insgesamt eine 15/10-Gebühr, was der heutigen 1,5-Gebühr entspricht. Mit diesen, aus BRAGO-Zeiten stammenden Werten, wird ein Überschreiten der Schwellengebühr auf eine höhere Geschäftsgebühr als 1,3 in Angelegenheiten, in denen die genannten gebührenanhebenden Besprechungen stattgefunden haben, begründet.[38]

Praxistipp 90
- Um eine über den Schwellenwert hinausgehende Gebühr und damit eine/n überdurchschnittliche/n Umfang und/oder Schwierigkeit begründen zu können, ist es ratsam, die überobligatorischen Tätigkeiten zu dokumentieren und insbesondere über geführte Besprechungen Aktenvermerke zu erstellen mit Inhalt und auch Dauer der Unterredungen.
- Ist abzusehen, dass eine gewissenhafte Mandatsführung mit einer 1,3-Geschäftsgebühr nicht wirtschaftlich abgedeckt werden kann, empfiehlt sich der Abschluss einer Gebührenvereinbarung mit dem Auftraggeber. Diese kann sich auch auf die Kriterien beziehen, nach der die Überschreitung der 1,3-Schwellengebühr gerechtfertigt ist. Beachtet werden muss, dass diese Kriterien im Erstattungsverhältnis durchaus überprüft werden können und die vertragliche Vereinbarung den Erstattungspflichtigen nicht bindet.

VI. Erhöhung der Geschäftsgebühr bei mehreren Auftraggebern

Gem. Nr. 1008 VV RVG erhöht sich die Geschäftsgebühr, wenn Auftraggeber in derselben Angelegenheit mehrere Personen sind, um 0,3 für jede weitere Person. Mehrere Erhöhungen dürfen einen Gebührensatz von 2,0 nicht übersteigen. Nähere Ausführungen zur erhöhten Gebühr finden sich unter § 3 Rdn 107 ff., da die Erhöhungsgebühr zu den allgemeinen Gebühren gehört. 91

Die Erhöhung beträgt immer 0,3 absolut für jeden zusätzlichen Auftraggeber. Dementsprechend ist es ohne Bedeutung, welchen Gebührensatz der RA für die Geschäftsgebühr in dem Rahmen von 0,5 bis 2,5 bestimmt hat. Vertritt der RA z.B. drei Gesamtgläubiger und beziffert die Geschäftsgebühr in Höhe eines Satzes von 0,5, ergibt sich unter Berücksichtigung der zwei Erhöhungen, dass die Erhöhungen mit 0,6 höher ausfallen als die Geschäftsgebühr. Durch die Kappungsgrenze der Anm. 3 zu Nr. 1008 VV RVG von 2,0 ergibt sich für die Geschäftsgebühr ein zu erreichender Höchstsatz von 4,5 (2,5 Geschäftsgebühr + 2,0 Erhöhung).

---

38 Gerold/Schmidt/*Mayer*, RVG, VV 2300 Rn 37.

VII. Anrechnung

92 Die Anrechnung verlangt eine sehr sorgfältige Abrechnung, da anderenfalls – wie die Praxis täglich zeigt – zu hohe Gebührenteile angerechnet werden. Die Gesamtvergütung des RA wird so unberechtigt geschmälert, was es zu vermeiden gilt.
Von der Geschäftsgebühr ausgehend ist eine Anrechnungsform nach zwei Seiten zu beachten:

1. Beratungsgebühr

93 Gemäß § 34 Abs. 2 RVG ist, wenn nichts anderes vereinbart wurde, die Gebühr für die Beratung auf eine Gebühr für eine sonstige Tätigkeit, die mit der Beratung zusammenhängt, anzurechnen. Die „sonstige Tätigkeit" kann auch das Betreiben des Geschäfts einschließlich der Information i.S.d. Nr. 2300 VV RVG sein, so dass die Gebühr für die Beratung in voller Höhe auf die Geschäftsgebühr anzurechnen ist, sofern ein sachlicher Zusammenhang besteht, mithin es sich um dieselbe Angelegenheit handelt oder der Gegenstand der Beratung und die Tätigkeiten im Rahmen der Geschäftsgebühr identisch sind. Vertiefende Ausführungen zur Anrechnung der Beratungsgebühr siehe Rdn 43 ff.

94 *Beispiel*
Der RA berät den Auftraggeber wegen der Abwehr einer Forderung in Höhe von 4.000,00 EUR. Für diese Beratung wurde eine Gebührenvereinbarung in Höhe eines Pauschalbetrages von 200,00 EUR zuzüglich Mehrwertsteuer ohne Auslagenerstattung vereinbart. Der Mandant nimmt unter Zugrundelegung der in der Beratung gewonnenen Erkenntnisse Kontakt zum Gegner auf, was jedoch entgegen seiner Erwartung nicht zu einem Rechtsfrieden führt. Daraufhin beauftragt der Auftraggeber denselben RA mit der außergerichtlichen Vertretung.

95 Die Anrechnung hat der RA wie folgt zu beachten:

Beratung:
Pauschalgebühr gem. § 34 Abs. 1 S. 1 RVG	200,00 EUR
19 % Umsatzsteuer gem. Nr. 7008 VV RVG	38,00 EUR
Summe	238,00 EUR

Außergerichtliche Vertretung:
Geschäftsgebühr gem. Nr. 2300 VV RVG (1,3) aus 4.000,00 EUR	327,60 EUR
./. Anrechnung gem. § 34 Abs. 2 RVG i.H.d. Pauschalgebühr	./. 200,00 EUR
	127,60 EUR
Post- und Telekommunikationsentgelte gem. Nr. 7002 VV RVG	20,00 EUR
Zwischensumme	147,60 EUR
19 % Umsatzsteuer gem. Nr. 7008 VV RVG	28,04 EUR
Summe	175,64 EUR
Gesamtbetrag aus Beratung und außergerichtlicher Vertretung	**413,64 EUR**

2. Verfahrensgebühr

Gemäß Vorbem. 3 Abs. 4 VV RVG ist die entstandene Geschäftsgebühr nach Teil 2 des VV RVG zur Hälfte, höchstens mit einem Gebührensatz von 0,75, auf die von ihm zu berechnende Verfahrensgebühr des gerichtlichen Verfahrens anzurechnen, wenn sich die außergerichtliche und gerichtliche Tätigkeit auf **denselben Gegenstand** bezieht. Dies gilt sowohl für die folgende Verfahrensgebühr als auch für die vorangegangene Verfahrensgebühr, demgemäß zeitlich in beide Richtungen. Indem sich der Gesetzgeber auf die Geschäftsgebühren des Teil 2 bezieht, stellt die Anrechnungsvorschrift nicht nur auf die Geschäftsgebühr gem. Nr. 2300 VV RVG, sondern auch auf die Geschäftsgebühr i.S.d. Schreibens einfacher Art gem. Nr. 2301 VV RVG ab.

96

Entsprechend dem Wortlaut der Vorbem. 3 Abs. 4 VV RVG ist die Geschäftsgebühr auf die Verfahrensgebühr anzurechnen und nicht umgekehrt. Dies bedeutet, dass von der vorgerichtlichen Geschäftsgebühr kein Abzug errechnet wird, sondern die Hälfte der Geschäftsgebühr – höchstens 0,75 – von der Verfahrensgebühr subtrahiert wird.

97

Da der Gesetzgeber in der zuvor benannten Vorbemerkung von „Gebühr" spricht, bezieht sich die Anrechnungsverpflichtung nicht auf die Vergütung als Ganzes, so dass Auslagen wie Dokumentenpauschalen, Post- und Telekommunikationsentgelte, Reisekosten, Umsatzsteuer usw. bei der Anrechnung unberücksichtigt bleiben.

98

Hinweis
Bevor der RA die Anrechnung vornimmt, sollte er zunächst einmal prüfen, ob überhaupt die Tatbestandsvoraussetzungen hierfür vorliegen. Eine Anrechnung findet nur statt, wenn
- vorgerichtlich und gerichtlich derselbe RA mandatiert ist,
- der RA für denselben Auftraggeber tätig ist,
- der RA gegen denselben Gegner die Interessen seines Mandanten vertritt,
- der Gegenstand der vorgerichtlichen Vertretung und des gerichtlichen Verfahrens identisch sind und
- ein zeitlicher Zusammenhang noch besteht.

99

Wird außergerichtlich und gerichtlich dieselbe RA-Sozietät tätig, steht dies der Beauftragung desselben RA gleich. Dies gilt auch, wenn der Auftraggeber unterschiedliche RAe einer Sozietät für die außergerichtliche und gerichtliche Tätigkeit mandatiert. Wer nämlich einen einer Anwaltssozietät angehörenden Rechtsanwalt beauftragt, schließt den Anwaltsvertrag im Zweifel nicht nur mit dem Rechtsanwalt ab, der seine Sache bearbeitet, sondern mit allen der Sozietät angehörenden RAen.[39] Seit der Anerkennung der Rechtsfähigkeit der Gesellschaft bürgerlichen

100

---

39 BGH NJW 1971, 1801 = MDR 1971, 834.

§ 4 Gebührentatbestände/Gegenstandswerte bei außergerichtlicher Tätigkeit

101 Rechts kann der Anwaltsvertrag auch unmittelbar zwischen der RA-Sozietät und dem Mandanten geschlossen werden.[40]
Die Personenidentität des Mandanten und des Gegners wird ebenfalls bejaht, wenn Rechtsnachfolge eingetreten ist und das Mandat für oder gegen den Rechtsnachfolger fortgeführt wird.[41]

a) Anrechnung bei Gegenstandsidentität und bei unterschiedlichen Werten

102 Ist der Gegenstand der außergerichtlichen und gerichtlichen Tätigkeit identisch, ist die außergerichtliche Geschäftsgebühr auf die Verfahrensgebühr anzurechnen. Gegenstandsidentität kann in voller Höhe gegeben sein, der Wert des Gegenstandes der außergerichtlichen Tätigkeit kann aber auch im Verhältnis zur gerichtlichen Interessenwahrnehmung niedriger oder höher sein.

103 *Beispiel für „identischer Gegenstand"*
Der RA fordert den Gegner auftragsgemäß vorgerichtlich auf, die Forderung seines Mandanten in Höhe von 15.000,00 EUR auszugleichen. Nachdem der Gegner aufgrund der außergerichtlichen Bemühungen des RA nicht zahlt, erhebt der RA Klage mit dem Ergebnis, dass nach mündlicher Verhandlung das Urteil antragsgemäß ergeht.

Außergerichtliche Tätigkeit:

Geschäftsgebühr gem. Nr. 2300 VV RVG (1,3) aus 15.000,00 EUR	845,00 EUR
Post- und Telekommunikationsentgelte gem. Nr. 7002 VV RVG	20,00 EUR
Zwischensumme	865,00 EUR
19 % Umsatzsteuer gem. Nr. 7008 VV RVG	164,35 EUR
Summe	1.029,35 EUR

Gerichtliche Vertretung:

Verfahrensgebühr gem. Nr. 3100 VV RVG (1,3) aus 15.000,00 EUR	845,00 EUR
./. Anrechnung gem. Vorbem. 3 Abs. 4 VV RVG (0,65) aus 15.000,00 EUR	./. 422,50 EUR
	422,50 EUR
Terminsgebühr gem. Nr. 3102 VV RVG (1,2) aus 15.000,00 EUR	780,00 EUR
Post- und Telekommunikationsentgelte gem. Nr. 7002 VV RVG	20,00 EUR
Zwischensumme	1.222,50 EUR

---

40 BGH NJW 2012, 2435–2442 = AnwBl 2012, 773–774.
41 Asperger/Hellstab/*Richter*, RVG effizient, 5. Kap. Rn 120.

19 % Umsatzsteuer gem. Nr. 7008 VV RVG	232,28 EUR
Summe	1.454,78 EUR
Gesamtbetrag aus außergerichtlicher und gerichtlicher Tätigkeit	2.484,13 EUR

Beispiel für „Gegenstand der außergerichtlichen Tätigkeit ist geringer" 104
Der RA fordert den Gegner auftragsgemäß wiederholt schriftlich und telefonisch vorgerichtlich auf, wiederkehrende Forderungen seines Mandanten per April in Höhe von 4.000,00 EUR auszugleichen. Durch mehrfache Umzüge des Schuldners in kürzester Zeit waren mehrere Adressermittlungen erforderlich. Nachdem der Gegner aufgrund der außergerichtlichen Bemühungen des RA nicht zahlt, erhebt der RA Klage wegen der per September offenstehenden Beträge von nunmehr insgesamt 9.000,00 EUR mit dem Ergebnis, dass in der mündlichen Verhandlung Versäumnisurteil antragsgemäß ergeht.

Außergerichtliche Tätigkeit:

Geschäftsgebühr gem. Nr. 2300 VV RVG (1,8) aus 4.000,00 EUR	453,60 EUR
Post- und Telekommunikationsentgelte gem. Nr. 7002 VV RVG	20,00 EUR
Zwischensumme	473,60 EUR
19 % Umsatzsteuer gem. Nr. 7008 VV RVG	89,98 EUR
Summe	563,58 EUR
Gerichtliche Vertretung:	
Verfahrensgebühr gem. Nr. 3100 VV RVG (1,3) aus 9.000,00 EUR	659,10 EUR
./. Anrechnung gem. Vorbem. 3 Abs. 4 VV RVG (0,75) aus 4.000,00 EUR	./. 189,00 EUR
	470,10 EUR
Terminsgebühr gem. Nr. 3105 i.V.m. Nr. 3104 VV RVG (0,5) aus 9.000,00 EUR	253,50 EUR
Post- und Telekommunikationsentgelte gem. Nr. 7002 VV RVG	20,00 EUR
Zwischensumme	743,60 EUR
19 % Umsatzsteuer gem. Nr. 7008 VV RVG	141,28 EUR
Summe	884,88 EUR
Gesamtbetrag aus außergerichtlicher und gerichtlicher Tätigkeit	**1.448,46 EUR**

Der gemeinsame Wert für die außergerichtliche und gerichtliche Tätigkeit liegt im 105 vorstehenden Beispiel bei 4.000,00 EUR. Die weiteren Ansprüche von 5.000,00 EUR haben keine außergerichtliche Tätigkeit des RA erfahren, so dass insoweit eine Anrechnung nicht stattzufinden hat. Aufgrund des überdurchschnittlichen Umfangs (mehrere Telefonate und Aufenthaltsermittlungen) hatte der RA die Geschäftsgebühr über den Schwellenwert von 1,3 auf eine 1,8-Gebühr beziffert. Von 1,8 wäre der hälftige Satz eine 0,9-Gebühr. Da aber höchstens der Satz von 0,75 anzurechnen ist, ist insoweit die Kappung des Anrechnungssatzes zu beachten.

106 *Beispiel für „Gegenstand der außergerichtlichen Tätigkeit ist höher"*
Der RA wird von seinem Mandanten beauftragt, eine Werklohnforderung von 9.000,00 EUR außergerichtlich abzuwehren. Im Rahmen der vorgerichtlichen Tätigkeit kommen der RA und sein Mandant zu dem Ergebnis, dass 5.000,00 EUR des Anspruchs gerechtfertigt sind. Dieser Betrag wird gezahlt. Wegen des Restbetrags von 4.000,00 EUR erhebt der Gegner Klage. In diesem Rechtsstreit vertritt der RA seinen Mandanten auf Beklagtenseite. Es ergeht nach mündlicher Verhandlung ein streitiges Urteil.

Außergerichtliche Tätigkeit:

Geschäftsgebühr gem. Nr. 2300 VV RVG (1,3) aus 9.000,00 EUR	659,10 EUR
Post- und Telekommunikationsentgelte gem. Nr. 7002 VV RVG	20,00 EUR
Zwischensumme	679,10 EUR
19 % Umsatzsteuer gem. Nr. 7008 VV RVG	129,03 EUR
Summe	808,13 EUR
Gerichtliche Vertretung:	
Verfahrensgebühr gem. Nr. 3100 VV RVG (1,3) aus 4.000,00 EUR	327,60 EUR
./. Anrechnung gem. Vorbem. 3 Abs. 4 VV RVG (0,65) aus 4.000,00 EUR	./. 163,80 EUR
	163,80 EUR
Terminsgebühr gem. Nr. 3104 VV RVG (1,2) aus 4.000,00 EUR	302,40 EUR
Post- und Telekommunikationsentgelte gem. Nr. 7002 VV RVG	20,00 EUR
Zwischensumme	486,20 EUR
19 % Umsatzsteuer gem. Nr. 7008 VV RVG	92,38 EUR
Summe	578,58 EUR
Gesamtbetrag aus außergerichtlicher und gerichtlicher Tätigkeit	**1.386,71 EUR**

107 Im vorstehenden Beispiel wurde von dem außergerichtlichen Gegenstand von 9.000,00 EUR lediglich noch ein Betrag von 4.000,00 EUR im Rechtsstreit geltend gemacht, so dass sich derselbe Gegenstand der außergerichtlichen und gerichtlichen Tätigkeit auf 4.000,00 EUR reduziert und sich demzufolge hierauf die Anrechnung bezieht. Das wird in der Praxis immer wieder fehlerhaft berechnet (0,65 aus 9.000,00 EUR) und führt zu einer nicht notwendigen, vom Mandanten wie ggf. erstattungspflichtigen Gegner aber gern akzeptierten Kürzung des Vergütungsanspruches, die es zu vermeiden gilt.

b) Anrechnung bei teilweise verschiedenen Gegenständen

Es ist auch denkbar, dass der RA außergerichtlich mit Gegenständen befasst ist, die in Teilen mit der gerichtlichen Tätigkeit identisch sind, andere Teile nur die außergerichtliche und wieder andere Teile nur die gerichtliche Bearbeitung durch den RA erfahren. 108

Beispiel 109
Der RA wird von seinem Mandanten, der ein Fitnessstudio betreibt, beauftragt, rückständige Beiträge gegenüber einem Mitglied in Höhe von monatlich 70,00 EUR der Monate Januar bis Mai = 350,00 EUR außergerichtlich anzumahnen. Der Auftraggeber geht davon aus, dass das Mitglied nur etwas nachlässig ist und nach einer kurzen Mahnung Zahlung erfolgt. Der Gegner zahlt aber nach erfolgter Anmahnung nur die rückständigen Beiträge der Monate Januar bis März = 210,00 EUR. Mittlerweile stehen die Mitgliedsbeiträge für Juni bis November = 420,00 EUR ebenfalls offen. Wegen der insgesamt offenen Mitgliedsbeiträge der Monate April bis November = 560,00 EUR beauftragt der Fitnessstudiobetreiber den RA mit dem gerichtlichen Mahnverfahren. Nach Zustellung des Mahnbescheids erfolgt komplette Zahlung.

Außergerichtliche Tätigkeit:

Geschäftsgebühr gem. Nr. 2301 i.V.m. Nr. 2300 VV RVG (0,3), § 13 Abs. 2 RVG aus 350,00 EUR	15,00 EUR
Post- und Telekommunikationsentgelte gem. Nr. 7002 VV RVG	3,00 EUR
Zwischensumme	18,00 EUR
19 % Umsatzsteuer gem. Nr. 7008 VV RVG	3,42 EUR
Summe	21,42 EUR
Gerichtliche Vertretung:	
Verfahrensgebühr gem. Nr. 3305 VV RVG (1,0) aus 560,00 EUR	80,60 EUR
./. Anrechnung gem. Vorbem. 3 Abs. 4 VV RVG (0,15) aus 140,00 EUR = 6,75 EUR, aber wegen Mindestbetrags gem. § 13 Abs. 2 RVG 15,00 EUR : 2	./. 7,50 EUR
	73,10 EUR
Post- und Telekommunikationsentgelte gem. Nr. 7002 VV RVG	14,62 EUR
Zwischensumme	87,72 EUR
19 % Umsatzsteuer gem. Nr. 7008 VV RVG	16,67 EUR
Summe	104,39 EUR
Gesamtbetrag aus außergerichtlicher und gerichtlicher Tätigkeit	**125,81 EUR**

§ 4 Gebührentatbestände/Gegenstandswerte bei außergerichtlicher Tätigkeit

110 Die Anrechnung im vorstehenden Beispiel erfolgt nur bezüglich der Mitgliedsbeiträge April und Mai von je 70,00 EUR, mithin 140,00 EUR, da nur dieser Gegenstand sowohl vorgerichtlich mit dem Schreiben einfacher Art angemahnt als auch im gerichtlichen Mahnverfahren geltend gemacht wurde.

c) Begrenzung der Anrechnung bei geringerem Gebührensatz der nachfolgenden Angelegenheit

111 Erst einmal die gute Nachricht: Unter 0,00 EUR ist eine Anrechnung nicht vorzunehmen, so dass sich keine Minusbeträge ergeben können. Stellt sich die Situation so dar, dass die sich im gerichtlichen Verfahren ergebende Verfahrensgebühr geringer ausfällt als die anzurechnende vorgerichtliche Gebühr, reduziert sich die Anrechnung auf die Höhe der Verfahrensgebühr.

112 *Beispiel*
Der Auftraggeber beauftragt den RA mit der außergerichtlichen Zurückweisung eines Gewährleistungsanspruches von 4.500,00 EUR. Nach schriftlichem Austausch der Argumente entschließt sich der gegnerische RA, einen Mahnbescheid zu erwirken, gegen den der RA Widerspruch einlegt.

Außergerichtliche Tätigkeit:
Geschäftsgebühr gem. Nr. 2300 VV RVG (1,3) aus 4.500,00 EUR	393,90 EUR
Post- und Telekommunikationsentgelte gem. Nr. 7002 VV RVG	20,00 EUR
Zwischensumme	413,90 EUR
19 % Umsatzsteuer gem. Nr. 7008 VV RVG	78,64 EUR
Summe	492,54 EUR

Gerichtliches Mahnverfahren:
Verfahrensgebühr gem. Nr. 3307 VV RVG (0,5) aus 4.500,00 EUR	151,50 EUR
./. Anrechnung gem. Vorbem. 3 Abs. 4 VV RVG (0,65) aus 4.500,00 EUR = 196,95 EUR, aber höchstens (0,5)	./. 151,50 EUR
	0,00 EUR
Post- und Telekommunikationsentgelte gem. Nr. 7002 VV RVG	20,00 EUR
Zwischensumme	20,00 EUR
19 % Umsatzsteuer gem. Nr. 7008 VV RVG	3,80 EUR
Summe	23,80 EUR
Gesamtbetrag aus außergerichtlicher und gerichtlicher Tätigkeit	**516,34 EUR**

113 Aus dem vorstehenden Beispiel ergibt sich, dass ein Betrag von 45,45 EUR (eigentlich anzurechnender Betrag von 196,95 EUR ./. Anrechnungsbetrag als Kappungsgröße von 151,50 EUR) nicht zur Anrechnung gelangt. Dieser Restbetrag ist allerdings auf eine evtl. folgende Angelegenheit noch anzurechnen. Im obigen Fall kann dies zum Tragen kommen, wenn der Gegner das streitige Verfahren einleitet und sich die Verfahrensgebühr gem. Nr. 3100 VV RVG in Höhe von 1,3 ergibt. Hierauf ist dann gem. Anm. zu Nr. 3307 VV RVG die Verfahrensgebühr gem. Nr. 3307 VV RVG in voller Höhe (0,5) und gem. Vorbem. 3 Abs. 4 VV RVG die Hälfte der Geschäftsgebühr anzurechnen bzw. nur noch der sich nach der ersten Anrechnung ergebende Restbetrag.

d) Anrechnung bei mehreren Auftraggebern

Unter Anwendung der folgerichtigen Auffassung, dass die „Erhöhungsgebühr" keine eigenständige Gebühr darstellt, sondern eine Erhöhung der Ursprungsgebühr (§ 3 Rdn 110) erfolgt, gestaltet sich die Anrechnung, auch bei mehreren Auftraggebern, nicht kompliziert. Durch Berücksichtigung der 0,3-Erhöhung(en) bei weiteren Auftraggebern ist die Kappungsgrenze der Anrechnung 0,75 in vielen Fällen erreicht.

114

Beispiel 115
Vier Auftraggeber beauftragen den RA mit der außergerichtlichen Geltendmachung eines Zahlungsanspruchs von 2.800,00 EUR und dann mit der Titulierung im Wege des gerichtlichen Mahnverfahrens.

Außergerichtliche Tätigkeit:
Geschäftsgebühr gem. Nrn. 2300, 1008 VV RVG $(1,3 + (3 \times 0,3) = 2,2)$ aus 2.800,00 EUR	442,20 EUR
Post- und Telekommunikationsentgelte gem. Nr. 7002 VV RVG	20,00 EUR
Zwischensumme	462,20 EUR
19 % Umsatzsteuer gem. Nr. 7008 VV RVG	87,82 EUR
Summe	550,02 EUR

Gerichtliches Mahnverfahren:
Verfahrensgebühr gem. Nrn. 3305, 1008 VV RVG (1,9) aus 2.800,00 EUR	381,90 EUR
./. Anrechnung gem. Vorbem. 3 Abs. 4 VV RVG (0,75) aus 2.800,00 EUR	./. 150,75 EUR
	231,15 EUR
Verfahrensgebühr gem. Nr. 3308 VV RVG (0,5) aus 2.800,00 EUR	100,50 EUR
Post- und Telekommunikationsentgelte gem. Nr. 7002 VV RVG	20,00 EUR
Zwischensumme	351,65 EUR
19 % Umsatzsteuer gem. Nr. 7008 VV RVG	66,81 EUR
Summe	418,46 EUR
Gesamtbetrag aus außergerichtlicher und gerichtlicher Tätigkeit	**968,48 EUR**

116 Die Hälfte der erhöhten Geschäftsgebühr beläuft sich im vorstehenden Beispiel auf einen Gebührensatz von 1,1. Da Vorbem. 3 Abs. 4 VV RVG jedoch bestimmt, dass höchstens 0,75 anzurechnen sind, ist lediglich dieser Satz von der Verfahrensgebühr in Abzug zu bringen. Auch wenn es sich bei der Gebühr für die Beantragung des Vollstreckungsbescheides gem. Nr. 3308 VV RVG um eine Verfahrensgebühr handelt, ist diese wegen der Anm. zu Nr. 3308 VV RVG nicht zu erhöhen. Etwas anderes gilt entsprechend der genannten Anmerkung nur dann, wenn die Erhöhung nicht schon auf die Verfahrensgebühr gem. Nr. 3305 VV RVG für den Mahnbescheidsantrag erfolgt, z.b., wenn der RA erst ab Beantragung des Vollstreckungsbescheids beauftragt wird.

e) Zeitliche Begrenzung der Anrechnung

117 Eine Anrechnung findet gem. § 15 Abs. 5 S. 2 RVG nicht statt, wenn der frühere Auftrag seit mehr als zwei Kalenderjahren erledigt ist, da die weitere Tätigkeit nach diesem Zeitablauf als neue Angelegenheit gilt. Nähere Ausführungen hierzu § 2 Rdn 78 ff.

VIII. Erstattung

118 Die Grunderwartung des Mandanten ist, dass bei einer erfolgreichen Rechtsverfolgung oder -verteidigung der Gegner auch die hierfür erforderlichen Kosten trägt. Kommt dies im Einzelfall nicht in Betracht, hat er einen berechtigten Anspruch gegen seinen Bevollmächtigten, hierauf hingewiesen zu werden. Die Möglichkeiten der Erstattung müssen dementsprechend im Blick gehalten werden. In Betracht kommen grundsätzlich prozessrechtliche und materiell-rechtliche Erstattungsansprüche.

1. Prozessuale Erstattungsansprüche

119 Eine prozessuale Erstattungsfähigkeit scheidet für die durch Geltendmachung oder Abwehr einer Forderung entstandene Geschäftsgebühr aus, da sie als Gebühr für die außergerichtliche Vertretung nicht zu Kosten des Rechtsstreits i.S.d. § 91 ZPO werden kann.[42] Das wird, soweit ersichtlich, auch in der maßgeblichen Literatur so vertreten.[43]

---

42 BGH NJW 2006, 2560–2561 = AGS 2006, 357–358; OLG Köln RVGreport 2005, 76–77.
43 Gerold/Schmidt/*Müller-Rabe*, RVG, Anhang XIII Rn 70; *Baumgärtel/Hergenröder/Houben*, RVG, VV 2300 Rn 33, Zöller*Herget*, ZPO, § 91 Rn 13 Stichwort Mahnschreiben.

2. Materiell-rechtliche Erstattungsansprüche

a) Erstattungsansprüche des Gläubigers

Für die Erstattung der Geschäftsgebühr sind demnach materiell-rechtliche Ansprüche maßgeblich. Voraussetzung für die Geltendmachung der Geschäftsgebühr gegenüber dem Gegner ist zunächst, dass dem Auftraggeber überhaupt ein Schaden entstanden ist, d.h. dem RA ein Vergütungsanspruch zusteht und davon auszugehen ist, dass er diesen auch geltend macht.[44]

120

Um einen Anspruch auf Erstattung der außergerichtlich entstandenen Geschäftsgebühr zu haben, bedarf es einer Anspruchsgrundlage.

Als gesetzliche Anspruchsgrundlagen kommen in Betracht:
- Verzug, §§ 280, 286 BGB
- Schadensersatzansprüche wegen sonstiger Pflichtverletzung, § 280 Abs. 1 BGB
- Schadensersatzansprüche aufgrund unerlaubter Handlung, §§ 823 ff. BGB

Ferner kann sich eine Erstattungs-Anspruchsgrundlage auch aus Vertrag ergeben. Durch ausdrückliche vertragliche Vereinbarung kann sich eine Partei zur Übernahme der außergerichtlichen Gebühren gegenüber der anderen Partei verpflichten. Dies geschieht im Rahmen des Forderungseinzuges regelmäßig bei Abschluss von Tilgungs-/Teilzahlungsvereinbarungen.

Die bedeutendste Anspruchsgrundlage für die Forderungseinziehung stellt sicherlich der Verzug gem. §§ 280, 286 BGB dar. Der für die Forderungsbeitreibung notwendige Aufwand gehört nach dem allgemeinen Schuldrecht zu dem erstattungsfähigen Schaden, da der Schuldner aufgrund seiner Nichtzahlung seine eingegangene Pflicht verletzt.[45] Der Auftraggeber des RA als Gläubiger kann Ersatz des durch die Beauftragung des RA entstehenden Schadens gegenüber dem Schuldner verlangen, wenn dieser eine Pflicht aus dem Schuldverhältnis verletzt hat und die Pflichtverletzung zu vertreten hat, § 280 Abs. 1 BGB. Überwiegend dürfte die Pflichtverletzung des Schuldners in einer verzögerten Leistung (Bezahlung) liegen. Gem. § 280 Abs. 2 BGB müssen die weiteren Voraussetzungen des § 286 BGB (Verzug) gegeben sein.

121

Gemäß § 286 Abs. 1 BGB gerät der Schuldner grundsätzlich nach einer Mahnung der durchsetzbaren[46] Forderung, die nach Eintritt der Fälligkeit der Leistung erfolgt, in Verzug, wenn der Schuldner trotz entsprechender Möglichkeit nicht leistet. Einer Mahnung bedarf es zum Eintritt des Verzuges unter den in § 286 Abs. 2 und 3 BGB genannten Voraussetzungen nicht.

---

44 Auch die Abtretung des Anspruches an Erfüllung statt gemäß § 364 BGB – soweit gesetzlich zulässig – stellt eine Form der Geltendmachung dar.
45 BGH NJW 2015, 3793–3796 = AGS 2015, 589–593.
46 Hieran fehlt es bei verjährten Forderungen oder solchen, bei denen Restschuldbefreiung erteilt wurde. Diese können zwar bis zur Erhebung der Einrede weiter geltend gemacht werden. In Verzug geraten kann der Schuldner aber nicht mehr.

§ 4 Gebührentatbestände/Gegenstandswerte bei außergerichtlicher Tätigkeit

122 In zahlreichen Fällen der anwaltlichen Praxis ist festzustellen, dass der Verzug ohne Mahnung begründet werden kann. Auch wenn die Auftraggeber in der Regel dem Gegner vor Beauftragung des RA eine Mahnung übersandt haben, um eine evtl. vergessene Rechnung in Erinnerung zu rufen, sollte die Prüfung des RA darauf gerichtet sein, ob der Verzug nicht evtl. schon vor der Gläubiger-Mahnung begründet werden kann, schon allein deshalb, um einen früheren Verzugszinslauf zu begründen und die Kosten der ersten Mahnung des Auftraggebers erstattet zu bekommen. Ist die erste Mahnung nach Verzugseintritt erfolgt, sind die Kosten hierfür ein ersatzpflichtiger Schaden.

123   *Hinweis*
Folgende Tatsachen sollte der RA vor Festlegung des Verzugseintrittsdatums prüfen:
- Ist für die Leistung (Zahlung) eine Zeit nach dem Kalender bestimmt? Damit ist nicht eine einseitige Bestimmung durch den Gläubiger gemeint, sondern eine Vereinbarung der Parteien bzw. eine gesetzliche Regelung. Hierzu ist, falls vorhanden, der zwischen den Parteien abgeschlossene Vertrag zu prüfen, ob sich darin ein vereinbarter Zahlungstermin findet, der mithilfe des Kalenders bestimmbar ist, wie z.B. Ende August, 5. KW/Jahr, 21 Tage nach Rechnungsdatum oder im Voraus bis zum 3. Werktag des Monats. Nach dem Kalender bestimmbar ist z.B. die gesetzliche Zahlungsfrist bei Miete gem. § 556b BGB.
- Hat der Schuldner die Zahlung ernsthaft und endgültig verweigert? Die Weigerungshaltung des Schuldners muss jedoch eindeutig und so zu verstehen sein, dass das sein letztes Wort ist. Ggf. ist zwischen den Parteien vor Beauftragung des RA entsprechender Schriftverkehr geführt worden, der die Selbstinverzugsetzung des Schuldners begründet. Beachtet werden muss allerdings, dass die endgültige und ernsthafte Erfüllungsverweigerung die Notwendigkeit der vorgerichtlichen Beauftragung in Frage stellt und deshalb zur Zurückweisung eines Erstattungsanspruches führen kann.[47]
- In der Praxis von immenser Bedeutung ist der automatische Verzugseintritt des § 286 Abs. 3 BGB, wonach der Schuldner einer Entgeltforderung spätestens in Verzug gerät, wenn er nicht innerhalb von 30 Tagen ab Fälligkeit und Zugang der Rechnung oder gleichwertigen Zahlungsaufforderung leistet. Für Schuldner, die Verbraucher sind, gilt dies nur, wenn sie in der Rechnung auf diese Regelung hingewiesen wurden. Der RA sollte daher im Bedarfsfall seinen Auftraggebern empfehlen, einen entsprechenden Hinweis auf der Rechnung oder Zahlungsaufforderung aufzunehmen, allein schon deshalb, damit der Verzug gem. § 286 Abs. 3 BGB auch gegenüber Verbrauchern

---
47 BGH NJW 2015, 3793.

greift und bei Bestreiten des Erhalts der Mahnung durch den Schuldner die Erstattungsfähigkeit der außergerichtlichen Anwaltsvergütung mit dem Verzug auch ohne Mahnung begründet werden kann.

b) Erstattungsansprüche des Schuldners

Aus Sicht des Schuldners stellt sich die Frage, ob die auf seiner Seite entstandenen vorgerichtlichen RA-Kosten zur wirksamen Abwehr einer unberechtigten Forderung vom Gegner (Gläubiger) zu erstatten sind. 124

Sobald sich der vom Gläubiger in Anspruch genommene Schuldner durch einen RA vertreten lässt, entsteht die Anwaltsvergütung. Wird der Schuldner zu Unrecht in Anspruch genommen, begründet dies einen entsprechenden Schaden.

Die Inanspruchnahme wegen einer Geldforderung rechtfertigt aber nicht ohne Weiteres einen materiell-rechtlichen Kostenerstattungsanspruch des in Anspruch genommenen Schuldners hinsichtlich der für die außergerichtliche Abwehr des Anspruchs aufgewendeten Anwaltskosten.[48] Der BGH[49] weist darauf hin, dass die Inanspruchnahme wegen unberechtigter Ansprüche zum allgemeinen Lebensrisiko gehört, soweit nicht die Voraussetzungen einer speziellen Haftungsnorm vorliegen. Zunächst muss der Schuldner also immer versuchen, den Schaden selbst ohne anwaltliche Hilfe abzuwehren (§ 254 Abs. 2 BGB).

Im Einzelfall ist daher zu prüfen, ob sich als Voraussetzung für einen Kostenerstattungsanspruch eine materiell-rechtliche Anspruchsgrundlage ergibt. Als Anspruchsgrundlagen können in Betracht kommen:[50] 125

- Vertrag,
- Verzug, §§ 280, 286 BGB,
- Positive Vertragsverletzung, §§ 280, 311 BGB,
- Culpa in contrahendo (Verschulden bei Vertragsschluss), § 311 Abs. 2, § 280 Abs. 1, § 241 Abs. 2 BGB,
- Schadensersatzansprüche aufgrund unerlaubter Handlung, §§ 823 ff. BGB,
- Geschäftsführung ohne Auftrag, §§ 677 ff. BGB (in seltenen Fällen).

Wie auch zugunsten des Gläubigers getroffene vertragliche Vereinbarungen über die Kostenerstattungspflicht möglich sind, sind solche Vertragsvereinbarungen ebenfalls denkbar für RA-Vergütungen, die dem Schuldner aufgrund (teilweise) ungerechtfertigter Inanspruchnahme erwachsen sind. Bei Vorliegen eines entsprechenden Erstattungsvertrages oder einer Erstattungsbestimmung innerhalb von Gesamtrechtsbereinigungen kann hierauf ein Anspruch begründet werden, was unproblematisch ist.

---

48 BGH NJW 2007, 1458–1460 = AGS 2007, 267–269.
49 BGH NJW 2007, 1458–1460 = AGS 2007, 267–269.
50 BGH NJW 2007, 1458–1460 = AGS 2007, 267–269.

126	*Hinweis* Umgekehrt sollten die Bevollmächtigten im Rahmen von Gesamtrechtsbereinigungen darauf achten, dass auch eine Abgeltungsklausel vereinbart wird.
127	Besteht eine vertragliche Vereinbarung nicht, sind die zuvor genannten gesetzlichen Anspruchsnormen auf ihre Anwendbarkeit zu prüfen.
128	Die Geltendmachung eines unberechtigten Anspruchs kann eine Pflichtverletzung gem. § 280 Abs. 1 BGB sein, wenn zwischen den Parteien ein Vertragsverhältnis oder eine sonstige Sonderverbindung besteht und wenn der geltend gemachte Anspruch nach keiner vertretbaren rechtlichen Beurteilung besteht (Plausibilitätskontrolle).[51] Unter Sonderverbindung sind mindestens zwei Parteien zu verstehen, die den Willen haben, sich rechtlich zu binden, z.B. bei Aufnahme von Vertragsverhandlungen oder Anbahnung eines Vertrages (§ 311 Abs. 2 BGB). § 311 Abs. 2 BGB verweist auf die Pflichten gem. § 241 Abs. 2 BGB, wonach bereits auch vor Vertragsabschluss im Rahmen von Vertragsverhandlungen oder bei der Anbahnung eines Vertrages die Pflicht zur Rücksichtnahme auf die Rechte, Rechtsgüter und Interessen der anderen Partei besteht. Der Umfang der Rücksichtspflichten hängt vom Vertragszweck, der Verkehrssitte und den Anforderungen des redlichen Geschäftsverkehrs ab.[52] Ein Verstoß gegen die Rücksichtnahmepflicht liegt z.B. dann vor, wenn eine Vertragspartei von der anderen Partei etwas verlangt, das ihr nach dem Vertrag nicht geschuldet ist, oder ein Gestaltungsrecht ausübt, das nicht besteht.[53]
129	Deliktische Schadensansprüche auf Erstattung der RA-Vergütung kommen gem. § 823 Abs. 2 BGB i.V.m. § 263 StGB (Betrug) und § 826 BGB (vorsätzlich sittenwidrige Schädigung) in Betracht. Berühmt sich z.B. ein Gläubiger eines Anspruchs und begründet diesen durch Vorspiegelung falscher Tatsachen, könnte er in betrügerischer Absicht i.S.v. § 263 StGB handeln, da er mit der Durchsetzung der Forderung einen anderen schädigt und sich einen Vermögensvorteil verschafft. Hieraus kann ein Schadensersatzanspruch zur Abwehr dieser Forderung hergeleitet werden. Gleiches gilt für entstehende Schäden, die aufgrund sittenwidrigen Verhaltens (Handlungen, die gegen das Anstandsgefühl eines gerecht Denkenden verstoßen, mithin mit den grundlegenden Werten der Rechts- und Sittenordnung nicht vereinbar sind) entstehen. Im Rahmen von Inkassodienstleistungen, wo die besondere Gefahr besteht, dass der RA vom Gläubiger „missbraucht" wird, sollte im Mandatsvertrag vereinbart werden, dass der Gläubiger für den Bestand der Forderung einsteht.
130	Bei der Prüfung, ob die RA-Vergütung bei der Abwehr einer Forderung erstattungsfähig ist, ist die zuvor angesprochene Plausibilitätskontrolle anzustellen. Danach

---

51 Palandt/*Grüneberg*, BGB, § 280 Rn 27.
52 Palandt/*Grüneberg*, BGB, § 241 Rn 7.
53 BGH NJW 2009, 1262–1264; BGH AGS 2009, 153–156.

muss zum Erwachsen des Schadensersatzanspruches auf Erstattung der RA-Kosten gegeben sein, dass die geltend gemachte Forderung nicht frei erfunden erscheint und die Rechtmäßigkeit des Anspruches nicht völlig abwegig ist. Anwaltskosten sind zu ersetzen, wenn die Einschaltung eines RA zur Rechtsverteidigung oder Schadensabwendung vernünftig und zweckmäßig ist.[54]

3. Schadensminderungspflicht

Grundsätzlich und nach ständiger Rechtsprechung des BGH hat der Schuldner als Schädiger nicht alle durch das Schadensereignis (Verzugseintritt) verursachten Rechtsanwaltskosten zu ersetzen, sondern nur solche, die aus Sicht des Geschädigten zur Wahrnehmung seiner Rechte **erforderlich** und **zweckmäßig** waren.[55] Hierbei ist die Ex-ante-Sicht einer vernünftigen, wirtschaftlich denkenden Person maßgeblich.[56] Von besonderer Bedeutung bei den Entscheidungen des BGH ist, dass an die Kriterien zur Beurteilung, was erforderlich und zweckmäßig bedeutet, keine überzogenen Anforderungen zu stellen sind und auf den Kenntnisstand bei Beauftragung des RA abzustellen ist. Später erlangte Informationen über die Gründe der Nichtzahlung des Schuldners berühren die Erforderlichkeit und Zweckmäßigkeit der Einschaltung eines RA-Büros zur Forderungsdurchsetzung nicht. 131

Hinweis 132
Ist dem Gläubiger bekannt, dass der Schuldner zahlungsunfähig ist oder liegt dem Gläubiger eine ernsthafte und endgültige Erfüllungsverweigerung vor, können außergerichtliche Zahlungsaufforderungen durch den RA als nicht erfolgversprechend und daher als nicht zweckmäßig anzusehen sein.[57] Bei dieser Konstellation ist nach Ansicht des BGH die außergerichtliche Tätigkeit des RA nicht erfolgversprechend und demzufolge auch nicht zweckmäßig, sondern eher eine sofortige Titulierung des Anspruchs.

Hat der Schuldner seine Verhandlungsbereitschaft zu erkennen gegeben oder – was in der Praxis am häufigsten vorkommt – überhaupt keine Reaktion gezeigt, wird die Einschaltung eines RA im vorgerichtlichen Verfahrensstadium regelmäßig, selbst in einfach gelagerten Fällen, als erfolgversprechend und zweckmäßig angesehen.[58] 133

Erfreulich ist, dass der BGH in seiner aktuellen Entscheidung[59] im Hinblick auf die grundsätzliche Schadensminderungspflicht des Gläubigers noch einmal aus- 134

---

54 Palandt/*Grüneberg*, BGB, § 280 Rn 27.
55 BGH NJW 1995, 446–447 = AGS 1995, 30–32; BGH NJW 2004, 444–446 = MDR 2004, 276–277; beide zitiert v. BGH NJW 2015, 3793–3796 = zfm 2015, 206–209.
56 BGH AGS 2012, 360–361 = AnwBl 2012, 560.
57 BGH DB 1974, 721 = WM 1974, 304; Palandt/*Grüneberg*, BGB, § 286 Rn 45.
58 BGH NJW 1995, 446–447 = AGS 1995, 30–32; BGH NJW 2015, 3793–3796 = AGS 2015, 589–593.
59 BGH NJW 2015, 3793–3796 = AGS 2015, 589–593.

drücklich klarstellt, dass eine Geschäftsgebühr i.S.d. Nr. 2300 VV RVG erstattungsfähig ist und die erforderliche Tätigkeit des RA nicht auf ein Schreiben einfacher Art i.S.v. Nr. 2301 i.V.m. Nr. 2300 VV RVG in Höhe eines 0,3-Satzes zu reduzieren ist. Selbst wenn der Auftraggeber so rechtskundig wäre, dass er bei Beauftragung des RA den Unterschied zwischen einem Schreiben einfacher Art und außergerichtlicher Vertretung kennt, ist der Gläubiger grundsätzlich nicht gehalten, seinen Auftrag i.S.v. Nr. 2301 VV RVG zu reduzieren. Dies könne vom Gläubiger auch deshalb nicht verlangt werden, da er bei Auftragserteilung nicht voraussehen kann, wie sich der in Verzug befindliche Schuldner verhalten wird. Vor allem würde dies dann gelten, wenn der Schuldner auf Mahnungen des Gläubigers nicht reagiert hat.

135 In Bezug auf den vom Gegner zu erstattenden Gebührensatz gelten die gleichen Grundsätze, wie zuvor im Sinne des Entstehungsverhältnisses unter „Schwellengebühr" beschrieben (Rdn 83 ff.). Der RA bestimmt die Höhe der Gebühr i.S.v. § 14 Abs. 1 RVG im Rahmen seines Beurteilungsspielraums. Gemäß § 14 Abs. 1 S. 4 RVG ist die vom RA getroffene Bestimmung nicht verbindlich, wenn die Gebühr von einem Dritten zu erstatten und unbillig ist. Ist der Schuldner der Auffassung, dass der vom RA bestimmte Gebührensatz nicht der Billigkeit entspricht, kann er sich hierauf berufen. Die Tatsachen, die nach Meinung des Schuldners die Unbilligkeit stützen, sind von diesem vorzutragen. In nachvollziehbarer Weise weist der BGH in seiner Entscheidung vom 17.9.2015 darauf hin, dass dem erstattungspflichtigen Schuldner keine weitreichenden Kenntnisse des Umfangs der Mandatsbearbeitung vorliegen, da er ja lediglich die Tätigkeiten erfährt, die der RA nach außen hin erledigt. Aus diesem Grund sieht der BGH eine sekundäre Darlegungslast des Gläubigers.[60]

136 *Praxishinweis*
Der Schuldner ist eher geneigt, neben dem Hauptanspruch auch die aufgegebene Anwaltsvergütung zu erstatten, wenn seine Verpflichtung begründet und mit individuellen Tatsachen untermauert wird. Es empfiehlt sich, dass der RA in seinem Aufforderungsschreiben möglichst genau ausführt, unter welchem rechtlichen Gesichtspunkt die Erstattungsfähigkeit gegeben ist und in welcher Form der konkrete Schuldner in Verzug geraten ist. Hilfreich ist es auch, wenn die Mitarbeiter einer Kanzlei gut geschult sind, um telefonische Nachfragen des Schuldners in Bezug auf die Kostenübernahmeverpflichtung kompetent beantworten zu können.

137 Nach dem Grundsatz, dass nur entstandene Gebühren einen Schaden des Auftraggebers darstellen, ist auch im Erstattungsverhältnis zum Gegner die Anrechnung i.S.v. § 15a RVG zu berücksichtigen. Die unter Rdn 92 ff. gemachten Ausführungen sind demzufolge ebenfalls in Bezug auf die Ermittlung der Höhe des Schadens aufgrund anwaltlicher Tätigkeit zu beachten.

---

60 BGH NJW 2015, 3793–3796 = AGS 2015, 589–593.

4. Sonstiger Verzugsschaden i.S.v. § 288 Abs. 5 BGB

Die EU hat am 16.2.2011 die Neufassung der Zahlungsverzugsrichtlinie[61] beschlossen, um das Zahlungsverhalten der Schuldner durch weitere Sanktionen zu verbessern. Der Bundesgesetzgeber hat mit dem „Gesetz zur Bekämpfung von Zahlungsverzug im Geschäftsverkehr" am 29.7.2014 die EU-Richtlinie in nationales Gesetz umgesetzt und die Regelung des § 288 Abs. 5 BGB aufgenommen. **138**

Danach hat der Gläubiger einer Entgeltforderung bei Verzug des Schuldners, wenn dieser **kein** Verbraucher ist, außerdem einen Anspruch auf Zahlung einer Pauschale von 40,00 EUR, wobei dies auch gilt, wenn es sich um eine Abschlagszahlung oder sonstige Ratenzahlung handelt. Die Pauschale ist auf einen geschuldeten Schadensersatz anzurechnen, soweit der Schaden in Kosten der Rechtsverfolgung begründet ist.

Zur Anwendung der genannten Vorschrift ist demnach zunächst zu prüfen, ob der Schuldner Verbraucher ist oder nicht. Ist der Schuldner Verbraucher, greift der pauschalisierte Schadensersatz des § 288 Abs. 5 BGB nicht. **139**

> *Hinweis* **140**
> Der Arbeitgeber ist kein Verbraucher, so dass die Pauschale für jeden Monat anfällt, in dem der Arbeitslohn nicht gezahlt wird. Einer besonderen Mahnung bedarf es zum Verzugseintritt wegen der vertraglichen kalendertäglichen Bestimmung des Zahlungszeitpunktes nicht, § 286 Abs. 2 Nr. 1 BGB.[62]

Entsprechend dem ersten Halbsatz der Bestimmung entsteht der Anspruch mit Eintritt des Schuldnerverzuges gem. § 286 BGB. § 288 Abs. 5 S. 2 BGB regelt ferner, dass dies auch bei Verzug aufgrund Abschlagszahlung oder Ratenzahlung gilt. Daraus rechtfertigt sich der pauschale Schadensersatz auch bei jeweiligem Eintritt des Verzuges z.B. aufgrund folgender Ansprüche: **141**

> *Beispiele* **142**
> - Monatliche Mietzahlungen des gewerblichen Mieters,
> - Wiederkehrende Ansprüche aus einem gewerblichen Mobilfunkvertrag,
> - Rückzahlungsansprüche aus einem Darlehensvertrag,
> - Mitgliedsbeiträge (gewerblich),
> - Versicherungsbeiträge,
> - Abschlagsforderungen des Energieversorgers,
> - Turnusmäßige Ansprüche aus Ratenzahlungsvereinbarung.

---

[61] EU-Richtlinie RL 2011/7/EU des Europäischen Parlaments und des Rates vom 16.2.2011 zur Bekämpfung von Zahlungsverzug im Geschäftsverkehr (Neufassung), ABlEU vom 23.2.2011, L 48/1 ff.

[62] Dagegen ArbG Düsseldorf v. 12.5.2016 – 2 Ca 5416/15 – wegen analoger Anwendung des § 12a ArbGG.

143 Die vom Gesetzgeber gewollte Sanktionswirkung wirkt sich in den vorgenannten Fällen besonders aus, da auf Grundlage desselben Rechtsverhältnisses ein mehrfacher pauschaler Schadensersatz von je 40,00 EUR möglich ist. Diesen geltend zu machen, erhöht damit auch den Vollstreckungsdruck auf den Schuldner.

144 Die Regelung des § 288 Abs. 5 S. 3 BGB, wonach die Pauschale nach S. 1 auf einen geschuldeten Schadensersatz anzurechnen ist, soweit der Schaden in Kosten der Rechtsverfolgung begründet ist, führt in der Literatur zu unterschiedlichen Auffassungen in der Auslegung.

145 Nach einer Auffassung[63] ist der pauschale Schadensersatzbetrag nicht nur auf interne Beitreibungskosten, wie Aufwand für Personal- und Bürokosten zur Überwachung der Zahlungen und Mahnungen an den Schuldner, anzurechnen, sondern auch auf externe Rechtsverfolgungskosten wie Anwalts- und Inkassokosten.

Eine solche Anrechnung hätte zur Folge, dass der Schuldner, der erst nach Einschaltung eines RA leistet, den pauschalen Schadensersatz im Endeffekt nicht zahlt, da die RA-Kosten regelmäßig den Betrag von 40,00 EUR übersteigen. Das zögerliche Zahlungsverhalten würde im Verhältnis zu dem Schuldner, der nach der Mahnung des Gläubigers zahlt, eben gerade nicht durch den pauschalen Schadensersatz sanktioniert. Für den Gläubiger bedeutet die Anrechnung auf die externen Rechtsverfolgungskosten, dass er den gewollten Ersatz für seine internen Beitreibungsmaßnahmen nach Anrechnung nicht erstattet bekommt.

Diese Ungleichbehandlung hat der Bundesrat auch gesehen und wollte die Anrechnung der Entschädigungspauschale auf die internen Beitreibungskosten begrenzen.[64] Der Gesetzgeber ist dem jedoch nicht gefolgt und hat die internen und externen Rechtsverfolgungskosten im Hinblick auf die Anrechnung gleichgesetzt. Als Argument wurde angeführt, dass kein Anreiz geschaffen werden soll zur sofortigen Inanspruchnahme externer Rechtsdienstleister.[65]

146 Im Gegensatz zur Auffassung des Gesetzgebers hinterfragt eine andere Meinung[66] differenziert das Gewollte und den Wortlaut von Art. 6 Abs. 3 der EU-Richtlinie. Danach soll die Schadensersatzpauschale ausschließlich die internen Beitreibungskosten des Gläubigers abdecken. Diese überzeugende Auffassung setzt sich ferner mit der Sinnhaftigkeit der gesetzlichen Regelung in tatsächlicher und ökonomischer Weise auseinander und fokussiert den Zweck der Verbesserung des Zahlungsverhaltens der Schuldner entsprechend den zuvor aufgeführten Argumenten. Der Verfasser dieser Rechtsansicht kommt zu dem Ergebnis, dass die Umsetzung von Art. 6 der Richtlinie 2011/7/EU in nationales deutsches Recht nicht vollständig gelungen ist.

---

63 Palandt/*Grüneberg*, BGB, § 288 Rn 15.
64 *Theis*, zfm 2015, 64; BT-Drucks 17/10491 S. 18.
65 *Theis*, zfm 2015, 64.
66 *Theis*, zfm 2015, 64; BT-Drucks 17/10491 S. 19.

Es bleibt abzuwarten, wie dieser Dissens geklärt werden kann. Letztlich wird der EuGH diese Frage auf Vorlage eines Gerichtes nach Art. 267 AEUV zu entscheiden haben. Wird dies – wegen des Streitwertes – bei einem Amtsgericht streitig, muss das Amtsgericht die Auslegungsfrage dem EuGH vorlegen, wenn es nicht das Rechtsmittel der Berufung zulässt. Für das Berufungsgericht würde nichts anderes gelten, wenn es die Revision nicht zulässt. Der BGH muss als letzte Instanz zwingend dem EuGH die Sache vor seiner Entscheidung vorlegen. Ist der Weg für einen Einzelfall sicher zu aufwendig, stellt sich dies anders dar, wenn eine Vielzahl offener Forderungen innerhalb eines Jahres zu beklagen ist.

Gemäß § 34 zu Art. 229 EGBGB gilt die Neufassung des § 288 BGB für Schuldverhältnisse, die nach dem 28.7.2014 entstanden sind. Für Dauerschuldverhältnisse, die bereits vorher entstanden sind, sind die neuen Regelungen anzuwenden, soweit die Gegenleistung nach dem 30.6.2016 erbracht wird.

D. Schreiben einfacher Art

I. Begriff

Gem. Nr. 2301 VV RVG reduziert sich die Geschäftsgebühr gem. Nr. 2300 VV RVG auf den Gebührensatz von 0,3, wenn sich der Auftrag auf ein Schreiben einfacher Art beschränkt. Die Anm. zu 2301 VV RVG definiert, was unter einem Schreiben einfacher Art zu verstehen ist, nämlich, dass es weder schwierige rechtliche Ausführungen noch größere sachliche Auseinandersetzungen enthält.

Bereits die ersten zwei Worte des Gesetzestextes machen deutlich, dass sich die Beschränkung der Geschäftsgebühr gem. Nr. 2300 VV RVG von einer 0,5–2,5-Gebühr auf eine 0,3-Gebühr nach Nr. 2301 VV RVG nach dem vom Mandanten erteilten **Auftrag** richtet. Nach Nr. 2301 VV RVG zu vergütende Schreiben können sein:

Beispiele
- Eine einfache, kurze ordentliche Kündigung des Mietverhältnisses oder einer Mitgliedschaft bei einem Verein,
- Mahnung einer Forderung, die keiner Begründung bedarf, z.B., wenn der Mandant davon ausgeht, dass der an sich zuverlässige Gegner nach dem Anwaltsschreiben umgehend zahlt,
- Anfrage beim Einwohnermeldeamt, Handels-, Gewerbe-, Vereins- oder Genossenschaftsregister,
- Anforderung einer Bonitätsauskunft,
- Beauftragung einer Detektei, z.B. zur Ermittlung des Aufenthaltsortes oder des Arbeitgebers eines Schuldners,
- Nachfrage beim Betreuungsgericht, ob der Schuldner unter Betreuung steht,
- Nachfrage beim Nachlassgericht, ob nach dem Tod des Schuldners Erben bekannt geworden sind.

151 Die ersten zwei Beispiele sind schon grenzwertig, da auch eine rechtlich nicht anspruchsvolle Kündigung oder Mahnung doch eine Auseinandersetzung des RA mit Kündigungsgründen, Kündigungsfristen oder bei der Mahnung mit Fälligkeiten der Ansprüche erfordert. Hier sollte der Einzelfall betrachtet werden mit dem Hintergrund, dass eine Kündigung oder Mahnung nicht grundsätzlich ein Schreiben einfacher Art darstellt.

II. Auftrag

152 Die vorgenannten Beispiele beziehen sich ausschließlich auf das genannte Schreiben und nicht auf evtl. sich anschließende Tätigkeiten. Im Rahmen der Nr. 2301 VV RVG will der Mandant lediglich, dass der RA ein Schreiben fertigt und der Auftraggeber, sofern die Angelegenheit dann noch nicht beendet ist, weitere Schritte selbst einleitet. Dies ist z.B. der Fall, wenn der Mandant seine Mahnung an seinen ehemaligen Kunden nicht zustellen kann, da dieser umgezogen ist. Er bittet den RA für ihn die Einwohnermeldeamtsanfrage zu stellen. Nach Mitteilung der neuen Adresse durch die Meldebehörde versendet der Auftraggeber seine Mahnung und der RA wird nicht weiter tätig.

153 In Zweifelsfällen sollte der RA bei Entgegennahme des Auftrages den Willen des Mandanten erfragen. Stellt sich heraus, dass der Mandant lediglich ein Schreiben einfacher Art wünscht, z.B. die Mahnung eines offenen Betrages, aber die dahinter stehende Vertrags- und Rechtsproblematik vom RA vorher geprüft werden muss und daher eine größere rechtliche Auseinandersetzung erforderlich ist, sollte der RA den Auftraggeber darüber aufklären, dass die Angelegenheit gebührenrechtlich mit Nr. 2301 VV RVG nicht im Einklang zu bringen ist und der Mandant bei Übernahme des Mandats durch den RA die Geschäftsgebühr gem. Nr. 2300 VV RVG schuldet. In einem solchen Fall sollte der RA auf eine Auftragserteilung i.S.v. Nr. 2300 VV RVG hinwirken. Ist es – wie regelmäßig – Ziel des Mandanten, die Forderung durch den RA einziehen zu lassen, ist der Auftrag umfänglich und nicht auf ein einfaches Schreiben beschränkt. Er muss auch nicht im Sinne eines gestuften oder bedingten Vorgehens beschränkt werden.[67]

154 Wurde zunächst der Auftrag für ein einfaches Schreiben erteilt, weil der Mandant davon ausging, dass die Sache mit einem Schreiben erledigt ist und muss dann aber doch eine außergerichtliche Vertretungstätigkeit des RA wegen der gleichen Angelegenheit erfolgen, erhält der RA die Gebühr für das einfache Schreiben gem. Nr. 2301 i.V.m. Nr. 2300 VV RVG nicht zusätzlich zu der nach Erweiterung des Auftrages entstandenen Gebühr gem. Nr. 2300 VV RVG. Gemäß § 15 Abs. 5 RVG erhält der RA bei Beauftragung einer weiteren Tätigkeit in derselben Angelegen-

---

[67] BGH NJW 2015, 3793.

heit nicht mehr an Gebühren, als er erhalten würde, wenn er von vornherein mit dem erweiterten Auftrag befasst gewesen wäre.

Praxistipp 155
Der RA sollte in allen Fällen, in denen nicht ausgeschlossen werden kann, dass der Gegner nicht wie gewünscht reagiert, sich einen umfassenden Auftrag erteilen lassen. Die höhere Geschäftsgebühr ist dann auch erstattungsfähig.[68]

III. Mehrere Schreiben

Werden mehrere Schreiben einfacher Art gefertigt, stellt sich die Frage, ob der RA 156
für diese Tätigkeiten dann noch immer die Beschränkung der Geschäftsgebühr i.S.v. Nr. 2301 VV RVG zu berücksichtigen hat oder nicht. Die Beantwortung dieser Frage ist in Literatur ist umstritten. Die überwiegende Meinung[69] wird geteilt, wonach der Auftrag mit dem ersten Schreiben endet und ein oder mehrere weitere Schreiben einen neuen Auftrag begründen. Diese Auffassung wird von dem Wortlaut des Gesetzestextes gestützt, da sich dort die Beschränkung auf **ein** Schreiben einfacher Art bezieht. Fertigt der RA in der Angelegenheit auftragsgemäß mehrere Schreiben, ist Nr. 2300 VV RVG anzuwenden.

IV. Anrechnung

Gemäß Vorbem. 3 Abs. 4 VV RVG ist die entstandene Geschäftsgebühr nach Teil 2 157
des VV RVG zur Hälfte, höchstens mit einem Gebührensatz von 0,75, auf die von ihm zu berechnende Verfahrensgebühr des gerichtlichen Verfahrens anzurechnen, wenn sich die außergerichtliche und gerichtliche Tätigkeit auf denselben Gegenstand bezieht. Indem sich der Gesetzgeber auf die Geschäftsgebühren des Teil 2 bezieht, stellt er die Anrechnungsvorschrift auch auf die Geschäftsgebühr i.s.d. Schreibens einfacher Art gem. Nr. 2301 VV RVG ab. Diese Verpflichtung zur Anrechnung ergibt sich aber auch schon aus der Tatsache, dass 2301 VV RVG keine eigenständige Gebühr ist, sondern lediglich eine Beschränkungsregelung der Gebühr gem. Nr. 2300 VV RVG vorsieht. Näheres zur Anrechnung einer Geschäftsgebühr nach Vorbem. 3 Abs. 4 VV RVG Rdn 92 ff.

Der Höhe nach ist die Anrechnung zur Hälfte der Gebühr gem. Nr. 2301 VV RVG 158
i.V.m. Nr. 2300 VV RVG (0,3), mithin in Höhe eines Satzes von 0,15 vorzunehmen.

Die Kappungsgrenze des höchsten Anrechnungssatzes von 0,75 wird nur dann überschritten, wenn der RA mindestens sechs Auftraggeber vertritt. Es ermitteln sich bei sechs Auftraggebern einmal 0,3 für die Gebühr gem. Nr. 2301 VV RVG und fünfmal 0,3 für fünf weitere Auftraggeber gem. Nr. 1008 VV RVG, so dass ins-

---

68 BGH NJW 2015, 3793.
69 Gerold/Schmidt/*Mayer*, RVG, VV 2301 Rn 6, Schneider/Wolf/*Onderka*, RVG, VV 2301 Rn 8.

gesamt 6×0,3 = 1,8 entstehen. Geteilt durch zwei errechnet sich ein Satz von 0,9, mithin höher als die Kappungsgrenze von 0,75.

159 Wenn die Mindestgebühr gem. § 13 Abs. 2 RVG in Höhe von 15,00 EUR greift, passt der anzurechnende hälftige Gebührensatz mit dem hälftigen Gebührenbetrag nicht mehr zusammen. Bei einem Wert bis 500,00 EUR ergibt sich eine 0,3-Gebühr von zunächst 13,50 EUR und unter Anwendung der Mindestgebühr 15,00 EUR. Eine hälftige Gebühr gem. Nr. 2301 VV RVG von 0,15 aus dem Wert bis 500,00 EUR beläuft sich auf 6,75 EUR. Die Hälfte des Mindestbetrages beträgt dagegen aber 7,50 EUR. Nach der Vorbem. 3 Abs. 4 VV RVG ist die Geschäftsgebühr zur Hälfte anzurechnen, was dafür spricht, dass der Betrag zu teilen ist. In der gleichen Vorschrift wird aber in Bezug auf die Kappungsgrenze der Anrechnung der Satz von 0,75 genannt, was für ein Teilen des Gebührensatzes spricht. Die Anrechnung bezogen auf den hälftigen Mindestbetrag von 7,50 EUR entspricht der Meinung in Literatur[70] und Rechtsprechung[71] In der genannten Entscheidung hat das Gericht die Anrechnung zur Hälfte der Mindestgebühr gem. § 13 Abs. 2 RVG a.F. vorgenommen, allerdings ohne Begründung, jedoch wie folgt ausgeführt:

Auf die Verfahrensgebühr nach Nr. 3100 VV (1,3 × 25,00 EUR = 32,50 EUR) ist hier die Hälfte der Mindestgebühr von 10,00 EUR nach § 13 Abs. 2 RVG (anstelle von 1/2 von 0,3 der Geschäftsgebühr nach Nr. 2302) anzurechnen.

V. Erstattung

160 Die grundsätzlichen Anspruchsgrundlagen der Erstattung der reduzierten Geschäftsgebühr gem. Nr. 2301 VV RVG i.V.m. Nr. 2300 VV RVG für das Schreiben einfacher Art sind identisch mit denen in Bezug auf die im Rahmen der Geschäftsgebühr gem. Nr. 2300 VV RVG genannten (Rdn 92 ff.).

161 Begehrt der RA für seinen Auftraggeber die Erstattung der Gebühr für ein Schreiben einfacher Art in Höhe des geringen Gebührensatzes von 0,3, wird der Höhe nach kein Widerstand vom Gegner zu erwarten sein.

162 Es kommt aber gerade in der Forderungsbeitreibung nicht selten vor, dass der säumige Gegner bei Aufgabe der außergerichtlichen Gebühr in Form der Geschäftsgebühr gem. Nr. 2300 VV RVG in dem Rahmen einer 0,5–2,5-Gebühr (überwiegend die Schwellengebühr von 1,3) einwendet, dass das ihm zugegangene Schreiben lediglich ein Schreiben einfacher Art darstellt und daher lediglich die 0,3-Gebühr nach Nr. 2301 VV RVG anerkannt wird.[72] Diese Auffassung ist schon deshalb unzutreffend, da dies offensichtlich die normative Unterscheidung zwischen Auftrags- und Erstattungsverhältnis verkennt. Wie bereits mehrfach erwähnt,

---

70 Schneider/Wolf/*Onderka*, RVG, § 13 Rn 29, Gerold/Schmidt/*Mayer*, RVG, § 13 Rn 16.
71 VG Minden v. 3.4.2007 – 9 L 328/06, juris.
72 *Jäckle*, NJW 2013, 1393.

D. Schreiben einfacher Art § 4

kommt es im Verhältnis zwischen Gläubiger und RA allein auf den erteilten Auftrag und nicht auf die tatsächlich ausgeführte Tätigkeit an.[73] Liegt nach der Beauftragung kein Schreiben einfacher Art vor, bedarf es keiner Prüfung, ob der äußere Anschein für ein einfaches Schreiben spricht. Ganz vom Auftragsinhalt abgesehen, kann der Schuldner nicht beurteilen, ob lediglich ein Schreiben einfacher Art gefertigt wurde, da ihm in der Regel nicht bekannt ist, welche Tätigkeiten der RA im Hintergrund erledigt. Hier kommen z.B. Auskunftseinholung beim Schuldnerverzeichnis, Einsicht bei den Insolvenzbekanntmachungen und weitere Prüfungen zum Aufenthaltsort und zur Bonität des Schuldners in Betracht, um die möglichst beste Beitreibungsstrategie erarbeiten zu können. Ferner ist es für den Gläubiger bei Beauftragung des RA nicht absehbar, ob Erfolg bereits bei Versendung eines einfachen Schreibens eintritt, vor allem, wenn der Schuldner auf Mahnungen des Gläubigers nicht reagiert hat.

Die Fälle, in denen der Auftraggeber den RA im Rahmen des Forderungseinzuges bittet, nur ein einfaches Schreiben an den Gegner zu senden, sind doch äußerst selten, wenn nicht sogar geradezu lebensfremd. Der Gläubiger, der mit einer Forderungssache einen RA konsultiert, hat in der Regel nur ein (umfassendes) Ziel im Auge, nämlich, dass seine Forderung durchgesetzt werden möge. In dieser Situation will der Mandant, dass sich der RA umfassende Gedanken macht, welcher Weg der erfolgversprechendste ist, und seine Tätigkeit darauf ausrichtet. Der Gläubiger verbindet mit der Beauftragung eines RA gerade die Hoffnung, dass der Schuldner aus seiner Sprachlosigkeit heraustritt und die Kontaktaufnahme zum RA sucht, was dann selbstverständlich eine weitere Tätigkeit des RA erfordert. Diese weiteren Tätigkeiten können in der Beurteilung liegen, ob der Schuldner materiell-rechtliche Einwendungen gegen den Anspruch erheben wird, er zahlen will, aber nicht in einer Summe kann, oder im Ausloten der finanziellen Möglichkeiten des Schuldners sowie Einigungsverhandlungen. Dass dieses ganze Spektrum bei Bedarf über den eingeschalteten RA abgedeckt wird, ist in den allermeisten Fällen der Wunsch des Auftraggebers. Für das Schreiben einfacher Art und damit für die Gebühr nach Nr. 2301 VV RVG verbleibt nur ein beschränkter Anwendungsbereich. Dies wird daher die Ausnahme sein.

163

Allenfalls unter dem Gesichtspunkt der Schadensminderungspflicht ist zu prüfen, ob der Gläubiger berechtigt war, statt eines einfachen Schreibens das Betreiben des gesamten Geschäfts in Auftrag zu geben. Diese Frage war Gegenstand einer aktuellen, lesenswerten Entscheidung des BGH[74] mit dem Ergebnis, dass der umfassende Auftrag für zulässig erachtet wird. Im Wesentlichen begründet der BGH seine Entscheidung damit, dass die Beauftragung zur außergerichtlichen Vertretung aus der Ex-ante-Sicht einer vernünftigen, wirtschaftlich denkenden Person regelmäßig

164

---

73 Gerold/Schmidt/*Mayer*, RVG, VV 2301 Rn 1.
74 BGH v. 17.9.2015 – IX ZR 280/14.

auch erforderlich ist, weil der Gläubiger bei Erteilung des Auftrages nicht absehen kann, wie sich der Schuldner verhält, dies schon erst recht nicht, wenn der Schuldner auf Mahnungen des Gläubigers überhaupt nicht reagiert hat. Weiter führt der BGH aus, dass der Schuldner über den weiten Gebührenrahmen der Nr. 2300 VV RVG, der am unteren Ende (0,5) dicht an die 0,3-Gebühr der Nr. 2301 VV RVG herankommt, ausreichend geschützt ist und es der Schuldner in der Hand habe, es gar nicht erst zu einem materiellen Kostenerstattungsanspruch des Gläubigers kommen zu lassen, indem er sich vertragsgetreu verhält. Die Streitfrage ist also nicht in der Abgrenzung von Nr. 2300 von 2301 VV RVG zu beantworten, sondern durch die richtige Anwendung von § 14 RVG.

165 Es ist wünschenswert, dass das benannte Urteil des BGH die Diskussionen über die Erstattungsfähigkeit der Geschäftsgebühr i.S.v. Nr. 2300 VV RVG verstummen lässt und sich die Schuldner den erwähnten Argumenten aufgeschlossen zeigen, damit sich die RAe der Gläubiger nicht immer wieder mit dem Standardeinwand, dass lediglich eine 0,3-Gebühr i.S.v. Nr. 2301 VV RVG erstattungsfähig sei, auseinanderzusetzen haben. Der Vertreter des Schuldners mag bedenken, dass er beim nächsten Mandat den Gläubiger vertreten könnte.

E. Der Gegenstandswert

I. Grundsatz

166 Für die außergerichtliche Tätigkeit (Geschäftsgebühr) in Forderungssachen ergibt sich grundsätzlich der Gegenstandswert zur Berechnung der Gebühren des RA nach den für die Gerichtsgebühren geltenden Wertvorschriften (§ 23 Abs. 1 S. 3 RVG) mangels im RVG vorhandener spezieller Regelungen. Damit wird auf die Regelungen der §§ 39–60 GKG verwiesen. Entscheidend für die Anwendung der Wertvorschriften des GKG ist, ob der Gegenstand der außergerichtlichen Tätigkeit auch Gegenstand eines gerichtlichen Verfahrens sein könnte. Dabei ist es ohne Bedeutung, ob ein Auftrag für die gerichtliche Interessenvertretung vorliegt oder überhaupt jemals erteilt wird. Hierzu weitere grundsätzliche Ausführungen § 2 Rdn 39 ff.

167 Werden außergerichtlich neben dem Hauptanspruch Nebenforderungen wie Zinsen oder Kosten geltend gemacht, fließt der Wert der Nebenforderungen **nicht** in die Berechnung des Gegenstandswertes ein. Dies ergibt sich wegen des Verweises in § 23 Abs. 1 S. 3 RVG auf das GKG aus § 43 Abs. 1 GKG, § 4 Abs. 1 ZPO.

168 *Beispiel*
Der RA wird beauftragt, eine Kaufpreisforderung in Höhe von 3.000,00 EUR nebst bisher aufgelaufener Zinsen von 150,00 EUR sowie Mahnkosten von 10,00 EUR durchzusetzen.

E. Der Gegenstandswert § 4

Die außergerichtlichen Gebühren sind aus dem Gegenstandswert von 3.000,00 EUR zu ermitteln, da sich der Hauptanspruch auf diesen Betrag beläuft.

II. Mehrere Ansprüche

1. Geltendmachung mehrerer Forderungen

Der Gegenstandswert wird aus der Summe aller Anspruchspositionen, die der RA im Rahmen seines Auftrages zu verfolgen bzw. denen er entgegenzutreten hat, ermittelt. Auch bei mehreren Ansprüchen gilt außergerichtlich der Grundsatz, dass auf die Hauptforderung abzustellen ist, während Nebenforderungen, d.h. Zinsen und Kosten nach § 43 Abs. 1 GKG außer Betracht bleiben. Die Werte mehrerer Gegenstände werden in einer Angelegenheit zusammengerechnet (§ 22 Abs. 1 RVG).

169

Beispiel
Der Auftraggeber, ein Energieversorger, bittet den RA, seine Ansprüche gegenüber einem Kunden aus der letzten Jahresrechnung in Höhe von 450,00 EUR und der Schlussrechnung in Höhe von 300,00 EUR nebst Zinsen in Höhe von jeweils 5 Prozentpunkten über dem Basiszinssatz seit dem 16.1. und seit dem 16.8. in Höhe bei Auftragserteilung von 21,60 EUR und 5,70 EUR sowie Mahnkosten von 5,00 EUR außergerichtlich durchzusetzen.

170

Dem Gegenstandswert sind lediglich die Hauptansprüche von 450,00 EUR und 300,00 EUR zugrunde zu legen. Dabei ist die Gebühr nicht aus den einzelnen Werten zu berechnen, sondern aus dem sich nach Zusammenrechnung beider Hauptansprüche ergebenden Wert, mithin 750,00 EUR.

2. Geltendmachung mehrerer Forderungen aufgrund später erfolgten Auftrages

Fraglich ist, ob die Werte auch dann zusammen zu rechnen sind, wenn der Auftrag zu einem späteren Zeitpunkt um die weiteren Ansprüche erweitert wird oder ob sich dann eine neue Angelegenheit ergibt und die Geschäftsgebühr daher mehrfach aus den unterschiedlichen Werten berechnet werden kann. Diese Fallgestaltung kommt z.B. häufig bei der Durchsetzung von Mietforderungen oder aus sonstigen Dauerschuldverhältnissen, etwa Telekommunikations-, Energieversorgungs- oder Versicherungsverträgen vor.

171

Beispiel
Zunächst wird der RA mit der außergerichtlichen Geltendmachung der rückständigen Mieten Januar bis März beauftragt und nach Aufnahme der Tätigkeit des RA erhält dieser den Auftrag, auch die zwischenzeitlich rückständigen Mieten April und Mai zu realisieren.

172

173 Die gesamte Tätigkeit in Bezug auf alle Ansprüche ist als eine Angelegenheit zu werten, wenn ein einheitlicher Auftrag vorliegt, ein innerer Sachzusammenhang besteht und die Mandatsbearbeitung in einem einheitlichen Rahmen erfolgt. Nähere Ausführungen hierzu § 2 Rdn 83 ff.

Auch bei nacheinander erteilten Teilaufträgen kann ein einheitlicher Auftrag vorliegen, nämlich dann, wenn Einigkeit darüber besteht, dass die erteilten Aufträge gemeinsam behandelt werden sollen und ein Zusammenhang zwischen den Ansprüchen besteht.[75]

Ein innerer Sachzusammenhang ist gegeben, wenn die Ansprüche aus einem einheitlichen Lebensvorgang resultieren und im Falle einer gerichtlichen Durchsetzung in einem Verfahren gleichzeitig verfolgt werden können.

Der gleiche Rahmen liegt vor, wenn die Mandatsbearbeitung einheitlich erfolgen kann, insbesondere, wenn der Gegner derselbe ist.

Die zuvor genannten drei Kriterien sind in dem genannten Beispiel erfüllt, so dass die Tätigkeit als eine Angelegenheit zu werten ist mit der Folge, dass die Gegenstände (einzelne Mieten) gem. § 22 Abs. 2 RVG zusammenzurechnen sind. Anders ist allerdings zu entscheiden, wenn die Bearbeitung der zunächst übergebenen Forderungen schon so weit fortgeschritten ist, dass eine Zusammenfassung nicht mehr zweckmäßig ist. Dies ist etwa dann anzunehmen, wenn für die früheren Forderungen bereits der Mahnbescheid beantragt wurde, während die neueren Forderungen zunächst vorgerichtlich anzumahnen sind.

Ähnlich gelagerte Fälle können sich z.B. auch bei Forderungen für unterschiedliche Zeitabschnitte aus Mitgliedschaftsverträgen, Arbeitnehmerüberlassungsverträgen oder Schadensersatzforderungen aus einem Vorfall aufgrund unerlaubter Handlung (zunächst Sachschaden und später Schmerzensgeld) ergeben.

3. Geltendmachung einer Forderung und später erteilter Auftrag zur Abwehr eines Anspruchs

174 Bei Mandaten, die sich so entwickeln, dass der RA zunächst beauftragt ist, eine Forderung durchzusetzen, der Gegner Gegenansprüche geltend macht und der Mandant den Auftrag hinsichtlich der Abwehr des Anspruchs erweitert, ist **im Einzelfall** zu prüfen, ob noch eine oder mehrere Angelegenheiten vorliegen. Die Prüfung anhand der von der Rechtsprechung aufgestellten Kriterien kann, wie zuvor unter Rdn 171 ff. beschrieben (einheitlicher Auftrag, innerer Sachzusammenhang, einheitlicher Rahmen), erfolgen.

---

[75] Schneider/Wolf/*N. Schneider*, RVG, § 15 Rn 24.

Beispiel 175
Der Mandant beauftragt den RA mit der Geltendmachung seiner ihm entstandenen Selbstbeteiligung im Rahmen des Kfz-Vollkaskoversicherungsvertrages in Höhe von 500,00 EUR gegenüber seiner Ex-Freundin, weil sie sein Fahrzeug durch einen selbstverschuldeten Unfall beschädigt hat. Nach Geltendmachung dieses Schadensersatzbetrages fällt der Ex-Freundin ein, dass sie noch eine Darlehensforderung gegen den Auftraggeber in Höhe von 1.000,00 EUR hat und macht diese geltend. Der Mandant erweitert seinen Auftrag in Bezug auf die Abwehr der Forderung.

Der einheitliche Auftrag kann, auch wenn ein zeitlicher Abstand zwischen beiden Aufträgen besteht, bejaht werden. Ein innerer Sachzusammenhang ist vor allem dann gegeben, wenn im Falle einer gerichtlichen Durchsetzung die Ansprüche in einem Verfahren verfolgt werden können. Bei dem genannten Beispiel ist diese Voraussetzung gegeben, da sowohl für die Schadensersatzforderung als auch den Darlehensrückzahlungsanspruch das Amtsgericht zuständig wäre. Eine einheitliche Mandatsbearbeitung kann ebenso erfolgen, da sich dieselben Parteien gegenüberstehen. 176

4. Geltendmachung von Ansprüchen gegen Streitgenossen

Bei der Beurteilung, ob sich der Gegenstandswert bei Inanspruchnahme mehrerer Streitgenossen erhöht, ist zu prüfen, ob aus wirtschaftlicher Sicht derselbe Gegenstand verlangt wird.[76] 177

Bei der Geltendmachung eines Anspruchs gegen Gesamtschuldner erfolgt keine Zusammenrechnung, da es sich, wirtschaftlich betrachtet, um einen einzigen Anspruch handelt, der von mehreren zu erfüllen ist. 178

Werden allerdings mehrere Gegner in Anspruch genommen, ohne dass eine Gesamtschuldnerhaftung besteht, sind die Werte der einzelnen Ansprüche grundsätzlich zusammenzurechnen.[77] 179

Als Ausnahme ist die Geltendmachung eines Zahlungsanspruchs gegen den Hauptschuldner und den Bürgen zu nennen. Hauptschuldner und Bürge sind keine Gesamtschuldner, da sie aus unterschiedlichen Anspruchsgrundlagen zur Leistung verpflichtet sind. Gleichwohl kommt eine Zusammenrechnung der Ansprüche nicht in Betracht, da wirtschaftliche Identität besteht. Der Gläubiger hat nur eine Forderung, für die der Hauptschuldner einerseits und der Bürge andererseits haften. 180

---

76 Schneider/Herget/*Kurpat*, Streitwert-Kommentar, Rn 3669.
77 Schneider/Herget/*Kurpat*, Streitwert-Kommentar, Rn 3669.

§ 4 Gebührentatbestände/Gegenstandswerte bei außergerichtlicher Tätigkeit

III. Wertbegrenzung gem. § 31b RVG

181 In der Praxis ist die Wertreduzierung auf 20 % des Anspruchs bei Abschluss einer **reinen** Zahlungsvereinbarung bei der Berechnung der Einigungsgebühr gem. Nr. 1000 VV RVG und Nr. 1003 i.V.m. Nr. 1000 VV RVG zu beachten und weniger bei der Geschäftsgebühr, da die Zahlungsvereinbarung in der Regel das Ergebnis der umfassenden außergerichtlichen Tätigkeit ist, und die Geschäftsgebühr dementsprechend eine Wertreduzierung nicht erfährt. Nähere Ausführungen zu § 31b RVG § 3 Rdn 84 ff.

Allerdings kann der 20 %-ige Wert gem. § 31b RVG auch für die Geschäftsgebühr zur Anwendung kommen, wenn der Mandant den RA beauftragt, für ihn lediglich eine Zahlungsvereinbarung abzuschließen.

182 *Beispiel*

Gegen den zahlungspflichtigen Auftraggeber wird vorgerichtlich eine Forderung in Höhe von 10.000,00 EUR geltend gemacht. Die Forderung erachtet der Mandant selbst als unbestritten. Er beauftragt den RA ausschließlich zum Abschluss einer Zahlungsvereinbarung.

Da sich der Auftrag auf den Abschluss der Zahlungsvereinbarung beschränkt, hat der RA auch hinsichtlich der Geschäftsgebühr § 31b RVG zu beachten, so dass die Geschäftsgebühr aus 2.000,00 EUR zu berechnen ist.

§ 5 Gebühren im gerichtlichen Mahnverfahren

A. Einleitung

Im Forderungseinzug ist das gerichtliche Mahnverfahren nach §§ 688 ff. ZPO ein wesentliches Instrument zur Titulierung der Forderung. Dies gilt insbesondere dann, wenn der Schuldner auf vorgerichtliche Mahnungen überhaupt nicht reagiert hat, zwar reagiert hat, ohne jedoch Einwendungen zu erheben oder die Forderung letztlich auszugleichen, oder nur Einwendungen erhoben hat, von deren Substanzlosigkeit auszugehen ist und die nur zur Verfahrensverzögerung vorgebracht wurden.

1

Für den Antragsteller wie den RA hat das gerichtliche Mahnverfahren entscheidende Vorteile:

2

- Es ist schneller als das gerichtliche Erkenntnisverfahren;
- es können Verfahren der elektronischen Übermittlung genutzt werden, so dass das Verfahren einfacher ist;
- es ist kostengünstiger, weil lediglich eine 0,5- statt einer 3,0-Gerichtsgebühr anfällt und der RA regelmäßig nur eine 1,5-Gebühr statt einer 1,3 + 1,2 = 2,5-Gebühr erhält;
- der RA muss den zu titulierenden Anspruch nur bezeichnen, nicht aber auch begründen.

Die Gebühren des Rechtsanwaltes für seine Tätigkeit im gerichtlichen Mahnverfahren sind in Teil 3, Abschnitt 3, Unterabschnitt 2 VV RVG, nämlich in den Nrn. 3305–3308 VV RVG (Verfahrensgebühren) geregelt. Hinzu treten ggfs. die Terminsgebühr nach Vorbem. 3.3.2 i.V.m. Nr. 3104 VV RVG und der darauf bezogenen Vorbem. 3 Abs. 3 VV RVG. Daneben können die allgemeinen Gebühren, wie die Einigungsgebühr nach Nrn. 1000, 1003 VV RVG, die Erhöhungs- oder Mehrvertretungsgebühr nach Nr. 1008 VV RVG sowie die Hebegebühr nach Nr. 1009 VV RVG, anfallen. Die allgemeinen Gebühren sind in § 3 Rdn 1 ff. bereits beschrieben. Auf die dortigen Ausführungen wird Bezug genommen.

3

B. Die Gebühren im gerichtlichen Mahnverfahren

I. Das Abrechnungsverhältnis

Damit die Gebühren für das gerichtliche Mahnverfahren beim RA entstehen können, muss er zum Betreiben des Geschäftes beauftragt sein. Grundlage des Auftrages ist der ihm erteilte Geschäftsbesorgungsvertrag mit Dienstleistungscharakter nach §§ 675, 611 BGB, der Anwalts- oder Mandatsvertrag. Aus diesem Vertragsverhältnis heraus ist der Mandant – ob Gläubiger (Antragsteller) oder Schuldner (Antragsgegner) – dem Rechtswalt zur Zahlung der Vergütung verpflichtet. Ist nichts anderes vereinbart, richtet sich die Vergütung nach § 612 Abs. 2 BGB nach

4

der für RAe bestehenden „Taxe", nämlich dem Rechtsanwaltsvergütungsgesetz (RVG). Davon gehen die nachfolgenden Ausführungen aus.

Unerheblich für den Anfall der anwaltlichen Vergütung bleibt demgegenüber, wann das gerichtliche Mahnverfahren tatsächlich eingeleitet wird, d.h. der Antrag auf Erlass eines Mahnbescheides gestellt wurde.

5 *Beispiel*
Der RA erhält den unbedingten Auftrag zur Durchführung des gerichtlichen Mahnverfahrens, nachdem vorgerichtliche Bemühungen erfolglos geblieben sind. Trotzdem möchte der RA es noch mit „einer letzten Zahlungsaufforderung" vor Beantragung des gerichtlichen Mahnbescheides versuchen. Diese vermeintlich „letzte Zahlungsaufforderung" ist angesichts des erteilten Auftrages tatsächlich eine erste Zahlungsaufforderung im gerichtlichen Mahnverfahren – was der RA im Text zum Ausdruck bringen sollte – und löst damit bereits die anwaltliche Vergütung im Mahnverfahren aus.

II. Das Erstattungsverhältnis

6 Anders als für die vorgerichtlichen Rechtsverfolgungskosten bedarf es im Mahnverfahren grundsätzlich keines Rückgriffs auf die materiell-rechtlichen Anspruchsgrundlagen, um die Erstattungsfähigkeit der Kosten des gerichtlichen Mahnverfahrens sicherzustellen. Vielmehr handelt es sich um notwendige Kosten im Sinne der §§ 91 ff. ZPO, die nach Maßgabe der prozessrechtlichen Kostenerstattungsvorschriften von der unterliegenden Partei zu tragen sind. Dem Antragsteller kann in keiner Konstellation versagt werden, auf die Beantragung eines gerichtlichen Mahnbescheides zu verzichten. Das gilt auch dann, wenn der Antragsgegner einen Widerspruch bereits angekündigt hat, weil er sich durchaus noch abweichend besinnen oder beraten lassen kann.[1]

7 *Hinweis*
Das schließt allerdings nicht aus, (auch) auf das materielle Recht zurückzugreifen. Die materiell-rechtlichen Kostenerstattungsansprüche stehen in echter Anspruchskonkurrenz zu den prozessrechtlichen Kostenerstattungsansprüchen. In jedem Einzelfall sind die Voraussetzungen einer Kostenerstattungsnorm konkret zu prüfen. Das ist insbesondere dann von Relevanz, wenn die prozessualen Kostenerstattungsvorschriften Begrenzungen enthalten, die bei den materiellen Kostenerstattungsvorschriften fehlen. Entsprechend findet sich bei den Inkassodienstleistern eine Begrenzung des prozessualen Kostenerstattungsanspruches im gerichtlichen Mahnverfahren auf 25,00 EUR nach § 4 Abs. 4 RDGEG, die den materiell-rechtlichen Verzugsschadensersatzanspruch in Höhe der tatsäch-

---

1 Gerold/Schmidt/*Müller-Rabe*, RVG, VV 3305–3308 Rn 84.

lich vereinbarten Vergütung bis zur Höhe der Rechtsanwaltskosten (§ 254 Abs. 2 BGB) unberührt lässt.²

Während im gerichtlichen Erkenntnisverfahren lediglich eine Kostengrundentscheidung getroffen wird, auf die dann ein Kostenfestsetzungsverfahren mit der Bestimmung der zu erstattenden Kosten der Höhe nach folgt, werden die Kosten des gerichtlichen Mahnverfahrens im Mahn- wie im Vollstreckungsbescheid unmittelbar betragsmäßig ausgewiesen und zugleich mit dem Hauptanspruch tituliert. Dies gilt nach dem BGH auch, wenn die Kosten erst nachträglich angemeldet werden. In diesem Fall ist der Vollstreckungsbescheid zu ergänzen und nicht etwa ein gesonderter Kostenfestsetzungsbeschluss zu erlassen.³

8

Obsiegt der Antragsgegner im Mahnverfahren, indem auf seinen Widerspruch der Antragsteller das Mahnverfahren nicht weiter betreibt oder den Mahnantrag zurücknimmt, erwächst ihm ein Kostenerstattungsanspruch. Über die Kostentragungspflicht dem Grunde nach entscheidet dann das zentrale Mahngericht, während die Kostenfestsetzung beim zuständigen Prozessgericht zu beantragen ist.⁴

9

III. Verfahrensgebühr für die Beantragung des Mahnbescheides

Das gerichtliche Mahnverfahren wird durch den Antrag des Antragstellers (Gläubiger) auf Erlass eines Mahnbescheides eingeleitet. Mit den hierauf gerichteten Vorbereitungshandlungen, d.h. der Entgegennahme des Auftrages samt der maßgeblichen Informationen und der auf die Durchführung des Mahnverfahrens gerichteten Beratung entsteht dagegen beim RA des Antragstellers die 1,0-Verfahrensgebühr nach Nr. 3305 VV RVG, d.h. schon zu einem früheren Zeitpunkt. Der prozessuale und der gebührenrechtliche Beginn des gerichtlichen Mahnverfahrens unterscheiden sich also.

10

Hinweis
Auch wenn dem RA der unbedingte Auftrag zur Durchführung des gerichtlichen Mahnverfahrens erteilt wurde, bleibt es ihm etwa unbenommen, dem Antragsgegner (Schuldner) – quasi ein letztes Mal und zur Abwendung der Einreichung des Mahnantrages – eine Zahlungsaufforderung zu übermitteln. Auch wenn für den Antragsgegner der Eindruck entstehen könnte, es handelt sich noch um eine außergerichtliche Tätigkeit, ist die Zahlungsaufforderung aufgrund des unbedingten Auftrages schon Teil des gerichtlichen Mahnverfahrens und lässt damit die Gebühr nach Nr. 3305 VV RVG und nicht die Geschäftsgebühr nach Nr. 2300 VV RVG entstehen. Das ist gerade dann relevant, wenn

11

---

2 Hierzu ausführlich *Goebel*, Praxisleitfaden Inkassokosten, 2. Aufl. 2016, S. 267 ff.
3 BGH NJW 2007, 2049 = AGS 2007, 283.
4 OLG Hamm AGS 2014, 536.

der Mandant die vorgerichtliche Forderungsbeitreibung selbst geleistet hat oder ein anderer Rechtsdienstleister damit beauftragt war.

12 Da es sich um eine Verfahrensgebühr handelt, wird mit ihr neben den vorbereitenden Handlungen auch die Stellung des Mahnantrages, die Entgegennahme, Weiterleitung und Beantwortung der Mitteilungen des Mahngerichtes wie Zustellnachrichten, Monierungen oder Widersprüche des Antragsgegners sowie die Rücknahme oder die Beantragung der Abgabe an das Streitgericht erfasst. Es bleibt für ihren Anfall unerheblich, ob es tatsächlich zur Beantragung des Mahnbescheides kommt. Allerdings ermäßigt sich die Verfahrensgebühr nach Nr. 3306 VV RVG, wenn der Auftrag endet, bevor der Rechtsanwalt den verfahrenseinleitenden Antrag oder einen Schriftsatz, der Sachanträge, Sachvortrag oder die Zurücknahme des Antrags enthält, eingereicht hat. Es entsteht dann nur eine 0,5-Verfahrensgebühr. In Betracht kommt etwa eine Zahlung nach der Beauftragung des Rechtsanwaltes oder eine von diesem bereits veranlasste Zahlungsaufforderung.

13 Umgekehrt ist auch unerheblich, wann der RA innerhalb des Mahnverfahrens beauftragt wurde. Beantragt der Antragsteller etwa zunächst den Mahnbescheid selbst und beauftragt den RA erst,

- nachdem der Mahnbescheid nicht erlassen wurde oder
- eine Zustellung an der unbekannten Anschrift des Antragsgegners scheitert, die zunächst ermittelt werden muss,[5]
- zur Stellungnahme auf Monierungen des zentralen Mahngerichtes,
- zur Stellung des Antrages auf Abgabe an das Streitgericht nach einem Widerspruch des Antragsgegners,[6]

fällt die 1,0-Verfahrensgebühr in jeder Konstellation an. Gleiches gilt, wenn die spätere Beauftragung nach Beratung zur Rücknahme des Mahnantrages führt.

14 Die Verfahrensgebühren nach Nrn. 3305, 3306 VV RVG bleiben vom weiteren Verfahrensgang nicht unberührt. Einerseits wird die vorgerichtliche Geschäftsgebühr teilweise auf die Verfahrensgebühr nach Nrn. 3305, 3306, andererseits die Verfahrensgebühr nach Nr. 3305 VV RVG auf die Verfahrensgebühr eines nachfolgenden Rechtsstreites nach Nr. 3100 VV RVG in voller Höhe und damit voll konsumierend angerechnet. Auf die nachfolgenden Ausführungen zur Anrechnung wird verwiesen, Rdn 47 ff.

15 Sofern im Rahmen von Verhandlungen zwischen den Parteien weitere, vom beabsichtigten Mahnantrag nicht erfasste Ansprüche mit einbezogen werden, erhöht sich zunächst der Gegenstandswert für die Einigungsgebühr. Die Verfahrensgebühr nach Nr. 3305 VV RVG wird aus dem erhöhten Gegenstandswert nur dann zu berechnen sein, wenn zwischen den Parteien vereinbart wird, dass Mahnbescheid und

---

5 Gerold/Schmidt/*Müller-Rabe*, RVG, VV 3305–3308 Rn 8.
6 OLG Frankfurt MDR 1998, 1373.

Vollstreckungsbescheid vom Antragsteller aus Sicherungsgründen beantragt und vom Antragsgegner akzeptiert werden. Im Übrigen entsteht durch die Einbeziehung der Forderungen in die Einigung die abgesenkte Verfahrensgebühr nach Nr. 3306 VV RVG, weil die Ansprüche durch die Einbeziehung einerseits vom erteilten Auftrag umfasst werden, sich andererseits durch die Einigung das Verfahren vor der Antragstellung erledigt hat.[7]

Die Verfahrensgebühr nach Nr. 3305 wie 3306 VV RVG kann nach Nr. 1008 VV RVG zu erhöhen sein, wenn der Mahnantrag für mehrere Auftraggeber gestellt wird. Insoweit wird auf die Ausführungen in § 3 verwiesen. In diesem Fall kommt eine weitere Erhöhung der Verfahrensgebühr für die Beantragung des Vollstreckungsbescheides nach der Anm. zu Nr. 3308 VV RVG allerdings nicht in Betracht.

IV. Verfahrensgebühr für die Beantragung des Vollstreckungsbescheides

Reagiert der Antragsgegner auf die Beantragung des Mahnbescheides weder mit einem Forderungsausgleich noch mit einem Widerspruch, kann der RA frühestens zwei Wochen nach Zustellung des Mahnbescheides (§§ 691 Abs. 1 Nr. 3, 699 Abs. 1 S. 2 ZPO) und bis spätestens sechs Monate nach diesem Zeitpunkt (§ 701 ZPO) den Erlass eines Vollstreckungsbescheides beantragen. Gleiches gilt, wenn der Antragsgegner seinen Widerspruch zurücknimmt.

Für seine Tätigkeit in diesem Verfahren erhält der RA eine weitere – grundsätzlich anrechnungsfreie – 0,5-Verfahrengebühr nach Nr. 3308 VV RVG neben der Gebühr aus Nr. 3305 VV RVG.

> *Hinweis*
> Wird der RA erst nach der Zustellung des Mahnbescheides und der Widerspruchsfrist beauftragt, entsteht lediglich die 0,5-Verfahrensgebühr nach Nr. 3308 VV RVG.

Wird der Antrag vor oder nach Ablauf des bezeichneten Zeitraumes gestellt, entsteht die Verfahrensgebühr nach S. 1 der Anm. zu Nr. 3308 VV RVG nicht, weil das Verfahren zum Erlass eines Vollstreckungsbescheides nicht eröffnet ist.[8] Das gilt auch dann, wenn der Widerspruch innerhalb der zweiwöchigen Widerspruchsfrist erhoben wurde, der RA davon aber erst nach Ablauf der Widerspruchsfrist und dem danach gestellten Antrag auf Erlass eines Vollstreckungsbescheides Kenntnis erlangt. Ist der Widerspruch beschränkt, so entsteht die Gebühr aus dem Gegenstandswert, der von dem Widerspruch nicht betroffen ist. Unbeschränkt entsteht die

---

7 Vgl. hierzu auch Schneider/Wolf/*Mock*, RVG, VV Vorb. 3.3.2, VV 3305–3306 Rn 7.
8 OLG Hamburg JurBüro 1983, 239; OLG Hamm JurBüro 1975, 1085.

§ 5 Gebühren im gerichtlichen Mahnverfahren

0,5-Verfahrensgebühr, wenn der Widerspruch auf den Vorbehalt der Rechte im Nachverfahren im Urkundsmahnverfahren nach § 703a Abs. 2 Nr. 4 ZPO beschränkt ist.

20 Wird der Antrag auf Erlass eines Vollstreckungsbescheides dagegen nach Ablauf der mindestens zweiwöchigen Widerspruchsfrist gestellt, obwohl bereits ein (späterer, aber nicht verspäteter) Widerspruch des Antragsgegners vorliegt, von dem der RA aber noch keine Kenntnis hat, entsteht die 0,5-Verfahrensgebühr nach Nr. 3308 VV RVG und ist auch erstattungsfähig.[9] Zwar kann der Antragsgegner bis zum Erlass des Vollstreckungsbescheides Widerspruch erheben, jedoch muss er für einen nach Ablauf von zwei Wochen gestellten Widerspruch die negative Kostenfolge tragen, wenn der Antrag auf Erlass des Vollstreckungsbescheides gestellt wurde und sich später die Unbegründetheit des Widerspruches herausstellt.

21 Wie bei der Verfahrensgebühr nach Nr. 3305 VV RVG ist auch für Nr. 3308 VV RVG zwischen dem Beginn des prozessualen Verfahrens mit der Stellung des Antrages auf Erlass eines Vollstreckungsbescheides und der gebührenrechtlichen Entstehung des Vergütungsanspruches mit der ersten auf die Antragstellung gerichteten Handlung, etwa der Informationsbeschaffung, zu unterscheiden. Es ist also für den Anfall der Gebühr weder notwendig, dass ein Vollstreckungsbescheid beantragt wird, noch dass er ergeht.

22 Aus dem Charakter der Gebühr als Verfahrensgebühr ergibt sich, dass diese für das gesamte Verfahren über den Vollstreckungsbescheid anfällt, mithin auch dann, wenn die Partei den Vollstreckungsbescheid beantragt hat und der RA nur mit dessen Zustellung nach § 699 Abs. 4 S. 1 Alt. 2 ZPO beauftragt wurde.[10]

23 Der Gegenstandswert bemisst sich wie bei der Beantragung des Mahnverfahrens nach dem Hauptsachestreitwert. Hat sich dieser durch eine Teilzahlung des Schuldners vermindert, so berechnet sich die Gebühr aus dem verminderten Gegenstandswert.

24 *Beispiel*
Der RA macht für den Gläubiger eine Forderung von 10.000,00 EUR im gerichtlichen Mahnverfahren geltend. Nach der Zustellung des Mahnbescheides zahlt der Schuldner 4.500,00 EUR. Im Übrigen erfolgt keine Reaktion. Der RA beantragt wegen der verbleibenden 5.500,00 EUR nun den Erlass des Vollstreckungsbescheides. Es ergibt sich folgende Berechnung:

1,0-Verfahrensgebühr nach Nr. 3305 VV RVG aus
10.000,00 EUR   558,00 EUR

---

9 OLG Hamburg MDR 2000, 356; OLG Karlsruhe Rpfleger 1996, 421.
10 LG Bonn AGS 2005, 340; *Schneider*, Anwaltgebühren kompakt 2010, 33; Gerold/Schmidt/*Müller-Rabe*, RVG, VV 3305–3308 Rn 21.

B. Die Gebühren im gerichtlichen Mahnverfahren § 5

0,5-Verfahrensgebühr nach Nr. 3308 VV RVG aus 5.500,00 EUR	177,00 EUR
zuzüglich Post- und Telekommunikationspauschale[11]	20,00 EUR
Zwischensumme	755,00 EUR
zuzüglich 19 % Umsatzsteuer	143,45 EUR
Gesamt	898,45 EUR

Eine Erhöhung des Gegenstandswertes ist in diesem Verfahrensabschnitt nicht denkbar, weil durch den Vollstreckungsbescheid in der Hauptsache nur tituliert werden kann, was Gegenstand des Mahnbescheides war.

Auf die Verfahrensgebühr nach Nr. 3308 VV RVG ist nach dem eindeutigen Wortlaut der Anmerkung die Erhöhungsgebühr nach Nr. 1008 VV RVG nicht anzuwenden, wenn und soweit bereits die Verfahrensgebühr nach Nr. 3305 erhöht wurde. Die Erhöhung wird deshalb nur in Betracht kommen, wenn der RA erstmals mit der Beantragung des Vollstreckungsbescheides tätig wird. 25

Anderseits erfolgt auch keine Anrechnung der vorgerichtlichen Geschäftsgebühr auf die Gebühr nach Nr. 3308 VV RVG und diese wird auch nicht auf die Verfahrensgebühr eines nachfolgenden gerichtlichen Erkenntnisverfahrens angerechnet. 26

Da es sich bei dem gerichtlichen Mahnverfahren um eine Angelegenheit handelt, kann die Post- und Telekommunikationspauschale nach Nr. 7002 VV RVG nur einmal anfallen und zwar aus der Summe der Gebühren nach Nr. 3305 und 3309 VV RVG, höchstens mit 20,00 EUR. 27

V. Verfahrensgebühr für die Vertretung des Antragsgegners

Vertritt der RA den Antragsgegner im gerichtlichen Mahnverfahren, so richtet sich dessen Vergütung nach Nr. 3307 VV RVG. Er erhält eine 0,5-Verfahrensgebühr für die Vertretung im gesamten Mahnverfahren. Entscheidend ist also nicht, ob der RA überhaupt nach außen tätig wird, d.h. Widerspruch oder Einspruch einlegt. Vielmehr entsteht die Gebühr auch dann, wenn er den Antragsgegner dahin berät, keinen Widerspruch oder Einspruch einzulegen und auch, wenn er mit der Vertretung erst nach der Erhebung des Widerspruchs beauftragt wird.[12] Auch bleibt unerheblich, wann der Antragsgegner den RA beauftragt. Die Unterscheidung der Verfahrensabschnitte zum Mahnbescheid und von dort bis zum Vollstreckungsbescheid, wie bei der Vertretung des Antragstellers, ist hier unterblieben. Letztlich ist unerheblich, ob der Mahnantrag oder der Antrag auf Erlass eines Vollstreckungsbescheides zurückgenommen wird, nachdem der RA vom Antragsgegner beauftragt wurde. 28

---

11 Diese ist von beiden genannten Gebühren zu erheben.
12 Gerold/Schmidt/*Müller-Rabe*, RVG, VV 3305–3308 Rn 8.

§ 5 Gebühren im gerichtlichen Mahnverfahren

29 Gegenstandswert für die Gebühr ist der Wert der Hauptsache, es sei denn, der Auftrag ist schon auf einen Teil der Hauptsache beschränkt, weil der Antragsgegner nur insoweit Einwendungen erheben will. Wird ein umfänglicher Auftrag erteilt, dann aber nach der Rechtsprüfung nur ein Teilwiderspruch erhoben, verbleibt dem RA die volle 0,5-Verfahrensgebühr nach Nr. 3307 aus dem vollen Hauptsachestreitwert. Anders als beim Antragsteller kennt die Vertretung des Antragsgegners keine abgesenkte Verfahrensgebühr wegen einer vorzeitigen (Teil-)Erledigung.

30 Wie beim Bevollmächtigten des Antragstellers ist auch die 0,5-Verfahrensgebühr nach Nr. 3307 VV RVG auf die nachfolgende 1,3-Verfahrensgebühr nach Nr. 3100 VV RVG in vollem Umfang anzurechnen, Anm. zu Nr. 3307 VV RVG. Voraussetzung ist, dass dem RA ein Auftrag für die Vertretung im Erkenntnisverfahren nach Widerspruch oder Einspruch erteilt wurde.

31 Wird dem RA schon im Mahnverfahren ein unbedingter Auftrag zur Vertretung im Erkenntnisverfahren erteilt, so fällt mit der Abgabe der Mahnsache an das Streitgericht bereits unmittelbar die Verfahrensgebühr nach Nr. 3100/3101 VV RVG an. Dies hat insbesondere dann Bedeutung, wenn der Antragsteller das Streitverfahren dann tatsächlich nicht durchführt, den vermeintlichen Anspruch nicht begründet und den Antrag zurücknimmt.

Ein Teil der Rechtsprechung geht davon aus, dass jedenfalls der Antragsgegner stets einen unbedingten Auftrag zur Prozessvertretung erteilt.[13] Nach anderer, wohl überwiegender Ansicht liegt es näher, dass (auch) der Antragsgegner zunächst allenfalls einen bedingten Prozessauftrag erteilt und abwartet, ob und in welchem Umfang der Antragsteller wirklich ins streitige Verfahren übergeht.[14]

32 *Hinweis*
Die Gebühr nach Nrn. 3100/3101 VV RVG kann allerdings auch schon im Mahnverfahren anfallen, wenn der Bevollmächtigte des Antragsgegners im Hinblick auf das Streitverfahren tätig wird, etwa einen eigenen Antrag auf Abgabe an das Streitgericht stellt oder die örtliche oder sachliche Zuständigkeit des im Mahnantrag genannten Streitgerichtes rügt.[15] Auch wenn der Mandant im Hinblick auf eine lange Abwesenheit das prozessuale Vorgehen nach einer Abgabe schon erörtern will, ist vom Anfall der Gebühr auszugehen.[16] Stets ist Voraussetzung, dass auch ein entsprechender Auftrag erteilt wurde.

Gebührenrechtlich ist es also zu empfehlen, den Mahnbescheid einer prozessrechtlichen Betrachtung zu unterziehen und Mängel schriftsätzlich zu problematisieren.

---

13 OLG Köln JurBüro 2000, 77.
14 KG JurBüro 2007, 307; OLG Düsseldorf NJW-RR 2005, 1231; OLG Koblenz, JurBüro 2002, 76; OLG Saarbrücken JurBüro 1988, 1668; OLG München JurBüro 1986, 877.
15 Gerold/Schmidt/*Müller-Rabe*, RVG, VV 3305–3308 Rn 40.
16 Gerold/Schmidt/*Müller-Rabe*, RVG, VV 3305–3308 Rn 47.

Von der Frage nach dem Anfall der Gebühr nach Nr. 3100/3101 VV RVG ist die Frage der Erstattungsfähigkeit zu unterscheiden. Zu erstatten sind nur notwendige Rechtsverteidigungskosten. Vor der Abgabe an das Streitgericht ist aber im Regelfall weder die Erteilung eines unbedingten Prozessauftrages noch eine auf das Erkenntnisverfahren gerichtete Tätigkeit notwendig. Insbesondere ist es nicht notwendig, schon mit dem Widerspruch gegen den Mahnbescheid „Klageabweisung" zu beantragen. Es ist in diesem Zeitpunkt nicht sicher, ob der Antragsteller das Streitverfahren überhaupt durchführt. Das Kostenminderungsgebot zwingt mithin zur Beschränkung des Auftrages, worauf der RA seinen Mandanten hinzuweisen hat.

33

VI. Die Terminsgebühr im Mahnverfahren

Eher überraschend dürfte die Erkenntnis sein, dass die Terminsgebühr nach der Vorbem. 3.3.2 i.V.m. Nr. 3104 VV RVG und der Vorbem. 3 Abs. 3 VV RVG auch im gerichtlichen Mahnverfahren anfallen kann.

34

Da eine mündliche Verhandlung nicht stattfindet, liegt der Hauptanwendungsfall in der Mitwirkung an Besprechungen, die auf die Vermeidung oder Erledigung des Verfahrens gerichtet sind. Die Gebühr fällt unabhängig davon an, ob das Ziel der Besprechung auch tatsächlich erreicht wurde, da es sich nicht um eine Erfolgs- sondern um eine Tätigkeitsgebühr handelt. Vor diesem Hintergrund kann sie bei beiden Bevollmächtigten entstehen.

Die Gebühr kann auch schon anfallen, bevor der Mahnantrag gestellt wurde.

Beispiel
Der RA wird beauftragt, eine Forderung in Höhe von 12.000,00 EUR unmittelbar gerichtlich geltend zu machen. Auf die außergerichtlichen Mahnungen des Gläubigers hat sich der Schuldner nicht gemeldet, so dass der RA dem Schuldner zunächst eine Zahlungsaufforderung übersendet und die Einleitung des gerichtlichen Verfahrens ankündigt, wenn kein fristgerechter Forderungsausgleich erfolgt. Darauf meldet sich ein Bevollmächtigter für den Schuldner, und die Angelegenheit wird im Hinblick auf die Zahlungsfähigkeit des Schuldners und mit dem Ziel, die Durchführung des gerichtlichen Mahnverfahrens zu vermeiden, besprochen. Der Schuldner erkennt die Forderung sodann an, es wird eine verjährungsverlängernde Vereinbarung getroffen und eine Abtretung von Gehalts- und Guthabenansprüchen ebenso vereinbart wie die Kostenübernahme durch den Schuldner.
Hier ist durch die Zahlungsaufforderung bereits die 1,0-Verfahrensgebühr nach Nr. 3305 VV RVG angefallen, die sich durch die vorzeitige Erledigung allerdings auf eine 0,5-Verfahrensgebühr nach Nr. 3306 VV RVG reduziert. Da der RA keinen Auftrag für die vorgerichtliche Tätigkeit hatte, konnte weder die Geschäftsgebühr nach Nr. 2300 VV RVG anfallen, noch ist eine solche anzurech-

35

nen. Die Besprechung löst die 1,2-Terminsgebühr aus, während die Einigung zusätzlich nach Nrn. 1000 VV RVG die Einigungsgebühr entstehen lässt, wobei § 31b RVG nicht einschlägig ist, weil mehr als eine reine Zahlungsvereinbarung getroffen wurde und eine 1,5-Einigungsgebühr anfällt, weil das gerichtliche – sehr wohl aber das gebührenrechtliche – Mahnverfahren noch nicht anhängig ist. Insgesamt ergibt sich folgende Berechnung:

Gegenstandswert: 12.000,00 EUR

0,5-Verfahrensgebühr nach Nr. 3305, 3306 VV RVG	302,00 EUR
1,2-Terminsgebühr nach Vorbem. 3.3.2 i.V.m. Nr. 3104 VV RVG und der Vorbem. 3 Abs. 3 VV RVG	724,80 EUR
1,0 Einigungsgebühr nach Nrn. 1000, 1003 VV RVG	906,00 EUR
Post- und Telekommunikationspauschale nach Nr. 7002 VV RVG	20,00 EUR
Zwischensumme netto	1.952,80 EUR
Zuzüglich 19 % Umsatzsteuer nach Nr. 7008 VV RVG	371,03 EUR
Gesamt	2.323,83 EUR

Sofern die Besprechung erst nach der Beantragung des Mahnbescheides stattfindet, kommt es nicht zur Reduzierung der 1,0-Verfahrensgebühr nach Nrn. 3305, 3306 VV RVG, so dass die Vergütung um 302,00 EUR netto höher ausfällt. Allerdings reduziert sich in diesem Fall die Einigungsgebühr auf 1,0, da das gerichtliche Verfahren zum Zeitpunkt der Einigung anhängig war (Nr. 1003 VV RVG).

Dem Anfall der Terminsgebühr steht nicht entgegen, dass Teil der in der Besprechung erzielten Einigung ist, dass der Antragsgegner aus Gründen der Sicherung des Antragstellers gegen den Mahnbescheid keinen Widerspruch und gegen den Vollstreckungsbescheid keinen Einspruch einlegt. Vermieden wird gleichwohl noch das gerichtliche Verfahren nach Widerspruch/Einspruch. Das genügt den Voraussetzungen der Vorbem. 3 Abs. 3 VV RVG.

36

Hinweis

Wurde die Besprechung vor dem Antrag auf Erlass eines Mahnbescheides bzw. dem Antrag auf Erlass eines Vollstreckungsbescheides durchgeführt, soll aber zur Sicherheit des Antragstellers ein Vollstreckungsbescheid ergehen, kann die Terminsgebühr als sonstige Nebenforderung in den Mahnbescheid wie als sonstige Kosten in den Vollstreckungsbescheid noch mit aufgenommen werden. Gleiches gilt für die Einigungsgebühr, wenn im Hinblick auf § 98 ZPO im Sinne des § 104 Abs. 2 S. 1 ZPO glaubhaft gemacht werden kann, dass der Schuldner diese Kosten zu tragen hat.[17] Aus diesem Grunde sollte die Einigung grundsätzlich schriftlich dokumentiert werden.

---

17 OLG München AGS 2008, 100.

B. Die Gebühren im gerichtlichen Mahnverfahren § 5

Sofern es unterlassen wurde, die Terminsgebühr – und ggfs. auch die Einigungsgebühr – in den Mahn- bzw. Vollstreckungsbescheid aufzunehmen, ist auch eine nachträgliche gesonderte Kostenfestsetzung möglich. Zuständig ist das zentrale Mahngericht, das das Verfahren durchzuführen hat.[18] Nach dem BGH ergeht insoweit allerdings kein gesonderter Kostenfestsetzungsbeschluss, sondern der Vollstreckungsbescheid ist zu ergänzen.[19]   37

> *Hinweis*   38
> Die Ergänzung des Vollstreckungsbescheides kann der Nutzung der Möglichkeiten der elektronischen Antragstellung nach §§ 829a, 754a ZPO entgegenstehen, wenn dieser nicht gänzlich neu ausgefertigt, sondern durch Beschluss ergänzt wird. Dann müssen nämlich andere Urkunden im Sinne des §§ 829a Abs. 1 S. 1 Nr. 2, 754a Abs. 1 S. 1 Nr. 2 ZPO vorgelegt werden. Deshalb muss auf eine konsequente Berücksichtigung der Kosten im frühestmöglichen Zeitpunkt geachtet werden.

Anders als die Einigungsgebühr ist die Terminsgebühr keine Erfolgsgebühr. Sie entsteht also auch dann, wenn das Ziel der Besprechung, das Verfahren vorzeitig zu erledigen, nicht erreicht wird.[20]   39

VII. Die vorzeitige Erledigung

Bei der Gebühr nach Nr. 3305 VV RVG für das Betreiben des gerichtlichen Mahnverfahrens handelt es sich um eine Verfahrensgebühr. Es ist also zunächst unerheblich, ob es tatsächlich zur Beantragung des Mahnbescheides kommt. Der Gesetzgeber wollte den Umstand, dass es zu einer vorzeitigen Erledigung des Mahnverfahrens – etwa auf der Grundlage einer gütlichen Einigung – kommt, aufseiten des Antragstellers allerdings als verminderten Aufwand berücksichtigt sehen.   40

Deshalb ermäßigt sich die Verfahrensgebühr der Nr. 3305 VV RVG nach Nr. 3306 VV RVG, wenn der Auftrag endet, bevor der Rechtsanwalt den verfahrenseinleitenden Antrag oder einen Schriftsatz, der Sachanträge, Sachvortrag oder die Zurücknahme des Antrags enthält, eingereicht hat. Es entsteht dann nur eine 0,5-Verfahrensgebühr. In Betracht kommt etwa eine Zahlung nach der Beauftragung des Rechtsanwaltes oder auf eine von diesem bereits veranlasste Zahlungsaufforderung. In diesem Fall entsteht nur die 0,5-Verfahrensgebühr nach Nr. 3306 VV RVG, die vom Gegner unter Verzugsgesichtspunkten auszugleichen ist.

Die Ermäßigung findet allerdings nur für die Verfahrensgebühr des Antragstellers nach Nr. 3305 VV RVG statt. Für den RA des Antragsgegners verbleibt es durch-   41

---

18 BGH AGS 2009, 252.
19 BGH AGS 2009, 252.
20 OLG Brandenburg JurBüro 2007, 523; OLG Nürnberg AGS 2006, 594.

gängig bei der Verfahrensgebühr nach Nr. 3307 VV RVG. An einer Ermäßigungsnorm fehlt es hier. Das ist gerechtfertigt, weil die Verfahrensgebühr nach Nr. 3307 von vorneherein nur 0,5 beträgt und sie die Tätigkeit – anders als beim RA des Antragstellers mit Nrn. 3305 und 3308 VV RVG – die Tätigkeit im gesamten Verfahren abdeckt.

Hinweis
Auch wenn es noch zu keiner Tätigkeit nach außen gekommen ist, sollte der RA auf die Geltendmachung der Gebühr unter Hinweis auf den vor dem erledigenden Ereignis erfolgten Auftrag und die bereits nach innen entfalteten Tätigkeiten der Informationsbeschaffung und Aktenanlage nicht verzichten.

42 Erledigt sich der Auftrag nur teilweise vor der Beantragung des Mahnbescheides, zahlt etwa der Gegner auf eine Forderung in Höhe von 10.000,00 EUR einen Teilbetrag von 3.500,00 EUR oder zeigt sich nach einer Rechtsprüfung des RA ein solcher Teil als unbegründet, so ist zu unterscheiden:

- Aus dem Wert des nicht erledigten Teils entsteht eine 1,0-Verfahrensgebühr nach Nr. 3305 VV RVG;
- aus dem Wert der Erledigung ist lediglich eine 0,5-Verfahrensgebühr nach Nr. 3306 VV RVG entstanden;
- nach § 15 Abs. 3 RVG darf die Summe der beiden Gebühren die 1,0-Verfahrensgebühr aus dem Gesamtwert nicht übersteigen.

43 Die Verfahrensgebühr nach Nr. 3306 VV RVG kann auch dann entstehen, wenn Forderungen in eine gütliche Einigung im Mahnverfahren einbezogen werden, die bis dahin nicht Gegenstand des Mahnantrages waren. Durch die Einbeziehung der Forderungen in die Einigung entsteht die abgesenkte Verfahrensgebühr nach Nr. 3306 VV RVG, weil die Ansprüche durch die Einbeziehung einerseits vom erteilten Auftrag umfasst werden, sich andererseits der Mahnantrag durch die Einigung vor der Antragstellung erledigt hat.[21]

VIII. Nichterlass von Mahnbescheid oder Vollstreckungsbescheid

44 Wird der Erlass eines Mahnbescheides wegen dessen mangelnder maschineller Bearbeitungsfähigkeit abgelehnt, steht dem Antragsteller gegen diese Entscheidung die sofortige Beschwerde nach § 691 Abs. 3 ZPO i.V.m. §§ 567 ff. ZPO zu. Das Beschwerdeverfahren stellt nach § 18 Abs. 1 Nr. 3 RVG eine besondere Gelegenheit dar, für die der RA eine weitere 0,5-Verfahrengebühr nach Nr. 3500 VV RVG erhält.

Nichts anderes gilt, wenn der Mahnbescheid aus anderen Gründen zurückgewiesen und dadurch das Erinnerungsverfahren nach § 11 Abs. 2 RPflG eröffnet wird.

---

21 Vgl. hierzu auch Schneider/Wolf/*Mock*, RVG, VV Vorb. 3.3.2, VV 3305–3306 Rn 7.

Wird der Erlass des Vollstreckungsbescheides abgelehnt, steht dem Antragsteller die sofortige Beschwerde nach § 11 Abs. 1 RPflG i.V.m. §§ 567 ff. ZPO zu.[22] Damit wird auch in dieser Konstellation die Gebühr nach Nr. 3500 VV RVG in der besonderen Angelegenheit nach § 18 Abs. 1 Nr. 3 RVG zur Anwendung gebracht.

> *Hinweis* 45
> Bei einer nur teilweisen Zurückweisung, etwa wegen der Kosten, muss die beschränkende Regelung in § 567 Abs. 2 ZPO beachtet werden, wonach die Beschwerde nur statthaft ist, wenn der Beschwerdegegenstand den Wert von 200,00 EUR übersteigt. In diesem Fall kommt nur die Erinnerung nach § 11 Abs. 2 RPflG als statthaftes Rechtsmittel zur Anwendung. Am Vergütungsanspruch des RA ändert sich dadurch allerdings nichts.

In allen Verfahren ist es – theoretisch – denkbar, dass nach Nr. 3513 i.V.m. Vorbem. 3 Abs. 3 eine 0,5-Terminsgebühr anfällt. Ein gerichtlicher Termin findet jedoch nicht statt und eine Besprechung mit dem Gegner im Beschwerdeverfahren ist kaum denkbar. 46

IX. Die Anrechnung

1. Einleitung

Die Anrechnung von Gebühren im Zusammenhang mit dem gerichtlichen Mahnverfahren kommt in mehrfacher Hinsicht in Betracht: 47

- Zum einen kann die den RA vorgerichtlich zugewachsene Geschäftsgebühr auf die Verfahrensgebühr im gerichtlichen Mahnverfahren anzurechnen sein.
- Zum anderen können die Verfahrensgebühr nach Nrn. 3305, 3307 ebenso wie die Terminsgebühr nach der Vorbem. 3.3.2 i.V.m. Nr. 3104 VV RVG und Vorbem. 3 Abs. 3 VV RVG auf die entsprechenden Gebühren des nachfolgenden streitigen Verfahrens anzurechnen sein.

Die Anrechnungsvoraussetzungen sind dabei im Einzelfall genau zu prüfen. Für die Praxis sind zwei ganz besondere Aspekte zu berücksichtigen, die immer wieder zu unberechtigten Gebührenschmälerungen führen:

- Eine Anrechnung kommt immer nur in Betracht, wenn der identische Bevollmächtigte für den identischen Auftraggeber gegen den gleichen Gegner und wegen des gleichen Gegenstandes tätig geworden ist.
- Eine Anrechnung scheidet auch unter diesen Voraussetzungen aus, wenn zwischen der Beendigung der einen Tätigkeit und der die Anrechnung grundsätzlich auslösenden neuen Tätigkeit mehr als zwei Jahre vergangen sind, § 15 Abs. 5 S. 2 RVG.[23]

---

22 Zöller/*Vollkommer*, ZPO, § 699 Rn 18.
23 AG Siegburg AGS 2016, 268.

2. Die Anrechnung der Geschäftsgebühr aufseiten des Antragstellers

48 War der RA in der gleichen Angelegenheit und für den gleichen Gläubiger bereits vorgerichtlich tätig, so wird die hier entstandene Geschäftsgebühr nach Vorbem. 3 Abs. 4 VV RVG zur Hälfte, jedoch höchstens mit einem Gebührensatz von 0,75, auf die Verfahrensgebühr des gerichtlichen Verfahrens angerechnet.

49 *Beispiel*
Der RA macht für den vorsteuerabzugsberechtigten Gläubiger vorgerichtlich eine Forderung von 10.000,00 EUR geltend. Für diese Tätigkeit ist eine 1,3-Geschäftsgebühr nach Nr. 2300 VV RVG (725,40 EUR) entstanden. Da der Schuldner nicht zahlt, wird der Antrag auf Erlass eines Mahnbescheides gestellt. Es ergibt sich nun folgende Berechnung:

Vorgerichtlich:

Geschäftswert 10.000,00 EUR

1,3-Verfahrensgebühr nach Nr. 2300 VV RVG	725,40 EUR
zuzüglich Post- und Telekommunikationspauschale	20,00 EUR
zuzüglich 19 % Umsatzsteuer[24]	141,63 EUR
Gesamt vorgerichtlich	887,03 EUR

Gerichtliches Mahnverfahren:

Geschäftswert 10.000,00 EUR

1,0-Verfahrensgebühr nach Nr. 3305 VV RVG	558,00 EUR
./. Anrechnung 0,65 nach Vorbem. 3 Abs. 4 VV RVG	./. 362,70 EUR
Zwischensumme	195,30 EUR
zuzüglich einer 0,5-Verfahrensgebühr nach Nr. 3308 VV RVG	279,00 EUR
zuzüglich Post- und Telekommunikationspauschale[25]	20,00 EUR
Zwischensumme	494,30 EUR
zuzüglich 19 % Umsatzsteuer	93,92 EUR
Gesamt gerichtlich	588,22 EUR

Faktisch bedeutet dies, dass der Rechtsanwalt noch eine 0,35-Verfahrensgebühr nach Nr. 3305 VV RVG für die Einleitung des gerichtlichen Mahnverfahrens erhält, wenn er bereits vorgerichtlich für den Gläubiger tätig war. Eine Anrechnung auf die Verfahrensgebühr für die Beantragung des Vollstreckungsbescheides erfolgt mangels Anrechnungsvorschrift nicht.

---

24 Die Umsatzsteuer ist zu erheben. Der Mandant kann diese dann als Vorsteuer im Rahmen seiner Umsatzsteuererklärung in Abzug bringen.

25 Diese ist von beiden Verfahrensgebühren (zusammen 1,5-Gebühr) zu erheben, da die Auslagen nicht der Anrechnung unterliegen.

B. Die Gebühren im gerichtlichen Mahnverfahren § 5

Wie dargelegt, ist Voraussetzung für die Anrechnung, dass **50**
- derselbe RA bereits vorgerichtlich tätig war;

> *Hinweis*
> Soweit vorgerichtlich ein anderer Rechtsdienstleister tätig war, d.h. ein anderer RA oder ein Inkassodienstleister, kommt eine Anrechnung im Verhältnis zwischen dem Mandanten und dem Rechtsdienstleister nicht in Betracht. Die 1,0-Verfahrensgebühr ist in vollem Umfang entstanden.
>
> Davon zu unterscheiden ist, in welcher Höhe der Gläubiger die umfänglich entstandene Verfahrensgebühr ersetzt verlangen kann. Dies ist danach zu beantworten, ob der Bearbeiterwechsel im Sinne der Rechtsprechung des BGH „zweckmäßig und erforderlich" war. In Betracht kommt eine dauerhafte Erkrankung des bisherigen Bevollmächtigten oder ein bei vorgerichtlicher Auftragserteilung nicht vorhersehbarer Verlust von dessen Zulassung. Auch zeigen rechtstatsächliche Untersuchungen, dass ein Bearbeiterwechsel sich positiv auf das Zahlungsverhalten bei Schuldnern unstreitiger Forderungen auswirkt. Auch hier kann also ein zweckmäßiger Grund für diese Verfahrensweise vorliegen, der die erweiterte Erstattungsfähigkeit begründet.

- es sich um dieselbe Angelegenheit handelt;
- sich die Tätigkeit gegen denselben Gegner richtet;
- der zeitliche Zusammenhang nach Maßgabe des § 15 Abs. 4 RVG noch besteht;
- es sich um denselben Gläubiger handelt.

> *Hinweis*
> Im modernen Forderungsinkasso ist die zeitnahe Beitreibung auch ein Aspekt der Liquidationsplanung eines Unternehmens. Vor diesem Hintergrund werden Forderungen nicht selten mit einem Abschlag nach Abschluss der vorgerichtlichen Forderungseinziehung veräußert und an einen neuen Gläubiger abgetreten. Auch wenn der gleiche RA weiter tätig bleibt, erfolgt doch keine Anrechnung, weil die Tätigkeit nicht für den gleichen Gläubiger erfolgt.

Anzurechnen ist die Geschäftsgebühr auf die Verfahrensgebühr im gerichtlichen Mahnverfahren nur insoweit, wie die Gegenstände identisch sind. **51**

Beachtet werden muss, dass die Anrechnung der wegen mehrerer Auftraggeber nach Nr. 1008 VV RVG erhöhten Verfahrensgebühr nach Nr. 3305 auf die Verfahrensgebühr des nachfolgenden streitigen Verfahrens auch nur insoweit erfolgt, wie das streitige Verfahren auch für alle Auftraggeber durchgeführt wird. Vermindert sich die Zahl der Auftraggeber im streitigen Verfahren, bleibt die Mehrvertretungsgebühr im Mahnverfahren für den am streitigen Verfahren nicht beteiligten Auftraggeber anrechnungsfrei. **52**

§ 5 Gebühren im gerichtlichen Mahnverfahren

53 *Beispiel*

Der RA macht für drei Auftraggeber im gerichtlichen Mahnverfahren eine Forderung von 10.000,00 EUR geltend. Nachdem der Antragsgegner Widerspruch eingelegt hat, wird das streitige Verfahren nur noch für zwei Auftraggeber fortgesetzt. Es ergibt sich folgende Berechnung:

Gerichtliches Mahnverfahren:

Geschäftswert 10.000,00 EUR

1,0-Verfahrensgebühr nach Nr. 3305 VV RVG	558,00 EUR
zuzüglich Erhöhungsgebühr 2 × 0,3 = 0,6 nach Nr. 1008 VV RVG	334,80 EUR
zuzüglich Post- und Telekommunikationspauschale	20,00 EUR
Gesamt netto	912,80 EUR

Erkenntnisverfahren:

Geschäftswert 10.000,00 EUR

1,3-Verfahrensgebühr nach Nr. 3100 VV RVG	725,40 EUR
zuzüglich Erhöhungsgebühr für einen Auftraggeber	167,40 EUR
./. anzurechnender Verfahrensgebühr nach Nr. 3305 VV RVG (1,0)	./. 558,00 EUR
./. anzurechnender Erhöhungsgebühr für einen Auftraggeber	./. 167,40 EUR
zuzüglich einer 1,2-Terminsgebühr nach Nr. 3104 VV RVG	669,60 EUR
zuzüglich Post- und Telekommunikationspauschale	20,00 EUR
Gesamt netto	857,00 EUR

Faktisch bedeutet dies, dass dem RA die Erhöhungsgebühr für den am streitigen Verfahren nicht beteiligten dritten Auftraggeber verbleibt.

3. Die Anrechnung der Geschäftsgebühr aufseiten des Antragsgegners

54 Regelmäßig wird der Antragsgegner vorgerichtlich noch nicht durch einen Bevollmächtigten vertreten sein, weil bei streitigen Einwendungen aus Sicht des Antragstellers die Beantragung eines gerichtlichen Mahnverfahrens aufgrund des zu erwartenden Widerspruchs nicht zielführend ist. Anders kann es sich allerdings dann verhalten, wenn durch die Einleitung des Mahnverfahrens die Notwendigkeit eines Einigungsversuches vor einer Gütestelle umgangen werden soll, § 15a EGZPO.

War der Bevollmächtigte des Antragsgegners gleichwohl vorgerichtlich schon tätig und ist ihm die Geschäftsgebühr nach Nr. 2300 VV RVG angewachsen, muss er sich diese nach Maßgabe der Vorbem. 3 Abs. 4 VV RVG zur Hälfte, jedoch höchstens mit einem Gebührensatz von 0,75, auf die Verfahrensgebühr nach Nr. 3307 VV RVG anrechnen lassen.

Die Besonderheit besteht darin, dass die 0,5-Verfahrensgebühr vollständig kompensiert wird, wenn die Geschäftsgebühr den Gebührensatz von 1,0 überschritten hat. Das wird der Regelfall sein. Dem Bevollmächtigten des Antragsgegners verbleibt demnach im gerichtlichen Mahnverfahren nur die Post- und Telekommunikationspauschale von bis zu 20,00 EUR nach Nr. 7002 VV RVG.

Da die anrechenbare Geschäftsgebühr nach Nr. 2300 VV RVG regelmäßig die 0,5-Verfahrensgebühr übersteigen wird, stellt sich die Frage, ob der überschießende Anteil auf die nachfolgende Verfahrensgebühr nach Nr. 3100 bzw. 3101 VV RVG anzurechnen ist, wenn es tatsächlich zum Streitverfahren kommt. Die Rechtsprechung und Literatur nimmt dies an.[26] Wenn also eine 0,65-Geschäftsgebühr nach Nr. 2300 i.V.m. der Vorbem. 3 Abs. 4 VV RVG auf die 0,5-Verfahrensgebühr nach Nr. 3307 VV RVG anzurechnen ist, soll der nicht konsumierte 0,15-Anteil noch auf die nachfolgende 1,3-Verfahrensgebühr nach Nr. 3100 VV RVG anzurechnen sein, so dass lediglich eine 1,15-Verfahrensgebühr nach Nr. 3100 VV RVG verbleibt. Dies wird damit begründet, dass der Beklagtenvertreter anderenfalls mehr Gebühren erlangen kann, als der Klägervertreter. Dieses „Neidargument" überzeugt nicht. Maßgeblich ist, dass die Geschäftsgebühr nach der Vorbem. 3 Abs. 4 auf „die Verfahrensgebühr" (singular!) des gerichtlichen Verfahrens angerechnet wird. Das nachfolgende gerichtliche Verfahren ist das Mahnverfahren. Soweit eine weitergehende Anrechnung dort nach den absoluten Zahlen nicht möglich ist, ist der Anrechnungstatbestand erschöpft. Eine weitergehende Anrechnung ist im Erkenntnisverfahren vom Wortlaut der eng auszulegenden Anrechnungsvorschriften nicht gedeckt. Dass die Bevollmächtigten unterschiedliche Gebühren erhalten, ist nichts Ungewöhnliches. So kann die rechtliche Prüfung, ob und in welchem Umfang der geltend gemachte Anspruch besteht sowie Einwendungen geltend gemacht werden können und ein Widerspruch eingelegt werden soll, weit umfangreicher sein als die Beantragung eines Mahnbescheides bei noch nicht bekannten und geprüften Einwendungen. Trotzdem erhält der Bevollmächtigte des Antragstellers eine 1,0-Verfahrensgebühr, während der Bevollmächtigte des Antragsgegners nur eine 0,5-Verfahrensgebühr erhält.

4. Die Anrechnung der Gebühr nach Nrn. 3305, 3307 auf die nachfolgende Verfahrensgebühr im Klageverfahren

Erhebt der Antragsgegner gegen den Mahnbescheid Widerspruch oder reagiert er auf den Vollstreckungsbescheid mit einem Einspruch, wird die Auseinandersetzung im streitigen Erkenntnisverfahren fortgesetzt. Gleiches gilt, wenn nach einem Widerspruch der Antragsteller das Verfahren nicht weiterbetreibt, aber der Antrags-

---

26 OLG Köln AGS 2009, 476; OLG Hamburg JurBüro 1977, 375; Gerold/Schmidt/*Müller-Rabe*, RVG, Vorbem. 3 Rn 315.

§ 5 Gebühren im gerichtlichen Mahnverfahren

56 gegner seinerseits den weiteren Gerichtskostenvorschuss zahlt und die Abgabe an das Streitgericht beantragt.[27]

Hier erhält der RA zunächst die Gebühren nach Nrn. 3100 und 3104 VV RVG, d.h. eine 1,3-Verfahrengebühr (Nr. 3100 VV RVG) und eine 1,2-Terminsgebühr (Nr. 3104 VV RVG). Die frühere Streitfrage, ob es sich bei dem Mahnverfahren und dem anschließenden Streitverfahren um zwei Angelegenheiten handelt, ist in diesem Sinne durch § 17 Abs. 2 RVG entschieden.

57 Nach den Anm. zu Nrn. 3305, 3307 VV RVG wird die Gebühr nach dieser Nummer auf die Verfahrensgebühr für einen nachfolgenden Rechtsstreit angerechnet.

58 *Hinweis*

Beauftragt ein Mandant einen Rechtsanwalt mit der Durchführung eines Mahnverfahrens und mandatiert er für den späteren Rechtsstreit einen anderen Anwalt, kommt es nicht zu einer Gebührenanrechnung nach Nr. 3307 S. 2 VV RVG; Mehrkosten eines derartigen „Anwaltswechsels" fallen nicht unter § 91 Abs. 2 S. 2 ZPO.[28]

59 Dabei ist nicht nur die nach der Anrechnung der Geschäftsgebühr noch verbleibende Verfahrensgebühr nach Nr. 3305 VV RVG vollständig auf die Verfahrensgebühr nach Nr. 3100 VV RVG anzurechnen, sondern die gesamte vor der Anrechnung entstandene Verfahrensgebühr.[29] Der BGH leitet dies zum einen aus dem eindeutigen Wortlaut der Anm. zu Nr. 3305 VV RVG her, zum anderen aus dem Sinn dieser Regelung. Ansonsten entstünde das vom Gesetzgeber nicht gewollte Ergebnis, dass für die Tätigkeit des nach außergerichtlicher Geschäftsbesorgung zunächst im Mahnverfahren und anschließend im Hauptverfahren tätigen Rechtsanwalts mehr Gebühren festzusetzen wären als für die Tätigkeit des Anwalts, der nach außergerichtlicher Geschäftsbesorgung direkt das Hauptsacheverfahren betreibt. Das ist nicht ohne Kritik geblieben,[30] im Ergebnis aber hinzunehmen.

60 Dass es sich bei dem gerichtlichen Mahnverfahren und dem gerichtlichen Erkenntnisverfahren nach § 17 Abs. 2 RVG um zwei verschiedene Angelegenheiten handelt, bleibt danach unerheblich. Allerdings führt dies dazu, dass anrechnungsfrei die Post- und Telekommunikationspauschale nach Nr. 7002 VV RVG zweimal entsteht.

61 *Beispiel*

Im vorstehenden Beispiel erhält der RA also die 1,3-Verfahrensgebühr nach Nr. 3100 VV RVG, vermindert um die im Mahnverfahren im Ausgang angefal-

---

27 OLG Sachsen-Anhalt AGS 2012, 122 m. Anm. *Schneider*.
28 OLG München AGS 2016, 256.
29 BGH JurBüro 2011, 80; OLG Hamm AGS 2014, 453.
30 *Hansens*, RVGreport 2009, 81, 84.

B. Die Gebühren im gerichtlichen Mahnverfahren § 5

lene 1,0-Verfahrensgebühr nach Nr. 3305 sowie eine 1,2-Terminsgebühr. Es ergibt sich nun folgende Berechnung:

Erkenntnisverfahren:

Geschäftswert 10.000,00 EUR

1,3-Verfahrensgebühr nach Nr. 3100 VV RVG	725,40 EUR
./. anzurechnenden Verfahrensgebühr nach Nr. 3305 VV RVG (1,0)	./. 558,00 EUR
zuzüglich einer 1,2-Terminsgebühr nach Nr. 3104 VV RVG	669,60 EUR
zuzüglich Post- und Telekommunikationspauschale	20,00 EUR
Zwischensumme	857,00 EUR
zuzüglich 19 % Umsatzsteuer	162,83 EUR
Gesamt gerichtlich	1.019,83 EUR

Anzurechnen ist die Verfahrensgebühr im gerichtlichen Mahnverfahren auf die nachfolgende Verfahrensgebühr im gerichtlichen Erkenntnisverfahren nur insoweit, wie die Gegenstände identisch sind.[31]

Unerheblich bleibt für die Anrechnung, ob der vertretenen Partei Prozesskostenhilfe gewährt wurde.[32]

5. Die Anrechnung der Terminsgebühr

Anm. 4 zu Nr. 3104 VV RVG sieht vor, dass eine in einem vorausgegangenen Mahnverfahren entstandene Terminsgebühr auf die Terminsgebühr des nachfolgenden Rechtsstreits angerechnet wird. Da die Besprechung im Sinne der Vorbem. 3 Abs. 3 VV RVG nur auf die Erledigung des Rechtsstreites gerichtet sein muss, nicht aber den tatsächlichen Erfolg voraussetzt, ist diese Konstellation auch durchaus denkbar. **62**

Es sind dann mehrere Fälle zu unterscheiden:

- Sofern die im Mahnverfahren verfolgte Forderung der im streitigen Verfahren geltend gemachten Forderung entspricht, fällt die Terminsgebühr insgesamt nur einmal aus dem identischen Streitwert an. **63**

- Sofern es aufgrund einer Teilzahlung oder der Berücksichtigung berechtigter Einwendungen im Klageverfahren zu einem geringeren Streitwert kommt, wird die geringere Terminsgebühr im streitigen Verfahren durch die Anrechnung der höheren Terminsgebühr aus dem Mahnverfahren ebenfalls vollständig konsumiert. Allerdings verbleibt dem RA die Differenz der höheren Terminsgebühr im gerichtlichen Mahnverfahren.

---

31 OLG München AGS 2013, 512.
32 OLG Bamberg AGS 2009, 281.

§ 5 Gebühren im gerichtlichen Mahnverfahren

Beispiel
Der RA beantragt nach vorgerichtlicher Tätigkeit mit einer 1,3-Geschäftsgebühr einen Mahnbescheid über 12.000,00 EUR wegen rückständiger Miete. Eine Besprechung im Mahnverfahren mit dem Ziel einer gütlichen Einigung führt nicht zum Erfolg. Nachdem der Antragsgegner Widerspruch eingelegt hat, wird das Verfahren streitig fortgesetzt und die Klage aufgrund der erhobenen Einwendungen um insgesamt 4.000,00 EUR auf nun 8.000,00 EUR vermindert. Nach mündlicher Verhandlung ergeht ein streitiges Urteil. Es ist wie folgt abzurechnen:

Für das gerichtliche Mahnverfahren:

Streitwert 12.000,00 EUR	
1,0-Verfahrensgebühr nach Nr. 3305 VV RVG	604,00 EUR
./. der anzurechnenden Geschäftsgebühr	
nach Nr. 2300 (0,65)	./. 92,60 EUR
zuzüglich einer 1,2-Terminsgebühr nach Nr. 3104 VV RVG	724,80 EUR
zuzüglich Post- und Telekommunikationspauschale	20,00 EUR
Zwischensumme	956,20 EUR
zuzüglich 19 % Umsatzsteuer	181,68 EUR
Gesamt AGMV	1.137,88 EUR

Für das Erkenntnisverfahren:

Geschäftswert 8.000,00 EUR	
1,3-Verfahrensgebühr nach Nr. 3100 VV RVG	592,80 EUR
./. der anzurechnenden Verfahrensgebühr	
nach Nr. 3305 VV RVG (1,0)	./. 456,00 EUR
zuzüglich einer 1,2-Terminsgebühr nach Nr. 3104 VV RVG	547,20 EUR
abzüglich der anzurechnenden Terminsgebühr aus dem	
AGMV	./. 547,20 EUR
zuzüglich Post- und Telekommunikationspauschale	20,00 EUR
Zwischensumme	156,80 EUR
zuzüglich 19 % Umsatzsteuer	29,79 EUR
Gesamt Erkenntnisverfahren	186,59 EUR

Gegenüber einem unmittelbaren Vorgehen im gerichtlichen Streitverfahren ergibt sich ein Vergütungsvorteil von 1.113,00 EUR zu 704,00 EUR netto, so dass dem RA ein Vorteil von immerhin 409,00 EUR verbleibt. Zu berücksichtigen ist, dass im gerichtlichen Streitverfahren die vorgerichtliche Geschäftsgebühr nur insoweit anzurechnen ist, wie der Gegenstand identisch ist, d.h. nur die Hälfte, höchstens eine 0,75-Gebühr aus 8.000,00 EUR, obwohl tatsächlich vorgerichtlich noch 12.000,00 EUR geltend gemacht wurden.

B. Die Gebühren im gerichtlichen Mahnverfahren §5

Das gleiche Ergebnis zeigt sich umgekehrt, wenn die Klageforderung gegenüber dem Mahnverfahren erhöht wird oder im Klageverfahren weitere Ansprüche verfolgt werden, die nicht Gegenstand des Mahnverfahrens waren. In diesem Fall erfolgt eine Anrechnung der niedrigeren Terminsgebühr aus dem Mahnverfahren auf die höhere des streitigen Verfahrens. Die Differenz verbleibt dem RA.

Beispiel
Der RA beantragt nach vorgerichtlicher Tätigkeit mit einer 1,3-Geschäftsgebühr einen Mahnbescheid über 8.000,00 EUR wegen rückständiger Miete. Eine Besprechung im Mahnverfahren mit dem Ziel einer gütlichen Einigung führt nicht zum Erfolg. Nachdem der Antragsgegner Widerspruch eingelegt hat, wird das Verfahren streitig vorgesetzt und die Klage um zwei weitere Mieten von insgesamt 4.000,00 EUR auf nun 12.000,00 EUR erhöht. Nach mündlicher Verhandlung ergeht ein streitiges Urteil. Es ist wie folgt abzurechnen:

Für das gerichtliche Mahnverfahren:

Streitwert 8.000,00 EUR

1,0-Verfahrensgebühr nach Nr. 3305 VV RVG	456,00 EUR
./. der anzurechnenden Geschäftsgebühr nach Nr. 2300 VV RVG (0,65)	./. 296,40 EUR
zuzüglich einer 1,2-Terminsgebühr nach Nr. 3104 VV RVG	547,20 EUR
zuzüglich Post- und Telekommunikationspauschale	20,00 EUR
Zwischensumme	726,80 EUR
zuzüglich 19 % Umsatzsteuer	138,09 EUR
Gesamt AGMV	864,89 EUR

Für das Erkenntnisverfahren:

Geschäftswert 12.000,00 EUR

1,3-Verfahrensgebühr nach Nr. 3100 VV RVG	785,20 EUR
./. der anzurechnenden Verfahrensgebühr nach Nr. 3305 (1,0)	./. 456,00 EUR
zuzüglich einer 1,2-Terminsgebühr nach Nr. 3104 VV RVG	724,80 EUR
abzüglich der *anzurechnenden* Terminsgebühr aus dem AGMV	./. 547,20 EUR
zuzüglich Post- und Telekommunikationspauschale	20,00 EUR
Zwischensumme	526,80 EUR
zuzüglich 19 % Umsatzsteuer	100,09 EUR
Gesamt Erkenntnisverfahren	626,89 EUR

§ 5 Gebühren im gerichtlichen Mahnverfahren

> Gegenüber einem unmittelbaren Vorgehen im gerichtlichen Streitverfahren ergibt sich ein Vergütungsvorteil von 1.253,60 EUR zu 1.074,00 EUR netto, so dass dem RA ein Vorteil von 179,60 EUR verbleibt.

6. Die Anrechnung im Erstattungsverhältnis

64 Grundsätzlich hat der Antragsgegner (Schuldner) die Kosten zu erstatten, die tatsächlich angefallen sind. Sofern eine Anrechnung zu erfolgen hat, sind also nur die um die anzurechnenden Gebühren verminderten Kosten zu tragen. Da die Anrechnung der Geschäftsgebühr auf die Verfahrensgebühr und nicht der Verfahrensgebühr auf die Geschäftsgebühr erfolgt, ist die volle Geschäftsgebühr, jedoch die geminderte Verfahrensgebühr nach Nr. 3305 in den Mahnbescheidsantrag aufzunehmen.

65 Der Antragsgegner kann auf den Mahnbescheid regelmäßig nach § 15a Abs. 2 RVG nicht einwenden, dass im gerichtlichen Verfahren die Geschäftsgebühr um die Hälfte, höchstens aber 0,75 zu kürzen ist. Im Verhältnis zu den Vertragsparteien des Anwaltsvertrages ist der Schuldner nämlich Dritter. Ein Dritter kann sich auf die Anrechnung aber nach § 15a Abs. 2 RVG aber nur berufen, soweit

- er den Anspruch auf eine der beiden Gebühren (die Geschäftsgebühr nach Nr. 2300 VV RVG bzw. die Verfahrensgebühr nach Nr. 3305 VV RVG) erfüllt hat,
- wegen eines dieser Ansprüche gegen ihn ein Vollstreckungstitel besteht,
- oder beide Gebühren in demselben Verfahren gegen ihn geltend gemacht werden.

66 Diese Voraussetzungen liegen aber regelmäßig nicht vor. Hätte der Antragsgegner als vorgerichtlicher Schuldner die Geschäftsgebühr ausgeglichen, würde sie nicht im gerichtlichen Mahnverfahren verfolgt. Ein Vollstreckungstitel existiert noch nicht, weil der Mahnbescheid beantragt wird, nicht aber der Vollstreckungsbescheid. Der Schuldner kann also erst gegen die Festsetzung der vollen Verfahrensgebühr im Vollstreckungsbescheid einwenden, dass die Geschäftsgebühr gegen ihn tituliert wird.

67 *Hinweis*
Entgegen einer immer wieder anzutreffenden Praxis der Amts- und Landgerichte ist die Aussage, ein Rechtsanwalt habe nur Anspruch auf die hälftige Geschäftsgebühr, weshalb die Kosten entsprechend zu kürzen seien, schlicht falsch. Sie verkennt sowohl den Wortlaut der Anrechnungsvorschrift als auch den Inhalt von § 15a Abs. 2 RVG. Den Entscheidungen mangelt es regelmäßig schon daran, dass keine präzise Rechtsprüfung stattfindet und die einschlägigen Rechtsvorschriften, insbesondere § 15a RVG nicht einmal genannt werden. Die eigentliche Prüfung verlagert sich so vom Hauptsacheverfahren auf das Kostenfestsetzungsverfahren. Dort wird geprüft, ob und inwieweit die Voraussetzungen des § 15a RVG vorliegen und deshalb eine Anrechnung zu erfolgen hat.

B. Die Gebühren im gerichtlichen Mahnverfahren §5

Problematischer sind die Fälle, in denen wegen eines Bearbeiterwechsels im Abrechnungsverhältnis die Voraussetzungen der Anrechnung nicht vorliegen. 68

Beispiel 69
Der Großmandant lässt die vorgerichtliche Forderungsbeitreibung zentral durch seine Vertragsanwälte steuern. Wenn der Schuldner auf deren vorgerichtliche Bemühungen nicht zahlt, wird das Verfahren an eine im allgemeinen Gerichtsstand des Schuldners ansässige regionale RA-Kanzlei abgegeben.
Es fragt, sich, ob der Schuldner die so erhöhten Gebühren erstatten muss. Nach § 254 Abs. 2 BGB sind im Erstattungsverhältnis die Anrechnungsvorschriften auch dann aus dem Blickwinkel des Verstoßes gegen die Schadensminderungspflicht zur Anwendung zu bringen. Allerdings wird häufig vorschnell eine (fiktive) Anrechnung vorgenommen, ohne die Systematik und Voraussetzungen der Anrechnungsvorschriften, der Schadensminderungspflicht und letztlich auch § 15a RVG zu beachten. Eine Anrechnung ist unter dem Blickwinkel der Schadensminderungspflicht also auch hier nur dann vorzunehmen, wenn die Voraussetzungen des § 15a RVG vollständig gegeben sind. Gerade daran fehlt es aber regelmäßig. Auch die Schadensminderungspflicht ist nur tangiert, wenn aus der Ex-ante-Sicht an einer Titulierung im gerichtlichen Mahnverfahren Zweifel begründet waren. Der RA ist gut beraten, seinen Anspruch hier Schritt für Schritt darzulegen und zu begründen.

X. Gegenstandswerte im gerichtlichen Mahnverfahren

Nach § 23 Abs. 1 S. 1 RVG bestimmt sich der Gegenstandswert im Mahnverfahren auch für die Gebühren des RA nach den für die Gerichtsgebühren geltenden Wertvorschriften. Nach § 48 GKG i.V.m. §§ 3, 4 ZPO ist für den Bevollmächtigten des Antragstellers der Nennwert des Hauptanspruches streitwertbestimmend. 70

Für den Bevollmächtigten des Antragsgegners ist dagegen darauf abzustellen, ob er wegen des gesamten Hauptanspruches mandatiert wird oder lediglich wegen eines Teilbetrages. Im ersten Fall ist der Hauptanspruch streitwertbestimmend, im zweiten Fall nur der betroffene Teilgegenstand. Wird der RA vom Schuldner umfänglich beauftragt, legt nach seiner Prüfung aber nur einen Teilwiderspruch ein, bleibt der Hauptanspruch für die Bemessung der Gebühren maßgeblich. 71

Streitwertänderungen sind nur für die nachfolgenden Gebühren zu berücksichtigen. Eine einmal entstandene Gebühr vermindert sich durch die Reduzierung des Streitwertes nicht. Es kann nur durch eine Erhöhung des Streitwertes zu einer Erhöhung der Gebühr kommen. 72

Beispiel 73
Der RA wird beauftragt, eine rückständige Mietforderung von 4.000,00 EUR im gerichtlichen Mahnverfahren beizutreiben. In dieser Höhe beantragt er einen Mahnbescheid. Der Antragsgegner legt in Höhe von 2.500,00 EUR Widerspruch

§ 5 Gebühren im gerichtlichen Mahnverfahren

ein. Die 1,0-Verfahrensgebühr berechnet sich aus dem Wert von 4.000,00 EUR. Allein die nachfolgende 0,5-Verfahrensgebühr nach Nr. 3308 für die Beantragung des Vollstreckungsbescheides reduziert sich auf den Wert, der vom Widerspruch nicht erfasst wurde, mithin 1.500,00 EUR.

§ 6 Gebühren in der Zwangsvollstreckung

A. Einleitung

Der Wert eines Vollstreckungstitels realisiert sich nur, wenn er auch durchgesetzt werden kann. Das – und nicht die Titulierung – ist dem Mandanten wichtig. Dabei wird der Mandant in der Regel davor bewahrt werden wollen, „gutes Geld schlechtem hinterher zu werfen", d.h. die anwaltliche Vergütung tragen zu müssen, ohne eine Erstattungschance zu sehen.

Der Zwangsvollstreckung durch die staatlichen Organe kommt dabei für den Gläubiger in dreierlei Hinsicht Bedeutung zu:

- Zum einen kann die Zwangsvollstreckung in der Reihenfolge der Immobiliarzwangsvollstreckung, dann der Forderungsvollstreckung und – leider nur mit sehr mäßigem Erfolg – der Sachpfändung zu einer vollständigen oder teilweisen Befriedigung des Gläubigers führen.
- Die Vollstreckungsorgane, insbesondere der Gerichtsvollzieher, haben die Möglichkeit, in der Zwangsvollstreckung eine gütliche Einigung in Form einer Zahlungsvereinbarung (§ 802b ZPO) herbeizuführen, die ebenfalls zu einer vollständigen oder teilweisen Befriedigung des Gläubigers führen kann; der besondere Erfolg liegt im persönlichen Aufsuchen des Schuldners begründet.[1]
- Letztlich und wohl nicht am unwesentlichsten erzeugt die Zwangsvollstreckung Vollstreckungsdruck, der dem Schuldner zeigt, dass es ihm nicht hilft, wenn er „den Kopf in den Sand steckt", sondern dass er besser mit dem Gläubiger kooperativ kommuniziert. Setzt der Schuldner sich deshalb aufgrund einer Vollstreckungsmaßnahme – besonders häufig Maßnahmen der Immobiliarzwangsvollstreckung oder der Forderungspfändung, hier wiederum pointiert der Kontopfändung – mit dem Gläubiger bzw. seinem Rechtsdienstleister in Verbindung, besteht die Chance auf einen Ratenzahlungs-, Abfindungs- oder Teilzahlungsvergleich, der dem RA gebührenrechtlich über die Verfahrensgebühr in der Zwangsvollstreckung hinaus auch eine Einigungsgebühr bringen kann.

Aus Sicht des Schuldners stellt sich die Zwangsvollstreckung dagegen als notwendiges Übel dar, wenn er mit dem Gläubiger eine kooperative Lösung nicht erreichen kann oder seinerseits nicht erreichen will. Das taktische Moment des Schuldners kann auch darin liegen, die Vollstreckung zu verzögern und den Gläubiger so zu Zugeständnissen zu bewegen oder Phasen einer unzureichenden Liquidität zu überbrücken. Auch dabei kann er sich eines vergütungsberechtigten RA bedienen, ohne allerdings die Option zu haben, diese Kosten erstattet zu bekommen.

---

1 Was allerdings auch vor- und außergerichtlich über Außendienste (vgl. etwa www.iadb-online.de) erreicht werden kann und zu einem Auslagenerstattungsanspruch oder einer Erhöhung der Geschäftsgebühr – weil umfangreich – führt.

§ 6 Gebühren in der Zwangsvollstreckung

3   Nach Maßgabe der verfolgten Ziele, die der Rechtsdienstleister mit dem Mandanten klären muss, ist auch das Kostenmanagement in der Zwangsvollstreckung zu betrachten. Neben den Gebühren und Auslagen des Vollstreckungsorgans – mit dem 2. KostRMoG sind diese 2013 um durchschnittlich ⅓ gestiegen – gilt es, die Gebühren und Auslagen des RA nach dem RVG zu betrachten, die jedenfalls mittelbar auch für Inkassodienstleister aufseiten des Gläubigers maßgeblich sind. Wie zu zeigen wird, ist die Verfahrensgebühr in der Zwangsvollstreckung schon nach dem Gebührensatz außerordentlich niedrig, so dass es gilt, das Gesamtvergütungsaufkommen zu optimieren, ohne die Frage der Erstattungsfähigkeit aus dem Auge zu verlieren.

4   In allen Fällen hat der RA die Möglichkeit, neben den allgemeinen Gebühren, nämlich der Einigungsgebühr (Nrn. 1000, 1003 VV RVG), der Hebegebühr (Nr. 1009 VV RVG) oder der Erhöhungsgebühr (Nr. 1008 VV RVG) die besonderen Gebühren im Vollstreckungsverfahren, nämlich die Verfahrensgebühr sowie die Terminsgebühr nach Nrn. 3309, 3310 VV RVG zu erlangen. Wegen der allgemeinen Gebühren kann auf die Ausführungen in § 3 Rdn 1 ff. verwiesen werden.

5   Zur Wahrheit gehört auch: Vor dem Hintergrund der Erfolgsaussichten der Forderungsrealisierung muss der RA, wie der Inkassodienstleister, im Sinne des Mandanten abwägen, welche Maßnahmen zum Erfolg führen können. Die streitwertabhängigen Gebühren geben dabei die Möglichkeit, die Gebühren dadurch niedrig zu halten, dass lediglich ein Teilauftrag erteilt wird, wenn die Vollstreckungsaussichten tatsächlich gering sind und damit die Gefahr groß, dass mangels Liquidität des Schuldners ein rechtlich bestehender Erstattungsanspruch tatsächlich nicht durchzusetzen ist.

6   *Hinweis*
Ein Teilauftrag kann sich allerdings auch aus taktischen Gründen empfehlen. Es lassen sich hier Einmalzahlungen des Schuldners erzielen, wenn die geltend gemachte (Teil-)Forderung nicht zu hoch ist. Dies muss anhand des Schuldnerprofils und der Forderungsart getestet werden, um die richtige Höhe der Teilforderung für ganz konkrete Forderungs-Portfolien zu finden.

7   In seinem eigenen Gebühreninteresse muss der RA sehen, dass die Gebühren in der Zwangsvollstreckung sehr gering sind. Hier besteht also aus betriebswirtschaftlicher Sicht einerseits die Notwendigkeit einer besonders effektiven Bearbeitung wie andererseits auch eines konsequenten Vergütungsmanagements, das alle Möglichkeiten nutzt und alle angefallenen Gebühren auch tatsächlich abrechnet.

8   *Hinweis*
Für RAe ohne besonders ausgeprägte Zwangsvollstreckungsabteilung kann sich die Zusammenarbeit mit einem spezialisierten Inkassounternehmen anbieten. Deren hohe Spezialisierung und optimierte Zusammenarbeit mit Auskunfteien lässt sie häufig wirtschaftlicher arbeiten als den RA. Hat der RA kein eigenes

wirtschaftliches Interesse, kann der Mandant hier regelmäßig mehr für sein Geld bekommen und auch das Liquiditätsrisiko vermindern. Dass der Mandant so zufrieden ist, ist auch im Interesse des RA. Da Inkassounternehmen keine streitigen Verfahren betreiben dürfen, unterstützt der RA nicht „die Konkurrenz", sondern optimiert die ganzheitliche Betreuung des Mandanten. Gleiches gilt, wenn der rechtsschutzversicherte Mandant nach drei erfolglosen Vollstreckungsversuchen kein weiteres Geld mehr investieren möchte. Bei den Inkassounternehmen kann ihm in jedem Fall auch gegen eine Erfolgsprovision geholfen werden. Auch das sollte der RA „im Angebot" haben. Für eine teilweise Abtretung des nicht realisierten Erstattungsanspruchs an Erfüllungs statt in einem nach § 4 Abs. 2 RVG zulässigen Rahmen ist angesichts der niedrigen Gebühren außerhalb von hohen Fallzahlen[2] kaum Raum. Die Abtretung kommt angesichts der Forderungshöhen nicht selten auch einem tatsächlichen – insoweit gesetzlich zulässigen, aber betriebswirtschaftlich schädlichen – Gebührenverzicht gleich.

In der Zwangsvollstreckung ist für die Bestimmung der Gebühren zwischen der Mobiliarzwangsvollstreckung und der Immobiliarzwangsvollstreckung zu unterscheiden.

9

B. Die Gebühren in der Zwangsvollstreckung

Für die Kostenabrechnung in Zwangsvollstreckungssachen haben sich mit dem Rechtsanwaltsvergütungsgesetz (RVG) andere Abrechnungsnormen, aber auch inhaltliche Änderungen gegenüber der BRAGO ergeben, die gleichwohl in der Langzeitüberwachung – die Forderungen mit Ausnahme der Zinsen (§ 197 Abs. 2 BGB) verjähren frühestens nach 30 Jahren (§ 197 Abs. 1 Nr. 3 BGB) – noch ihre Bedeutung hat.

10

Das RVG findet nach § 61 RVG nur dann Anwendung, wenn der unbedingte Auftrag zur Zwangsvollstreckung nach dem 30.6.2004 erteilt worden ist.[3] Soweit der unbedingte Auftrag zuvor erteilt worden ist, finden noch die Regelungen der BRAGO Anwendung.[4] Die BRAGO ist also noch wesentlich, wenn anwaltliche Gebühren und Auslagen für Zwangsvollstreckungsmaßnahmen im Rahmen von § 788 ZPO begehrt werden, die noch in Anwendung der BRAGO entstanden sind, d.h. aufgrund eines vor dem 1.7.2004 erteilten Auftrages. Nach § 60 RVG gilt die gleiche Syste-

11

---

2 Sogenanntes Masseninkasso.
3 Zur Frage, wann ein unbedingter Auftrag vorliegt und welche Probleme mit der Übergangsregelung verbunden sind, vgl. *Goebel*, Die Übergangsregelungen anlässlich des Inkrafttretens des RVG, RVG-Berater 2004, 38.
4 Es wird davon ausgegangen, dass dies nur noch in Einzelfällen vorkommt, so dass hier auf eine entsprechende Darstellung verzichtet wird. Es muss insoweit auf die einschlägige Kommentarliteratur verwiesen werden.

matik bei jeder Änderung des RVG, insbesondere also für die wesentliche Änderung in der Systematik des RVG – geänderte Streitwertgrenzen – und die erhebliche Erhöhung der Gebühren und Auslagen mit dem 2. KostRModG zum 1.8.2013.

12 *Hinweis*
Im Hinblick auf die (zumindest) 30-jährige Verjährungsfrist titulierter Forderungen nach § 197 Abs. 1 Nr. 3 BGB[5] können sich erhebliche Probleme bei der Begründung der Gebühren in einer mehrjährigen Beitreibungsbearbeitung ergeben. Es kann sich deshalb empfehlen, in regelmäßigen Abständen von der Festsetzungsmöglichkeit nach § 788 Abs. 2 ZPO i.V.m. §§ 103 ff. ZPO Gebrauch zu machen. Die Kostenfestsetzung schafft einen eigenständigen Titel nach § 794 Abs. 1 Nr. 2 ZPO und entzieht die Kostenforderungen der Diskussion.[6] Aufgrund der identischen Zuständigkeit empfiehlt sich die Verbindung eines solchen Antrags mit dem Antrag auf Erlass eines Pfändungs- und Überweisungsbeschlusses.

13 Die nachfolgenden Ausführungen erläutern zunächst die anwaltlichen Gebühren in der Mobiliarzwangsvollstreckung. Der Schuldner hat die anwaltliche Vergütung nach § 788 ZPO zu erstatten. Gleiches gilt für die Vergütung der nach § 79 Abs. 2 Nr. 4 ZPO zulässigen Tätigkeit eines Inkassounternehmens in der Zwangsvollstreckung, § 4 Abs. 4 RDGEG.

I. Der gebührenrechtliche Begriff der Zwangsvollstreckung

14 Der prozessrechtliche Begriff der Zwangsvollstreckung weicht von dem gebührenrechtlichen Begriff ab, was sich auswirkt, wenn der RA, vor allem aber auch ein registrierter Inkassodienstleister, den Gläubiger – oder auch Schuldner – nicht schon im Erkenntnisverfahren vertreten hat.

15 Zu beachten sind folgende Fälle:
- Die Beantragung einer Vollstreckbarkeitserklärung bei Schiedssprüchen oder Anwaltsvergleichen führt erst zur Schaffung eines Vollstreckungstitels, ist also noch nicht Teil der Zwangsvollstreckung. Die Vergütung des beantragenden RA richtet sich also nach Nr. 3100 VV RVG und nicht nach Nr. 3309 VV RVG.[7]

---

5 Nicht vergessen werden darf, dass titulierte künftige Zinsen nur einer wesentlich kürzeren dreijährigen Verjährungsfrist nach § 197 Abs. 2 BGB unterfallen, was eine verjährungsverlängernde Vereinbarung nach § 202 Abs. 2 BGB oder regelmäßige Maßnahmen zum Neubeginn der Verjährung nach § 212 BGB erfordert.

6 Daneben wird der Aufwand für die Ein- und Aussortierung und Verwahrung einer Vielzahl von Belegen ebenso reduziert wie der Portoaufwand und die Gefahr eines unwiederbringlichen Verlustes von Belegen über Aufwendungen.

7 OLG München AGS 2009, 574 = FamRZ 2009, 2112; Gerold/Schmidt/*Müller-Rabe*, RVG, VV 3100 Rn 4; Zöller/*Geimer*, ZPO, § 796a Rn 30; Musielak/*Voit*, ZPO, § 796b Rn 5; a.A. Baumbach/Lauterbach/Albers/Hartmann, ZPO, § 796b Rn 7; *Hartmann*, Kostengesetze, RVG-VV, VV 1000 Rn 12.

B. Die Gebühren in der Zwangsvollstreckung §6

- Im Einzelfall muss geprüft werden, ob eine Angelegenheit noch mit der Tätigkeit im Hauptverfahren abgegolten ist, so dass die gesonderte Gebühr nach Nr. 3309 VV RVG nur der RA erhält, der im Hauptsacheverfahren noch nicht beauftragt war. Dies gilt etwa für die erste Erteilung der ersten vollstreckbaren Ausfertigung, § 19 Abs. 1 S. 1 und S. 2 Nr. 13 i.V.m. §§ 17 und 18 VV RVG.

  Hinweis
  Dies ist besonders zu beachten, wenn es nach der Titulierung eines streitigen Anspruchs zum Bearbeiterwechsel kommt. Der neue RA verdient dann schon die 0,3-Verfahrensgebühr nach Nr. 3309 VV RVG mit der Beantragung der vollstreckbaren Ausfertigung. Allerdings wird es sich vielfach nicht auswirken, weil die anschließende Zahlungsaufforderung und die dann folgende Vollstreckungsmaßnahme insgesamt nur eine Angelegenheit darstellen und deshalb insgesamt nur einmal die 0,3-Verfahrensgebühr nach Nr. 3309 VV RVG anfällt. Jedoch darf nicht vergessen werden, die Gebühr auch dann geltend zu machen, wenn aufgrund aktueller Informationen nach der Erteilung der Ausfertigung von der Vollstreckung Abstand genommen wird oder es zu einer abschließend erfüllenden Zahlung des Schuldners kommt, bevor die weitere Vollstreckung eingeleitet werden kann. Anders als bei anderen Verfahrensgebühren, kennt das Zwangsvollstreckungsrecht also keine Kürzung bei einer vorzeitigen Erledigung des Auftrages. All das gilt auch dann, wenn der Schuldner noch gar keine Kenntnis von der Beauftragung und vorbereitenden Tätigkeit des RA hat.[8]

- Auch ist auf den gebührenrechtlichen Beginn der Tätigkeit des RA für das Entstehen der Gebühren abzustellen und nicht auf den prozessrechtlichen Beginn in Form der ersten Vollstreckungshandlung des Vollstreckungsorgans.

  Hinweis
  Die Verfahrensgebühr nach Nr. 3309 VV RVG entsteht daher mit den die prozessrechtliche Zwangsvollstreckung vorbereitenden Handlungen des RA. In Betracht kommen vor allem
  - die Informationsbeschaffung über die Vollstreckungsforderung, den Vollstreckungsgegner und dessen Einkommen und Vermögen beim Mandanten;[9]
  - die Informationsbeschaffung über die Bonität des Schuldners bei Auskunfteien, um dessen Einkommens- und Vermögenssituation zu klären und damit eine Einschätzung zur Erforderlichkeit und Zweckmäßigkeit von Vollstreckungsmaßnahmen zum aktuellen Zeitpunkt zu bekommen;

---

[8] OLG Koblenz JurBüro 2002, 273; OLG Hamburg JurBüro 1975, 1346.
[9] Zur effektiven und aufwandsreduzierenden Befragung des Mandaten vgl. *Goebel*, AnwaltFormulare Zwangsvollstreckung, § 1.

§ 6 Gebühren in der Zwangsvollstreckung

- die Einsichtnahme in das Schuldnerverzeichnis, um zu erfahren, ob dem Schuldner bereits die Vermögensauskunft abgenommen wurde;
- die Zahlungsaufforderung an den Schuldner, zur Abwendung der Zwangsvollstreckung die Forderung insgesamt auszugleichen oder aber zumindest Kontakt zur Erzielung einer gütlichen Einigung aufzunehmen;
- ebenso aber die von dem RA formulierte bloße Bitte des Beklagten nach Zustellung eines Versäumnisurteils und erfolgtem Einspruch um Abstandnahme von der Vollstreckung sowie die Entgegennahme einer solchen Erklärung durch den bereits mit der Vollstreckung beauftragten RA;
- die Zahlungsaufforderung mit dem Hinweis auf die sonst beauftragte Beantragung einer Vollstreckungsmaßnahme, wobei es nicht erforderlich ist, dass bereits alle Voraussetzungen der Zwangsvollstreckung vorliegen.[10]

Unerheblich ist der tatsächliche Aufwand, der betrieben wurde.[11]

- Die vorgerichtliche Tätigkeit vor Erhebung einer Vollstreckungsgegenklage, einer Drittwiderspruchsklage, einer Klage auf vorzugsweise Befriedigung nach § 805 ZPO, einer negativen Feststellungsklage, einer Nichtigkeits- oder Restitutionsklage oder letztlich einer Klage aus § 826 BGB wegen rechtsmissbräuchlicher Zwangsvollstreckung ist wiederum nicht Teil der Zwangsvollstreckung, sondern gehört zur vorgerichtlichen Vertretung. Insoweit bestimmt sich die Gebühr nach Nr. 2300 VV RVG und nicht nach Nr. 3309 VV RVG.[12] Selbstverständlich nur dann, wenn der Auftrag nicht auf die unmittelbare Klageerhebung oder -verteidigung beschränkt war. Vom Auftrag (auch) für eine vorgerichtliche Vertretung wird grundsätzlich auszugehen sein, wenn sie naheliegt und sinnvoll ist und konkrete Erklärungen des Mandanten oder Umstände des Einzelfalls keine andere Sicht nahelegen.

II. Verfahrensgebühr in der Mobiliarzwangsvollstreckung

16 Der Anwendungsbereich der Verfahrensgebühr nach Nr. 3309 VV RVG

In der Mobiliarzwangsvollstreckung erhält der RA zunächst eine 0,3 Verfahrensgebühr für seine Tätigkeit nach Nr. 3309 VV RVG. Dies gilt unabhängig von der Frage, welche Vollstreckungsmaßnahme ergriffen wird und auch unabhängig da-

---

10 Schneider/Wolf/*Volpert*, RVG, VV 3309 Rn 74 ff.
11 OLG Hamm JurBüro 1996, 249.
12 BGH NJW 2011, 1603.

B. Die Gebühren in der Zwangsvollstreckung   § 6

von, ob er den Gläubiger, den Schuldner oder einen in die Vollstreckung involvierten Dritten[13] – etwa den Drittschuldner[14] – vertritt. Wegen des geringen Gebührensatzes kommt bei Streitwerten bis 500,00 EUR auch die Mindestgebühr von 15,00 EUR nach § 13 Abs. 2 RVG zur Anwendung.

Die maßgeblichen Angelegenheiten, in denen die Verfahrensgebühr jeweils entstehen kann sind insbesondere in § 18 RVG genannt. Für die Praxis als besonders wichtig sind hervorzuheben:

- die Mobiliarzwangsvollstreckung, d.h. die Forderungsvollstreckung und die Vollstreckung in körperliche Sachen sowie die damit verbundenen Informationssysteme wie die Abnahme der Vermögensauskunft und die Einholung von Drittauskünften beim Gerichtsvollzieher nach § 802l ZPO;
- die Vollziehung eines Arrestes oder einer einstweiligen Verfügung;
- das Bemühen um die Eintragung einer Zwangshypothek, die dementsprechend kostenrechtlich abweichend von den sonstigen Formen der Immobiliarzwangsvollstreckung, nämlich der Zwangsversteigerung und der Zwangsverwaltung behandelt wird;
- Vollstreckungen nach dem FamFG;
- Rechtsmittelverfahren im Klauselverfahren und in der Zwangsvollstreckung;
- die Beantragung einer weiteren vollstreckbaren Ausfertigung;
- Verfahren über Schuldnerschutzanträge nach §§ 765a, 851a, 851b ZPO;
- die Verfahren nach §§ 887, 888 und 890 ZPO;
- jedes Verfahren über die Festsetzung von Ordnungsgeld;
- das Verfahren auf Löschung des Schuldners im Schuldnerverzeichnis.

Entgegen einem häufigen Fehler in der Praxis entsteht die Gebühr nicht erst mit der Beantragung einer konkreten Vollstreckungsmaßnahme oder deren Zurückweisung, sondern – wie bei jeder Verfahrensgebühr – bereits mit der ersten auf die Informationsbeschaffung gerichteten Handlung.

Beispiel   17
Nachdem die Sach- und Forderungspfändung erfolglos geblieben ist, hat der RA die Akte aufgrund der Erkenntnis, dass der Schuldner zur Zeit Hartz IV erhält, zunächst für sechs Monate auf Frist gelegt, weil ihm weitere zeitnahe Vollstreckungsmaßnahmen nicht erfolgversprechend und damit zweckmäßig[15] erschienen. Nach den sechs Monaten – die dem längsten Bewilligungszeitraum für Hartz IV entsprechen – erwägt er, eine Vermögensauskunft nach § 802c ZPO einzuholen. Zuvor fragt er jedoch beim Schuldnerverzeichnis an, ob der Schuld-

---

13 Die Frage des Entstehens eines Vergütungsanspruches ist von der Frage zu trennen, ob die so entstandenen Kosten von dem Gläubiger oder dem Schuldner ersetzt verlangt werden können. Das ist tatsächlich nur in sehr engen Ausnahmefällen denkbar.
14 Schneider/Wolf/*Volpert*, RVG, VV 3309–3310 Rn 119.
15 Hierzu BGH NJW 2015, 3793.

ner die Vermögensauskunft bereits abgegeben hat. Der Eintrag zeigt genau dies vor etwa drei Monaten.[16] Nach seiner Erfahrung haben die anderen Gläubiger nach einem solchen Zeitraum auf zugriffsfähiges Vermögen schon zugegriffen, so dass er nicht nur auf den wegen der zweijährigen Sperrfrist unzulässigen Antrag auf Abnahme der Vermögensauskunft nach § 802c ZPO, sondern auch auf den Vollstreckungsantrag nach § 802d zur Übersendung des Vermögensverzeichnisses verzichtet.

Hier ist die 0,3-Verfahrensgebühr bereits mit der Anfrage beim Schuldnerverzeichnis bzw. der Einsichtnahme in dieses entstanden. Ob es noch zur Beauftragung eines Vollstreckungsorgans kommt, bleibt unerheblich. Erfolgt nach sechs Monaten eine Abfrage zur Bonität des Schuldners bei einer Auskunftei, stellt dies einen neuen Kausalverlauf dar. Die Verfahrensgebühr nach Nr. 3309 VV RVG entsteht erneut und schon mit der Anfrage.

18 Insgesamt lassen folgende Maßnahmen die Verfahrensgebühr unabhängig von der Frage entstehen, ob alle Akte einer Vollstreckungsmaßnahme am Ende vollzogen werden:

- die Entgegennahme der Information vom Mandanten;
- die Zahlungsaufforderung an den Schuldner unabhängig davon, ob sie eine Vollstreckungsandrohung enthält oder nicht, wenn nur überhaupt ein Vollstreckungsauftrag erteilt wurde;[17]
- jede gerichtliche,[18] behördliche oder außergerichtliche Maßnahme zur Ermittlung des Aufenthaltes des Schuldners, insbesondere die diesbezüglichen Anfragen bei den Einwohnermeldeämtern oder Auskunfteien;
- jede außergerichtliche Maßnahme zur Ermittlung von Einkommen- und/oder Vermögen des Schuldners, um einen zielgerichteten Vollstreckungszugriff zu ermöglichen;
- jede Maßnahme zur Feststellung der Bonität[19] des Schuldners, um die Zweckmäßigkeit und Erforderlichkeit der Vollstreckung beurteilen zu können.

19 Die Gebühr deckt als Pauschalgebühr die gesamte Tätigkeit des RA innerhalb einer Angelegenheit ab, § 15 Abs. 1 RVG. Insoweit verfolgt der Gesetzgeber nicht den Ansatz einer im Einzelfall auskömmlichen Verfahrensgebühr. Einmal entsteht nur ein marginaler Aufwand, in einem anderen Fall ein erheblicher. In beiden Fällen fällt die Gebühr ungeschmälert an.

---

16 Anders als vor der Reform der Sachaufklärung zum 1.1.2013 geht aus dem Schuldnerverzeichnis das konkrete Abgabedatum nicht mehr hervor.
17 Anderenfalls handelt es sich um eine außergerichtliche Tätigkeit, deren Vergütung sich nach Nr. 2300 VV RVG richtet. Dazu § 4.
18 § 755 ZPO.
19 Etwa die Einholung von Scores der Auskunfteien.

B. Die Gebühren in der Zwangsvollstreckung § 6

Anders als bei anderen Verfahrensgebühren wird die Verfahrensgebühr nach Nr. 3309 VV RVG nicht ermäßigt, wenn sich der Auftrag vorzeitig, insbesondere durch Zahlung des Schuldners, erledigt. Dies wäre angesichts des geringen Gebührensatzes auch nicht angemessen. Unerheblich bleibt dabei, ob der RA schon nach außen tätig geworden ist. Maßgeblich ist allein, ob ein entsprechender Vollstreckungsauftrag erteilt war und der RA bereits eine auf die Erledigung des Auftrages gerichtete Handlung begonnen hat.

20

Der Anwalt erhält die Verfahrensgebühr nach Nr. 3309 VV RVG als Korrespondenzgebühr nach Nr. 3400 VV RVG, wenn sich sein Auftrag in der Zwangsvollstreckung auf die Korrespondenz mit dem Verfahrensbevollmächtigten beschränkt. Dies ist in der Mobiliarzwangsvollstreckung eher fernliegend, kann aber dann in Betracht kommen, wenn wegen einer Vollstreckung im Ausland ein ausländischer Verfahrensbevollmächtigter bestellt werden muss. Dagegen fällt bei der Vollstreckung eines europäischen Vollstreckungstitels als eigene Angelegenheit nach § 18 Abs. 1 Nr. 6 RVG allein die Gebühr nach Nr. 3309 VV RVG an.

21

Besonders attraktiv ist in der Zwangsvollstreckung die Erhöhung der Verfahrensgebühr nach Nr. 3309, 1008 VV RVG für jeden weiteren Auftraggeber, weil sie zu einer faktischen Verdoppelung oder sogar mehr der Gebühren führt.[20] Schon bei der Vorbereitung der Titulierung sollte dies bedacht werden, wenn mehrere Gläubiger vorhanden sind.[21] Auch die Einbeziehung aller Schuldner in den Titulierungsprozess ist nicht nur materiell-rechtlich und prozessual sinnvoll, sondern zahlt sich dann auch betriebswirtschaftlich aus.[22] Hier greift zwar nicht die Erhöhungsgebühr nach Nr. 1008 VV RVG, aber jede Vollstreckung stellt sich gegen jeden einzelnen Schuldner als besondere Angelegenheit dar. Zugleich werden durch die Mehrzahl von Schuldnern die Befriedigungschancen des Mandanten erhöht.

22

Hinweis
Dies setzt allerdings voraus, dass der RA für alle Auftraggeber in derselben Angelegenheit tätig wird. Gebührenrechtlich abweichend kann es sich darstellen, wenn verschiedene Gegenstände betroffen sind. Dann hat eine Wertaddition nach § 22 RVG zu erfolgen. Dies kann beispielsweise in Betracht kommen, wenn mehrere Geschädigte eines Verkehrsunfalles mit jeweils eigenen Schadensersatzansprüchen oder ein Elternteil und die Kinder wegen ihrer jeweils eigenen Unterhaltsansprüche vertreten werden.

23

Vor diesem Hintergrund kann sich schnell ein höheres Gebührenaufkommen bei der Bearbeitung von Gesamtschuldnerfällen ergeben.

24

---

20 Also nicht 0,3 × 0,3 = 0,09, sondern 0,3 nach Nr. 3309 + 0,3 je weiterem Auftraggeber nach Nr. 1008 VV RVG.
21 Etwa die GbR und ihre Gesellschafter oder Eheleute.
22 Vgl. etwa AG Solingen DGVZ 2015, 154.

25 *Beispiel*
Der RA vertritt zwei Gesamtgläubiger (A und B) wegen einer Forderung gegen eine GbR, die ihrerseits aus zwei Gesellschaftern besteht. Der Titel weist mithin A und B als Gläubiger sowie die GbR und deren Gesellschafter C und D, mithin drei Personen als Schuldner aus.

Der RA erhält zunächst für die Vertretung von A die Verfahrensgebühr nach Nr. 3309 VV RVG, die sich für die weitere Vertretung des B nach Nr. 1008 VV RVG um weitere 0,3 auf eine 0,6-Verfahrensgebühr erhöht.

Leitet RA wegen der unsicheren Befriedigungschancen nun die Vollstreckung gegen alle drei Schuldner ein, so handelt es sich um drei Angelegenheiten,[23] so dass die errechnete Gebühr dreimal anfällt, d.h. insgesamt 3 × 0,6 = 1,8-Verfahrensgebühr. Das gilt unabhängig von der Frage, ob ein einheitlicher oder drei getrennte Vollstreckungsaufträge gestellt werden.[24] Anderes kann nur dann gelten, wenn sicher feststeht, dass bereits das Vorgehen gegen einen der Schuldner zur vollständigen Befriedigung führen wird.

26 Zur Frage der Erhöhung der Verfahrensgebühr nach Nrn. 3309, 1008 VV RVG im Anwendungsbereich der Mindestgebühr wird auf die Ausführungen im allgemeinen Teil verwiesen. Richtigerweise wird zunächst der Gebührensatz ermittelt, dann erhöht und darauf die absolute Gebühr errechnet. Die Mindestgebühr wirkt sich dann faktisch nicht aus.

III. Terminsgebühr

27 In eingeschränktem Umfang kann auch in der Zwangsvollstreckung die Terminsgebühr nach Nr. 3310 VV RVG beim Gläubigervertreter ebenso wie beim Schuldnervertreter anfallen. Allerdings handelt es sich um eine eigenständige Regelung, auf die die Vorbem. 3 Abs. 3 VV RVG keine Anwendung findet, so dass insbesondere eine Besprechung mit dem Gegner keine Terminsgebühr auslöst. Hier ist der Vertreter auf den Anfall der Einigungsgebühr bei einem positiven Ergebnis der Besprechung angewiesen.

Sie fällt allerdings nur für die Teilnahme an einem gerichtlichen Termin, einem Termin zur Abgabe der Vermögensauskunft oder zur Abnahme der eidesstattlichen Versicherung an. Im Übrigen ist die Teilnahme an einem Termin mit der Verfahrensgebühr abgegolten.

28 *Hinweis*
Angesichts der zunehmenden Komplexität von Vollstreckungsverfahren und auch der Widerstände, auf die etwa Räumungsvollstreckungen treffen, ist dies

---

23 BGH AGS 2007, 71; BGH RPfleger 2003, 596; OLG Koblenz JurBüro 1986, 1838.
24 Schneider/Wolf/*Mock*/*N. Schneider*/*Volpert*, RVG, § 18 Rn 55 ff.

B. Die Gebühren in der Zwangsvollstreckung § 6

nicht mehr zeitgemäß. In Anbetracht der eindeutigen gesetzlichen Regelung ist allerdings der Gesetzgeber de lege ferenda berufen, die Terminsgebühr durchgängig zur Anwendung zu bringen und deren Begrenzung der Rechtsprechung zur Frage der „Notwendigkeit" zu überlassen.

Die Beschränkung auf gerichtliche Termine bedeutet, dass der RA für die Teilnahme an Vollstreckungshandlungen des Gerichtsvollziehers, etwa an der Sachpfändung vor Ort, einer Räumung oder eines Versteigerungstermins, keine Terminsgebühr erhält. Ausnahme von der Ausnahme ist die Teilnahme am Termin zur Abnahme der Vermögensauskunft. Hier fällt die Terminsgebühr an. 29

Gerichtliche Termine sind insgesamt selten. Denkbar sind sie 30

- im Rahmen der besonderen Vollstreckungsverfahren vor dem Prozessgericht nach §§ 887–890 ZPO wie sich aus § 891 ZPO ergibt;
- im Rahmen eines Vollstreckungsschutzantrages nach § 765a ZPO, wenngleich die Praxis zeigt, dass hier regemäßig ohne mündliche Verhandlung entschieden wird;
- im Rahmen des Verteilungsverfahrens nach §§ 872 ff. ZPO.[25]

Der Teilnahme am Termin zur Abnahme der Vermögensauskunft kommt dagegen größere Bedeutung zu, zumal die Reform der Sachaufklärung die Option geschaffen hat, sie an den Beginn der Zwangsvollstreckung zu stellen. Die Informationen über das Einkommen und Vermögen des Schuldners ist Grundlage jeder weiteren Vollstreckung. Da sich der Schuldner nicht selten unwissend oder wenig kooperativ zeigt und nicht jeder Gerichtsvollzieher im Sinne des Gläubigers nachhaltig insistiert, kann eine Teilnahme nicht nur fachlich sinnvoll sein,[26] sondern auch weiteren nicht vergüteten Aufwand wie etwa durch ein Nachbesserungsverfahren ersparen. Die maximale Gebühr beträgt wegen der Streitwertbegrenzung in § 25 Nr. 4 RVG allerdings 45,00 EUR, die sich aber durch die Vertretung mehrerer Personen nach Nr. 1008 VV RVG oder durch Anschlussanträge erhöhen kann. 31

Einen Vorteil bringt dem RA § 5 RVG, wonach er sich nicht nur durch einen amtlich bestellten Vertreter, sondern auch durch einen bei ihm angestellten Assessor oder einen zur Ausbildung zugewiesenen Rechtsreferendar vertreten lassen kann, ohne dass die Terminsgebühr entfällt. So kann er etwa auch einen mit der Vollstreckung befassten Mitarbeiter mit einem Referendar in einen Termin zur Abnahme der Vermögensauskunft bei einem besonders hartnäckigen Schuldner zur Stellung von Nach- und Zusatzfragen schicken, ohne auf die Gebühr verzichten zu müssen. Können mehrere Termine nacheinander mit dem Gerichtsvollzieher koordiniert werden, kann die Bearbeitung zumindest kostendeckend erfolgen. 32

---

25 Zur Streitfrage Schneider/Wolf/*Volpert*, RVG, VV 3310 Rn 5.
26 Zu den taktischen Momenten siehe ausführlich *Goebel*, AnwaltFormulare Zwangsvollstreckung, 5. Aufl. 2016.

33 *Hinweis*
Professionelle Außendienste[27] und registrierte Inkassodienstleister bieten die Teilnahme an solchen Terminen zur Abnahme der Vermögensauskunft als Kooperationspartner ebenfalls an. Je nach der Höhe der Forderung muss dies gegenüber dem Mandanten als Möglichkeit beschrieben werden, um alle Realisierungschancen zu nutzen. Die Kosten sind bis zur Höhe der Terminsgebühr erstattungsfähig. Auch wenn überschießende Kosten entstehen, die nach der gesetzlichen Lage nicht unmittelbar erstattungsfähig sind, ist dies die gegenüber dem faktischen Forderungsverzicht bessere Option. Im Übrigen ist denkbar, dass der so unter zulässigen Vollstreckungsdruck gesetzte Schuldner die Kosten in einer gütlichen Einigung auf vertraglicher Grundlage übernimmt.

34 Die gesondert ausgewiesene Teilnahme an einem Termin zur Abnahme der eidesstattlichen Versicherung ist von der Abnahme der Vermögensauskunft zu unterscheiden. Sie kommt in Betracht nach §§ 836 Abs. 3 ZPO, soweit Auskünfte über eine gepfändete Forderung nicht freiwillig erteilt werden oder nach § 883 Abs. 2 ZPO Auskunft über den Verbleib einer herauszugebenden Sache zu geben ist. Im Übrigen kann eine eidesstattliche Versicherung nach materiellem Recht nach § 889 ZPO zu vollstrecken sein. Hier dürfte allerdings nur in Ausnahmefällen eine Teilnahme zweckmäßig, wirtschaftlich und letztlich auch notwendig sein.

35 Insoweit wird insbesondere die Erweiterung des allgemeinen Anwendungsbereiches der Terminsgebühr nach Vorbem. 3 Abs. 3 VV RVG eingeschränkt. Werden also Besprechungen mit dem Gegner mit dem Ziel geführt, die Zwangsvollstreckung entbehrlich zu machen, fällt die Terminsgebühr nicht an. Diese Einschränkung wird nur teilweise durch den Anfall der Einigungsgebühr kompensiert werden können, wenn sich der Schuldner auf eine Vollstreckungshandlung hin mit dem Gläubigervertreter in Verbindung setzt und eine gütliche Einigung gesucht und bestenfalls auch gefunden wird. Wie dargestellt, geht allerdings auch dies ins Leere, wenn die gütliche Erledigung (nur) mit dem Gerichtsvollzieher erreicht wird.

Im Gegenzug kennt die Terminsgebühr nach Nr. 3310 allerdings auch keine Ermäßigungstatbestände, etwa wenn der Schuldner – wie nicht selten – im Termin zur Abnahme der Vermögensauskunft nicht erscheint und der RA deshalb nur eben dieser Feststellung beiwohnt.

36 Unerheblich bleibt, ob der RA in dem Termin eine Tätigkeit entfaltet.[28] Relevant ist allein seine Anwesenheit, unabhängig von der Frage, ob er einen Antrag oder eine Frage stellt oder sich sonst äußert. Im Gegenzug erhält der RA die Terminsgebühr nur einmal, auch wenn er an mehreren Terminen teilnimmt, etwa der Abnahme einer Vermögensauskunft und am Termin zu deren Nachbesserung, § 15 Abs. 2 RVG.

---

27 Etwa über das Netzwerk www.iadb-online.de.
28 Schneider/Wolf/*Volpert*, RVG, VV 3310 Rn 15 ff.

Die Terminsgebühr fällt nicht nur an, wenn der Bevollmächtigte im vorbezeichneten Sinn den Gläubiger oder den Schuldner vertritt, sondern auch bei der Beauftragung durch einen Dritten, soweit diese sich ausdrücklich auf die konkrete Vollstreckungshandlung bezieht. Dafür wird indes wenig Raum sein, so dass regelmäßig eine außergerichtliche Beauftragung vorliegt, die mit der Geschäftsgebühr abzugelten ist. Während die aufseiten des Gläubigers anfallende Terminsgebühr in der Regel als notwendige Kosten der Zwangsvollstreckung nach § 788 ZPO zu ersetzen sein wird, fehlt es für das Entstehen beim Schuldner und bei einem Dritten an einem gesetzlichen prozessualen Kostenerstattungstatbestand, so dass sich die Erstattung nach dem materiellen Recht richtet und nur in Ausnahmefällen in Betracht kommen wird. **37**

IV. Mindestgebühr

Die 0,3-Verfahrens- wie die gleich hohe Terminsgebühr lassen den Verweis auf § 13 Abs. 2 RVG erforderlich erscheinen. Danach ist der Mindestbetrag einer Gebühr 15,00 EUR. Dies kommt bei Streitwerten unter 500,00 EUR zum Tragen, bei denen die Gebühr ansonsten nur 13,50 EUR betragen würde. **38**

Zur Frage der Erhöhung der Terminsgebühr nach Nrn. 3310, 1008 VV RVG im Anwendungsbereich der Mindestgebühr wird auf die Ausführungen im allgemeinen Teil verwiesen. Richtigerweise wird zunächst der Gebührensatz ermittelt, dann erhöht und darauf die absolute Gebühr errechnet. Die Mindestgebühr wirkt sich dann faktisch nicht aus, weil sich bei einer 0,6-Terminsgebühr im niedrigsten Streitwertbereich bereits ein Betrag von 27,00 EUR und damit oberhalb der Mindestgebühr ergibt.

V. Vergütung für jede Angelegenheit

Die Vergütung wird jeweils für die gesamte Tätigkeit des RA innerhalb einer Angelegenheit gezahlt. Wann verschiedene oder besondere Angelegenheiten vorliegen, ergibt sich aus §§ 17 und 18 RVG. **39**

Zu unterscheiden ist, die – zu vergütende – Vollstreckungsmaßnahme, d.h. der gesamte Vorgang zur Durchführung einer Zwangsvollstreckung, z.B. der Pfändung von Arbeitslohn und die einzelne Vollstreckungshandlung, etwa der Antrag auf Erlass eines Pfändungs- und Überweisungsbeschlusses, die Anforderung der Drittschuldnerauskunft oder die Aktivierung der Auskunfts- und Herausgabepflicht des Schuldners nach § 836 Abs. 3 ZPO als Teilbereiche der Vollstreckungsmaßnahme. Grundsätzlich wird nur die Vollstreckungsmaßnahme als Ganzes vergütet, § 18 Nr. 1 RVG. Nach § 18 RVG können aber einzelne Tätigkeiten gebührenrechtlich eine besondere Angelegenheit darstellen und als solche die Gebühren gesondert auslösen.

40 **Checkliste: Besondere Angelegenheiten in der Zwangsvollstreckung nach § 18 RVG**

- Jede Vollstreckungsmaßnahme zusammen mit den durch diese vorbereiteten weiteren Vollstreckungshandlungen bis zur Befriedigung des Gläubigers, § 18 Abs. 1 Nr. 1 RVG;

  Hinweis
  Zu den Vollstreckungsmaßnahmen zählt auch bereits die Informationsbeschaffung beim Mandanten oder bei Dritten zur Vorbereitung der Vollstreckungshandlung, wie etwa die Einsicht in das Schuldnerverzeichnis[29] oder die Zahlungsaufforderung an den Schuldner mit Vollstreckungsandrohung.[30] Zahlt der Schuldner also nach einer dieser Handlungen, so ist gleichwohl eine Verfahrensgebühr nach Nr. 3309 VV RVG nebst den Auslagen nicht nur entstanden, sondern auch nach § 788 ZPO erstattungsfähig. Anderes gilt hinsichtlich der Erstattungsfähigkeit nur in den Fällen des § 798 ZPO, wenn die Wartefrist noch nicht abgelaufen war.

- jedes Beschwerdeverfahren und jedes Verfahren über eine Erinnerung gegen eine Entscheidung des Rechtspflegers mit Ausnahme solcher Rechtsmittel im Kostenfestsetzungsverfahren, § 18 Abs. 1 Nr. 3 RVG;

  Beispiel
  Der RA beantragt für den Gläubiger den Erlass eines Pfändungs- und Überweisungsbeschlusses. Der Rechtspfleger lehnt den Antrag ab. Auf die Erinnerung, über die ohne mündliche Verhandlung entschieden wurde, wird der Pfändungs- und Überweisungsbeschluss dann erlassen. Hier erhält der RA eine 0,3-Verfahrensgebühr für die Durchführung der Forderungspfändung nach Nr. 3309 VV RVG und eine weitere 0,3-Verfahrensgebühr nach Nr. 3500 VV RVG für das Erinnerungsverfahren (wegen § 15 Abs. 6 RVG keine 0,5-Gebühr!).[31] Dies jeweils zuzüglich seiner Auslagen und der gesetzlichen Umsatzsteuer.

- das Verfahren über Einwendungen gegen die erteilte Vollstreckungsklausel nach § 732 ZPO nach § 18 Abs. 1 Nr. 4 RVG;
- das Verfahren auf Erteilung einer weiteren vollstreckbaren Ausfertigung nach § 733 ZPO, § 18 Abs. 1 Nr. 5 RVG;

  Hinweis
  Der RA sollte zumindest bei höheren Vollstreckungsforderungen immer prüfen, ob er hinreichende Anhaltspunkte für verschiedene Vollstreckungshand-

---

29 AG Wuppertal DGVZ 2011, 34; AG Donaueschingen DGVZ 2010, 43.
30 BGH Vollstreckung effektiv 2003, 144 = NJW-RR 2003, 1581 = MDR 2003, 1381 = InVo 2004, 35 = AGS 2003, 561.
31 BGH JurBüro 2010, 325; BGH JurBüro 2010, 320 = FoVo 2010, 99.

B. Die Gebühren in der Zwangsvollstreckung §6

lungen hat, etwa die Pfändung von Arbeitseinkommen und die Sachpfändung eines Pkw und in diesem Fall – sachlich gerechtfertigt – eine oder mehrere weitere vollstreckbare Ausfertigungen beantragen, weil der Schuldner sonst – gewarnt durch die erste Vollstreckung – Maßnahmen trifft, um weiteres Einkommen und Vermögen dem Gläubigerzugriff zu entziehen. Zwar sind solche Maßnahmen des Schuldners (Abtretungen, Übereignungen) anfechtbar (§§ 3 ff. AnfG), in der Praxis aber mangels hinreichender Informationen nur schwer aufzudecken. Diese Vorgehensweise führt nicht nur zu einer effektiven Zwangsvollstreckung, sondern auch zu höheren Gebühren.

- jedes Verfahren über Anträge nach
- § 765a ZPO – Vollstreckungsschutz
- § 851a ZPO – Pfändungsschutz für Landwirte
- § 851b ZPO – Pfändungsschutz bei Miet- und Pachtzinsen und
- § 825 ZPO – andere Art der Verwertung
- § 811a ZPO – Austauschpfändung
- §§ 1084 Abs. 1, 1096, 1109 ZPO – Schutzanträge nach EU-Verordnungen
- sowie alle Anträge und Verfahren zur Änderung oder Aufhebung der in diesen Verfahren erlassenen Entscheidungen;
- nach § 18 Abs. 1 Nr. 9 RVG die Verwaltung eines gepfändeten Vermögensrechtes gemäß § 857 Abs. 4 ZPO;
- das Verteilungsverfahren nach den §§ 872 ff. ZPO;

Hinweis
Die Einleitung des Verteilungsverfahrens hängt (auch) vom Willen des Gläubigers ab. Konkurrieren mehrere Gläubiger miteinander und ist ein Gläubiger mit der vom Drittschuldner angenommenen Rangfolge der Pfändungspfandrechte nicht einverstanden, kann er den Drittschuldner zur Hinterlegung der pfändbaren Beträge nach § 853 ZPO auffordern, was zugleich die Einleitung des Verteilungsverfahrens erzwingt. Neben der Möglichkeit, mit einem besseren Rang befriedigt zu werden, erhält der RA dann weitere Gebühren.

- das Verfahren auf Eintragung einer Sicherungshypothek nach den §§ 867, 870a ZPO;
- die Vollstreckung einer Entscheidung, durch die der Schuldner zur Vorauszahlung der Kosten der Ersatzvornahme nach § 887 ZPO verurteilt wurde;
- das Verfahren zur Vollstreckung einer unvertretbaren Handlung nach § 888 ZPO und nach § 35 FamFG;
- jedes Verfahren über die Verhängung von Ordnungsgeld nach § 890 Abs. 1 ZPO sowie zur Stellung einer Sicherheit nach § 890 Abs. 3 ZPO;
- das Verfahren zur Abnahme der Vermögensauskunft sowie das Verfahren zur Löschung der Eintragung im Schuldnerverzeichnis.

41 Richtet sich die Vollstreckung gegen mehrere Schuldner, stellt die Vollstreckung gegen jeden einzelnen Schuldner auch dann eine eigene Angelegenheit dar, wenn nur ein einziger Vollstreckungsantrag gestellt wurde.[32] Das bedeutet, dass sich bei einem gemeinsamen Vorgehen gegen mehrere Gesamtschuldner die Verfahrens- und Terminsgebühr um die Zahl der Schuldner vervielfacht.

42 *Hinweis*
Die praktische Erfahrung der Autoren zeigt, dass dies immer wieder vergessen wird und deshalb Gebühren „verschenkt" werden. Aufgrund der geringen Höhe der Gebühren in der Zwangsvollstreckung fällt dies besonders ins Gewicht.

43 Dem Gläubiger kann nicht zugemutet werden, zur Niedrighaltung der Kosten zunächst nur gegen einen einzelnen Schuldner eine Vollstreckung durchzuführen. Insoweit besteht die Gefahr, dass die Vollstreckung fruchtlos verläuft und bei der dann möglicherweise anschließenden Vollstreckung gegen den anderen Schuldner bei diesem kein pfändbares Vermögen mehr vorhanden ist, weil er die Zeit genutzt hat, um sein Einkommen und Vermögen – wenn auch nicht rechtlich, so doch aufgrund der beschränkten Informationsmöglichkeiten des Gläubigers rein tatsächlich – pfändungssicher zu gestalten. Es entspricht daher zweckmäßiger Rechtsverfolgung, gegen beide Schuldner ein Vollstreckungsverfahren einzuleiten, so dass die dabei anfallenden Kosten insgesamt notwendige Kosten der Zwangsvollstreckung sind.[33] Anderes kann nur dann gelten, wenn sicher ist, dass das Vorgehen gegen einen der Schuldner zur vollständigen Befriedigung führen wird.

Diese Konstellation darf allerdings nicht mit dem Fall verwechselt werden, dass gegen einen Schuldner eine Vollstreckungsmaßnahme beantragt wird, die jedoch mehrere Dritte tangiert, wie etwa ein einheitlicher Antrag auf Erlass eines Pfändungs- und Überweisungsbeschlusses gegen mehrere Drittschuldner. Hier fällt die Gebühr nach Nr. 3309 VV RVG nur einmal an.[34] Aufgrund der wirtschaftlichen Identität der Ansprüche kommt auch keine Zusammenrechnung der Gegenstandswerte im Hinblick auf jeden Drittschuldner in Betracht.[35]

C. Gebühren bei ausgewählten Vollstreckungsmaßnahmen

44 Die nachfolgende Darstellung folgt den verschiedenen Vollstreckungsmaßnahmen und stellt die im Zusammenhang anfallenden Gebühren dar.

---

32 AG Siegen JurBüro 2006, 329.
33 AG Siegen JurBüro 2006, 329.
34 BGH JurBüro 2011, 434 = AGS 2011, 277.
35 BGH JurBüro 2011, 434 = AGS 2011, 277.

I. Die gütliche Erledigung nach § 802b ZPO

Nach § 802b Abs. 1 ZPO hat der Gerichtsvollzieher in jeder Lage des Verfahrens auf eine gütliche Einigung hinzuwirken. Diese Aufgabe gehört zu seinen Regelbefugnissen nach § 802a Abs. 2 S. 1 Nr. 1 ZPO und zwar nach S. 2 der Vorschrift auch dann, wenn sie nicht besonders beauftragt wird. Soll eine gütliche Erledigung ausgeschlossen werden, muss dies im Vollstreckungsauftrag ausdrücklich angegeben werden.[36]

45

Die kraft Gesetzes oder ausdrücklich beauftragte gütliche Einigung stellt vor diesem Hintergrund eine eigene Vollstreckungsangelegenheit im Sinne des § 18 Abs. 1 Nr. 1 RVG dar und löst damit die 0,3-Verfahrengebühr nach Nr. 3309 VV RVG aus.[37] Dies gilt unabhängig von der Frage, ob ein isolierter oder ein bedingt kombinierter Antrag auf gütliche Erledigung vorliegt.[38] Eine der Anm. zu Nr. 207 KV GvKostG vergleichbare Einschränkung fehlt bei Nr. 3309 VV RVG.

> *Hinweis*
>
> Sofern der RA sowohl die gütliche Erledigung als auch – bedingt durch den Misserfolg der versuchten gütlichen Erledigung – eine Folgemaßnahme, etwa eine Vermögensauskunft oder eine Sachpfändung, beauftragt, fällt zunächst die 0,3-Verfahrengebühr für die gütliche Erledigung und – wenn es zu Folgemaßnahmen kommt – auch die 0,3-Verfahrengebühr für diese Vollstreckungsmaßnahme an.
>
> Im Fall der Kombination der gütlichen Erledigung mit der Vermögensauskunft ergibt sich dies daraus, dass die gütliche Erledigung nach §§ 802a Abs. 2 Nr. 1, 802b ZPO als Vollstreckungsmaßnahme nach § 18 Abs. 1 Nr. 1 RVG als besondere Angelegenheit gilt, während die Vermögensauskunft nach § 18 Abs. 1 Nr. 16 RVG eine gesonderte besondere Angelegenheit darstellt.
>
> In Kombination mit der Sachpfändung ist zu sehen, dass die gütliche Erledigung nach §§ 802a Abs. 2 Nr. 1, 802b ZPO und die Sachpfändung nach §§ 802a Abs. 2 Nr. 4, 808 ZPO jeweils eine Vollstreckungsmaßnahme darstellen und § 18 Abs. 1 Nr. 1 RVG „jede" Vollstreckungsmaßnahme als besondere Angelegenheit ansieht. Die gütliche Erledigung nach § 802b ZPO ist auch nicht lediglich eine vorbereitende Vollstreckungshandlung,[39] was sich schon aus ihrer eigenständigen Erwähnung in § 802a Abs. 2 Nr. 1 ZPO ergibt. Auch in der Sache liegt darin keine Vorbereitung der weiteren Vollstreckung, sondern ja gerade der Versuch, diese durch eine vom vollständigen Forderungsausgleich abweichende

46

---

36 Ausführlich zur Antragstellung bei gütlicher Einigung *Goebel*, AnwaltFormulare Zwangsvollstreckung, 5. Aufl. 2016.
37 Zöller/*Stöber*, ZPO, § 802b Rn 25; *Enders*, RVG, S. 585.
38 A.A. *Enders*, RVG, S. 585.
39 So aber *Enders*, RVG, S. 585, ohne nähere Begründung, warum es sich um eine vorbereitende Vollstreckungshandlung handeln soll.

Verfahrensweise abzuwenden. Ihr kommt nämlich nach der gesetzlichen Regelung ein Vollstreckungsaufschub zu. Der vorbereitende Charakter scheitert auch daran, dass die Maßnahme nach § 802b ZPO selbstständig für sich stehen und auch isoliert beauftragt werden kann. Die andere Sichtweise übersieht den Wertungswiderspruch zu § 18 Abs. 1 Nr. 16 RVG. In der Praxis werden so auch durchgehend zwei 0,3-Verfahrensgebühren zuerkannt, wenn zunächst isoliert die gütliche Einigung beauftragt wird und später eine andere Vollstreckungsmaßnahme. Dann kann aber nicht anderes gelten, wenn der Auftrag gleichzeitig, aber bedingt erteilt wird.

II. Einigungsgebühr bei gütlicher Erledigung

47 Die allgemeinen Gebühren, darunter die Einigungsgebühr nach Nr. 1000, 1003 VV RVG wurden bereits oben in § 3 Rdn 1 ff. dargestellt. Danach gilt:

- Kommt es zu einer gütlichen Einigung zwischen dem Gerichtsvollzieher und dem Schuldner, fällt die Einigungsgebühr bei dem RA nicht an, weil der Gerichtsvollzieher nicht als Vertreter des Gläubigers handelt und es deshalb nicht zu einer Einigung zwischen den Parteien kommt.[40]

> *Hinweis*
> Auch wenn dies in der Sache vor dem Hintergrund des Aufwandes des RA und seines Haftungsrisikos sachlich nicht gerechtfertigt erscheint, ist diese Rechtsprechung doch hinzunehmen. Es ergibt sich insoweit auch ein Wertungswiderspruch, wenn der Schuldner auf die angekündigte Vollstreckung des Gerichtsvollziehers hin auf den Gläubiger zugeht und unter Mitwirkung des RA mit diesem eine Einigung über den ratenweisen Forderungsausgleich erzielt. In diesem Fall fällt die Einigungsgebühr an. Es wäre wünschenswert, wenn der Gesetzgeber insoweit dem RA de lege ferenda die Einigungsgebühr in beiden Fällen zubilligen würde.

- Nimmt der Schuldner die angekündigte Vollstreckung des Gerichtsvollziehers zum Anlass, mit dem Gläubigervertreter Kontakt aufzunehmen und wird in dessen Folge eine unmittelbare Einigung zwischen den Parteien erreicht, so fällt eine 1,0-Einigungsgebühr nach Nr. 1003 i.V.m. Anm. 1 S. 3 zu Nr. 1003 VV RVG an.

> *Hinweis*
> Beschränkt sich diese auf eine reine Zahlungsvereinbarung, so ist die Streitwertbegrenzung nach § 31b RVG zu beachten, die die allgemeine Bestimmung in § 25 Abs. 1 RVG verdrängt. Danach beträgt der Streitwert nur 20 % des Nennwertes der Vollstreckungsforderung, wenn nur die Erfüllung des

---

40 LG Duisburg AGS 2013, 577 mit Anm. *Goebel*, FoVo 2013, 196; noch zum alten Recht BGH NJW 2006, 3640.

D. Abnahme der Vermögensauskunft und Einholung von Drittauskünften § 6

Anspruchs bei gleichzeitigem vorläufigen Verzicht auf die gerichtliche Geltendmachung und, wenn bereits ein zur Zwangsvollstreckung geeigneter Titel vorliegt, bei gleichzeitigem vorläufigen Verzicht auf Vollstreckungsmaßnahmen vereinbart wird.

Wenn auch nicht nur, aber doch auch im Gebühreninteresse, sollte deshalb stets eine weitergehende Vereinbarung geschlossen werden, die neben einem einwendungsausschließenden abstrakten Schuldanerkenntnis, einer verjährungsverlängernden Vereinbarung – im Hinblick auf § 197 Abs. 2 BGB auch bei titulierten Ansprüchen – auch die Einräumung von Sicherungs- und Auskunftsrechten, insbesondere die Abtretung von pfändbarem Arbeitseinkommen und Guthaben auf Konten umfasst.[41]

D. Die Gebühren bei der Abnahme der Vermögensauskunft und der Einholung von Drittauskünften

I. Die Verfahrensgebühr

Die Beantragung der Abnahme der Vermögensauskunft nach § 802c ZPO mit ihren vorbereitenden Handlungen löst grundsätzlich die Verfahrensgebühr nach Nr. 3309 VV RVG aus. Während sich die Verfahrensgebühr grundsätzlich nach dem Nennwert der Vollstreckungsforderung nach § 25 Abs. 1 Nr. 1 RVG bestimmt, beschränkt § 25 Abs. 1 Nr. 4 RVG den Wert auf maximal 2.000,00 EUR. Bis zum Wert von 2.000,00 EUR ist also der tatsächliche Nennwert maßgeblich, darüber hinaus dann ein gedeckelter fiktiver Wert von 2.000,00 EUR.

48

Das Nachbesserungsverfahren innerhalb des Verfahrens auf Abnahme der Vermögensauskunft oder nach der Übersendung einer Vermögensauskunft nach § 802d ZPO ist mit der Verfahrensgebühr für den Antrag nach §§ 802c, d ZPO abgedeckt, so dass durch das Erfordernis der Nachbesserung zwar ein erhöhter Aufwand, aber keine erhöhten Gebühren entstehen.[42] Schon aus betriebswirtschaftlicher Sicht sollte der Rechtsdienstleister daher darauf bedacht sein, den Gerichtsvollzieher bei der Abnahme der Vermögensauskunft sachgerecht anzuleiten und auf besondere Fehlerquellen und besondere Aspekte des Einzelfalles hinweisen. Anderes gilt, wenn der RA das Vermögensverzeichnis vom Schuldner unmittelbar erlangt und dann einen isolierten Antrag auf Nachbesserung stellt. In diesem Fall erhält er für diesen Antrag eine gesonderte 0,3-Verfahrensgebühr, da es an einem fortgesetzten Ausgangsverfahren fehlt.[43]

49

---

41 Hierzu ausführlich mit vielen Formulierungsbeispielen *Goebel*, AnwaltFormulare Zwangsvollstreckung, 5. Aufl. 2016.
42 Gerold/Schmidt/*Müller-Rabe*, RVG, VV 3309 Rn 371; *Enders*, JurBüro 2013, 1.
43 *Enders*, RVG, S. 587.

§ 6 Gebühren in der Zwangsvollstreckung

50   Wird nach § 802d ZPO verfahren, ist zu unterscheiden:
- Sofern ein Vollstreckungsauftrag nach § 802c ZPO erteilt wird, der aber wegen des fehlenden Ablaufes der Sperrfrist zur nicht zu vermeidenden Übersendung der Vermögensauskunft nach § 802d ZPO führt, entsteht die 0,3-Verfahrensgebühr nur einmal. Es fehlt an einem gesonderten Auftrag zur erneuten Abnahme der Vermögensauskunft nach § 802d ZPO.
- Wird dagegen explizit der Auftrag auf Abnahme der erneuten Vermögensauskunft nach § 802d ZPO gestellt, weil Anhaltspunkte für wesentlich veränderte Verhältnisse vorliegen, so entsteht die Verfahrensgebühr nach Nr. 3309 VV RVG.[44]
- Letztlich entsteht die 0,3-Verfahrensgebühr auch für die ausschließliche Beantragung der Übersendung eines bekanntermaßen bereits vorliegenden Vermögensverzeichnisses, wobei ein darauf folgender Nachbesserungsantrag keine weitere Gebühr auslöst.

51   Im Verfahren nach § 802d ZPO greift die Streitwertdeckelung nach § 25 Abs. 1 Nr. 4 RVG nach dem eindeutigen Wortlaut, der nur auf § 802c ZPO Bezug nimmt, nicht.[45] Es handelt sich dabei weder um einen redaktionellen Fehler noch umfasst der Verweis auf § 802c ZPO auch den Antrag nach § 802d ZPO. Letzteres scheidet schon deshalb aus, weil in beiden Vorschriften gänzlich unterschiedliche Anforderungen an die Abnahme der Vermögensauskunft gestellt werden. Es handelt sich auch gerade vor diesem Hintergrund um eine sachlich gerechtfertigte Regelung, weil der Aufwand des Rechtsdienstleisters wesentlich höher ist, wenn er Umstände ermitteln muss, die eine wesentliche Veränderung der Vermögensverhältnisse des Schuldners begründen. Angesichts dessen wäre eine Streitwertdeckelung nicht angemessen.

52   Werden die Auskunftsrechte des Gerichtsvollziehers nach § 802l ZPO genutzt und die dort bezeichneten Drittauskünfte eingeholt, handelt es sich um eine eigene Vollstreckungsmaßnahme nach § 18 Abs. 1 Nr. 1 RVG i.V.m. § 802a Abs. 2 Nr. 3 ZPO. Hierfür fällt eine gesonderte Verfahrensgebühr nach Nr. 3309 VV RVG an. Dabei soll unerheblich bleiben, ob nur eine, zwei oder alle drei Auskünfte beantragt werden.[46] Diese Frage ist allerdings – soweit ersichtlich – bisher noch nicht Gegenstand veröffentlichter gerichtlicher Entscheidungen gewesen. Es ist sachlich nicht gerechtfertigt, so zu verfahren. Wie beim Gerichtsvollzieher entsteht auch hier nach § 10 Abs. 2 S. 3 Nr. 3 GvKostG eine 0,3-Verfahrensgebühr nach Nr. 3309 VV RVG für jede Auskunft. Ob die Einholung von mehr als einer Auskunft zweckmäßig und erforderlich war, ist allein im Erstattungsverhältnis zu prüfen. Dies wird

---

[44] Gerold/Schmidt/*Müller-Rabe*, RVG, VV 3309 Rn 372.
[45] A.A. ohne Auseinandersetzung mit dem Wortlaut oder der Ratio: *Enders*, RVG, S. 588.
[46] Musielak/Voit/*Becker*, ZPO, § 802l Rn 11 ohne jegliche Begründung, warum dies anders gehandhabt werden soll als beim Gerichtsvollzieher.

D. Abnahme der Vermögensauskunft und Einholung von Drittauskünften § 6

allerdings auch dort nur zu verneinen sein, wenn sicher davon ausgegangen werden kann, dass schon eine Maßnahme zum Erfolg führt.

Die Einholung der Auskunft bildet auch mit der auf dem Ergebnis der Auskunft fußenden Vollstreckungsmaßnahme keine einheitliche Vollstreckungsmaßnahme,[47] was sich schon aus dem Umstand ergibt, dass die Einholung von Drittauskünften nach § 802l ZPO in § 802a Abs. 2 Nr. 3 ZPO ausdrücklich als eigenständige Vollstreckungsmaßnahme genannt ist. Gleiches gilt – selbstverständlich – wenn die Auskünfte negativ verlaufen, der Gläubiger oder sein RA aber auf anderem Wege von Arbeitgeber, Kreditinstitut oder Pkw Kenntnis erlangen und darauf eine Vollstreckungsmaßnahme veranlassen.

53

Der Gegenstandswert für Auskünfte nach § 802l ZPO bestimmt sich nach § 25 Abs. 1 Nr. 1 RVG mit dem Nennwert der Vollstreckungsforderung. Die eng auszulegende Ausnahmevorschrift des § 25 Abs. 1 Nr. 4 RVG erfasst nach ihrem eindeutigen Wortlaut § 802l ZPO nicht, da nur für das Verfahren nach § 802c ZPO die Deckelung verordnet wird.

Verweigert der Schuldner die Abgabe der Vermögensauskunft und wird darauf ein Haftbefehl beantragt und anschließend der Gerichtsvollzieher mit der Verhaftung beauftragt, so fallen für das Haftbefehlsverfahren und den Verhaftungsauftrag keine weiteren Gebühren an. Es handelt sich um einen Teil des einheitlichen Verfahrens zur Abnahme der Vermögensauskunft nach § 802f ZPO.[48] Anders verhält es sich nur dann, wenn der RA erstmals und isoliert mit dem vorliegenden Haftbefehl konfrontiert wird und diesen vollzieht. Gleiches gilt, wenn die Verhaftung mit einer anderen Vollstreckungsmaßnahme, etwa der Sachpfändung, kombiniert wird. Dann fällt für die weitere Vollstreckungsmaßnahme eine gesonderte Gebühr an.

54

II. Die Terminsgebühr

Wie bereits oben dargestellt, erhält der RA bei der Vertretung des Gläubigers oder des Schuldners im Termin zur Abgabe der Vermögensauskunft, d.h. sowohl im Verfahren nach § 802c ZPO als auch im Verfahren nach § 802d ZPO, nicht nur eine 0,3-Verfahrensgebühr, sondern zusätzlich auch noch eine 0,3-Terminsgebühr.

55

Bei den Gegenstandswerten ist allerdings zu differenzieren. Während bei einer Abnahme nach § 802c ZPO die Streitwertdeckelung nach § 25 Abs. 1 Nr. 4 RVG greift, ist im Verfahren nach § 802d ZPO der unbeschränkte Nennwert der Vollstreckungsforderung nach § 25 Abs. 1 Nr. 1 RVG maßgeblich. Das ergibt sich auch aus einem Vergleich des Wortlautes der verschiedenen Normen. Während in Nr. 3310 VV RVG nicht normativ zwischen § 802c ZPO und § 802d ZPO differenziert wird, wird

56

---

47 So aber *Enders*, RVG, S. 590.
48 *Musielak/Voit*, ZPO, § 802f Rn 12; Gerold/Schmidt/*Müller-Rabe*, RVG, VV 3009 Rn 374; *Enders*, RVG, S. 588; Zöller/*Stöber*, ZPO, § 802g Rn 24.

in § 25 Abs. 1 Nr. 4 RVG, der als Ausnahmevorschrift ohnehin restriktiv auszulegen ist, explizit nur auf § 802c ZPO verwiesen.

Im Verfahren nach § 802l ZPO kann keine Terminsgebühr entstehen.

E. Die Gebühren für die Sachpfändung

57 Mit den vorbereitenden Handlungen und/oder der Einleitung der Sachpfändung nach § 808 ZPO i.V.m. § 802a Abs. 2 Nr. 4 ZPO entsteht für den RA eine 0,3-Verfahrensgebühr nach Nr. 3309 VV RVG. Sie deckt die Antragstellung wie die nachfolgende Kommunikation mit dem Gerichtsvollzieher und der vertretenen Partei ab.

58 Auch die in diesem Zusammenhang veranlasste Durchsuchungsanordnung, Anträge zu besonderen Formen der Versteigerung oder sonstigen Verwertung oder der Vollstreckung zu bestimmten Zeiten oder Orten gehören zur einheitlichen Angelegenheit und lösen nur einmal die 0,3-Verfahrensgebühr aus.

59 Führt der erteilte Auftrag zu der Erkenntnis, dass der Schuldner sich an einem anderen Ort aufhält, so dass der Auftrag an einen anderen Gerichtsvollzieher weitergegeben werden muss, verbleibt es ebenfalls beim Anfall nur einer Verfahrensgebühr.[49] Es handelt sich weiter um die eine Vollstreckungsangelegenheit der beauftragten Sachpfändung. Anderes gilt nur, wenn der neue Aufenthalt des Schuldners erst nach mehr als zwei Jahren ermittelt wird, § 15 Abs. 5 S. 2 RVG.

60 *Hinweis*
Schon diese kurze Aufzählung, die nicht einmal alle Besonderheiten der täglichen Praxis im Umgang mit dem Gerichtsvollzieher erfasst, zeigt, dass ein Gebührensatz von 0,3 völlig unangemessen ist. Er führt dazu, dass die Sachpfändung von den Rechtsdienstleistern meist nur unzureichend gesteuert wird. Die Erfolglosigkeit ist deshalb die Regel.[50]

61 Anders verhält es sich demgegenüber, wenn die Sachpfändung von vorneherein an mehreren Orten durchgeführt werden soll, etwa der Wohnung des Schuldners und seinem Geschäftslokal oder aber Arbeitsplatz.[51] Hier liegen zwei Vollstreckungsaufträge vor, die jeweils eine 0,3-Verfahrensgebühr entstehen lassen. Auch im Erstattungsverhältnis ist die gleichzeitige Beauftragung gerechtfertigt, weil ansonsten die Gefahr besteht, dass der Schuldner sein pfändbares Vermögen zwischen beiden Orten verschiebt und so einen Vollstreckungszugriff vereitelt.

---

49 BGH MDR 2005, 475.
50 Nur in etwa 0,113 % aller Fälle kommt es tatsächlich zu einer Pfändung und Verwertung von beweglichem Vermögen.
51 Gerold/Schmidt/*Müller-Rabe*, RVG, VV 3309 Rn 315.

F. Die Gebühren in der Forderungspfändung §6

Gleiches gilt, wenn ein Sachpfändungsauftrag gegen mehrere Gesamtschuldner gestellt wird und zwar auch dann, wenn dies in einem einheitlichen Antrag nach der GVFV geschieht.[52]

Eine erneute 0,3-Verfahrensgebühr entsteht auch dann, wenn eine Sachpfändung abgeschlossen ist, ohne eine vollständige Befriedigung der Forderung zu erreichen, und der Rechtsdienstleister sie aufgrund neuer Erkenntnisse – etwa nach der Abgabe einer Vermögensauskunft – erneut beauftragt.[53] Das ist kein Anwendungsfall der fortgesetzten Sachpfändung im Ursprungsauftrag und auch kein Fall des § 15 Abs. 5 S. 2 RVG. Vielmehr wird eine neue Kausalkette aufgrund der abweichenden Verhältnisse in Gang gesetzt. Konsequenterweise fallen bei dieser Vorgehensweise auch bei dem Gerichtsvollzieher jeweils neue Gebühren und Auslagen an, § 3 GvKostG.

62

Da der Gerichtsvollzieher kein „Gericht" ist und deshalb die Sachpfändung vor Ort keinen gerichtlichen Termin darstellt, kommt der Anfall der Terminsgebühr nach Nr. 3310 VV RVG nicht in Betracht.

> **Hinweis**
> Das schließt in fachlicher Hinsicht ebenso wenig aus, dass im Einzelfall eine Teilnahme sinnvoll sein kann, wenn die Möglichkeiten einer optimierten Formulierung des Vollstreckungsauftrages ausgeschöpft sind oder das Problem nicht treffen, wie in gebührenrechtlicher Hinsicht mit dem Mandanten eine Gebührenvereinbarung zu treffen. Allerdings sind diese Kosten dann nach § 788 ZPO nicht erstattungsfähig. Anderes gilt, wenn der Schuldner sie vertraglich im Rahmen einer gütlichen Einigung übernimmt. All dies dürfte auf besondere Fallkonstellationen im Einzelfall beschränkt sein.

63

F. Die Gebühren in der Forderungspfändung

Die vorbereitenden Handlungen und/oder der Antrag auf Erlass eines Pfändungs- und Überweisungsbeschlusses lösen die 0,3-Verfahrensgebühr nach Nr. 3309 VV RVG aus.

64

Dabei bleibt zunächst unerheblich, ob die Pfändung und Überweisung in einem Akt oder in zwei Akten[54] erfolgt. Auch bleibt unerheblich, ob sich der Antrag gegen einen oder mehrere Drittschuldner richtet.[55] Werden allerdings zeitlich gestreckt mehrere Pfändungs- und Überweisungsbeschlüsse beantragt, weil die erforderlichen Informationen zum Zugriff zeitlich verzögert vorliegen oder zunächst der

---

52 Zöller/*Stöber*, ZPO, § 808 Rn 30.
53 *Enders*, RVG, S. 592.
54 So darf bei der Sicherungsvollstreckung nach § 720a ZPO ebenso nur der Pfändungsbeschluss beantragt werden wie in den Fällen des § 852 ZPO.
55 Gerold/Schmidt/*Müller-Rabe*, RVG, VV 3309 Rn 207 ff.

Erfolg einer Pfändungsmaßnahme abgewartet wurde, so entsteht für jeden Antrag die 0,3-Verfahrensgebühr neu.

65 Umstritten ist, wie der Gegenstandswert bei der Forderungspfändung zu bemessen ist, insbesondere wenn die Pfändung tatsächlich ins Leere geht. Richtigerweise kommt es darauf nicht an, weil es allgemeinen Grundsätzen entspricht, dass sich der Gegenstandswert nach dem Interesse des Antragstellers im Zeitpunkt der Antragstellung bemisst. Bei einer Klage wird der Streitwert auch nicht nach Maßgabe des tatsächlichen Erfolges bemessen. Deshalb ist nach § 25 Abs. 1 Nr. 1 RVG auf den Nennwert der Vollstreckungsforderung abzustellen.[56] Dem steht der Wortlaut des § 25 Abs. 1 Nr. 1 RVG nicht entgegen, da nach dessen erstem Halbsatz auf den Wert der zu vollstreckenden Forderung abzustellen ist und die Beschränkung auf den Wert des konkret gepfändeten Gegenstandes aus mehreren Gründen keine Begrenzung bewirken kann:

- Zum einen kommt es nicht auf den objektiven Wert an, sondern auf den vom Gläubiger angenommenen Wert zum Zeitpunkt des Antrages. Andernfalls müsste man bei der erfolgreichen Pfändung von Guthaben auf einem Konto den Wert zunächst auch nur in Höhe des monatlichen pfändbaren Betrages festsetzen und ihn dann sukzessive erhöhen. Ob der Schuldner nämlich im nächsten Monat noch über Guthaben verfügt, ist ungewiss. Die Auffassung, es gebe keinen Hinweis auf die subjektive Komponente und sie sei dem Recht des Gegenstandswertes auch fremd,[57] ist unzutreffend. Das subjektive Interesse ist Maßstab der Grundnorm des Gegenstandswertrechtes, § 3 ZPO. Dagegen ist es systemfremd, die anwaltliche Vergütung von dem Erfolg der Bemühungen abhängig zu machen.[58]

- Zum zweiten kommt es auf die Ex-ante-Sicht des Gläubigers zum Wert der gepfändeten Forderung im Zeitpunkt der Antragstellung an.[59] Von welchem Wert wollte man ausgehen, wenn nach dem Erlass des Pfändungs- und Überweisungsbeschlusses der Schuldner Kontakt mit dem Gläubiger aufnimmt und die Forderung vollständig ausgleicht? Müsste man dann erst noch den Wert der gepfändeten Forderung ermitteln?

- Zum dritten ist der Begriff des „bestimmten Gegenstandes" auf die Fälle der Herausgabe eines konkreten Gegenstandes zu beziehen, also die Fälle des § 846 ZPO. Es geht dem Gläubiger bei der Pfändung einer gewöhnlichen Geldforderung aber nicht um die „Herausgabe" der gepfändeten Forderung. Sein Fokus liegt auf der Realisierung des Vollstreckungsanspruchs.

---

56 OLG Sachsen-Anhalt NJW-RR 2014, 1151 = AGS 2014, 516; LG Hamburg AnwBl. 2006, 499; LG Düsseldorf AGS 2006, 86; LG Kiel JurBüro 1991, 1198; *Hartmann*, Kostengesetze, § 25 Rn 5.
57 Gerold/Schmidt/*Müller-Rabe*, RVG, § 25 Rn 18.
58 LG Mannheim JurBüro 2015, 328.
59 LG Koblenz AGS 2005, 510; LG Hamburg AnwBl. 2006, 499; LG Düsseldorf RVGreport 2005, 358; LG Mannheim JurBüro 2015, 328.

Nach anderer Ansicht[60] soll der RA dagegen lediglich die 0,3-Verfahrensgebühr aus einem Wert bis 500,00 EUR unter Berücksichtigung der Mindestgebühr nach § 13 Abs. 2 RVG, d.h. 15,00 EUR netto erhalten. Die Sichtweise überzeugt nicht. Den Wortlaut von § 25 Abs. 1 Nr. 1 RVG kann sie wie gezeigt nicht für sich in Anspruch nehmen. Darüber hinaus ist sie für die praktische Anwendung nicht geeignet. So bleibt unklar, wie etwa verfahren werden soll, wenn die Pfändung wegen vier vorrangiger Gläubiger zunächst ins Leere geht, aber nicht ausgeschlossen werden kann, dass der pfändende Gläubiger doch noch später zum Zug kommt, oder wenn das Finanzamt mitteilt, dass ein Steuererstattungsanspruch nicht besteht, jedoch noch ein Einspruchsverfahren läuft, welches zu einem Erstattungsanspruch führen könnte, oder beispielsweise der Schuldner wegen einer Teilzeitbeschäftigung derzeit keinen pfändbaren Arbeitslohn bezieht, eine Aufstockung der Stunden aber nicht ausgeschlossen ist. Kaum mehr beherrschbar sind die Fälle, in denen unterschiedliche Forderungen bei verschiedenen Drittschuldnern gepfändet werden.

Die Vorpfändung nach § 845 ZPO bereitet die eigentliche Pfändung und Überweisung vor, so dass die 0,3-Verfahrensgebühr zwar mit der Ausfertigung der Vorpfändungsbenachrichtigung und dem Zustellungsantrag entsteht,[61] damit aber keine neue Verfahrensgebühr anfällt, wenn nach der Vorpfändung die Beantragung des Pfändungs- und Überweisungsbeschlusses noch erforderlich wird.[62]

G. Die Gebühren bei Vollstreckungsschutzanträgen

Die Vertretung des Gläubigers oder des Schuldners im Rahmen von Vollstreckungsschutzanträgen nach § 765a ZPO, aber auch solche nach §§ 851a und 851b ZPO stellen nach § 18 Abs. 1 Nr. 6 RVG eine besondere Angelegenheit dar.

Es entsteht deshalb eine 0,3-Verfahrengebühr nach Nr. 3309 VV RVG neben der Verfahrensgebühr für die eigentliche Vollstreckungshandlung, die Gegenstand des Schutzantrages ist. Das ergibt sich aus dem Umstand, dass die Vollstreckungshandlung eine besondere Angelegenheit nach § 18 Abs. 1 Nr. 1 RVG ist, während das Schutzverfahren von § 18 Abs. 1 Nr. 6 erfasst wird. Für eine Konsumtion fehlt es an einer gesetzlichen Regelung. § 18 Abs. 1 Nr. 6 RVG hätte es dann nicht bedurft. Die Fortsetzung des Vollstreckungsverfahrens nach einer Ablehnung des Schutzantrages, dessen späterer Aufhebung oder der Änderung begründet dagegen keine neue Verfahrensgebühr.

---

60 OLG Köln Rpfleger 2001, 149; LG Stuttgart Rpfleger 2013, 712; Gerold/Schmidt/*Müller-Rabe*, § 25 Rn 13 ff.
61 Gerold/Schmidt/*Müller-Rabe*, RVG, VV 3309 Rn 426.
62 Vielfach melden sich die Schuldner auch auf die Vorpfändung und es kann eine gütliche Einigung erzielt werden, die dann auch die Abtretung des sonst zu pfändenden Rechtes umfassen sollte.

Das Verfahren auf Erlass einer einstweiligen Anordnung nach §§ 765a Abs. 1 S. 2, 732 ZPO bis zur Entscheidung über den Schutzantrag ist Teil des gesamten Verfahrens und deshalb mit der 0,3-Verfahrensgebühr abgegolten.

69 Aufseiten des Gläubigervertreters ist für den Anfall der Verfahrensgebühr erforderlich, dass er auch den Auftrag hat, den Gläubiger im Schutzverfahren zu vertreten. Hiervon wird mangels ausdrücklicher Ausnahme auszugehen sein, wenn ein umfassender Auftrag zur Vertretung in der Zwangsvollstreckung erteilt wurde. Der Schutzantrag ist die Kehrseite des Vollstreckungsauftrages und dessen Abwehr Voraussetzung des Vollstreckungserfolges. Gerade große Gläubiger mit hohen Fallzahlen verzichten allerdings auch aus grundsätzlichen Erwägungen auf die Teilnahme an diesem Verfahren und legen die Beurteilung allein in die Hand des Gerichtes.

Schutzanträge können einem regelmäßigen Änderungsdruck unterliegen. Jedes Änderungsverfahren stellt nach dem ausdrücklichen Wortlaut von § 18 Abs. 1 Nr. 6 RVG eine eigene besondere Angelegenheit dar, so dass in jedem Einzelfall wieder die 0,3-Verfahrensgebühr nach Nr. 3309 VV RVG anfällt.

70 Der Gegenstandswert in Schutzverfahren ist nach dem konkreten (Teil-)Interesse des Schuldners zu bestimmen. Sind für dessen Bemessung keine Anhaltspunkte zu ersehen, geht die Rechtsprechung regelmäßig von 20–50 % der Hauptforderung aus, da letztlich nur die zeitlich gestreckte Verzögerung der Zwangsvollstreckung Gegenstand sein kann.[63]

H. Die Gebühren bei der Herausgabevollstreckung

71 Die Herausgabevollstreckung nach §§ 883 ff. ZPO wirft kostenrechtlich keine besonderen Probleme auf. Der RA erhält die 0,3-Verfahrensgebühr nach Nr. 3309 VV RVG für die Vorbereitung und die Stellung des Vollstreckungsauftrages einschließlich der Begleitung des Vollstreckungsverfahrens.

Wird die herauszugebende Sache nicht vorgefunden, ist der Schuldner nach § 883 Abs. 2 ZPO verpflichtet, auf Antrag des Gläubigers zu Protokoll an Eides statt zu versichern, dass er die Sache nicht besitze, auch nicht wisse, wo die Sache sich befinde. Dieses Verfahren war bis zur Reform der Sachaufklärung als besondere Angelegenheit in § 18 Abs. 1 Nr. 16 RVG aufgeführt. Mit der Reform der Sachaufklärung wurde der Begriff der eidesstattlichen Versicherung durch Vermögensauskunft ersetzt, ohne zu sehen, dass das Vollstreckungsrecht auch noch andere Formen der eidesstattlichen Versicherung kennt. Zu Recht wird deshalb davon ausgegangen,

---

[63] Gerold/Schmidt/*Müller-Rabe*, RVG, § 25 Rn 46; BGH AGS 2010, 541; BGH NJW 1991, 2280; BGH WM 1983, 968; KG JurBüro 1982, 1243; OLG München Rpfleger 1981, 371; OLG Bamberg JurBüro 1981, 919; OLG Hamm FamRZ 1980, 476.

I. Vollstreckung vertretbarer und unvertretbarer Handlungen § 6

dass für das Verfahren nach § 883 Abs. 2 ZPO eine gesonderte 0,3-Verfahrensgebühr nach Nr. 3309 VV RVG anfällt.[64]

Da der Gerichtsvollzieher kein Gericht ist, kommt der Anfall der Terminsgebühr nach Nr. 3310 VV RVG auch dann nicht in Betracht, wenn der RA an dem Termin zur Wegnahme durch den Gerichtsvollzieher teilnimmt. Anders verhält es sich allerdings dann, wenn der Gerichtsvollzieher die eidesstattliche Versicherung zum Verbleib der herauszugebenden Sache abnimmt und der Gläubigervertreter hieran teilnimmt.[65] 72

Der Gegenstandswert bestimmt sich nach dem Wert der herauszugebenden Sache, § 25 Abs. 1 Nr. 2 RVG. Ist der Anspruch auf Räumung gerichtet, darf der Gegenstandswert jedoch den Wert nicht übersteigen, mit dem der Herausgabe- oder Räumungsanspruch nach den für die Berechnung von Gerichtskosten maßgeblichen Vorschriften zu bewerten ist. Abzustellen ist also auf § 41 Abs. 2 S. 1 GKG. Wird wegen Beendigung eines Miet-, Pacht- oder ähnlichen Nutzungsverhältnisses die Räumung eines Grundstücks, Gebäudes oder Gebäudeteils verlangt, ist also das für die Dauer eines Jahres zu zahlende Entgelt maßgebend. 73

I. Die Gebühren bei der Vollstreckung vertretbarer und unvertretbarer Handlungen

I. Die Gebühren im Verfahren nach § 887 ZPO

Das Verfahren zur Vollstreckung einer vertretbaren Handlung stellt sich zweiaktig dar. Zum einen ist die Ermächtigung zur Beauftragung eines Dritten auf Kosten des Schuldners zu beantragen, zum anderen sollte regelmäßig ein Vorschussanspruch geltend gemacht werden. Aufgrund der Mehraktigkeit und unabhängig davon, ob nur einer oder beide Anträge oder die Anträge zeitlich getrennt gestellt werden, handelt es sich um zwei besondere Angelegenheiten im Sinne des § 18 Abs. 1 Nr. 1 und Nr. 12 RVG. Es fällt deshalb die 0,3-Verfahrensgebühr nach Nr. 3309 VV RVG doppelt an.[66] Mehrfach entsteht die Gebühr auch, wenn die Verpflichtung von mehreren Schuldnern zu erfüllen ist und der Vollstreckungsauftrag gegen jeden Schuldner gerichtet wird.[67] 74

Der Gegenstandswert bemisst sich nach § 25 Abs. 1 Nr. 3 RVG nicht nach dem Aufwand, den der Schuldner oder der Dritte für die Vornahme der vertretbaren Handlung betreiben muss, sondern am Interesse des Gläubigers an der Vornahme der 75

---

64 Zöller/*Stöber*, ZPO, § 883 Rn 19; Musielak/Voit/*Lackmann*, ZPO, § 883 Rn 13.
65 Zöller/*Stöber*, ZPO, § 883 Rn 19.
66 Musielak/Voit/*Lackmann*, ZPO, § 887 Rn 26; a.A. Gerold/Schmidt/*Müller-Rabe*, RVG, VV 3309 Rn 264, 265.
67 BGH MDR 2007, 367.

Handlung. Das kann mehr oder weniger als der Aufwand sein. Im Zweifel kann der Aufwand aber einen Hinweis auf den Wert des Interesses geben.

Wird ein Vorschuss angeordnet und entrichtet der Schuldner diesen nicht freiwillig, muss er seinerseits im Wege der Zwangsvollstreckung wegen einer Geldforderung beigetrieben werden. Hierfür entstehen jeweils selbstständige Gebühren.[68] Gegenstandswert ist in diesem Fall die Summe des Vorschussanspruches. Nichts anderes ist sachgerecht, wenn der Vorschuss erhöht werden muss und auch der Differenzbetrag nicht freiwillig geleistet wird. Dessen Beitreibung stellt dann eine besondere Angelegenheit dar.[69] Auszugehen ist dann vom Gegenstandswert der Differenz. Es handelt sich um einen neuen Anspruch und Vollstreckungstitel auf der Grundlage eines abweichenden neuen Vortrages.

76 Für die Anordnungen nach § 887 ZPO ist das Prozessgericht und damit ein Gericht im Sinne der Nr. 3310 VV RVG zuständig. Sofern es ausnahmsweise zu einer mündlichen Verhandlung über den Vollstreckungsantrag kommt, ist daher auch der Anfall der 0,3-Terminsgebühr in Betracht zu ziehen.

77 Kommt es zu einer mündlichen Verhandlung, ist meist der Umfang der Beauftragung des Dritten, die Art der Ausführung und die Höhe des Vorschusses zu erörtern. Kommt es vor diesem Hintergrund zu einer vergleichsweisen Einigung der Parteien, kann auch die Einigungsgebühr anfallen.

II. Die Gebühren im Verfahren nach § 888 ZPO

78 Wird eine nicht vertretbare Handlung nicht freiwillig erfüllt, kann der Schuldner nur mit Zwangsgeld oder Zwangshaft zu deren Erfüllung angehalten werden. Der entsprechende Antrag stellt sich als besondere Angelegenheit nach § 18 Abs. 1 Nr. 13 RVG dar und löst die 0,3-Verfahrensgebühr nach Nr. 3309 VV RVG aus. Die Gebühr fällt dabei auch dann nur einmal an, wenn das Zwangsgeld mehrfach jeweils erhöht festgesetzt wird,[70] weil der Schuldner auch auf die vorherige Festsetzung hin seiner Verpflichtung nicht nachkommt. Dagegen fällt sie mehrfach an, wenn die unvertretbare Handlung von mehreren Schuldnern zu erbringen ist und sich der Vollstreckungsantrag gegen alle richtet.

Das Zwangsgeld steht der Staatskasse zu, ist aber von dem Gläubiger zur Zahlung an die Staatskasse nach den Möglichkeiten der Zwangsvollstreckung wegen einer Geldforderung beizutreiben. Nach einer Ansicht soll auch diese Tätigkeit noch von der 0,3-Verfahrensgebühr für den Zwangsmittelantrag abgegolten sein.[71] Diese

---

68 Gerold/Schmidt/*Müller-Rabe*, RVG, VV 3309 Rn 266 f.; Zöller/*Stöber*, ZPO, § 887 Rn 15.
69 A.A. wohl Zöller/*Stöber*, ZPO, § 887 Rn 15.
70 LG Mannheim Rpfleger 2008, 160.
71 Gerold/Schmidt/*Müller-Rabe*, RVG, VV 3309 Rn 290, *Enders*, RVG, S. 599; Musielak/Voit/*Lackmann*, ZPO, § 888 Rn 16.

Auffassung bezieht sich (teilweise) auf eine Entscheidung des OLG Hamm vom 18.10.1983,[72] die allerdings nur die Aufforderung zur Erfüllung und den anschließenden Zwangsmittelantrag als eine Angelegenheit betrachtet. Tatsächlich ist die Beitreibung des Zwangsgeldes als eigene Vollstreckungsangelegenheit nach § 18 Abs. 1 Nr. 1 RVG zu betrachten, die in jeder Ausformung eigene Gebühren entstehen lässt. Etwas anders wäre auch im Hinblick auf den Gebührensatz kaum zu vertreten. Es wäre dann nicht ausgeschlossen, dass der RA möglicherweise neben dem Zwangsmittelantrag die Abnahme der Vermögensauskunft, die ein- oder mehrfache Beauftragung der Forderungspfändung mit deren weiterer Betreuung im Kontakt mit dem Drittschuldner, die Sachpfändung usw. im Extremfall für die einmalige Mindestgebühr von 15,00 EUR leisten müsste.

Für die Anordnungen nach § 888 ZPO ist das Prozessgericht und damit ein Gericht im Sinne der Nr. 3310 VV RVG zuständig. Sofern es ausnahmsweise zu einer mündlichen Verhandlung über den Vollstreckungsantrag kommt, ist daher auch der Anfall der 0,3-Terminsgebühr in Betracht zu ziehen. **79**

Kommt es zu einer mündlichen Verhandlung, ist meist der Umfang der zu erbringenden Leistung zu erörtern. Kommt es vor diesem Hintergrund zu einer vergleichsweisen Einigung der Parteien, kann auch die Einigungsgebühr anfallen. **80**

J. Die Gebühren bei der Vollstreckung von Unterlassungs- und Duldungstiteln

Handelt der Schuldner der Verpflichtung zuwider, eine Handlung zu unterlassen oder die Vornahme einer Handlung zu dulden, ist er nach § 890 Abs. 1 ZPO wegen einer jeden Zuwiderhandlung auf Antrag des Gläubigers von dem Prozessgericht des ersten Rechtszuges zu einem Ordnungsgeld, und für den Fall, dass dieses nicht beigetrieben werden kann, zur Ordnungshaft oder zur Ordnungshaft bis zu sechs Monaten zu verurteilen. Allerdings muss die Verurteilung zu einem Ordnungsmittel nach § 890 Abs. 2 ZPO angedroht werden. Dies kann im Urteil oder auch isoliert geschehen. **81**

Soweit die Androhung im ursprünglichen Urteil erfolgte, ist dies mit den Gebühren im Erkenntnisverfahren, insbesondere der Verfahrensgebühr nach Nr. 3100 VV RVG, abgegolten.[73] Gleiches gilt für die isolierte Androhung, die dann mit der Verfahrensgebühr für den eigentlichen Vollstreckungsantrag nach Nr. 3309 VV RVG abgegolten ist, die Gebühr dementsprechend aber auch schon entstehen lässt, § 19 Abs. 2 Nr. 5 RVG.[74] Über den Wortlaut hinaus gilt dies nicht nur für die Androhung

---

72 OLG Hamm JurBüro 1984, 565.
73 BGH MDR 1979, 116; Gerold/Schmidt/*Müller-Rabe*, RVG, VV 3309 Rn 355.
74 OLG Hamm AGS 2014, 518.

von Ordnungsgeld, sondern auch für die Androhung von Ordnungshaft.[75] Die Gebühr entsteht nicht erst mit dem tatsächlichen Antrag auf Androhung der Festsetzung eines Ordnungsmittels nach § 890 ZPO, sondern, wie jede Verfahrensgebühr, bereits mit den hierauf gerichteten vorbereitenden Handlungen, etwa der vorherigen Ankündigung eines solchen Antrages gegenüber dem Schuldner, um diesen (noch einmal) zu einem verurteilungskonformen Verhalten zu bewegen.

82 *Hinweis*
Soweit nach der Androhung kein weiterer Antrag auf Festsetzung eines Ordnungsmittels mehr erforderlich ist, kann die Erstattungsfähigkeit der allein auf der Androhung beruhenden 0,3-Verfahrensgebühr nach Nr. 3309 VV RVG in Zweifel gezogen werden. War die Aufnahme der Androhung schon in dem Urteil möglich, fehlt es für das isolierte Vorgehen an der für die Erstattung nach § 788 ZPO notwendigen Erforderlichkeit.

83 Jede Verurteilung – nicht also jeder Antrag – auf ein Ordnungsmittel stellt nach § 18 Abs. 1 Nr. 14 RVG eine besondere Angelegenheit dar, so dass bei mehreren aufeinanderfolgenden Verurteilungen immer wieder eine erneute 0,3-Verfahrensgebühr anfällt. Auch hier gilt, dass über den Wortlaut hinaus nicht nur die Verurteilung zu Ordnungsgeld, sondern auch die Verurteilung zu Ordnungshaft eine besondere Angelegenheit darstellt. Für den ersten Antrag und die darauf folgende Verurteilung jedoch nur dann, wenn nicht schon die isolierte Androhung die Gebühr hat entstehen lassen.

Allein der erneute Antrag auf Verurteilung zu einem Ordnungsmittel kann die 0,3-Verfahrensgebühr als besondere Angelegenheit nur auslösen, wenn es sich um einen gesonderten, neuen Verstoß gegen die Verpflichtung aus § 890 ZPO handelt. Im Einzelfall muss abgegrenzt werden, ob ein von dem fortgesetzten Ausgangsverstoß zu unterscheidender neuer Verstoß vorliegt.

Handelt es sich um mehrere Schuldner, fällt für jeden Schuldner die 0,3-Verfahrensgebühr gesondert an. Dabei bleibt unerheblich, dass die Vollstreckung auf nur einem Titel beruht und auch nur ein einheitlicher Auftrag erteilt wurde, der in einem einheitlichen Antrag mündete.

84 *Hinweis*
Dieser Umstand wird immer wieder übersehen, so dass hier viele Gebühren verschenkt werden. Ein konsequentes Gebührenmanagement vermeidet dies.

85 Da die Verurteilung durch das Prozessgericht erster Instanz zu erfolgen hat, ist grundsätzlich auch der Anfall der Terminsgebühr nach Nr. 3310 VV RVG denkbar. In der Praxis ist die Durchführung einer mündlichen Verhandlung allerdings nicht üblich. Vielmehr wird durch Beschluss ohne mündliche Verhandlung entschieden.

---

75 Zöller/*Stöber*, ZPO, § 890 Rn 29; Gerold/Schmidt/*Müller-Rabe*, RVG, VV 3309 Rn 356; *Volpert*, RVGreport 2005, 127.

Hinweis 86
Im Einzelfall kann es sinnvoll sein, eine mündliche Verhandlung anzuregen, um unter Vermittlung des Gerichtes einen möglichen Streit um die Auslegung der tenorierten Verpflichtung beizulegen. In diesem Fall kann nicht nur die 0,3-Terminsgebühr nach Nr. 3310 VV RVG entstehen, sondern auch eine 1,0-Einigungsgebühr nach Nrn. 1000, 1003 VV RVG.

Der Schuldner kann neben dem Ordnungsmittel nach § 890 Abs. 3 ZPO auf Antrag 87 des Gläubigers auch zur Bestellung einer Sicherheit für den durch fernere Zuwiderhandlungen entstehenden Schaden auf bestimmte Zeit verurteilt werden. Diese Verurteilung stellt nach § 18 Abs. 1 Nr. 15 RVG eine eigene besondere Angelegenheit dar. Wird dieser Antrag isoliert gestellt, fällt also eine eigene 0,3-Verfahrensgebühr an. Wird er mit einem Antrag auf Verurteilung zu einem Ordnungsmittel verbunden, fallen zwei 0,3-Verfahrengebühren an. Wird die Sicherheit später zurückgewährt, gehört dies nach § 19 Abs. 1 S. 2 Nr. 7 RVG zum Hauptantrag und löst keine weitergehenden Gebühren aus.[76]

Der Gegenstandswert bestimmt sich nach dem Interesse des Gläubigers an der Erzwingung der Unterlassung oder Duldung, dem Erzwingungsinteresse.[77] Der Wert ist damit zu schätzen. Nicht maßgeblich ist dagegen die Höhe des jeweils festzusetzenden Zwangsgeldes.[78] Die wohl überwiegende Rechtsprechung erachtet einen Bruchteil der Hauptsache für angemessen, wenn nicht besondere Umstände des Einzelfalles vorliegen. In Betracht gezogen werden 25–50 % des Hauptsachestreitwertes. Ohne besondere Umstände wird der Rechtsanwender nicht falsch liegen, wenn er einen Wert von $^1/_3$ des Hauptsachestreitwertes annimmt.[79] 88

K. Die Gebühren für den Antrag auf Eintragung einer Zwangshypothek

Ist der RA mit der Eintragung einer Zwangssicherungshypothek beauftragt, richten 89 sich die Gebühren nach der Vorbem. 3.3.3 VV RVG nach Teil 3, Abschnitt 3, Unterabschnitt 3 VV RVG, d.h. nach den zuvor schon dargestellten Gebühren für die Mobiliarzwangsvollstreckung.

Der RA erhält also eine 0,3-Verfahrensgebühr nach Nr. 3309 VV RVG, die mit den auf die Antragstellung gerichteten Vorbereitungshandlungen entsteht. Dabei stellt das Verfahren zur Eintragung der Zwangssicherungshypothek nach § 18 Nr. 11 RVG eine besondere gebührenrechtliche Angelegenheit dar, so dass die Gebühren

---

76 Gerold/Schmidt/*Müller-Rabe*, RVG, VV 3309 Rn 347.
77 Zöller/*Stöber*, ZPO, § 3 Rn 16 – Ordnungs- und Zwangsmittelfestsetzung.
78 OLG Celle AGS 2008, 189 und OLGR 2009, 657 m.w.N..; OLG München FamRZ 2011, 1686.
79 OLG Saarbrücken v. 19.8.2009 – 5 W 181/09; OLG Celle OLGR 2009, 657; OLG München FamRZ 2011, 1686.

unabhängig von anderen Vollstreckungsmaßnahmen anfallen. Werden mehrere Anträge auf Eintragung einer Zwangshypothek in verschiedene Grundstücke gestellt, stellt jeder Antrag nach dem Wortlaut des § 18 Abs. 1 Nr. 11 RVG eine besondere Angelegenheit dar, weil jeder Eintragungsantrag ein gesondertes Verfahren begründet. Dies gilt auch dann, wenn aus demselben Titel gegen denselben Schuldner vorgegangen wird.

90 *Hinweis*
Die Auffassung, dass dies nur dann gilt, wenn die Grundstücke in verschiedenen Amtsgerichtsbezirken liegen, weil nur dann ein Mehraufwand entstehe,[80] überzeugt nicht. Die Gebühr bestimmt sich nicht nach dem Aufwand, sondern in Abhängigkeit von der jeweiligen Angelegenheit.

91 Erfolgt die Eintragung gegen mehrere Schuldner als Grundstückseigentümer, die allesamt auch Titelschuldner sind, entsteht die Gebühr für jeden Schuldner gesondert, und zwar auch dann, wenn nur ein einheitlicher Antrag gestellt wird. In der Kombination kann sich so ein nicht unerhebliches Gebührenaufkommen ergeben.

92 Soweit die Eintragung der Zwangshypothek zunächst die Berichtigung des Grundbuches (§ 14 GBO), die Beschaffung eines Erbscheins nach § 792 ZPO, die Einholung einer behördlichen Genehmigung, die Löschung einer eingetragenen Hypothek oder ähnliches erfordert, wird dies von der Gebühr nach Nr. 3309 VV RVG nicht abgegolten. Es handelt sich vielmehr um außergerichtliche Tätigkeiten, für die die Geschäftsgebühr nach Nr. 2300 VV RVG anfällt.[81]

93 Mangels gerichtlichen Termins kommt eine Terminsgebühr nach Nr. 3310 VV RVG nicht in Betracht.

94 Der Gegenstandswert bestimmt sich nach § 25 Abs. 1 Nr. 1 RVG, d.h. dem durch die Zwangshypothek zu sichernden Forderungsbetrag zuzüglich Zinsen und Kosten.

L. Die Gebühren in der Immobiliarzwangsvollstreckung

I. Einleitung

95 Die Gebühren in der Immobiliarzwangsvollstreckung werden in Teil 3, Abschnitt 3, Unterabschnitt 4 VV RVG geregelt. Der Begriff der Immobiliarzwangsvollstreckung wird im RVG enger gefasst als in der ZPO. Es werden gebührenrechtlich nur die Zwangsversteigerung und die Zwangsverwaltung erfasst und nicht auch die Eintragung einer Zwangssicherungshypothek.

---

80 *Enders*, RVG, S. 612.
81 Gerold/Schmidt/*Müller-Rabe*, RVG, VV 3309 Rn 281.

L. Die Gebühren in der Immobiliarzwangsvollstreckung § 6

Hinweis **96**
Ist der RA mit der Eintragung einer Zwangssicherungshypothek beauftragt, richten sich die Gebühren nach der Vorbem. 3.3.3 VV RVG nach Teil 3, Abschnitt 3, Unterabschnitt 3 VV RVG, d.h. nach den zuvor schon dargestellten Gebühren für die Mobiliarzwangsvollstreckung. Der RA erhält also eine 0,3-Verfahrensgebühr nach Nr. 3309 VV RVG. Mangels gerichtlichen Termins kommt eine Terminsgebühr nach Nr. 3310 VV RVG nicht in Betracht. Der Gegenstandswert bestimmt sich nach § 25 RVG, d.h. dem durch die Zwangshypothek zu sichernden Forderungsbetrag zuzüglich Zinsen und Kosten.

Dabei stellt das Verfahren zur Eintragung der Zwangssicherungshypothek nach § 18 Nr. 11 RVG eine besondere gebührenrechtliche Angelegenheit dar, so dass die Gebühren unabhängig von anderen Vollstreckungsmaßnahmen anfallen.

II. Die Verfahrensgebühr

In der Immobiliarzwangsvollstreckung fällt gemäß Nr. 3311 VV RVG eine 0,4-Verfahrensgebühr aus dem Gegenstandswert an. Die Verfahrensgebühr fällt für die Vertretung in der Immobiliarzwangsvollstreckung unabhängig davon an, wen der RA vertritt. Er kann die Verfahrensgebühr bei der Vertretung der Interessen des Gläubigers, des Schuldners oder des Bieters berechnen. Der Gegenstandswert kann allerdings je nach Vertretenem variieren. **97**

Dabei kann die Verfahrensgebühr innerhalb eines Zwangsversteigerungs- oder Zwangsverwaltungsverfahrens mehrfach anfallen. Die entsprechenden Fälle sind als Anm. zu Nr. 3311 VV RVG aufgeführt. Besonders zu nennen sind die meist vielfältig vorkommenden Einstellungsanträge des Schuldners und die Vertretung des Gläubigers in diesen Verfahren.

III. Die Terminsgebühr

Eine 0,4-Terminsgebühr nach Nr. 3312 VV RVG fällt an, wenn der RA für einen am Verfahren Beteiligten (§ 9 ZVG) an einem Versteigerungstermin wahrnimmt. Eine Tätigkeit muss er in dem Termin nicht entfalten. **98**

Nach der Anmerkung entsteht im Übrigen im Verfahren der Zwangsversteigerung und der Zwangsverwaltung keine Terminsgebühr, d.h. insbesondere nicht für Ortstermine des Sachverständigen zur Feststellung des Verkehrswertes oder auch Termine im Rahmen von Schutzanträgen des Schuldners.

Da Nr. 3312 VV RVG von „einem" Versteigerungstermin spricht, fällt die Gebühr für jeden Versteigerungstermin gesondert an.[82]

---

[82] A.A. Gerold/Schmidt/*Mayer*, RVG, VV 3312 Rn 10.

IV. Die allgemeinen Gebühren in der Immobiliarzwangsvollstreckung

99 Auch in der Immobiliarzwangsvollstreckung können die Einigungs-, Erhöhungs- und Hebegebühr anfallen.

1. Gebührenrechtlicher Begriff der Immobiliarzwangsvollstreckung

100 Während die Immobiliarzwangsvollstreckung nach § 866 Abs. 1 ZPO die Eintragung einer Zwangssicherungshypothek nach den §§ 867 ff. ZPO sowie die Zwangsversteigerung und die Zwangsverwaltung von Grundstücken nach dem ZVG umfasst, werden gebührenrechtlich nach der Vorbem. 3.3.3 VV RVG hiervon lediglich die Zwangsverwaltung und die Zwangsversteigerung erfasst.

101 *Hinweis*
Die Zwangsvollstreckung im Wege der Eintragung einer Zwangssicherungshypothek unterfällt den Nrn. 3309 und 3310 VV RVG und damit der Gebührenregelung für die Verfahren der Mobiliarzwangsvollstreckung aus Zahlungstiteln, der Vollstreckung wegen vertretbarer und unvertretbarer Handlungen, der Duldungs- und Unterlassungstitel sowie der Herausgabe und Leistung von Sachen. Es handelt sich dabei um eine besondere Angelegenheit nach § 18 Abs. 1 Nr. 11 RVG.

2. Umfassende Anwendung ohne Rücksicht auf Rechtsstellung des Mandanten

102 Während § 68 Abs. 1 BRAGO den Anfall der Gebühr im Zwangsversteigerungsverfahren auf die Vertretung eines Beteiligten am Versteigerungsverfahren beschränkte, kennt Nr. 3311 VV RVG diese Einschränkung für die Verfahrensgebühr nicht mehr. Nunmehr erhält der RA die Verfahrensgebühr auch, wenn er für einen sonstigen Dritten, insbesondere den Bieter, im Zwangsversteigerungsverfahren tätig wird. Die Differenzierung ergibt sich dann über den Gegenstandswert.

103 *Hinweis*
Ob und inwieweit der eigene Mandant Beteiligter des Zwangsversteigerungsverfahrens nach § 9 ZVG ist, bedarf unter Geltung des RVG bei der Abrechnung der Tätigkeit im Zwangsversteigerungsverfahren an dieser Stelle keiner Untersuchung mehr.

104 Anders verhält es sich allerdings bei der Terminsgebühr. Hier bleibt es dabei, dass diese nur für den RA anfällt, der im Zwangsversteigerungsverfahren einen Beteiligten i.S.d. § 9 ZVG vertritt.

105 Für die Zwangsverwaltung muss beachtet werden, dass die Bestimmungen des RVG nur die Vergütung der Tätigkeit des RA als Vertreter eines Beteiligten oder sonstigen Dritten im Zwangsverwaltungsverfahren regeln. Wird der RA als

L. Die Gebühren in der Immobiliarzwangsvollstreckung § 6

Zwangsverwalter tätig, richtet sich die Vergütung nach der Zwangsverwaltervergütungsverordnung.

3. Die anwaltlichen Gebühren im Einzelnen

Die anwaltlichen Gebühren und deren Höhe im Verhältnis zur einfachen Gebühr sind für die dem RVG unterfallenden Aufträge zur Durchführung der Immobiliarzwangsvollstreckung im beschriebenen Sinne in Teil 3, Abschnitt 3, Unterabschnitte 3 und 4 VV RVG geregelt. Die Regelungen der früheren §§ 68 und 69 BRAGO haben hier ihre Neuregelung gefunden, wobei es für verschiedene Angelegenheiten zu einer Gebührenanhebung gekommen ist.

Checkliste: Gebühren in der Immobiliarzwangsvollstreckung
Danach erhält der RA in der – gebührenrechtlichen – Immobiliarzwangsvollstreckung:
- eine 0,4-Verfahrensgebühr für die Tätigkeit in der Zwangsversteigerung oder der Zwangsverwaltung nach Nr. 3311 VV RVG;
- eine 0,4-Terminsgebühr nach Nr. 3312 VV RVG, sofern der RA für einen Beteiligten einen Versteigerungstermin wahrnimmt;

> *Hinweis*
> Der Anwendungsbereich der Terminsgebühr ist damit erheblich beschränkt. Diese entsteht nur für die Wahrnehmung des Versteigerungstermins für einen Beteiligten. Wer Beteiligter ist, bestimmt sich nach § 9 ZVG. Im Übrigen entsteht neben der Verfahrensgebühr im Verfahren der Zwangsversteigerung und der Zwangsverwaltung keine Terminsgebühr.
>
> Auch in diesem eingeschränkten Anwendungsbereich kann der RA von der Regelung des § 5 RVG profitieren, wonach die Terminsgebühr auch anfällt, wenn der RA den Termin nicht persönlich wahrnimmt, sondern sich durch einen anderen RA, seinen allgemeinen Vertreter, einen bei einem RA angestellten Assessor oder einen ihm zur Ausbildung zugewiesenen Stationsreferendar vertreten lässt.

- eine 1,0- oder 1,5-Einigungsgebühr nach Nrn. 1000, 1003 VV RVG, sofern der RA an dem Abschluss eines Vergleiches bzw. einer sonstigen Einigung mitwirkt;

> *Hinweis*
> Eine Einigung kann ein Abfindungs-, Teil- oder Ratenzahlungsvergleich bei gleichzeitiger Einstellung der Zwangsversteigerung oder Zwangsverwaltung sein. Hat der Gläubiger die Zwangsversteigerung eines Grundstückes beantragt, welches Erträge in Form von Pacht- oder Mieteinnahmen erwirtschaftet, sollte der Gläubiger zur weiteren Sicherung bei Abschluss eines Teil- oder Ratenzahlungsvergleiches diese Forderungen pfänden, sich abtreten lassen oder die Anordnung der Zwangsverwaltung betreiben. Neben der

sachlich gerechtfertigten weiteren Sicherung des Gläubigers erhält der RA hierfür weitere Gebühren nach den Nrn. 3309–3312 VV RVG. Beachtet werden muss aber, dass eine gesonderte Einigungsgebühr nicht anfällt, wenn allein Verhandlungen mit dem Ziel der Aufhebung des Verfahrens geführt werden. Diese Verhandlungen sind bereits mit der Verfahrensgebühr nach Nr. 3311 Nr. 6 VV RVG abgegolten.

- eine 0,3-Erhöhungsgebühr hinsichtlich der Verfahrensgebühr nach Nr. 1008 VV RVG, wenn der RA mehrere Auftraggeber vertritt, jedoch höchstens eine 2,0-Verfahrensgebühr nach Nr. 1008 Abs. 3 VV RVG.

4. Vergütung für jede Angelegenheit

108 Die Vergütung wird jeweils für die gesamte Tätigkeit des RA innerhalb einer Angelegenheit gezahlt. Während für die Mobiliarzwangsvollstreckung die verschiedenen und besonderen Angelegenheiten in den §§ 17 und 18 RVG geregelt sind, wird der Umfang der Abgeltung der Tätigkeit in der Immobiliarzwangsvollstreckung in Nr. 3311 VV RVG selbst bestimmt und insoweit von dem Grundsatz des § 18 Abs. 1 Nr. 1 RVG abgewichen, wonach die Gebühr die Tätigkeit im gesamten Vollstreckungsverfahren abgilt.

109 Die Verfahrensgebühr fällt jeweils gesondert an

- für die Tätigkeit im Zwangsversteigerungsverfahren bis zur Einleitung des Verteilungsverfahrens.

Die Gebühr deckt damit die Tätigkeit des RA von der Vorbereitung und Einreichung des Antrages auf Anordnung der Zwangsversteigerung oder der Zwangsverwaltung bis zur Einleitung des Verteilungsverfahrens mit Ausnahme der Teilnahme am Versteigerungstermin – für die gesondert die Terminsgebühr anfällt – ab. Die Gebühr erfasst damit das persönliche Gespräch mit dem Mandanten zur Informationsbeschaffung und Klärung des Ziels der Zwangsversteigerung (etwa den Eigenerwerb des Gläubigers, die isolierten Befriedigung der Forderung unabhängig vom höchsten Gebot, die Rücksichtnahme auf den Schuldner im Hinblick auf die Bewilligung der Einstellung der Zwangsversteigerung, wenn ein Mindestgebot nicht erreicht wird) sowie die Schaffung der allgemeinen Vollstreckungsvoraussetzungen i.S.d. § 19 Abs. 1 S. 2 RVG, wie die Erteilung eines Notfrist- oder Rechtskraftzeugnisses (Nr. 9), die erstmalige Erteilung der Vollstreckungsklausel außerhalb von § 731 ZPO (Nr. 13) oder die Zustellung des mit der Klausel versehenen Titels und der nach § 750 ZPO erforderlichen Urkunden (Nr. 16).

Hinweis
Bedarf es einer weiteren vollstreckbaren Ausfertigung des Titels nach § 733 ZPO, weil etwa neben der Immobiliarzwangsvollstreckung auch andere Maßnahmen der Vollstreckung betrieben werden, so handelt es sich nach

L. Die Gebühren in der Immobiliarzwangsvollstreckung § 6

§ 18 Abs. 1 Nr. 5 RVG um eine besondere Angelegenheit, die auch gesondert vergütet wird. Gleiches gilt, wenn es der Umschreibung des Titels nach § 727 ZPO bedarf, wenn der Schuldner während des Zwangsversteigerungsverfahrens verstirbt und das Verfahren nun gegen die Erben fortgesetzt werden soll.

- Abgegolten mit der Verfahrensgebühr ist damit auch die Beschaffung des Grundbuchzeugnisses nach § 17 Abs. 2 ZVG, die Stellung des Versteigerungsantrages nach § 15 ZVG bzw. auf Beitritt als weiterer Gläubiger zum Zwangsversteigerungsantrag eines anderen Gläubigers nach § 27 ZVG, die Wahrnehmung der Interessen Beteiligter im Wertfestsetzungsverfahren nach § 74a Abs. 5 ZVG und die Vorbereitung des Versteigerungstermins einschließlich der Teilnahme an einem Vortermin nach § 62 ZVG.
- im Zwangsversteigerungsverfahren für die Tätigkeit im Verteilungsverfahren, und zwar auch für eine Mitwirkung an einer außergerichtlichen Verteilung. Kommt es tatsächlich zur Zwangsversteigerung, ist nachfolgend der Erlös nach den §§ 105–145 ZVG zu verteilen. Das Verfahren beginnt mit der Bestimmung des Verteilungstermins und endet mit der Erlösauskehr. Auch hier sind dann wieder alle Tätigkeiten des RA innerhalb des Verfahrens mit der Gebühr abgegolten. Hierunter fallen insbesondere
- die Anmeldung des Anspruchs des Vertretenen am Versteigerungserlös,
- die Prüfung des Teilungsplanes,
- die Vorbereitung und Wahrnehmung des oder der Verteilungstermine,
- die Prüfung eines eigenen Widerspruches und Widersprüche der übrigen am Verteilungsverfahren Beteiligten,
- die Verteilung nach einem Widerspruchsprozess.

Hinweis
Vertritt der RA den Mandanten im Verfahren über eine Widerspruchsklage gegen den Teilungsplan, so wird diese Tätigkeit von der Verfahrensgebühr nach Nr. 3311 VV RVG allerdings nicht umfasst. Der RA erhält vielmehr die Gebühren nach Teil 3, Abschnitt 1 VV RVG.

Der RA kann bei einer Zwangsversteigerung mit einem nachfolgenden Verteilungsverfahren bei Vertretung eines Beteiligten also dreimal die 0,4-Gebühr verdienen:

Beispiel
Gegenstandswert 75.000,00 EUR

0,4-Verfahrensgebühr nach Nr. 3311 Nr. 1 VV RVG für das Betreiben des Verfahrens	533,20 EUR
0,4-Terminsgebühr nach Nr. 3312 VV RVG für die Teilnahme am Versteigerungstermin	533,20 EUR

0,4-Verfahrensgebühr nach Nr. 3311 Nr. 2 VV RVG für das Betreiben des Verteilungsverfahrens	533,20 EUR
Auslagenpauschale nach Nr. 7002 VV RVG	20,00 EUR
Gesamt netto	1.619,60 EUR

Die Vergütung erhöht sich weiter, wenn der RA mehrere Beteiligte oder Dritte vertritt (Nr. 1008 VV RVG) oder es zwischenzeitlich zu einem Verfahren über die einstweilige Einstellung oder Beschränkung der Zwangsversteigerung oder Zwangsverwaltung gekommen ist, Nr. 3311 Nr. 6 VV RVG.

Kommt es zu einer außergerichtlichen Einigung der Beteiligten und weisen diese dem Gericht die Einigung durch öffentliche oder öffentlich beglaubigte Urkunde nach, so unterbleibt nach § 143 ZVG ein Verteilungsverfahren. Gleichwohl erhält der RA dann die Verfahrensgebühr nach Nr. 3311 Nr. 2 VV RVG.

Hinweis
Auch wenn die Einigung erst nach der Terminsbestimmung im Verteilungsverfahren erfolgt, dieses also schon begonnen hat, erhält der RA die Verfahrensgebühr nur einmal. Durch die Formulierung „auch" in Nr. 3311 Nr. 2 VV RVG hat der Gesetzgeber deutlich gemacht, dass er dem RA die Verfahrensgebühr erhalten wollte, wenn es wegen der außergerichtlichen Einigung über die Verteilung nach § 143 ZVG nicht zur Durchführung des Verteilungsverfahrens und damit zu der dadurch veranlassten Entstehung der Verfahrensgebühr kommt.[83]

- im Verfahren der Zwangsverwaltung für die Vertretung des Antragstellers im Verfahren über den Antrag auf Anordnung der Zwangsverwaltung oder auf Zulassung des Beitritts.

Nr. 3311 Nr. 3 VV RVG entspricht dem früheren § 69 Abs. 1 Nr. 1 BRAGO, wobei die Gebühr von $3/10$ auf 0,4 angehoben wurde. Wie bei der Zwangsversteigerung fällt die Gebühr sowohl an, wenn ein eigener und erster Antrag auf Zwangsverwaltung gestellt wird, als auch, wenn lediglich der Beitritt zur Zwangsverwaltung eines Dritten beantragt wird.

Hinweis
Die Gebühr fällt auch dann gesondert an, wenn der RA für den Gläubiger zunächst die Zwangsversteigerung betrieben hat, diese aber in zwei Versteigerungsterminen erfolglos geblieben ist und er sodann nach § 77 Abs. 2 S. 2 ZVG die Fortsetzung des Verfahrens als Zwangsverwaltung beantragt. Mangels gesetzlicher Anordnung kommt es auch nicht zu einer Anrechnung der für den Antrag auf Durchführung der Zwangsversteigerung bereits angefal-

---

83 Ebenso *Mock*, AGS 2004, 177, 180; *Hartmann*, Kostengesetze, VV 3311 Rn 5.

L. Die Gebühren in der Immobiliarzwangsvollstreckung §6

lenen Verfahrensgebühr. Die entsprechenden Kosten hat der Schuldner nach § 788 ZPO zu tragen. Allerdings darf der RA diesen Antrag auch nicht allein im eigenen Kosteninteresse stellen, sondern muss zur Vermeidung eines Haftungsfalles prüfen, ob die Zwangsverwaltung tatsächlich in Betracht kommt.

Für den Umfang des Abgeltungsbereiches der Verfahrensgebühr nach Nr. 3311 Nr. 3 VV RVG ist zu beachten, dass dieser nur die Vorbereitung und die Stellung eines Antrages auf Zwangsverwaltung oder des Beitrittes zu einer bereits angeordneten Zwangsverwaltung umfasst und mit der Anordnung der Zwangsverwaltung bzw. der Zulassung des Beitrittes endet. Die weitere Tätigkeit im Verfahren löst dann eine erneute Verfahrensgebühr nach Nr. 3311 Nr. 4 VV RVG aus.

- im Verfahren der Zwangsverwaltung für die Vertretung des Antragstellers im weiteren Verfahren einschließlich des Verteilungsverfahrens.

Die Tätigkeit des RA umfasst hier die gesamte Tätigkeit einschließlich des Verteilungsverfahrens, insbesondere auch die Wahrnehmung aller Termine, ohne dass eine gesonderte Terminsgebühr entsteht. Die Haupttätigkeit des RA wird dabei in der Kontrolle des Zwangsverwalters bestehen.

- im Verfahren der Zwangsverwaltung für die Vertretung eines sonstigen Beteiligten im ganzen Verfahren einschließlich des Verteilungsverfahrens.

In der Zwangsverwaltung kann sich sowohl der Schuldner als auch ein Beteiligter i.S.d. § 9 ZVG durch einen Bevollmächtigten vertreten lassen. Mit der 0,4-Verfahrensgebühr sind alle Tätigkeiten des RA einschließlich der Wahrnehmung aller anfallenden Termine – auch im Verteilungsverfahren – abgegolten.

- für die Tätigkeit im Verfahren über Anträge auf einstweilige Einstellung oder Beschränkung der Zwangsvollstreckung und einstweilige Einstellung des Verfahrens sowie für Verhandlungen zwischen Gläubiger und Schuldner mit dem Ziel der Aufhebung des Verfahrens.

Wurde früher nach § 57 BRAGO lediglich die Vertretung des Gläubigers oder des Schuldners im Vollstreckungsschutzverfahren nach § 765a ZPO gesondert vergütet und die Tätigkeit in den Verfahren auf einstweilige Einstellung oder Beschränkung der Zwangsverwaltung oder Zwangsversteigerung nach den §§ 30a ff. und § 180 Abs. 2 ZVG mit der allgemeinen Verfahrensgebühr abgegolten, ergeben sich inzwischen erhebliche weitere Ansprüche des RA. Er erhält für die Vertretung eines Beteiligten im Verfahren über die einstweilige Einstellung oder Beschränkung der Immobiliarzwangsvollstreckung eine zusätzliche 0,4-Verfahrensgebühr nach Nr. 3311 Nr. 6 VV RVG. Da gerade die Immobiliarzwangsvollstreckung von entsprechenden Einstellungsanträgen geprägt ist, führt dies zu einer wesentlichen Steigerung des Gebührenaufkommens des RA, ohne dass dies auch immer erkannt wird.

110

§ 6 Gebühren in der Zwangsvollstreckung

111 *Hinweis*
Die letzte Alternative von Nr. 3311 Nr. 6 VV RVG erfasst die Verhandlungen über eine vergleichsweise Regelung mit dem Ziel der Aufhebung des Verfahrens, d.h. diese Verhandlungen werden besonders vergütet. Werden die Verhandlungen nicht erfolgreich im Sinne einer vergleichsweisen Regelung abgeschlossen, erhält der RA die zusätzliche 0,4-Verfahrensgebühr nach Nr. 3311 Nr. 6 VV RVG. Dagegen erhält er die Einigungsgebühr – allerdings auch nur diese[84] –, wenn die Verhandlungen erfolgreich abgeschlossen werden und eine Einigung im Sinne der Nrn. 1000, 1003 VV RVG erzielt wird. Ziel des Gesetzgebers war es hier erkennbar, die Tätigkeit des RA in diesen Grundstücksangelegenheiten und den hiervon betroffenen komplizierten Rechtsfragen auch dann gesondert zu vergüten, wenn es zu keiner Einigung kommt, da die Einigungsgebühr immer nur anfällt, wenn es tatsächlich zu einer Einigung gekommen ist. Dafür, dass der Gesetzgeber die 0,4-Verfahrensgebühr zusätzlich zur Einigungsgebühr anfallen lassen wollte, ergibt sich auch aus der Gesetzesbegründung kein Hinweis.

112 Die Verfahrensgebühr fällt mit der ersten auf die Zwangsversteigerung oder Zwangsverwaltung gerichteten Handlung, mit der ersten Tätigkeit im Verteilungsverfahren zur Zwangsversteigerung oder des Zwangsverwaltungsverfahrens an. Für den ungeschmälerten Anfall der Gebühr ist es dann unerheblich, in welchem Umfange der RA tätig wird und ob es letztendlich tatsächlich zum Abschluss des Verfahrens oder eines Verteilungsverfahrens kommt.

113 *Beispiel*
Der RA erhält die vollständige Verfahrensgebühr auch dann, wenn der Schuldner nach der Stellung des Versteigerungsantrages die titulierte Forderung nebst Kosten – etwa im Rahmen einer Umschuldung oder der Kreditierung durch den Ehepartner, einen Lebensgefährten oder Geschäftspartners – ausgleicht.

114 Anderes gilt nur bei Nr. 3311 Nr. 6 VV RVG, wo die zusätzliche Verfahrensgebühr bei der Aufnahme von Verhandlungen über die Aufhebung des Verfahrens anfällt, bei einem erfolgreichen Abschluss aber von der Einigungsgebühr konsumiert wird.

115 Nach der gesetzlichen Anm. zu Nr. 3312 VV RVG entsteht die Terminsgebühr nur für die Wahrnehmung eines Versteigerungstermins für einen Beteiligten. Im Übrigen entsteht im Verfahren der Zwangsversteigerung keine Terminsgebühr. Im Zwangsverwaltungsverfahren entsteht die Terminsgebühr nie.

Dies bedeutet, dass der RA keine gesonderte Terminsgebühr erhält für die Teilnahme
- an einem Vortermin nach § 62 ZVG,
- am gesonderten Verkündungstermin über den Zuschlag,

---

[84] A.A. ohne gesonderte Begründung *Mock*, AGS 2004, 181.

- an dem Verteilungstermin,
- am Versteigerungstermin für einen Dritten, der nicht Beteiligter ist, also etwa für einen Bieter.

Die gesetzliche Formulierung lässt offen, ob die 0,4-Terminsgebühr nunmehr für jeden wahrgenommenen Versteigerungstermin oder nur einmal für die Wahrnehmung aller Versteigerungstermine gilt. Der Wortlaut der Vorschrift spricht dafür, dass jeder Versteigerungstermin mit einer gesonderten Terminsgebühr abgegolten wird.[85] Scheitert also die Versteigerung im ersten Termin und kommt es zu einem zweiten Termin, erhält der RA 2x eine 0,4-Terminsgebühr. Dagegen könnte allerdings die Gesetzesbegründung sprechen, der sich hierzu nur entnehmen lässt, dass Nr. 3312 VV RVG die Regelung des § 68 Abs. 1 Nr. 2 BRAGO übernehmen soll, was dafür spricht, dass alle Versteigerungstermine mit einer Gebühr abgegolten sind. Allerdings heißt es in § 68 Abs. 1 Nr. 2 BRAGO ausdrücklich „für die Wahrnehmung der Versteigerungstermine", während es in Nr. 3312 VV RVG heißt „Wahrnehmung eines Versteigerungstermins". Es erscheint daher durchaus vertretbar, von dem gesonderten Anfall der Terminsgebühr für jeden einzelnen Termin auszugehen.

116

M. Die Gebühren bei den Rechtsmitteln in der Zwangsvollstreckung

I. Die Erinnerung nach § 766 ZPO

Das Erinnerungsverfahren gehört nach § 19 Abs. 2 Nr. 2 RVG gebührenrechtlich zur jeweiligen angegriffenen Vollstreckungsmaßnahme. In der Folge löst diese für den Gläubigervertreter keine zusätzliche Gebühr aus, sondern ist mit der 0,3-Verfahrensgebühr für die Vollstreckungsmaßnahme abgegolten.

117

Anders verhält es sich mit dem Bevollmächtigten des Schuldners, der regelmäßig erstmals mit dem Vollstreckungsverfahren befasst wird. Durch die Einlegung der Erinnerung nach § 766 ZPO oder die Vertretung des Schuldners in einem Erinnerungsverfahren des Gläubigers fällt deshalb für ihn die 0,3-Verfahrensgebühr nach Nr. 3309 VV RVG an. War er schon zuvor für den Schuldner in der Vollstreckungsangelegenheit tätig, etwa in Erwiderung auf eine Zahlungsaufforderung, fällt auch für ihn im Erinnerungsverfahren keine zweite 0,3-Verfahrensgebühr an.

118

Diese Grundsätze gelten auch dann, wenn ein RA ausschließlich für das Erinnerungsverfahren beauftragt wird. Nach § 15 Abs. 6 RVG fällt in diesem Fall nicht die 0,5-Gebühr nach Nr. 3500 VV RVG an, sondern lediglich die Gebühr, die anfällt

119

---

85 A.A. Gerold/Schmidt/*Mayer*, RVG, VV 3311, 3312 Rn 10; Schneider/Wolf//*Mock*, RVG, VV 3311–3312 Rn 10; *Jansen*, in: Schneider/Volpert/Fölsch, Gesamtes Kostenrecht, VV 3312 Rn 5: Nur eine Terminsgebühr je Versteigerungsverfahren.

würde, wenn er von Anfang an mit der gesamten Angelegenheit beauftragt worden wäre, mithin die 0,3-Verfahrensgebühr nach Nr. 3309 VV RVG.

120 Im Erinnerungsverfahren kann es zu einem gerichtlichen Termin kommen, so dass zusätzlich die Terminsgebühr nach Nr. 3310 VV RVG anfallen kann, sofern diese nicht schon aus anderem Grunde angefallen ist.

II. Die sofortige Beschwerde nach § 793 ZPO

121 Anders als die Erinnerung nach § 766 ZPO stellt die sofortige Beschwerde nach § 18 Abs. 1 Nr. 3 ZPO eine besondere Angelegenheit dar und löst die 0,5-Verfahrensgebühr nach Nr. 3500 VV RVG aus. Dies gilt unabhängig von der Frage, ob der RA den Gläubiger oder den Schuldner vertritt.

Im Verfahren der sofortigen Beschwerde ist nicht ausgeschlossen, dass es zu einem gerichtlichen Termin kommt, auch wenn dies die Ausnahme ist. Für die Teilnahme an einem solchen Termin fällt unabhängig von der konkret entfalteten Tätigkeit eine 0,5-Terminsgebühr nach Nr. 3513 VV RVG an.

III. Die Klagen nach §§ 767, 771 und 805 ZPO

122 Kommt es im Rahmen der Zwangsvollstreckung zu einem Klageverfahren, so bestimmen sich die Gebühren des RA nicht nach den besonderen Bestimmungen für die Zwangsvollstreckung, sondern nach Teil 3 des Vergütungsverzeichnisses. Es fallen die Verfahrens- und Terminsgebühr wie in jedem gerichtlichen Erkenntnisverfahren nach Nrn. 3100 bzw. 3104 VV RVG an.

Es erfolgt weder eine Anrechnung der Gebühren aus dem Erkenntnisverfahren zum Vollstreckungstitel noch der Gebühren aus der jeweiligen Vollstreckungsmaßnahme.

Der Gegenstandswert wird bei der Vollstreckungsgegenklage von dem Umfang des Angriffes gegen den vollstreckbaren Titel bestimmt. Bei der Drittwiderspruchsklage wie der Klage auf vorzugsweise Befriedigung ist dagegen entscheidend, welchen Wert der Gegenstand oder das Recht hat, in das vollstreckt wurde, für das aber ein vorrangiges Recht reklamiert wird, es sei denn, die Vollstreckungsforderung hat einen geringeren Wert.

N. Besondere Konstellationen in der Zwangsvollstreckung

I. Geschäftsgebühr statt Vollstreckungsgebühr?

123 In der Praxis ist nicht selten die Situation zu betrachten, dass ein Rechtsdienstleister auf verschiedenste Weise, im Ergebnis aber erfolglos, versucht hat, einen Vollstreckungstitel durchzusetzen. Der Gläubiger unternimmt nun nach einiger Zeit den Versuch, einen anderen RA mit der Durchsetzung zu beauftragen. In manchen Fäl-

N. Besondere Konstellationen in der Zwangsvollstreckung § 6

len werden die Forderungen auch verkauft, weil sich der bisherige Gläubiger der Angelegenheit abschließend entledigen will, ohne den Schuldner „davonkommen zu lassen". Weil der bisherige oder der neue Gläubiger sich von einer fortgesetzten Zwangsvollstreckung nur hohe Drittauslagen, aber keinen wirklichen Erfolg verspricht, beauftragt er den neuen RA nun nicht mit der Zwangsvollstreckung, sondern mit der außergerichtlichen Forderungsbeitreibung. Das wirft die Frage auf, welche Gebühren entstehen und welche Gebühren erstattungsfähig sind.

Im Verhältnis zwischen dem Gläubiger und dem RA wirft diese Frage keine Schwierigkeiten auf. Nach dem Geschäftsbesorgungsvertrag war eine außergerichtliche Tätigkeit beauftragt, so dass die 0,5–2,5-Geschäftsgebühr unter Beachtung der 1,3-Schwellengebühr nach Nr. 2300 VV RVG anfällt.

Schwieriger beantwortet sich die Frage, ob der Schuldner diese oder nur eine 0,3-Verfahrensgebühr nach Nr. 3309 VV RVG zu erstatten hat. Zunächst kommt nur eine Erstattung auf der Grundlage eines materiell-rechtlichen Anspruches, mithin des Verzuges nach §§ 280, 286 BGB in Betracht. Da in den außergerichtlichen Zahlungsaufforderungen mangels Auftrags keine Vorbereitung der Zwangsvollstreckung gesehen werden kann, kommt eine Kostenerstattung nach § 788 ZPO nicht in Betracht.

Nach §§ 280, 286 BGB ist der Verzugsschaden zu ersetzen, grundsätzlich also die entstandene Geschäftsgebühr. Diese könnte allerdings nach Maßgabe der Schadensminderungspflicht aus § 254 Abs. 2 BGB auf die Vollstreckungsgebühren nach Nrn. 3309, 3310 VV RVG zu kürzen sein, wenn man allein die Beauftragung der Vollstreckung als notwendig ansieht.

Das leuchtet auf den ersten Blick ein. Wie so häufig lohnt aber der zweite Blick vor einer vorschnellen Antwort. Die Frage, welcher Auftrag zweckmäßig und erforderlich ist, ist eine Frage des Einzelfalls und muss nach diesem beantwortet werden. Besteht keine begründete Hoffnung, dass eine Vollstreckungsmaßnahme zu einer vollständigen oder auch nur teilweisen Befriedigung der Forderung führt, kann die Beauftragung der Vollstreckung kaum als zweckmäßig angesehen werden. Diese Hoffnung fehlt aber, wenn über einen längeren Zeitraum verschiedene Vollstreckungsmaßnahmen erfolglos geblieben sind und keine Anhaltspunkte für einen neueren Einkommens- oder Vermögenszuwachs vorliegen. Ziel des weiteren Vorgehens kann dann nur eine gütliche außergerichtliche Einigung auf der Grundlage überobligatorischer Anstrengungen des Schuldners sein, d.h. der Abschluss einer Ratenzahlungsvereinbarung oder eines Abfindungsvergleiches, die der limitierten Leistungsfähigkeit des Schuldners Rechnung tragen.

Im Einzelfall muss auch ein konkreter Kostenvergleich vorgenommen werden. So mag zwar die Geschäftsgebühr nominell zunächst die Verfahrensgebühr nach Nr. 3309 VV RVG übersteigen. Zum einen kann die Gebühr nach Nr. 3309 VV RVG aber mehrfach anfallen, zum anderen dürfen die nicht unerheblichen Drittauslagen in Form vom Gerichts- und Gerichtsvollzieherkosten nicht übersehen wer-

241

den. Für den Schuldner ist deshalb die Beauftragung der außergerichtlichen Forderungsbeitreibung trotz Titulierung und Anfall der Geschäftsgebühr nach Nr. 2300 VV RVG im Einzelfall günstiger als eine Vollstreckung. Dies gilt jedenfalls bei kleineren Gegenstandswerten in den ersten Streitwertgruppen.

II. Mehrere Vollstreckungsmaßnahmen in einer Sache oder gegen mehrere Schuldner

124 Zahlt der Schuldner auf die Titulierung nicht, wird regelmäßig nicht nur eine, sondern es werden mehrere Vollstreckungsmaßnahmen erforderlich. Die Kombination von gütlicher Einigung mit Vermögensauskunft und nachfolgender Forderungs- oder Sachpfändung entspricht heute dem üblichen Vorgehen in einer Standardsache. Nach § 18 Abs. 1 Nr. 1 RVG stellt jede dieser Vollstreckungsmaßnahmen eine eigene Angelegenheit dar, so dass jeweils gesondert eine 0,3-Verfahrensgebühr anfällt. Dies gilt auch dann, wenn die Vollstreckungsmaßnahmen in einem Vollstreckungsauftrag erteilt werden.

Voraussetzung des gesonderten Anfalls ist allerdings, dass es sich um unterschiedliche Angelegenheiten handelt. Daran fehlt es, wenn eine Vollstreckungsmaßnahme nur vorbereitet oder aufgrund weiterer Anträge oder Mitwirkungshandlungen fortgesetzt wird.

125 *Hinweis*
Der Schuldner folgt der Ladung zum Termin zur Abgabe der Vermögensauskunft nach § 802c oder § 802d ZPO zunächst nicht, so dass ein Haftbefehl beantragt und dann die Verhaftung beauftragt werden muss. Hier wird lediglich die Vollstreckungsmaßnahme „Vermögensauskunft" fortgesetzt. In der Beantragung des Haftbefehls und der Beauftragung der Vollziehung liegt keine neue Angelegenheit. Gleiches gilt etwa, wenn zunächst die Vorpfändung und nachfolgend dann die Pfändung einer Forderung des Schuldners gegen einen Dritten beantragt wird. Anders verhält es sich jeweils, wenn der RA nur den Verhaftungsauftrag erteilt oder nur die Vorpfändung beantragt. Entscheidend ist: Er erhält nie mehr als eine 0,3-Verfahrensgebühr.

126 Sieht sich der Gläubiger nicht nur einem, sondern mehreren Schuldnern gegenüber, kann die Mehrvertretungsgebühr, die Erhöhungsgebühr nach Nr. 1008 VV RVG nicht anfallen. Sie erfasst nur die Konstellation, dass der RA mehrere Auftraggeber vertritt. Allerdings stellt sich jede Vollstreckungshandlung gegenüber jedem einzelnen Schuldner als besondere Angelegenheit dar, so dass auch jeweils gesondert die 0,3-Verfahrensgebühr nach Nr. 3309 VV RVG anfällt. Dabei bleibt unerheblich, ob ein oder mehrere gesonderte Anträge gestellt wurden.

Beispiel 127
Der Gläubiger hat einen Titel aus einer Warenlieferung gegen die A & B GbR sowie deren Gesellschafter A und B erwirkt. Er pfändet nun eine Forderung aller drei Schuldner gegen den D aus einer Dienstleistung. Hier erhält der RA insgesamt dreimal die 0,3-Verfahrensgebühr nach Nr. 3309 VV RVG, insgesamt also eine 0,9-Verfahrensgebühr.

O. Die Gegenstandswerte in der Zwangsvollstreckung

I. Gegenstandswert in der Mobiliarzwangsvollstreckung

Bei allen Mobiliarzwangsvollstreckungsverfahren richtet sich der Gegenstandswert nach § 25 RVG, der andere Wertvorschriften, insbesondere § 4 ZPO verdrängt. 128

Nach § 25 Nr. 1 RVG bestimmt sich der Gegenstandswert nach der im Einzelfall zu vollstreckenden Forderung, einschließlich aller Nebenforderungen, d.h. der Gesamtforderung im Zeitpunkt des Vollstreckungsauftrages. Eine Reduzierung ergibt sich allerdings dann, wenn auf einen konkreten Gegenstand zugegriffen werden soll, der den Wert der Vollstreckungsforderung nicht erreicht.

Umstritten ist, wie der Gegenstandswert bei der Forderungspfändung zu bemessen ist, insbesondere, wenn die Pfändung tatsächlich ins Leere geht. Richtigerweise kommt es darauf nicht an, weil es allgemeinen Grundsätzen entspricht, dass sich der Gegenstandswert nach dem Interesse des Antragstellers im Zeitpunkt der Antragstellung bemisst. Bei einer Klage wird der Streitwert auch nicht nach Maßgabe des tatsächlichen Erfolges bemessen. Deshalb ist nach § 25 Abs. 1 Nr. 1 RVG allein auf den Nennwert der Vollstreckungsforderung abzustellen.[86] Dem steht der Wortlaut des § 25 Abs. 1 Nr. 1 RVG nicht entgegen, da nach dessen erstem Halbsatz auf den Wert der zu vollstreckenden Forderung abzustellen ist und die Beschränkung auf den Wert des konkret gepfändeten Gegenstandes aus mehreren Gründen keine Begrenzung bewirken kann: 129

- Zum einen kommt es nicht auf den objektiven Wert an, sondern auf den vom Gläubiger angenommenen Wert zum Zeitpunkt des Antrages. Andernfalls müsste man bei der erfolgreichen Pfändung von Guthaben auf einem Konto den Wert zunächst auch nur in Höhe des monatlichen pfändbaren Betrages festsetzen und ihn dann sukzessive erhöhen. Ob der Schuldner nämlich im nächsten Monat noch über Guthaben verfügt, ist ungewiss. Die Auffassung, es gebe keinen Hinweis auf die subjektive Komponente und sie sei dem Recht des Gegenstandswertes auch fremd,[87] ist unzutreffend. Das subjektive Interesse ist Maß-

---

[86] OLG Sachsen-Anhalt NJW-RR 2014, 1151 = AGS 2014, 516; LG Hamburg AnwBl. 2006, 499; LG Düsseldorf AGS 2006, 86; LG Kiel JurBüro 1991, 1198; *Hartmann*, Kostengesetze, § 25 Rn 5.
[87] Gerold/Schmidt/*Müller-Rabe*, RVG, § 25 Rn 18.

stab der Grundnorm des Gegenstandswertrechtes, § 3 ZPO. Dagegen ist es systemfremd, die anwaltliche Vergütung von dem Erfolg der Bemühungen abhängig zu machen.[88]

- Zum zweiten kommt es auf die Ex-ante-Sicht des Gläubigers zum Wert der gepfändeten Forderung im Zeitpunkt der Antragstellung an.[89] Von welchem Wert wollte man ausgehen, wenn nach dem Erlass des Pfändungs- und Überweisungsbeschlusses der Schuldner Kontakt mit dem Gläubiger aufnimmt und die Forderung vollständig ausgleicht. Müsste man dann erst noch den Wert der gepfändeten Forderung ermitteln?

- Zum dritten ist der Begriff des „bestimmten Gegenstandes" auf die Fälle der Herausgabe eines konkreten Gegenstandes zu beziehen, also die Fälle des § 846 ZPO. Es geht dem Gläubiger bei der Pfändung einer gewöhnlichen Geldforderung aber nicht um die „Herausgabe" der gepfändeten Forderung. Sein Fokus liegt auf der Realisierung des Vollstreckungsanspruchs.

130 Nach anderer Ansicht[90] soll der RA dagegen lediglich die 0,3-Verfahrensgebühr aus einem Wert bis 500,00 EUR unter Berücksichtigung der Mindestgebühr nach § 13 Abs. 2 RVG, d.h. 15,00 EUR netto, erhalten. Die Sichtweise überzeugt nicht. Den Wortlaut von § 25 Abs. 1 Nr. 1 RVG kann sie – wie begründet – nicht für sich in Anspruch nehmen. Darüber hinaus ist sie für die praktische Anwendung nicht geeignet. So bleibt unklar, wie etwa verfahren werden soll, wenn die Pfändung wegen vier vorrangiger Gläubiger zunächst ins Leere geht, aber nicht ausgeschlossen werden kann, dass der pfändende Gläubiger doch noch später zum Zug kommt oder wenn das Finanzamt mitteilt, dass ein Steuererstattungsanspruch nicht besteht, jedoch noch ein Einspruchsverfahren läuft, welches zu einem Erstattungsanspruch führen könnte oder beispielsweise der Schuldner wegen einer Teilzeitbeschäftigung derzeit keinen pfändbaren Arbeitslohn bezieht, eine Aufstockung der Stunden aber nicht ausgeschlossen ist. Kaum mehr beherrschbar sind die Fälle, in denen unterschiedliche Forderungen bei verschiedenen Drittschuldnern gepfändet werden.

131 Bei der Pfändung von Arbeitseinkommen wegen rückständiger und künftiger Unterhaltsforderung nach § 850d ZPO sind die noch nicht fälligen Forderungen nach § 51 Abs. 1 S. 1 FamGKG und § 9 ZPO zu bewerten. Die rückständigen Unterhaltsleistungen sind also voll zu berücksichtigen, die künftigen Unterhaltsforderungen in Höhe des einjährigen Betrages. Handelt es sich allerdings um Unterhaltsrenten aus einer unerlaubten Handlung, so ist auf den dreieinhalbjährigen Betrag abzustellen (§ 9 ZPO). Fällige Beträge werden hinzugerechnet.

---

88 LG Mannheim JurBüro 2015, 328.
89 LG Koblenz AGS 2005, 510; LG Hamburg AnwBl. 2006, 499; LG Düsseldorf RVGreport 2005, 358; LG Mannheim JurBüro 2015, 328.
90 OLG Köln Rpfleger 2001, 149; LG Stuttgart Rpfleger 2013, 712; Gerold/Schmidt/*Müller-Rabe*, § 25 Rn 13 ff.

O. Die Gegenstandswerte in der Zwangsvollstreckung § 6

Im Verteilungsverfahren nach §§ 872 ff. ZPO auf die Hinterlegung des Gerichtsvollziehers nach § 827 ZPO oder des Drittschuldners nach § 853 ZPO ist höchstens der zu verteilende Betrag anzusetzen.

132

II. Gegenstandswert bei der Abnahme der Vermögensauskunft

Für das Verfahren über die Vermögensauskunft bestimmt § 25 Nr. 4 RVG, dass sich der Gegenstandswert nach der noch offenen Gesamtforderung bestimmt, die noch zu vollstrecken ist. Allerdings ist der Gegenstandswert auf nunmehr 2.000,00 EUR[91] gedeckelt.

133

> *Beispiel*
> Die noch offene Restforderung beträgt einschließlich Zinsen und Kosten noch 1.431,24 EUR. In diesem Fall ist auch der Gegenstandswert mit 1.431,24 EUR anzunehmen und hieraus ist die 0,3-Verfahrengebühr nach Nr. 3309 VV RVG zu berechnen.
>
> Beträgt dagegen die noch offene Restforderung 5.756,93 EUR, greift die Begrenzung des Gegenstandswertes. Die 0,3-Verfahrensgebühr ist nun aus dem Höchstwert von 2.000,00 EUR zu bestimmen.

134

Nach § 25 Abs. 1 Nr. 4 RVG ist der Gegenstandswert für das Verfahren auf Abnahme der Vermögensauskunft auf 2.000,00 EUR gedeckelt, was sich dementsprechend bei diesen Betrag übersteigenden Vollstreckungsforderungen auswirkt. Grundsätzlich ist auch hier also der Nennwert der Vollstreckungsforderung maßgeblich, aber nicht mehr als 2.000,00 EUR.

> *Hinweis*
> Wertet der RA das Vermögensverzeichnis sachgerecht aus, prüft die Notwendigkeit ergänzender Fragen und lässt diese den Schuldner stellen, ist die aus dem Gegenstandswert sich ergebende Vergütung regelmäßig nicht auskömmlich. Ausgehend vom Regelgegenstandswert erhält der RA folgende Vergütung:
>
> Gegenstandswert 2.000,00 EUR
>
> | | |
> |---|---:|
> | 0,3 Verfahrensgebühr nach Nr. 3309 VV RVG | 45,00 EUR |
> | Auslagenpauschale nach Nr. 7002 VV RVG | 9,00 EUR |
> | Zwischensumme netto | 54,00 EUR |
> | Zuzüglich der gesetzlichen Umsatzsteuer nach Nr. 7008 VV RVG | 10,26 EUR |
> | Gesamt | 64,26 EUR |

135

---

91 Bis zum 1.8.2013: 1.500,00 EUR.

136 *Hinweis*
Eine zusätzliche Vergütungsmöglichkeit ergibt sich beim Einsatz eines angestellten Assessors oder des Stationsreferendars. Der RA erhält zusätzlich eine 0,3-Terminsgebühr nebst Auslagen und Umsatzsteuer, wenn er oder die in § 5 RVG genannten Vertreter am Termin auf Abnahme der Vermögensauskunft teilnimmt, so dass sich in diesem Fall die Gebühr auf 128,52 EUR verdoppelt. Die entsprechende Vorgehensweise ist regelmäßig auch sachgerecht.

III. Gegenstandswert in der Herausgabevollstreckung

137 Ist eine Sache nach den §§ 883 ff. ZPO herauszugeben oder zu leisten, ist für die Berechnung des Gegenstandswertes § 25 Abs. 1 Nr. 2 RVG maßgeblich. Hiernach ist auf den Wert der Sache, d.h. regelmäßig ihren Verkehrswert, abzustellen. Dieser ist zu schätzen.

138 Auch hier gilt allerdings, dass keine Regel ohne Ausnahme bleibt: Der Gesetzgeber hat den Gegenstandswert bei der Räumungsvollstreckung und damit die anfallenden anwaltlichen Gebühren ganz erheblich beschränkt. Der Gebührenstreitwert für den RA darf den Gebührenstreitwert nach dem Gerichtskostengesetz nicht überschreiten, so dass er höchstens dem Jahreswert nach § 41 Abs. 1 GKG entspricht.

139 *Hinweis*
Wird allerdings die Herausgabe ausschließlich aus einem anderen Rechtsgrund, z.B. aus Eigentum (§ 985 BGB) oder Gesetz, begehrt, kommt als Wert der Verkehrswert des zu räumenden Grundstücks in Betracht.[92]

Erstrebt der Schuldner mit seinem Vollstreckungsschutzantrag lediglich einen kurzen Aufschub der Räumung der Mietsache, richtet sich der Gegenstandswert nach dem auf diesen Zeitraum entfallenden Nutzungsentgelt.[93]

IV. Gegenstandswert bei der Vollstreckung nach §§ 887 ff. ZPO

140 Bei der Zwangsvollstreckung wegen der Vornahme einer vertretbaren oder unvertretbaren Handlung nach §§ 887, 888 ZPO sowie der Vollstreckung einer Verpflichtung zur Duldung oder Unterlassung nach § 890 ZPO ist nach § 25 Abs. 1 Nr. 3 RVG auf den Wert der Handlung, Duldung oder Unterlassung für den Gläubiger zur Bestimmung des Gegenstandswertes abzustellen. Dieser Wert ist nach billigem Ermessen zu schätzen.

---

92 LG Augsburg DGVZ 2005, 95; *Gottwald*, in: Goebel/Gottwald, RVG, 2004, § 25 Rn 3; zum alten Recht *Enders*, JurBüro 1999, 60.
93 OLG Koblenz InVo 2005, 164 = JurBüro 2005, 384 = FamRZ 2005, 1850.

O. Die Gegenstandswerte in der Zwangsvollstreckung § 6

Hinweis 141
Hier gilt nichts anderes als im Erkenntnisverfahren nach § 3 ZPO, so dass auf die dortigen Maßstäbe und Kommentierungen zurückgegriffen werden kann. Ein wesentlicher Anhaltspunkt für die zutreffende Festsetzung des Gegenstandswertes ist die Streitwertfestsetzung im Erkenntnisverfahren. Grundsätzlich kann für die Abrechnung der Vergütung auf die im Erkenntnisverfahren erfolgte Wertfestsetzung abgestellt werden, wenn nicht lediglich eine Teilhandlung gefordert wird. Es kommt also auf den Wert der Hauptsache an.[94]

Bei der Ermächtigung zur Ersatzvornahme wird regelmäßig der Wert des Vorschussanspruches bzw. werden die voraussichtlichen Kosten der Ersatzvornahme anzusetzen sein. 142

Dagegen ist bei der Vollstreckung nach § 888 oder § 890 ZPO für die Bestimmung des Gegenstandswertes die Höhe des Zwangs- oder Ordnungsgeldes unerheblich.[95] Abzustellen ist allein auf das Interesse des Gläubigers an der Vornahme der unvertretbaren Handlung, der Duldung oder der Unterlassung.[96]

Beispiel 143
Bei der Zwangsvollstreckung aus einem Titel über die Verpflichtung des Schuldners zur Übertragung lastenfreien Grundstückseigentums bemisst sich der Wert des Verfahrens auf Zwangsgeldfestsetzung zur Erwirkung der Löschung einer Grundschuld nach deren Nominalwert, und zwar unabhängig davon, ob das zugrunde liegende Darlehen bereits getilgt ist.[97]

Das kann allerdings auch ein geringerer Wert als derjenige der Hauptsache sein, weil mit der Festsetzung des Ordnungsmittels lediglich Verstöße in der Vergangenheit sanktioniert werden.[98] Nach der hier vertretenen Auffassung greift dies aber zu kurz, weil mit der Ahndung der Verstöße in der Vergangenheit zugleich immer auch das Ziel verfolgt wird, die Beachtung der Unterlassungs- bzw. Duldungspflicht für die Zukunft sicherzustellen. Insoweit wohnt jedem Festsetzungsantrag nicht nur ein bestrafendes, sondern nach dem Interesse des Antragstellers auch präventives Interesse inne. Insoweit ist – anders als das OLG Celle und das OLG Düsseldorf meinen – das Interesse des Antragstellers auf die endgültige Erfüllung gerichtet. 144

Auch für den isolierten Antrag auf Androhung von Ordnungsmitteln nach § 890 Abs. 2 ZPO ist der volle Wert anzusetzen.[99] 145

---

94 LAG Hamburg v. 13.1.2011 – 7 Ta 2/11; LAG Rheinland-Pfalz v. 2.6.2009 – 1 Ta 98/09.
95 OLG Karlsruhe InVo 2000, 253; OLG Hamburg InVo 1998, 264; LAG Bremen AnwBl 1988, 173 jeweils zur vergleichbaren Bestimmung des § 57 BRAGO.
96 OLG Köln AGS 2005, 262 mit Anm. *Mock* = OLGR 2005, 259 = RVG-Report 2005, 237.
97 OLG Köln AGS 2005, 262 mit Anm. *Mock* = OLGR 2005, 259 = RVG-Report 2005, 237.
98 OLG Celle NJOZ 2010, 9; OLG Düsseldorf v. 10.1.2013 – 20 W 137/12.
99 OLG Hamm AGS 2014, 518 = RVG professionell 2015, 19.

§ 6 Gebühren in der Zwangsvollstreckung

V. Gegenstandswert bei Schuldnerschutzanträgen

146 Bei Schuldnerschutzanträgen ist der Gegenstandswert sowohl für den Gläubiger- als auch für den Schuldnervertreter nach § 25 Abs. 2 RVG nach billigem Ermessen entsprechend dem Interesse des Schuldners an der seinem Interesse entsprechenden Entscheidung zu bestimmen.

147 Bei der Räumungsvollstreckung wird der Gegenstandswert nach dem Mietzins für den Zeitraum des begehrten Räumungsschutzes durch den Schuldner,[100] in entsprechender Anwendung von § 25 Abs. 1 Nr. 2 RVG und § 41 Abs. 1 GKG, jedoch nicht mehr als der Jahreswert, zu bemessen sein.[101] Dies ergibt sich aber auch schon aus dem Umstand, dass die Räumungsfrist nicht mehr als ein Jahr betragen darf. Da der Schuldner das Nutzungsentgelt weiterzahlen müsse, wird allerdings auch vertreten, dass die Hälfte angemessen sei.[102] Dies wird aber wiederum nur dann gelten können, wenn das Nutzungsentgelt nicht nur geschuldet ist, sondern auch rein tatsächlich gezahlt wird.

148 *Beispiel*
Der Schuldner begehrt wegen der Schwangerschaft seiner Ehefrau und der bevorstehenden Entbindung Räumungsschutz für fünf Monate. Der bisherige Mietzins hat 350,00 EUR monatlich betragen. Der Gegenstandswert ist in diesem Fall mit 5 × 350,00 EUR = 1.750,00 EUR zu bestimmen. Begehrt der Schuldner dagegen Räumungsschutz auf unbestimmte Zeit wegen der behaupteten Suizidgefahr, so ist der Gegenstandswert auf den Jahreswert, d.h. 12 × 350,00 EUR = 4.200,00 EUR, beschränkt. Zahlt der Schuldner die Nutzungsentschädigung weiter, ist auch ein Gegenstandswert von 875,00 EUR in der ersten Variante bzw. 2.100,00 EUR in der zweiten Variante vertretbar.

VI. Gegenstandswert in der Immobiliarzwangsvollstreckung

149 Die Bestimmung des Gegenstandswertes für die anwaltliche Vergütung in der Immobiliarzwangsvollstreckung hat ihre Regelung in §§ 26 und 27 RVG gefunden. Dabei behandelt § 26 RVG die Bestimmung des Gegenstandswertes in der Zwangsversteigerung, während § 27 RVG die Zwangsverwaltung betrifft.

150 Für die Vertretung des RA in der Zwangsversteigerung sind drei Fälle zu unterscheiden:

- Der RA vertritt den Gläubiger oder einen anderen nach § 9 Nr. 1 und 2 ZVG Beteiligten.

---

[100] *Schneider/Herget*, Streitwertkommentar, Rn 4458.
[101] OLG Koblenz JurBüro 2005, 384 = InVo 2005, 164 = FamRZ 2005, 1850 = NZM 2005, 360.
[102] LG Bad Kreuznach JVBl. 1965, 214; in der 11. Auflage des Streitwertkommentars auch noch *Schneider/Herget*, Streitwertkommentar, Rn 4458.

O. Die Gegenstandswerte in der Zwangsvollstreckung § 6

- Der RA vertritt den Schuldner oder einen sonstigen Beteiligten.
- Der RA vertritt einen sonst nicht beteiligten Bieter.

Vertritt der RA einen Gläubiger oder einen anderen nach § 9 Nr. 1 und 2 ZVG Beteiligten, ist für den Gegenstandswert nach § 26 Nr. 1 RVG der Wert des dem Gläubiger oder dem Beteiligten zustehenden Rechts einschließlich der Nebenforderungen entscheidend.

151

Beispiel 152
(1) Steht dem Gläubiger ein titulierter Zahlungsanspruch i.H.v. 30.000,00 EUR zu, wegen dem er die Zwangsversteigerung betreibt, so beträgt auch der Gegenstandswert 30.000,00 EUR.

(2) Geht dem betreibenden Gläubiger ein Recht aus der Hypothek eines anderen Gläubigers von 100.000,00 EUR vor, so berechnet sich die Vergütung des den Hypothekengläubiger vertretenden RA aus einem Wert von 100.000,00 EUR.

Wird lediglich eine Teilforderung geltend gemacht, so beschränkt diese den Gegenstandswert nur, wenn es sich bei der Vollstreckungsforderung um eine persönliche Forderung der Rangklasse des § 10 Nr. 5 ZVG handelt. Anderenfalls gilt der volle Gegenstandswert.

153

Beispiel 154
Steht dem Gläubiger eine Hypothek von 100.000,00 EUR und eine entsprechende persönliche Forderung zu, so bleibt es bei einem Gegenstandswert von 100.000,00 EUR auch dann, wenn lediglich in Höhe eines Teilbetrages von 30.000,00 EUR vorgegangen werden soll, da sich der Anspruch dann aus der Rangklasse des § 10 Nr. 4 ZVG ergibt.

Nebenforderungen sind dem Wert der Forderung grundsätzlich hinzuzurechnen. 155

Hinweis 156
Dies betrifft vor allem die Zinsen, was bei bereits länger titulierten Forderungen zu ganz erheblichen Aufschlägen auf den Gegenstandswert und damit auch die anwaltliche Vergütung führen kann.

Der in dieser ersten Stufe nach dem Anspruch des Gläubigers oder sonst Berechtigten errechnete Gegenstandswert wird dann auf der zweiten Stufe durch den festgesetzten Verkehrswert – was sich durch den Verweis auf § 66 Abs. 1 und § 74a Abs. 5 ZVG ergibt – oder den insgesamt zu verteilenden Erlös begrenzt.

157

Hinweis 158
Ganz maßgeblich ist es, darauf zu achten, dass nicht der auf den betreibenden und vertretenen Gläubiger oder sonstigen Berechtigten entfallende Erlös maßgeblich ist, sondern der insgesamt zu verteilende Erlös.

§ 6 Gebühren in der Zwangsvollstreckung

159 Der insgesamt zu verteilende Erlös setzt sich wie folgt zusammen:
- das Bargebot des Zuschlagbegünstigten,
- der Erlös aller gesondert mitversteigerten Gegenstände,
- 4 % Zinsen aus dem Meistgebot ab dem Tage des Zuschlages nach § 49 Abs. 2 ZVG,
- die Versicherungsleistungen auf die sich der Hypothekenverband erstreckt,
- andere Entschädigungen, die an die Stelle des Versteigerungsgegenstandes getreten sind und von der Beschlagnahme umfasst wurden.

160 Die vorweg aus dem Erlös zu entnehmenden Kosten bleiben Teil des zu verteilenden Erlöses und erhöhen damit die Grenze für die Bestimmung des Gegenstandswertes.

Maßgeblich ist dann der sich aus der zweistufigen Berechnung ergebende geringere Erlös.

161 Bei der Vertretung des Schuldners oder eines anderen Beteiligten bestimmt sich der Gegenstandswert nach § 26 Nr. 2 RVG. Hier ist der Wert des Gegenstands der Zwangsversteigerung, d.h. der durch das Vollstreckungsgericht nach den §§ 66 Abs. 1, 74a Abs. 5, 162 ZVG festgesetzte Grundstückswert und mangels einer solchen Festsetzung[103] der Verkehrswert maßgeblich. Im Verteilungsverfahren bestimmt sich der Gegenstandswert nach dem zur Verteilung kommenden Erlös.

162 *Hinweis*
In Nebenverfahren kann allerdings etwas anderes gelten. Hat der Schuldner in einem Zwangsversteigerungsverfahren den Rechtspfleger im Zusammenhang mit dem von ihm gestellten Vollstreckungsschutzantrag nach § 765a ZPO abgelehnt, so bestimmt sich der Gegenstandswert für die Vertretung des Schuldners in diesem Verfahren nach der Hälfte des Gegenstandswertes der Zwangsversteigerung.[104]

163 Als Verkehrswert ist der nach §§ 74a Abs. 5, 66 Abs. 1 ZVG festgesetzte Verkehrswert maßgeblich.

164 *Hinweis*
Da der RA sowohl eine Verfahrens- als auch eine Termingebühr im Versteigerungsverfahren nach Nr. 3311 Nr. 1 und Nr. 3312 VV RVG als auch eine weitere Verfahrensgebühr für das Verteilungsverfahren nach Nr. 3311 Nr. 2 VV RVG erhalten kann, können sich hier unterschiedliche Gegenstandswerte für die Gebühren ergeben.

---

103 Hierzu LG Zweibrücken JurBüro 2006, 382.
104 BGH AGS 2010, 541 = RVG professionell 2011, 55.

Werden mehrere Grundstücke in einem Verfahren versteigert, so errechnet sich der Gegenstandswert aus der Summe der für jedes Grundstück festgesetzten Verkehrswerte. **165**

Wird lediglich der Anteil eines Miteigentümers oder Mitberechtigten versteigert, so ist für die Bestimmung des Gegenstandswertes der Wert des Anteiles maßgeblich. Dies ist insbesondere bei der Teilungsversteigerung erheblich.

Vertritt der RA einen nicht beteiligten Bieter, bestimmt sich der Gegenstandswert nach dem Betrag des höchsten für den Auftraggeber (Bieter) abgegebenen Gebots und wenn er kein Gebot abgegeben hat, nach dem Wert des Gegenstands der Zwangsversteigerung, d.h. dem Grundstückswert oder bei dessen fehlender Festsetzung dem Verkehrswert. **166**

> *Hinweis* **167**
> Hier ist zu beachten, dass die bestehen bleibenden Rechte Teil des Bargebotes sind und damit dem Gegenstandswert über das Bargebot hinaus auch hinzuzurechnen sind.

Kommt es nicht zur Abgabe eines Gebotes, ist der nach §§ 74a Abs. 5, 66 Abs. 1 ZVG festgesetzte Verkehrswert des Versteigerungsobjektes maßgeblich. **168**

In der Zwangsverwaltung bestimmt sich der Gegenstandswert nach § 27 RVG, wobei auch hier zwischen der Vertretung des Antragstellers, d.h. des Gläubigers, eines sonstigen Beteiligten, insbesondere des Schuldners, und der Vertretung eines sonstigen Beteiligten, zu unterscheiden ist. **169**

Bei der Vertretung des Antragstellers bestimmt sich der Gegenstandswert nach der Höhe der Vollstreckungsforderung, die der Anordnung der Zwangsverwaltung zugrunde liegt. Nebenforderungen, d.h. Kosten und Zinsen sind dabei mit zu berücksichtigen.[105] Handelt es sich bei der Vollstreckungsforderung um einen Anspruch auf wiederkehrende Leistungen, ist der Jahreswert der Leistungen als Gegenstandswert heranzuziehen. **170**

Bei der Vertretung des Schuldners bestimmt sich der Gegenstandswert nach dem zusammengerechneten Wert aller Vollstreckungsforderungen aller die Zwangsverwaltung betreibenden Gläubiger. **171**

> *Hinweis* **172**
> Die Vertreter von Schuldner und Gläubiger können also unterschiedliche Gegenstandswerte ihren Vergütungsabrechnungen zugrunde zu legen haben.

Bei der Vertretung eines sonstigen Beteiligten bestimmt sich der Gegenstandswert nach § 23 Abs. 3 S. 2 RVG nach billigem Ermessen. Liegen keine genügenden tatsächlichen Anhaltspunkte für eine Schätzung vor, ist der Gegenstandswert im Rahmen von 4.000,00 EUR bis 500.000,00 EUR zu bestimmen. **173**

---

105 *Wolicke*, NZM 2001, 666.

174 *Hinweis*
Das Vollstreckungsgericht hat den Wert in diesem Fall auf eigenen Antrag des Bevollmächtigten nach § 33 RVG festzusetzen.

175 § 27 RVG erfasst einen Streit über die Höhe der Zwangsverwaltervergütung nicht. Dessen Wert richtet sich nach dem Vergütungsinteresse des Zwangsverwalters.[106]

VII. Gegenstandswert bei der Zwangshypothek

176 Im Verfahren auf Eintragung einer Zwangshypothek bestimmt sich der Gegenstandswert nach § 25 Nr. 1 RVG und damit nach dem durch die Zwangshypothek zu sichernden Forderungsbetrag, zuzüglich Zinsen und Kosten.

Ein Abschlag ist auch vor dem Hintergrund, dass es sich lediglich um ein Sicherungsinstrument handelt, das nicht unmittelbar zur Befriedigung der Forderung führt, nicht zu machen. Anders als bei der Vermögensauskunft sieht § 25 RVG keine diesbezügliche Beschränkung vor.

VIII. Gegenstandswert bei Zahlungsvereinbarungen

177 Ziel des RA ist es regelmäßig, mit dem Schuldner, der sich nicht in der Lage sieht, die Forderung unmittelbar auszugleichen, eine gütliche Erledigung in Form eines Abfindungs-, Teilzahlungs-, oder Ratenzahlungsvergleiches zu erreichen. Die Zwangsvollstreckung dient häufig nur als Druckmittel, um den Schuldner zu einer hierauf gerichteten Kommunikation anzuhalten.

178 Beschränkt sich die Einigung auf eine Zahlungsvereinbarung, d.h. nach Nr. 1000 Abs. 1 Nr. 2 VV RVG auf eine Vereinbarung, die nur den Forderungsausgleich gegen Verzicht auf die Titulierung oder Vollstreckung vorsieht, ist der Gegenstandswert nicht nach § 25 Abs. 1 Nr. 1 RVG in Höhe der Gesamtforderung zu bestimmen, sondern nach § 31b RVG nur auf einen 20 % des Nennwertes umfassenden Teil.

179 *Hinweis*
Nicht nur aus gebührenrechtlichen Gründen, sondern auch in der Sache empfiehlt es sich, weitergehende Regelungen zu treffen. In Betracht kommt ein abstraktes Schuldanerkenntnis, eine verjährungsverlängernde Vereinbarung (beachte auch § 197 Abs. 2 BGB wegen der Zinsen) sowie die Einräumung von Informations-, Auskunfts- und Sicherungsrechten.[107]

---

106 BGH AGS 2007, 527 = NJW-RR 2007, 1150.
107 Lohnabtretung, Abtretung der Ansprüche gegen ein Kreditinstitut; vgl. hierzu umfassend mit vielen Formulierungsvorschlägen *Goebel*, AnwaltFormulare Zwangsvollstreckung, 5. Aufl. 2016.

P. Die Kostenerstattung in der Zwangsvollstreckung

Die Kosten der Zwangsvollstreckung sind vom Schuldner nach § 788 ZPO zu tragen, soweit sie notwendig sind. Für die Frage, wann die Kosten der Zwangsvollstreckung notwendig sind, verweist § 788 Abs. 1 ZPO auf § 91 ZPO, so dass auf die dortige Regelung und die hierzu ergangene Rechtsprechung zurückgegriffen werden kann. Die Notwendigkeit der Kostenverursachung dem Grunde nach ist regelmäßig begründungsbedürftig. Der Höhe nach sind die nach den maßgeblichen Kostengesetzen anfallenden Kosten stets notwendig. Für den RA ergibt sich dies aus § 91 Abs. 2 S. 1 ZPO.

180

Die Kosten der Zwangsvollstreckung sind notwendig, wenn

181

- der Gläubiger zum Zeitpunkt der Veranlassung (ex-ante)[108] der Vollstreckungsmaßnahme und damit der Auslösung der Kosten davon ausgehen konnte, dass die Maßnahme zur Erlangung der zumindest teilweisen Befriedigung aus dem Titel aus der Sicht eines verständigen Gläubigers erforderlich ist, d.h. eine zweckentsprechende Rechtsverfolgung vorliegt, ohne dass die Voraussetzungen überspannt werden dürfen.[109]

> *Hinweis*
> Hieran fehlt es etwa, wenn eine liquide Aufrechnungsmöglichkeit besteht[110] oder der Gläubiger dem Schuldner nur eine unangemessene Leistungsfrist zugesteht.[111] Hat der Schuldner die titulierte Leistung zum Zeitpunkt der Veranlassung der Vollstreckungskosten bereits erfüllt, sind diese Kosten allerdings erstattungsfähig, wenn dem Gläubiger die Erfüllungshandlung weder konkret bekannt war, noch er sich hierüber hätte unschwer Kenntnis verschaffen können.[112]
>
> In der Praxis ist nicht selten festzustellen, dass der Gläubiger die Forderung nach Verzugseintritt und weiterer Mahnung an einen Rechtsdienstleister abgibt, der dann bereits Tätigkeiten entfaltet, die die Gebühr entstehen lässt – etwa eine Abfrage beim Schuldnerverzeichnis oder das Anschreiben an den Schuldner mit der Zahlungsaufforderung –, während der Schuldner parallel an den Gläubiger zahlt. Auch in diesem Fall hat der Schuldner die Kosten des Rechtsdienstleisters zu erstatten, weil er mit der Abgabe an den Rechtsdienstleister nach Verzugseintritt rechnen muss und der Gläubiger lediglich verpflichtet ist, den Rechtsdienstleister im gewöhnlichen Geschäftsgang über die Zahlung zu informieren.

---

108 LG Hannover JurBüro 1990, 1679; LG Wiesbaden DGVZ 1989, 13; *Gottwald*, Zwangsvollstreckung, § 788 Rn 3.
109 OLG Zweibrücken DGVZ 1998, 8.
110 *Gottwald*, Zwangsvollstreckung, § 788 Rn 3.
111 OLG Braunschweig JurBüro 1999, 46.
112 LG Stuttgart JurBüro 2001, 47.

§ 6 Gebühren in der Zwangsvollstreckung

- und die Zwangsvollstreckung grundsätzlich zulässig war, insbesondere die allgemeinen Voraussetzungen der Zwangsvollstreckung nach § 750 ZPO gegeben waren.[113]

182 *Hinweis*
Auch wenn die Voraussetzungen der Zwangsvollstreckung vorliegen, muss der Gläubiger dem Schuldner eine angemessene Frist zur Leistungserbringung einräumen,[114] wobei die Länge der Frist nach den Umständen des Einzelfalles zu bestimmen ist.[115] Zwei Wochen sollten längstens genügen.[116] So ist die Notwendigkeit jedenfalls dann zu verneinen, wenn der Vollstreckungsauftrag schon vor dem Vorliegen der Vollstreckungsvoraussetzungen erteilt wird,[117] während die unmittelbare Vollstreckung aus einem Vergleich nach Ablauf der Rücktrittsfrist zur Erstattung der Kosten führen soll.[118]

183 Im Hinblick auf weitere Kosten als den anwaltlichen und gerichtlichen Gebühren und Auslagen ist die Notwendigkeit häufig streitig. Das muss im Einzelfall anhand der Rechtsprechung (juristische Datenbanken) auch unter regionalen Gesichtspunkten nachvollzogen werden.

184 Eines gesonderten Titels für die Beitreibung der notwendigen Kosten der Zwangsvollstreckung bedarf es nicht. Vielmehr sind diese unmittelbar mit dem zur Zwangsvollstreckung anstehenden Hauptanspruch beizutreiben. Dabei ist unstreitig, dass die notwendigen Kosten der Zwangsvollstreckung auch isoliert Grundlage eines Vollstreckungsauftrages sein können, wenn die Hauptforderung vom Schuldner oder einem Dritten ausgeglichen oder aber im Wege vorheriger Maßnahmen der Zwangsvollstreckung befriedigt wurde.

185 Wurden mehrere Schuldner in der Hauptsache als Gesamtschuldner verurteilt, so haften sie auch für die Kosten der Zwangsvollstreckung als Gesamtschuldner.

186 *Beispiel*
Die Schuldner A und B wurden als Gesamtschuldner verurteilt, an den Gläubiger G 15.000,00 EUR nebst Zinsen i.H.v. 5 Prozentpunkten über dem jeweiligen Basiszinssatz seit dem 1.7.2014 zu zahlen. G betreibt nun zunächst fruchtlos gegen A die Mobiliarzwangsvollstreckung und anschließend das Verfahren auf Abnahme der Vermögensauskunft. Nachfolgend geht er im Vollstreckungswege

---

113 OLG Frankfurt InVo 1996, 336.
114 BGH NJW-RR 2003, 1581.
115 BVerfG JurBüro 1999, 608 = BVerfGE 99, 338 = AGS 1999, 191 = NJW 1999, 778.
116 AG Esslingen AGS 2010, 360.
117 OLG Köln InVo 1999, 127.
118 LG Köln Rpfleger 2000, 557; vergleiche aber auch OLG Braunschweig InVo 1999, 191.

gegen B vor. Hierbei kann er dann auch die notwendigen Vollstreckungskosten geltend machen, die bei den fruchtlosen Vollstreckungsversuchen gegen A angefallen sind.

Werden die notwendigen Kosten der Zwangsvollstreckung mit dem Hauptanspruch nach § 788 Abs. 1 ZPO beigetrieben, beurteilt das angerufene Vollstreckungsorgan in jedem Fall die Notwendigkeit der Vollstreckungskosten neu. Der Gläubiger hat dabei die geltend gemachten Kosten glaubhaft zu machen, d.h. durch beglaubigte Abschriften von Kostenrechnungen, und im Übrigen durch die Versicherung an Eides statt bzw. anwaltliche Versicherung (§ 294 ZPO). 187

Hinweis 188
In der Praxis wird vielfach auf die Vorlage der einschlägigen Belege verzichtet. Unter den Aspekten des Aufwandes, diese jeweils herauszusuchen, den zusätzlichen Portokosten und dem Verlustrisiko, erscheint es sachgerecht, auf die Übersendung zu verzichten, zugleich aber den Besitz der Belege an Eides statt zu versichern, und sie nur auf Anforderung zu übersenden.

Der Beurteilung der Notwendigkeit der entstandenen Kosten durch das Vollstreckungsorgan in jedem Einzelfall kann der Gläubiger entgehen, wenn er sie nach § 788 Abs. 2 i.V.m. §§ 103 ff. ZPO zumindest in regelmäßigen Abständen festsetzen lässt. 189

Für die Verfahren nach §§ 765a, 811a, 811b, 813b, 829, 850k, 851a und 851b ZPO kann das Gericht die Kosten auch ganz oder teilweise dem Gläubiger auferlegen, wenn dies aus Gründen, die im Verhalten des Gläubigers zu suchen sind, der Billigkeit entspricht, § 788 Abs. 4 ZPO, obwohl die Verfahren grundsätzlich durch die Notwendigkeit der Zwangsvollstreckung und damit vom Schuldner veranlasst sind.[119] Dies gilt etwa auch dann, wenn auf eine sofortige Beschwerde des Gläubigers bei der Gewährung von Vollstreckungsschutz bei der Zwangsvollstreckung aus einem Räumungstitel die Hauptsache für erledigt erklärt wird.[120] Letztlich muss der Gläubiger trotz eines offensichtlichen Schutzbedürfnisses des Schuldners uneinsichtig auf der weiteren Durchführung der Zwangsvollstreckung beharren.[121] 190

§ 788 Abs. 1 ZPO findet auch dann Anwendung, wenn ein nur vorläufig vollstreckbarer Titel Grundlage der Zwangsvollstreckung ist. Wird dieser Titel im weiteren Erkenntnisverfahren aufgehoben, muss es mithin zur Erstattung der Vollstreckungskosten an den Schuldner kommen. Dies ordnet § 788 Abs. 3 ZPO an. 191

Wurde aus einem vorläufig vollstreckbaren Titel vollstreckt, der später durch einen Prozessvergleich ersetzt wird, so sind die Kosten der Zwangsvollstreckung nur in- 192

---

119 OLG Köln NJW-RR 1995, 1163.
120 LG Frankfurt NZM 2000, 88.
121 Zöller/*Stöber*, § 788 Rn 26.

soweit nach § 788 ZPO erstattungsfähig, wie diese auch bei der Vollstreckung aus dem Prozessvergleich angefallen wären.[122]

193 *Hinweis*
Dies ist jedenfalls dann nicht sachgerecht, wenn der Schuldner nicht rechtzeitig alle Maßnahmen ergriffen hat, um den geltend gemachten Anspruch abzuwehren, insbesondere also dann, wenn er ein Versäumnisurteil oder einen Vollstreckungsbescheid hat ergehen lassen. Erst recht gilt dies, wenn der Prozessvergleich nur aus wirtschaftlichen Gründen geschlossen wird. Aus diesem Grunde sollte der Gläubiger den Versuch unternehmen, im Vergleich eine Regelung aufzunehmen, wonach der Schuldner die „bisherigen Kosten der Zwangsvollstreckung" trägt.

194 § 788 ZPO findet nicht in jedem Fall Anwendung, sondern kann von anderen kostenrechtlichen Vorschriften verdrängt werden:

- Wird im Ordnungsgeldverfahren nach § 890 ZPO etwa verlangt, ein Ordnungsgeld in bezifferter Höhe festzusetzen und bleibt das Gericht dahinter zurück, ist die Kostenentscheidung nach § 92 ZPO zu treffen, der insoweit § 788 ZPO verdrängt.[123]
- Wird eine Einigung bei laufender Vollstreckungsmaßnahme – und/oder dadurch veranlasst – zwischen dem Gläubiger und dem Schuldner erzielt, hat der Schuldner die Einigungsgebühr nur zu erstatten, wenn er sie ausdrücklich übernommen hat. Anderenfalls verdrängt § 98 ZPO die Regelung in § 788 ZPO.[124]
- Auch im Widerspruchsverfahren gegen die Eintragung des Schuldners im Schuldnerverzeichnis soll sich die Kostenentscheidung nach den §§ 91 ff. ZPO und nicht nach § 788 ZPO richten.[125]

195 **Die Kostenfestsetzung nach § 788 Abs. 2 ZPO**
Soweit der Gläubiger befürchtet, dass das Vollstreckungsorgan die weiteren Kosten zur Vorbereitung und Durchführung der Zwangsvollstreckung zurückweist – etwa bei hohen Detektiv- oder Auskunftskosten zur Ermittlung des Aufenthaltes und des Vermögens des Schuldners oder auch bei Inkassokosten, wegen der höchst unterschiedlichen Rechtsprechung – und sich dadurch die Zwangsvollstreckung zu seinem Nachteil verzögert, kann er mögliche Streitfragen um die Notwendigkeit der Kosten frühzeitig klären, indem er beantragt, die Kosten nach § 788 Abs. 2 i.V.m. den §§ 103 Abs. 2, 104, 107 ZPO festzusetzen.

---

122 BGH BGHR 2004, 66.
123 BGH AGS 2015, 346.
124 BGH NJW 2007, 1213 = InVo 2007, 294.
125 AG Schöneberg JurBüro 2015, 272.

P. Die Kostenerstattung in der Zwangsvollstreckung § 6

Hinweis 196
Werden die Kosten der Zwangsvollstreckung festgesetzt, so erfolgt die Vollstreckung dieser Kosten dann unmittelbar aus dem Kostenfestsetzungsbeschluss, ohne dass das Vollstreckungsorgan die Notwendigkeit oder die Höhe noch beanstanden kann. Auch der Schuldner kann hiergegen nur noch im Wege der Vollstreckungsgegenklage mit nachträglichen Einwendungen vorgehen. Das ist auch sachgerecht, weil der Schuldner im Kostenfestsetzungsverfahren angehört wird. Der Vorteil dieses Vorgehens liegt darin, dass bei einem Verlust der Vollstreckungsunterlagen die Kostenbelege nicht unwiederbringlich verloren sind, sondern der Kostenfestsetzungsbeschluss jederzeit nach § 733 ZPO wieder beschafft werden kann.

§ 788 Abs. 2 ZPO regelt die frühere Streitfrage der sachlichen und örtlichen Zuständigkeit für die Kostenfestsetzung eindeutig. Ist eine Vollstreckungshandlung beim Vollstreckungsgericht anhängig, so entscheidet dieses über den Festsetzungsantrag. Anderenfalls ist das Vollstreckungsgericht zuständig, in dessen Bezirk die letzte Vollstreckungshandlung stattgefunden hat. Nur bei Vollstreckungen nach den §§ 887, 888 und 890 ZPO entscheidet das Prozessgericht über den Kostenfestsetzungsantrag. 197

Hinweis 198
Da es sich um im 8. Buch der ZPO geregelte Gerichtsstände handelt, sind diese nach § 802 ZPO ausschließlich. Auch im Wege einer Gerichtsstandsvereinbarung können diese nicht umgangen werden.

Die Zuständigkeit des Prozessgerichts – Rechtspflegers –, die Kosten der Vorbereitung der Zwangsvollstreckung (Vorbereitungskosten), die zu den Zwangsvollstreckungskosten gehören, festzusetzen, besteht stets, wenn es nicht zur Zwangsvollstreckung aus dem Titel kommt.[126] Im Verfahren der Vollstreckbarerklärung ausländischer Titel ist das Prozessgericht für die Kostenfestsetzung zuständig, solange keine Zwangsvollstreckung aus dem Titel anhängig ist oder bereits stattgefunden hat.[127] 199

Hinweis 200
Das Vollstreckungsgericht ist auch für die Festsetzung der anwaltlichen Gebühren gegen den eigenen Mandanten aus der Tätigkeit im Vollstreckungsverfahren zuständig.[128]

---

126 OLG Düsseldorf AGS 2010, 560 = JurBüro 2010, 438 = FoVo 2011, 20 sowie OLG Düsseldorf JurBüro 2009, 214.
127 OLG Hamm v. 14.3.2011 – 32 Sbd 15/11; OLG München AGS 2009, 351 = NJW-RR 2008, 1665 jeweils unter ausdrücklicher Aufgabe der früheren Rechtsprechung.
128 BGH NJW 2005, 1273 = AGS 2005, 208 = InVo 2005, 292 = MDR 2005, 832 = JurBüro 2005, 421 = Vollstreckung effektiv 2005, 101 noch zum inhaltsgleichen § 19 BRAGO gegen OLG Stuttgart NJW 2005, 759.

§ 6 Gebühren in der Zwangsvollstreckung

201 Das Festsetzungsverfahren selbst bestimmt sich nach den §§ 103 Abs. 2, 104, 107 ZPO. Der Gläubiger hat die entstandenen Kosten sowie das Vorhandensein eines Vollstreckungstitels[129] glaubhaft zu machen.

202 *Hinweis*
Soweit sich die Glaubhaftmachung auch auf die Existenz des Vollstreckungstitels erstreckt, hat dies den Vorteil, dass der Gläubiger während des Festsetzungsverfahrens nicht auf die Fortsetzung der Zwangsvollstreckung verzichten muss.

---

[129] Zöller/*Stöber*, § 788 Rn 19; a.A. AG Siegburg AGS 2004, 309 = RVG-Berater 2004, 35 mit ablehnender Anm. *Goebel*.

§ 7 Die Auslagen des Rechtsanwalts

A. Regelung und Abgeltungsbereich

Dass der RA neben den Gebühren auch Auslagen verlangen kann, ergibt sich aus § 1 Abs. 1 S. 1 RVG. Danach setzt sich die anwaltliche Vergütung aus den Gebühren und den Auslagen zusammen. Das RVG unterscheidet bei den Auslagen zwischen allgemeinen Geschäftskosten und besonderen Geschäftskosten.

1

Hinweis
Weil das Zusammentragen der Auslagen als mühevoll betrachtet wird, werden sie häufig nur am Rande betrachtet. Das macht sich negativ im Gesamtertrag bemerkbar, weil die nicht gesondert abgerechneten Aufwendungen zulasten der anwaltlichen Gebühren gehen. Eine konsequente Verlagerung der entstandenen Aufwendungen wirkt sich deshalb betriebswirtschaftlich positiv aus. Aus den vielen Kleinbeträgen wird im Laufe des Jahres so ein sehr ansehnlicher Erstattungsbetrag. Eine isolierte Ausweisung in der Buchhaltung erlaubt dabei eine Optimierung der Rendite.

2

Gem. Vorbem. 7 Abs. 1 S. 1 VV RVG sind die allgemeinen Geschäftskosten mit den Gebühren abgegolten, so dass diese Aufwendungen nicht gesondert beansprucht werden können. Hierunter fallen Kosten, die zur Unterhaltung des Kanzleibetriebes erforderlich sind.

Checkliste
Beispiele für allgemeine Geschäftskosten sind:
- Gehälter und Lohnnebenkosten,[1]
- Anschaffungskosten[2] und Leasingraten[3] für Bürogeräte, wie z.B. Kopierer, Telefaxe, Scanner, Computer, Frankier-und Schreibmaschinen,
- Haftpflichtversicherungsprämie (Ausnahme: Nr. 7007 VV RVG; Einzelfall Haftungsbetrag über 30 Mio. EUR),[4]
- Raumkosten wie Miete[5] und Energiekosten,
- Kosten für Anschaffung und Wartung von Software,[6]
- Grundgebühr für Informationsdienste, nicht aber Kosten der Einzelrecherche,[7]

3

---

1 Schneider/Wolf/*N. Schneider*, RVG, VV Vorb. 7 Rn 8.
2 Gerold/Schmidt/*Müller-Rabe*, RVG, VV Vorb. 7 Rn 10.
3 Schneider/Wolf/*N. Schneider*, RVG, VV Vorb. 7 Rn 8.
4 Schneider/Wolf/*N. Schneider*, RVG, VV Vorb. 7 Rn 16.
5 Schneider/Wolf/*N. Schneider*, RVG, VV Vorb. 7 Rn 8.
6 Gerold/Schmidt/*Müller-Rabe*, RVG, VV Vorb. 7 Rn 10.
7 Gerold/Schmidt/*Müller-Rabe*, RVG, VV Vorb. 7 Rn 10.

§ 7 Die Auslagen des Rechtsanwalts

- Mitgliedsbeiträge bei einer Kreditauskunft, nicht aber Kosten der Einzelprüfung,[8]
- Grundkosten für Telefon- und Internetanschluss,[9]
- Aufwendungen für die Anschaffung von Literatur,[10]
- Fortbildungskosten,[11]
- Büromittel wie Formulare, (Brief-)Papier, Umschläge, Toner etc.,[12]
- Porto für Übersendung der Vergütungsrechnung (Anm. zu Nr. 7001 VV RVG).

4 Ferner gehören zu den allgemeinen Geschäftskosten die Aufwendungen für die Herstellung von Dokumenten, soweit die Regelungen gem. Nr. 7000 VV RVG nicht angewandt werden können.

5 Die nicht allgemeinen Kosten, mithin die besonderen Geschäftskosten, sind in den Nrn. 7000 ff. VV RVG genannt und können gesondert erstattet verlangt werden.

6 *Checkliste*
Zu den besonderen Geschäftskosten gehören:
- Dokumentenpauschale gem. Nr. 7000 VV RVG,
- Entgelt für Post- und Telekommunikationsdienstleistungen gem. Nrn. 7001, 7002 VV RVG,
- Reisekosten gem. Nrn. 7003–7006 VV RVG,
- Prämie für eine Einzelfallhaftpflichtversicherung gem. Nr. 7007 VV RVG,
- Umsatzsteuer gem. Nr. 7008 VV RVG,
- die besonderen Aufwendungen nach Vorbem. 7 Abs. 1 VV RVG i.V.m. §§ 675, 670 BGB.

7 *Praxistipp*
Schließt der RA eine Vergütungsvereinbarung mit dem Mandanten, sollte er aufnehmen, dass die Auslagen gem. Nrn. 7000 ff. VV RVG gesondert zu erstatten sind, auch wenn sich gem. § 1 Abs. 1 S. 1 RVG die Vergütung aus Gebühren und Auslagen zusammensetzt. Bei dem Begriff „Vergütungsvereinbarung" kann vertreten werden, dass die Auslagen, wenn hierüber keine gesonderte Regelung existiert, in dem vereinbarten Entgelt (Gebühren) enthalten sind. Wird eine Vergütungsvereinbarung abgeschlossen, stehen dem RA tatsächlich die Auslagen zusätzlich zu, auch ohne dass die Auslagenerstattung ausdrücklich geregelt wurde. Die Klarstellung vermeidet allerdings eine streitige Diskussion und

---

8 Gerold/Schmidt/*Müller-Rabe*, RVG, VV Vorb. 7 Rn 10.
9 Schneider/Wolf/*N. Schneider*, RVG, VV Vorb. 7 Rn 8, 10.
10 Gerold/Schmidt/*Müller-Rabe*, RVG, VV Vorb. 7 Rn 10.
11 Schneider/Wolf/*N. Schneider*, RVG, VV Vorb. 7 Rn 11.
12 Schneider/Wolf/*N. Schneider*, RVG, VV Vorb. 7 Rn 8, 9.

überbrückt im Übrigen den häufigen Praxisfehler, wenn nur von „Gebührenvereinbarung" statt einer „Vergütungsvereinbarung" gesprochen wird.

B. Der Erstattungsanspruch nach § 675 i.V.m. § 670 BGB

Während der anwaltlichen Tätigkeit können diverse besondere Auslagen entstehen, deren Erstattungspflicht des Auftraggebers gegenüber seinem RA nicht in den Nrn. 7000 ff. VV RVG ausdrücklich geregelt sind. Gem. Vorbem. 7 Abs. 1 VV RVG kann der RA auch Ersatz der so entstandenen Aufwendungen gem. § 675 i.V.m. § 670 BGB verlangen. Nach § 670 BGB ist der Auftraggeber zum Ersatz der Aufwendungen verpflichtet, wenn sie zum Zwecke der Auftragsausführung im Einzelfall nach Auffassung des RA den Umständen nach erforderlich waren. Dem RA kommt ein Ermessen zu.

8

Erforderlich sind die vom RA veranlassten Aufwendungen, wenn die gewählte Maßnahme nach sorgfältiger Prüfung der dem RA bekannten Umstände vernünftigerweise veranlasst wurde.[13] Dabei ist es unschädlich, wenn sich nach Durchführung der Maßnahme herausstellt, dass ein nützlicher Effekt nicht erzielt wurde.[14] Bei der Beurteilung, ob die vom RA veranlasste Maßnahme vernünftig war, kommt es auf die Kenntnisse der Umstände zum Zeitpunkt der einleitenden Handlung an. Maßgeblich ist also allein die Ex-ante-Sicht. Diese Betrachtungsweise ist vor allem im Hinblick auf Zwangsvollstreckungsmaßnahmen von Bedeutung, wenn z.B. der GV mit der Sachpfändung beauftragt wird, der GV aber den Schuldner nicht antrifft und demzufolge weder eine gütliche Einigung gelingt noch körperliche Sachen gepfändet werden können, oder wenn die Pfändung des Arbeitseinkommens ohne Erfolg bleibt, da der Schuldner zum Zeitpunkt der Zustellung des Pfändungsbeschlusses keine Ansprüche mehr gegenüber dem Drittschuldner hat oder das Arbeitseinkommen die Pfändungsfreigrenze nicht übersteigt. Die Kosten des Gerichtsvollziehers sind ebenso wie die Kosten für den Pfändungs- und Überweisungsbeschluss sowie dessen Zustellung als erforderliche Aufwendungen nach Vorbem. 7 Abs. 1 VV RVG i.V.m. §§ 675, 670 BGB zu erstatten.

Checkliste

9

Im Rahmen der Forderungsdurchsetzung können nachfolgende Auslagen entstehen, deren Erstattungsanspruch sich aus der vorbenannten Anspruchsgrundlage begründen lässt:
- Gebühren für Einwohnermeldeamtsauskünfte,
- Gebühren für Gewerbe- und Handelsregisterauskünfte,
- Gebühren für sonstige Registerauskünfte, etwa das Personenstandsregister,

---

13 Palandt/*Sprau*, BGB, § 670 Rn 4; BGH NJW 2012, 2781.
14 Palandt/*Sprau*, BGB, § 670 Rn 4; BGH NJW-RR 1994, 87.

- Aufwendungen für Bonitäts-[15] und Wirtschaftsauskünfte,[16]
- Detektivkosten,[17]
- Ermittlungskosten zu Aufenthalt, Einkommen und Vermögen eines Schuldners,
- Kosten für Grundbuchauszüge[18] oder sonstige Registerauszüge im konkreten Einzelfall,
- verauslagte Gerichtskosten,
- verauslagte Gerichtsvollzieherkosten,
- Auslagenvorschüsse für Zeugen und Sachverständige,
- Kosten für die Ermittlung von Zeugen,
- verauslagte Kosten besonderer Zustellungen,
- Kosten bei Beauftragung eines externen Außendienstes,[19]
- Recherchekosten in juristischer Datenbank für Einzelfall (nicht Grundkosten),
- Aufwendungen für juristische Mitarbeiter bei der Sichtung umfangreicher Unterlagen,[20]
- Übersetzungskosten,
- Akteneinsichts- und -übersendungskosten,
- Kosten zur Beschaffung notwendiger Urkunden,
- Rücklastschriftkosten,
- Kosten für Testkäufe in Wettbewerbssachen.

Die Erstattungsfähigkeit ist weitgehend unstreitig, so dass kaum veröffentlichte Rechtsprechung zu finden ist. Am Ende kommt es auf die Umstände des Einzelfalles aus der Ex-ante-Sicht nach Maßgabe der nach dem pflichtgemäßen Ermessen des Rechtsanwaltes zu bestimmenden Erforderlichkeit und Zweckmäßigkeit an.

10 Der Auslagenersatzanspruch gem. § 675 i.V.m. § 670 BGB setzt grundsätzlich voraus, dass der RA bereits beauftragt wurde und dementsprechend zwischen RA und Mandant der Dienstvertrag mit Geschäftsbesorgungscharakter nach §§ 675, 611 BGB besteht. Aufgrund dieses Grundsatzes scheidet in der Regel ein reiner Anspruch auf Erstattung von Auslagen aus, da die Entstehung der Auslagen im Zusammenhang mit einer gebührenpflichtigen Tätigkeit steht. Denkbar ist ein isolierter Auslagenersatz allenfalls, wenn der RA im Vertrauen darauf, dass ein Auftrag

---

15 LG Hannover AnwBl 1989, 687.
16 Gerold/Schmidt/*Müller-Rabe*, RVG, VV Vorb. 7 Rn 23.
17 OLG Hamburg MDR 2011, 1014; OLG Hamm AGS 2005, 326.
18 BayObLG MDR 2005, 479 m.w.N.
19 AG Hamburg-St.-Georg v. 18.10.2016 – 904 M 1528/16.
20 OLG Brandenburg StraFo 1997, 30.

zustande kommt, Aufwendungen tätigt, die für den Mandanten von Interesse sind und dann doch ein Auftrag nicht zustande kommt.[21]

Beispiel 11
Der Auftraggeber ist Inhaber einer Kleinstforderung von 50,00 EUR und will die Beauftragung des RA davon abhängig machen, dass keine Eintragungen im Schuldnerverzeichnis über den Schuldner existieren. Der RA ruft die Daten aus dem Vollstreckungsportal ab und hat hierfür 4,50 EUR Auslagen aufzuwenden. Über den Schuldner sind Eintragungen gem. § 882c Abs. 1 Nr. 2 ZPO (Gläubigerbefriedigung ausgeschlossen) vorhanden, so dass der Mandant den Auftrag zur Forderungseinziehung nicht erteilt. Der RA hat Anspruch auf Erstattung der aufgewendeten 4,50 EUR. Eine Gebühr etwa nach Nr. 2300 oder Nr. 3309 VV RVG scheitert am fehlenden Auftrag Daneben entstehen Gebühren allenfalls für die Beratung.

C. Kopierkosten- bzw. Dokumentenpauschale nach RVG

Nr. 7000 VV RVG regelt den Anspruch des RA auf Erstattung der ihm entstandenen 12
Kosten für die Herstellung und Überlassung von Dokumenten, die nicht unter die allgemeinen Geschäftskosten fallen, die mit den Gebühren abgegolten sind. Nr. 7000 Nr. 1 VV RVG bezieht sich auf Kopien und Ausdrucke. Gem. Anm. 1 S. 2 zu Nr. 7000 VV RVG steht eine Übermittlung durch den RA per Telefax der Herstellung einer Kopie gleich. Auch wenn der Aufwand beim Empfangen eines Telefaxes wegen Papier- und Tonerverbrauch höher sein kann als beim Absenden (zumindest beim nicht elektronischem Empfang), steht dem RA für empfangene Schriftstücke die Dokumentenpauschale aufgrund des eindeutigen Wortlauts in der Anmerkung („Übermittlung") nicht zu.

Unter einer „Kopie" versteht das RVG die Reproduktion einer Vorlage auf einen körperlichen Gegenstand, z.B. Papier, Karton oder Folie. Beim Einscannen eines Dokuments liegt diese Voraussetzung nicht vor, so dass der RA hierfür einen Auslagenersatz gem. Nr. 7000 Nr. 1 VV RVG nicht beanspruchen kann[22] (hierzu unter Rdn 38), auch wenn dies nicht mehr zeitgemäß erscheint.

Der Auslagentatbestand gilt für den RA, der nach RVG abrechnet, für alle Verfahren; außergerichtlich, gerichtlich, im Rahmen der Zwangsvollstreckung sowie bei der Beratung, Mediation und Gutachtenerstellung. Nr. 7000 VV RVG beginnt mit dem Wort „Pauschale", das zum Ausdruck bringt, dass die im Nachfolgenden genannten Entgelte zum Ausgleich aller Kosten – wie Material- und Personalkosten – stehen. 13

---

21 Schneider/Wolf/*N. Schneider*, RVG, VV Vorb. 7 Rn 39.
22 KG Berlin v. 11.1.2016 – 1 Ws 90/15; SG Nordhausen v. 27.6.2016 – S 13 SF 2009/14 EUR.

§ 7 Die Auslagen des Rechtsanwalts

I. Anspruch auf gesonderte Erstattung für Dokumentenanfertigung

14 Anspruch auf gesonderte Erstattung der durch die Anfertigung von Dokumenten entstandenen Aufwendungen hat der RA in Form einer pauschalen Abgeltung gem. Nr. 7000 VV RVG in folgenden Fällen:

- Kopien aus Behörden- und Gerichtsakten, soweit die Herstellung zur sachgerechten Bearbeitung der Angelegenheit geboten war,
- Kopien und Ausdrucke zur Zustellung oder Mitteilung an Gegner oder Beteiligte und Verfahrensbevollmächtigte aufgrund einer Rechtsvorschrift oder nach Aufforderung durch das Gericht, die Behörde oder die sonst das Verfahren führende Stelle **ab der/dem 101. Kopie/Ausdruck**,
- Kopien und Ausdrucke zur notwendigen Unterrichtung des Auftraggebers **ab der/dem 101. Kopie/Ausdruck**,
- im Einverständnis mit dem Auftraggeber angefertigte Kopien und Ausdrucke.

1. Kopien aus Behörden- und Gerichtsakten

15 Bei der Erstellung von Ablichtungen aus Behörden- und Gerichtsakten ist der Anspruch auf Auslagenerstattung bereits ab der ersten Kopie entstanden, soweit die Herstellung der Kopie zur sachgemäßen Bearbeitung der Rechtssache geboten ist. Ob die Erstellung der Kopie erforderlich ist, liegt im Ermessen des RA.[23] Dabei ist auf die Sichtweise eines verständigen und durchschnittlich erfahrenen Rechtsanwalts abzustellen.[24]

In folgenden Verfahren sind Ablichtungen aus Behörden- und Gerichtsakten denkbar:

- Übernahme des Mandats in einem laufenden Rechtsstreit,
- Übernahme des Mandats in einem Rechtsmittelverfahren,
- Akten eines selbstständigen Beweisverfahrens einer hieran nicht beteiligten Partei,[25]
- Straf- und Ermittlungsakten, z.B. zur Begründung einer Forderung aufgrund vorsätzlicher unerlaubter Handlung,
- Zwangsversteigerungsverfahren,
- Insolvenzverfahren,
- Akten des Jugendamts bei Unterhaltsforderungen.

---

23 Asperger/Hellstab/*Richter*, RVG effizient, 1. Kap. Rn 610 f.
24 LSG Bayern v. 8.11.2016 – L 15 SF 256/14 E.
25 OLG Thüringen v. 11.10.2011 – 9 W 474/11 = RVGreport 2012, 390.

C. Kopierkosten- bzw. Dokumentenpauschale nach RVG §7

Grundsätzlich wird davon auszugehen sein, dass nicht das Kopieren der gesamten Akten zur sachgerechten Bearbeitung erforderlich ist, sondern Aktenauszüge genügen. Insoweit muss der RA vor dem Kopieren die Akte durchsehen.[26]

2. Kopien und Ausdrucke zur Zustellung oder Mitteilung

Die vom RA gefertigten Kopien und Ausdrucke i.S.v. Nr. 7000 Nr. 1b) VV RVG werden nur gesondert vergütet, wenn sie vom Gericht, der Behörde oder einer sonstigen das Verfahren führenden Stelle angefordert werden oder aufgrund einer Rechtsvorschrift zu übermitteln sind. In Zivilverfahren sind § 133 Abs. 1 ZPO (allgemeine Vorschrift) und § 253 Abs. 5 ZPO (Klageschrift) maßgeblich. Ferner betreffen sie Zustellungen oder Mitteilungen an Gegner oder Beteiligte und Verfahrensbevollmächtigte. 16

Hinweis 17
Ist die Gegenpartei anwaltlich vertreten, ist lediglich ein Gegner i.S.d. Gesetzes bei der Anzahl der zu erstellenden Ablichtungen zu berücksichtigen. Es entspricht einer üblichen Verfahrensweise, dass Schriftsätze in dreifacher Ausfertigung eingereicht werden.[27] Werden mehrere Gegner durch denselben RA vertreten, genügt ebenfalls eine Kopie für die Zustellung. Werden mehrere Gegner durch verschiedene RAe vertreten, sind Ablichtungen in der Anzahl der auf der Gegenseite tätigenden RAe beizufügen. In der Praxis werden in der Regel kollegialiter zusätzliche Ablichtungen für die gegnerische Partei übermittelt. Diese Kopien sollen aber, da sie nicht auf einer Rechtsvorschrift beruhen, nicht in die Auslagenberechnung einfließen können.

Unter Beteiligten sind Streithelfer, Nebenklägervertreter und Beteiligte in Verwaltungsverfahren zu verstehen, nicht aber im Lager des Auftraggebers stehende Personen wie z.B. Terminsvertreter, Verkehrsanwalt, Haftpflicht- oder Rechtsschutzversicherer.[28] 18

3. Kopien und Ausdrucke zur notwendigen Unterrichtung des Auftraggebers

Die Dokumentenpauschale zur Unterrichtung des Auftraggebers ergibt sich aus Nr. 7000 Nr. 1c) VV RVG. Voraussetzung ist jedoch, dass es erforderlich ist, den Auftraggeber zu informieren und dass die erstellten Dokumente zur Unterrichtung notwendig waren.[29] Zu den insoweit gemeinten Dokumenten zählen: 19

---

26 LG Detmold v. 28.7.2011 – 3 T 33/11.
27 LG Hannover JurBüro 2015, 34.
28 Schneider/Wolf/*Volpert*, RVG, VV 7000 Rn 113, 114.
29 Schneider/Wolf/*Volpert*, RVG, VV 7000 Rn 126.

§ 7 Die Auslagen des Rechtsanwalts

- Ablichtungen eigener Schriftsätze,
- Abschriften von Schriftstücken des Gegners oder eines sonstigen Beteiligten,
- Abschriften von Verfügungen und Entscheidungen des Gerichts oder einer Behörde,
- Abschriften von Gerichtsgutachten oder sonstigen Anlagen der vorstehenden Schriftstücke.

20 *Hinweis*
Da der RA die Kosten der erstellten Dokumente und Ablichtungen für Gegner, Beteiligte, Verfahrensbevollmächtigte und dem eigenen Mandanten erst ab einer Anzahl von 101 gesondert erstattet bekommt, sollte die Erfassung der in der jeweiligen Angelegenheit gefertigten Dokumente und Ablichtungen präzise erfolgen und bei der Abrechnung ausgewertet werden. Nicht selten ist man erstaunt, wie viele Kopien im Laufe eines Verfahrens angefertigt wurden, die eine zusätzliche Auslagenabrechnung rechtfertigen.

4. Angefertigte Kopien und Ausdrucke im Einverständnis mit dem Auftraggeber

21 Der Anspruch auf Auslagenerstattung i.S.v. Nr. 7000 Nr. 1d) VV RVG greift schon dem beginnenden Wortlaut der Vorschrift nach „in sonstigen Fällen", demnach für Kopien und Ausdrucke, die nicht in Nr. 7000 Nr. 1a) bis c) VV RVG geregelt sind und **auch** zur Unterrichtung Dritter dienen sollen. Durch das „auch" in der Vorschrift wird deutlich, dass dieser Auslagentatbestand bei der Erstellung von Kopien und Ausdrucken für Dritte greift, aber auch gegenüber Gegner, Gerichten oder einer Behörde.

Für den Gegner i.S.v. Nr. 7000 Nr. 1d) VV RVG sind z.B. die Kopien von Schriftsätzen, die der RA neben den Ablichtungen für den Bevollmächtigten des Gegners als Zustellungserfordernis zusätzlich beifügt. Für das Gericht als Adressat könnten z.B. Kopien von Publikationen von Literatur und Entscheidungen gedacht sein, wobei im Einzelfall die Notwendigkeit zu prüfen ist (problematisch, wenn sich das Gericht selbst den Aufsatz oder die Entscheidung besorgen kann).

Dritte können z.B. sein:
- Rechtsschutzversicherer,[30]
- anderweitig vertretene Streitgenossen,
- Behörde, wie z.B. das Jugendamt bei Unterhaltsforderungen,
- Verkehrs- und Terminsanwalt des Auftraggebers,
- Steuerberater des Auftraggebers,

---

30 LAG Hamm AnwBl 1988, 414.

C. Kopierkosten- bzw. Dokumentenpauschale nach RVG § 7

- Versicherer, wenn der Auftraggeber das Verfahren selbst führt und den RA selbst informiert.[31]

Ferner muss das Einverständnis des Mandanten zur Anfertigung dieser zusätzlichen Kopien oder Ausdrucke vorliegen. Ohne Schwierigkeiten ist das erforderliche Einverständnis zu bejahen, wenn eine ausdrückliche Weisung des Mandanten erfolgte. Liegt eine klare Order nicht vor, ist im Einzelfall zu prüfen, ob von einem stillschweigenden Einverständnis ausgegangen werden kann. Zunächst hat der RA zu entscheiden, ob es dem mutmaßlichen Interesse des Auftraggebers entspricht, dass zur sachgerechten Bearbeitung der Angelegenheit Kopien und Ausdrucke von Schriftstücken hergestellt werden. Wird diese Frage bejaht, ist abzuwägen, ob der Auftraggeber wohl selbst die Kopien kostengünstiger erstellen mag, z.b., weil er einen eigenen Kopierer besitzt oder die Kopien in einem Geschäft anfertigen lässt, oder der Mandant diesen persönlichen Einsatz nicht wünscht und es bevorzugt, dass der RA unmittelbar die Ablichtungen herstellt. Bei einer geringen Anzahl von Dokumenten darf davon ausgegangen werden, dass es dem Auftraggeber zu umständlich ist, selbst für Kopien zu sorgen.[32]

Damit es nicht am Ende der Mandatsbearbeitung nach Zugang der Rechnung zu Diskussionen kommt, empfiehlt es sich, die Handhabung der Dokumentenerstellung mit dem Auftraggeber rechtzeitig abzustimmen und zu dokumentieren.

II. Höhe der zu vergütenden Kopien/Ausdrucke

Der Höhe nach regelt Nr. 7000 Nr. 1 VV RVG, dass der RA für die ersten 50 Seiten pro Seite 0,50 EUR und für jede weitere Seite 0,15 EUR beanspruchen kann. Die doppelten Beträge, nämlich 1,00 EUR pro Seite bis 50 Seiten und 0,30 EUR ab der 51. Seite stehen dem RA für farbige Seiten zu. Stehen Schwarzweiß- und Farbkopien nebeneinander, gilt aufgrund des Wortlauts der Vorschrift die 50-Seiten-Regelung je für die Schwarzweiß- und die Farbkopien.

22

Beispiel
Der RA kann 75 Schwarzweißkopien und 60 Farbkopien für die Zustellung an den Gegner abrechnen:
Dokumentenpauschale gem. Nr. 7000 Nr. 1b)

(50×0,50 EUR) + (25×0,15 EUR) + (50×1,00 EUR) +
(10×0,30 EUR)   81,75 EUR
19% Umsatzsteuer gem. Nr. 7008 VV RVG   15,53 EUR
Summe   97,28 EUR

23

---

31 Gerold/Schmidt/*Müller-Rabe*, RVG, VV 7000 Rn 141.
32 Gerold/Schmidt/*Müller-Rabe*, RVG, VV 7000 Rn 158.

§ 7 Die Auslagen des Rechtsanwalts

24 Hat der RA mehr als 100 Schwarzweiß- und Farbkopien i.S.v. Nr. 7000 Nr. 1b) oder c) VV RVG erstellt, kann er die Anrechnung der ersten 100 Kopien nach der für ihn günstigsten Berechnung vornehmen.[33]

25 *Beispiel*

Der RA hat 240 Kopien hergestellt, davon 80 Farbkopien. Die Anzahl der abzurechnenden Kopien (über 100 Kopien) beläuft sich insgesamt auf 140 Kopien. So rechnet der RA für ihn optimal ab:

50 Farbkopien à 1,00 EUR	50,00 EUR
50 Schwarzweißkopien à 0,50 EUR	25,00 EUR
30 Farbkopien à 0,30 EUR	9,00 EUR
10 Schwarzweißkopien à 0,15 EUR	1,50 EUR
Zwischensumme	85,50 EUR
19 % Umsatzsteuer gem. Nr. 7008 VV RVG	16,25 EUR
Summe	101,75 EUR

26 Nr. 7000 VV RVG stellt gem. der Anm. 1 S. 1 auf die Angelegenheit und nicht auf Kopien pro Auftraggeber ab, was zur Folge hat, dass die Berechnung pro Angelegenheit oder in gerichtlichen Verfahren in demselben Rechtszug einheitlich zu erfolgen hat. Dies ist zum einen bei der Mindestanzahl (über 100) nach Nrn. 1b) und c) und zum anderen bei der Staffelung der Beträge für Schwarzweiß und Farbkopien bis und über 50 Seiten von Relevanz.

III. Erstattungsanspruch gegenüber Gegner für Kopien/Ausdrucke

27 Ein Erstattungsanspruch der Dokumentenpauschale gegenüber dem Gegner kann nur dann gegeben sein, wenn sie überhaupt erst entstanden ist. Voraussetzung für eine gesonderte Auslagenvergütung nach Nr. 7000 Nr. 1a) bis c) VV RVG ist, wie vorstehend ausgeführt, dass die erstellten Kopien oder Ausdrucke zur sachgemäßen Bearbeitung geboten waren, aufgrund einer Rechtsvorschrift oder nach Aufforderung durch das Gericht oder die Behörde gefertigt wurden oder zur notwendigen Unterrichtung bestimmt waren. Wenn sich daraus ein Anspruch ergibt, ist die Notwendigkeit zur Anfertigung der Kopien/Ausdrucke erkannt worden. Nach der allgemeinen Kostenerstattungsregel gem. § 91 Abs. 1 ZPO hat die unterliegende Partei im Zivilprozess die dem Gegner entstandenen Kosten zu erstatten, soweit sie zur zweckentsprechenden Rechtsverfolgung notwendig waren. Die gesetzlichen Gebühren und auch Auslagen des RA der obsiegenden Partei sind nach § 91 Abs. 2 S. 1 ZPO zu erstatten.

---

33 Gerold/Schmidt/*Müller-Rabe*, RVG, VV 7000 Rn 211.

Ist der Auftraggeber daher in der Pflicht, die Auslagen dem RA zu vergüten, steht diesem bei Obsiegen auch ein Erstattungsanspruch gegen den Gegner zu.[34] Die Voraussetzungen sind insoweit identisch.

Die vorstehende Schlussfolgerung kann im Hinblick auf die zusätzlichen Kopien und Ausdrucke mit Einverständnis des Auftraggebers gem. Nr. 7000 Nr. 1d) VV RVG nicht übernommen werden. Bei der zusätzlichen Dokumentenerstellung mit Einverständnis des Mandanten hat der RA eine Notwendigkeitsprüfung nicht vorzunehmen.[35] Die Prüfung einer diesbezüglichen Erstattungspflicht des Gegners, mithin der Notwendigkeit der zusätzlich veranlassten Kopien, hat dann im Kostenfestsetzungsverfahren zu erfolgen. Darauf sollte der Mandant zur Vermeidung späterer Auseinandersetzungen stets – dokumentiert – hingewiesen werden. 28

Gem. § 104 Abs. 2 S. 1 ZPO sind die im Festsetzungsverfahren geltend gemachten Auslagen nach Nr. 7000 VV RVG glaubhaft zu machen. Eine Versicherung des RA, wie gem. § 104 Abs. 2 S. 2 ZPO für Post- und Telekommunikationsdienstleistungen, ist nicht ausreichend. Zur Glaubhaftmachung gehört die Angabe, unter welcher gesetzlichen Vorschrift (Nr. 7000 Nrn. 1a)–d), 2 VV RVG) die Dokumentenpauschale in welcher Höhe entstanden ist. Bereits bei allgemeinen Einwänden des Erstattungspflichtigen besteht nach h.M. eine eingehende Darlegungs- und Glaubhaftmachungspflicht. Der RA sollte in der Lage sein, im Festsetzungsverfahren eine schlüssige Darlegung der notwendigen Kopien/Ausdrucke vorzunehmen.[36] Um dies zu leisten, sind genaue und gewissenhafte Aufzeichnungen während der Mandatsführung erforderlich, die einen gewissen Verwaltungsaufwand erfordern, sich am Ende aber regelmäßig „rechnen". 29

D. Überlassung elektronischer Dokumente

Werden die unter Nr. 7000 Nr. 1d) VV RVG genannten Kopien und Ausdrucke als elektronisch gespeicherte Dateien überlassen, kann der RA für jede Datei einen Betrag von 1,50 EUR geltend machen. Sofern die elektronisch bereitgestellten oder auf denselben Datenträger übertragenen Dokumente in einem Arbeitsgang überlassen werden, kann der RA höchstens einen Betrag von 5,00 EUR beanspruchen (Nr. 7000 Nr. 2 VV RVG). 30

Bevor der Auslagenersatzanspruch der Nr. 7000 Nr. 2 VV RVG bejaht werden kann, ist zu prüfen, ob die Überlassung oder Bereitstellung des elektronischen Dokumentes im Einverständnis mit dem Auftraggeber zusätzlich, auch zur Unterrichtung Dritter, erfolgte. Ist das Ergebnis der Prüfung, dass die Überlassung oder Bereitstel-

---

34 Zöller/*Herget*, ZPO, § 91 Rn 13 (Ausfertigungen, Kopien, Ausdrucke).
35 Schneider/Wolf/*Volpert*, RVG, VV 7000 Rn 225.
36 Schneider/Wolf/*Volpert*, RVG, VV 7000 Rn 229.

lung des elektronischen Dokumentes nicht i.S.v. Nr. 7000 Nr. 1d) VV RVG erfolgte, kann der RA hierfür keine besondere Auslagenerstattung erfahren.

31 Nr. 7000 Nr. 2 VV RVG stellt auf Dateien ab. In der Literatur findet sich zu Recht die Kritik, dass der in der Vorschrift genannte Begriff der „elektronisch gespeicherten Datei" zu unbestimmt ist.[37] Im Allgemeinen ist darunter ein systematisierter bzw. zweckmäßig geordneter, zur Aufbewahrung geeigneter Bestand zusammengehörender Daten zu verstehen, die auf Datenträger gespeichert werden können. Es obliegt der Ermessensentscheidung des RA, ob mehrere Dokumente zu einer Datei zusammengefasst werden. Grundsätzlich gilt, dass pro Schriftsatz eine Datei erstellt und als solche gewertet werden kann.

32 *Hinweis*
Damit der jeweilige Schriftsatz als einzelne Datei i.S.v. Nr. 7000 Nr. 2 VV RVG gewertet werden kann, sollte der RA vermeiden, mehrere Schriftsätze in einer Datei zusammenzufassen und sie dann z.B. mit „Schriftsätze i.S. Müller ./. Meier" bezeichnen. Bei einer solchen Vorgehensweise würden dem RA nur einmal 1,50 EUR zustehen, auch wenn eine Vielzahl von Schriftstücken übertragen wurde.

33 Befinden sich mehrere Schriftstücke in einem Ordner, bedeutet dies nicht, dass nur eine Datei existiert. Unterschiedliche Auffassungen liegen bei der Bewertung einer ZIP-Datei vor im Hinblick darauf, ob es sich um eine oder mehrere Dateien handelt. Eine Meinung vertritt die Auffassung, dass physikalisch nur eine Datei versandt wird. Nach anderer Auffassung kommt es auf die in der ZIP-Datei enthaltenen Dateien kann.[38] Der zuletzt genannten Meinung ist zuzustimmen, da eine ZIP-Datei den Charakter eines Ordners oder Containers hat und die dort gesammelten Dokumente entpackt werden müssen, um die einzelnen Schriftstücke anzusehen. Da Nr. 7000 Nr. 2 VV RVG nicht auf Dateiordner oder Dateizusammenschlüsse, sondern auf einzelne Dateien abstellt, sind die in einer ZIP-Datei enthaltenen Dokumente als einzelne Dateien mit je 1,50 EUR bzw. aufgrund der Kappungsgrenze mit 5,00 EUR insgesamt zu berücksichtigen.

34 Wie bereits zuvor erwähnt, ist die Kappungsgrenze von 5,00 EUR gem. Nr. 7000 Nr. 2 VV RVG zu beachten, wenn mehrere Dateien in einem Arbeitsgang überlassen oder bereitgestellt werden. Ob die Dateien in einem oder mehreren Arbeitsgängen überlassen werden können, liegt grundsätzlich im Ermessen des RA, wobei darauf abzustellen ist, wie sich ein vernünftiger und verständiger RA verhalten würde. Dabei ist auch zu berücksichtigen, welche Datenmengen übersandt oder empfangen werden können. Ab einer gewissen Größe ist eine grundsätzlich sinnvolle gemeinsame Übermittlung mehrerer Dateien nicht mehr möglich. Sendet der RA z.B. auf

---

37 Schneider/Wolf/*Volpert*, RVG, VV 7000 Rn 163.
38 Schneider/Wolf/*Volpert*, RVG, VV 7000 Rn 165.

Bitten des Mandanten einem Dritten mit einer E-Mail vier Schriftstücke, kommt die Kappungsgrenze von 5,00 EUR zum Tragen, da vier Dateien à 1,50 EUR, mithin 6,00 EUR, den Höchstwert überschreiten. Muss dagegen aufgrund der Größe der Einzeldatei die Übermittlung mit vier Emails erfolgen, kommt die Kappungsgrenze nicht zum Tragen.

Es ist irrelevant, ob der RA die Datei selbst erstellt hat oder nicht. Entsprechend dem Gesetzestext kommt es darauf an, dass der RA die Datei überlassen oder bereitgestellt hat.[39] Eine Überlassung von Dateien kann durch die Übergabe oder Versendung auf einem Speicherträger, wie z.B. Diskette, CD, DVD oder Datenstick, oder auch durch Übersendung via E-Mail erfolgen. 35

Beispiel 36
RA sendet auf Wunsch des Mandanten nicht nur diesem einen Schriftsatz zu, sondern per E-Mail auch der Rechtsschutzversicherung. Für die Überlassung des Schreibens als eine Datei steht dem RA die Dokumentenpauschale in Höhe von jeweils 1,50 EUR zu.

Unter Bereitstellen zum Abruf einer Datei ist zu verstehen, dass die Datei für den Berechtigten zum Download bereit steht. Das kann auch in einem Mandantenportal geschehen. Gerade hier werden immer wieder hohe Investitionen getätigt, ohne die Option der Auslagenerstattung und damit Refinanzierung zu nutzen. In Zukunft wird dieser Art der Datenübermittlung eine immer größere Rolle zukommen. Es ist deshalb rentierlich, sich mit den Prozessen auseinanderzusetzen und den Mitarbeitern Arbeitsanweisungen zur kostenrechtlichen Behandlung zu erteilen. 37

In Zeiten, in denen die elektronische Aktenbearbeitung immer mehr an Bedeutung gewinnt, ist ein Scannen von Schriftstücken im Büroalltag nicht mehr wegzudenken. Das Scannen eines Schriftstückes allein rechtfertigt weder eine Auslagenanspruchsgrundlage nach Nr. 7000 Nr. 1 noch nach Nr. 2 VV RVG, weil das Scannen weder die Erstellung einer Kopie (Reproduktion auf einen körperlichen Gegenstand) darstellt noch mit dem Scannen allein eine Datei überlassen wird. Erst wenn durch das Scannen das Schriftstück von Papier in eine elektronische Form übertragen und es zusätzlich einer anderen Person überlassen wurde, greift die Auslagenerstattung mit 1,50 EUR pro Datei. Vor dem Hintergrund des elektronischen Rechtsverkehrs ab dem 1.1.2018 und der in der Folge auch im Gerichtsalltag gegenwärtigen elektronischen Akte, ist der Gesetzgeber gehalten, das System der Auslagenpauschale noch einmal zu überdenken. Der Scanvorgang – gerade für Anlagen – sollte dabei hinreichende Berücksichtigung finden. Der Arbeitsaufwand ist nicht geringer als bei einer Kopie. Der Technikeinsatz ist gleichermaßen kostenintensiv. Letztlich entlastet dies im elektronischen Rechtsverkehr auch alle weiteren Beteiligten sowie die natürlichen Ressourcen. 38

---

39 Gerold/Schmidt/*Müller-Rabe*, RVG, VV 7000 Rn 171.

E. Entgelte für Post- und Telekommunikationsdienstleistungen

I. Grundsätzliches

39 Die dem RA zustehenden Entgelte für Post- und Telekommunikationsdienstleistungen sind in den Nrn. 7001 und 7002 VV RVG geregelt. Die Vorschriften sind anwendbar, wenn der RA die gesetzliche Vergütung abrechnet. Bei Abschluss einer Vergütungsvereinbarung sollte der RA, sofern er ein gesondertes Entgelt für Post- und Telekommunikationsdienstleistungen i.S.v. Nrn. 7001 oder 7002 VV RVG erhalten will, daher eine entsprechende Regelung in die Vereinbarung aufnehmen. Die Nrn. 7001 und 7002 VV RVG gelten auch nur für RAe in Rahmen des Anwendungsbereichs gem. § 1 Abs. 1 RVG (anwaltliche Tätigkeiten).

40 Zu den Entgelten nach Nrn. 7001 und 7002 VV RVG gehören:
- Portokosten für Postkarten, Briefe (auch als Einschreiben), förmliche Zustellungen, Päckchen und Pakete,
- Gebühren für Orts- und Ferngespräche,
- Gebühren für Online-Verbindungen wie E-Mail und Internet,
- Gebühren für Fernschreiben, Telefax- und Telegrammsendungen.

41 Bei den zuvor genannten Gebühren für Telekommunikationsverbindungen können nur solche Aufwendungen berücksichtigt werden, bei denen tatsächlich Entgelte für die Nutzung der Dienste im konkreten Telefongespräch oder für die Übersendung des Schriftstückes entstehen. Wird die Kanzlei durch das mandatsbezogene Gespräch oder die abgesandte E-Mail nicht kostenmäßig belastet, weil z.B. eine Flatrate besteht, können auch keine Auslagen i.S.v. Nrn. 7001 und 7002 VV RVG geltend gemacht werden. Die nicht mandatsabhängigen Grundkosten der Kanzlei, wie z.B. der Aufwand für die Flatrate oder auch die Aufwendungen für die Anschaffung, Einrichtung und Unterhaltung von Fernsprech-, Fernschreib- oder Telefaxgeräten sowie Internetverbindungen, gehören zu den allgemeinen Geschäftskosten und sind mit den Gebühren abgegolten (Vorbem. 7 Abs. 1 S. 1 VV RVG). In einer zunehmend elektronisch kommunizierenden Welt wird sich künftig also durchaus die Frage stellen, ob die Pauschale dem Grunde nach überhaupt angefallen ist. Die Pauschalierung betrifft nur die Höhe der Kosten, nicht aber den Anfall dem Grunde nach.[40]

II. Die zwei Abrechnungsmethoden

42 Dem RA stehen zwei Abrechnungsmethoden zur Verfügung, nämlich das Abrechnen der konkret entstandenen Auslagen gem. Nr. 7001 VV RVG oder die pauschale Abrechnung gem. Nr. 7002 VV RVG. Der RA kann nach seinem Belieben entschei-

---

40 AG Wissen AGS 2016, 162.

E. Entgelte für Post- und Telekommunikationsdienstleistungen § 7

den, nach welcher Methode er die Berechnung vornehmen will. Er ist sogar berechtigt, eine nachträgliche Änderung der Abrechnungsmethode vorzunehmen.[41] Für den RA sinnvoll ist ein Wechsel von Nr. 7002 VV RVG zu Nr. 7001 VV RVG, wenn er bemerkt, dass er mit der 20 %-igen Pauschale bzw. dem Höchstwert bei pauschaler Abrechnung eine Unterdeckung im Verhältnis zu den tatsächlich aufgewandten Auslagen erfährt.

Hinweis 43
Das bedingt eine Dokumentation der Kosten im Einzelfall mit einer – möglichst automatisierten – Vergleichsrechnung, so dass die jeweils günstigere Abrechnungsmethode gewählt werden kann. Zwar verursacht die pauschale Abrechnung einen geringeren Aufwand, kann aber gerade bei langen Verfahren dazu führen, dass erhebliche Gebührenanteile für nicht abgerechnete Auslagen herangezogen werden.

Ein Wechsel ist allerdings dann ausgeschlossen, wenn eine nicht mehr abänderbare 44 Entscheidung über die Höhe der Vergütung oder über die Höhe der vom Gegner zu erstattenden Kosten ergangen ist, z.B. ein Vollstreckungsbescheid, ein Kostenfestsetzungsbeschluss gegen den Auftraggeber i.S.v. § 11 RVG oder ein Kostenfestsetzungsbeschluss gegen den Gegner.

1. Konkrete Auslagenabrechnung

Bei der konkreten Auslagenabrechnung nach Nr. 7001 VV RVG kann der RA alle 45 erstattungsfähigen Entgelte geltend machen, die ihm bei der Durchführung des Mandats entstanden sind und die er den Umständen nach für erforderlich halten durfte. Das Erfassen der einzelnen Auslagenpositionen erfordert einen gewissen Verwaltungsaufwand und Disziplin aller in einer RA-Kanzlei tätigen RAe und Mitarbeiter, da die geführten Telefonate, die abgesandten Telefaxschreiben und das Porto für Briefsendungen sämtlich festzuhalten sind. Ansonsten wird eine Abrechnung nach Nr. 7001 VV RVG nicht korrekt möglich sein. Gem. § 10 Abs. 2 S. 2 RVG ist es zwar ausreichend, wenn der RA in seiner Rechnung den Gesamtbetrag der Post- und Telekommunikationsdienstleistungen angibt, allerdings muss der RA in der Lage sein, die Zusammensetzung des Gesamtbetrages dem Auftraggeber auf Nachfrage aufzuschlüsseln. Softwareprogramme können die RA-Kanzlei bei der Erfassung, Speicherung und Abrechnung der einzelnen Auslagenpositionen unterstützen.

Hinweis 46
Zu den konkret erstattungsfähigen Telekommunikationsdienstleistungen kann auch die entgeltliche Unterstützung in technischer Hinsicht, etwa durch eine dialergestützte Verarbeitung von In- oder Outboundgesprächen, gehören oder

---

41 Schneider/Wolf/*N. Schneider*, RVG, VV 7001–7002 Rn 48.

273

§ 7 Die Auslagen des Rechtsanwalts

bei einer Vielzahl von Mandaten die Vorselektion der Anrufe durch ein Callcenter im Wege der Auftragsdatenverarbeitung, wenn etwa zunächst geklärt wird, ob der gegnerische Schuldner nur weitere Unterlagen anfordern möchte oder wegen einer gütlichen Einigung mit dem Rechtsanwalt den Kontakt sucht.

47 Auf die konkret abgerechneten Auslagen hat der RA die gesetzliche Umsatzsteuer zu berechnen. Sind dem RA Brutto-Auslagen entstanden, hat er in seiner Rechnung die Auslagen zunächst auf Nettobasis auszuweisen und dann auf die Gebühren und Auslagen den Mehrwertsteuerbetrag zu addieren. Der Auftraggeber muss in der Lage sein, den auf die Gebühren und Auslagen entfallenden Mehrwertsteueranteil in einer Summe der Berechnung zu entnehmen, um diesen Betrag als Vorsteuerabzug geltend machen zu können.

48 Die Kosten für die Hinterlegung einer Schutzschrift sind Entgelte für Post- und Telekommunikationsleistungen und können deshalb konkret nach Nr. 7001 VV RVG abgerechnet werden.[42]

2. Pauschale Auslagenabrechnung

49 In der Praxis wohl überwiegend, nicht zuletzt auch wegen der Vermeidung des zuvor beschriebenen Verwaltungsaufwandes, wird der pauschalen Abgeltung der Post- und Telekommunikationsdienstleistungen gem. Nr. 7002 VV RVG der Vorrang gegeben. Auch die pauschale Abrechnungsmethode setzt voraus, dass überhaupt entsprechende Auslagen entstanden sind. Dabei ist es ausreichend, wenn eine Art der Post- und Telekommunikationsauslagen entstanden ist, wie z.B. Porto für das Absenden eines Schriftsatzes oder ein Anruf des RA, der nicht über eine Flatrate abgerechnet wird.

Hat der RA den Mandanten im persönlichen Gespräch beraten, sind Auslagen nicht entstanden, so dass auch eine Pauschalberechnung gem. Nr. 7002 VV RVG ausscheidet. Auch die isolierte Übersendung der Vergütungsabrechnung löst die Auslage nicht aus. Was früher noch umstritten war, ist nun in Anm. zu Nr. 7001 VV RVG ausdrücklich geregelt: Die für die Übersendung der Vergütungsrechnung entstandenen Portokosten sind nicht ausreichend, um einen Auslagenersatz verlangen zu können. Wird gleichzeitig der wesentliche Inhalt der Beratung dokumentiert, liegt keine isolierte Geltendmachung der Vergütung vor, so dass die Auslage entsteht.

Die Auslagenpauschale wird mit 20 % der Gebühren errechnet, höchstens 20,00 EUR.

---

42 OLG Frankfurt AGS 2015, 596.

E. Entgelte für Post- und Telekommunikationsdienstleistungen § 7

Beispiel 50
Verfahrensgebühr gem. Nr. 3100 VV RVG (1,3) aus
2.000,00 EUR 195,00 EUR
Terminsgebühr gem. Nr. 3104 VV RVG (1,2) aus 2.000,00 EUR 180,00 EUR
Pauschale für Post- u. Telekommunikationsdienstleistungen:
20 % von den Gesamtgebühren von 375,00 EUR = 75,00 EUR,
jedoch Kappung bei 20,00 EUR

Entsprechend dem vorstehenden Beispiel sind zunächst alle Gebühren einer Angelegenheit zusammenzurechnen und daraus die 20 %-ige Pauschale zu ermitteln. Da die erhöhte Gebühr gem. Nr. 1008 VV RVG für weitere Auftraggeber zu der jeweiligen Geschäfts- oder Verfahrensgebühr gehört, fließt auch der erhöhte Gebührenbetrag in die Berechnung mit ein. 51

Ab einem Gebührenvolumen von 100,00 EUR sind 20 %-Berechnungen unnötig, da die Kappungsgrenze von 20,00 EUR greift.

Die Auslagenpauschale ist centgenau zu berücksichtigen mit zwei Stellen hinter dem Komma. Die kaufmännische Auf- und Abrundung auf volle Cent ist in analoger Anwendung von § 2 Abs. 2 S. 2 RVG vorzunehmen. Demnach werden 0,5 Cent auf den vollen Cent aufgerundet. 52

Die geringste Auslagenpauschale beträgt aufgrund der Mindestgebühr gem. § 13 Abs. 2 RVG 3,00 EUR (20 % von 15,00 EUR); bei der Hebegebühr gem. Nr. 1009 VV RVG aufgrund der dort geregelten Mindestgebühr von 1,00 EUR mindestens 0,20 EUR. Wird die maximale Auslagenpauschale nach Nr. 7002 VV RVG unterschritten, sollte stets die konkrete Abrechnung nach Nr. 7001 VV RVG geprüft werden. 53

Entsprechend der Regelung in Nr. 7002 VV RVG steht dem RA die Auslagenpauschale für **jede Angelegenheit** zu. Nähere Ausführungen zum Begriff der gebührenrechtlichen Angelegenheit finden sich im allgemeinen Teil in § 2 Rdn 1 ff. 54

Sobald eine gesonderte Angelegenheit vorliegt, steht dem RA auch eine zusätzliche Postentgelt- und Telekommunikationspauschale zu. Als Orientierung dienen §§ 17 und 18 RVG, mit denen das RVG Tätigkeiten des RA als verschiedene und besondere Angelegenheiten ausweist. Hierzu gehören z.B.:

- Beratung und nachfolgende vorgerichtliche und gerichtliche Tätigkeit,
- außergerichtliche Tätigkeit und nachfolgendes Mahnverfahren oder Prozessverfahren,
- Mahnverfahren und das sich anschließende streitige Verfahren,
- jede selbstständige Zwangsvollstreckungsmaßnahme,
- Verfahren auf Erteilung einer weiteren vollstreckbaren Ausfertigung,
- Beratungshilfe und nachfolgender Rechtsstreit,

- Urkunden-, Scheck- oder Wechselverfahren und Nachverfahren bzw. ordentliches Verfahren,
- jedes Rechtsmittelverfahren wie Berufung, Revision, Beschwerde, Rechtsbeschwerde,
- Beschwerdeverfahren nach Teil 3 VV, auch Erinnerungsverfahren gegen Kostenfestsetzungsbeschlüsse,
- selbstständigen Beweisverfahren und nachfolgender Rechtsstreit oder umgekehrt.

Gerade vor dem Hintergrund immer umfangreicherer Pauschalierungen (Flatrates) mit der Folge, dass der Aufwand nicht mehr auf den konkreten Einzelfall bezogen werden kann, sondern den allgemeinen Geschäftskosten zufällt, ist es wichtig, die Auslage nach Nr. 7002 VV RVG konsequent abzurechnen.

III. Postentgeltpauschalen bei Anrechnung von Gebühren

55 In den Anrechnungsvorschriften, wie z.B. § 34 Abs. 2 RVG, Teil 3 Vorbem. 3 Abs. 4 VV RVG, Anm. zu Nr. 3305 VV RVG, sind Gebühren genannt und nicht Auslagen. Eine Anrechnung der Auslagen hat der RA, auch bei Anrechnung der Gebühren, mangels einer entsprechenden Vorschrift nicht vorzunehmen.

In Literatur und Rechtsprechung wird vereinzelt die Auffassung vertreten, dass die Auslagenpauschale auf den nach Anrechnung ermittelten Gebührenbetrag zu berechnen ist.[43] Der vielfach vertretenen Gegenansicht[44] ist zuzustimmen. Nach dem Wortlaut der Nr. 7002 VV RVG ist die Auslagenpauschale nach den gesetzlichen Gebühren zu berechnen und nicht nach den Gebühren, die nach Anrechnung verbleiben. Dadurch, dass eine Gebühr anzurechnen ist, geht sie nicht unter, sondern die Gebühren bleiben bestehen (§ 15a Abs. 1 RVG). Bei einer Berechnung der Postentgeltpauschale nur auf den nach Anrechnung verbleibenden Gebührenbetrag fände eine teilweise Anrechnung auf die Auslagen statt, was i.S.v. Nr. 7002 VV RVG gerade nicht gewollt ist. Bei Anwendung der Anrechnungsvorschrift stellt sich nach hier vertretener Meinung die Berechnung z.B. wie folgt dar:

56 *Beispiel*
Der RA stellt für seinen Auftraggeber Antrag auf Erlass des Mahnbescheides wegen einer Forderung von 3.000,00 EUR. Der Gegner erhebt Widerspruch. Der Mandant beauftragt seinen RA mit der Führung des streitigen Prozessverfahrens. Bevor der RA die Sache in das Streitverfahren überleitet, erledigt sich die weitere Geltendmachung des Anspruchs durch Zahlung.

---

43 AG Melsungen JurBüro 2006, 593; LG Berlin JurBüro 1987, 1869.
44 Schneider/Wolf/*N. Schneider*, RVG, VV 7001–7002 Rn 40, Gerold/Schmidt/*Müller-Rabe*, RVG, VV 7001–7002 Rn 42.

Verfahrensgebühr gem. Nr. 3305 VV RVG (1,0) aus 3.000,00 EUR	201,00 EUR
Post- u. Telekommunikationsdienstleistungspauschale gem. Nr. 7002 VV RVG	20,00 EUR
Zwischensumme	221,00 EUR
19 % Umsatzsteuer	41,99 EUR
Summe Mahnverfahren	262,99 EUR
Verfahrensgebühr gem. Nrn. 3100, 3101 Nr. 1 VV RVG (0,8) aus 3.000,00 EUR	160,80 EUR
Post- u. Telekommunikationsdienstleistungspauschale gem. Nr. 7002 VV RVG	20,00 EUR
Abzüglich Anrechnung gem. Anm. zu Nr. 3305 VV RVG (0,8) aus 3.000,00 EUR	./. 160,80 EUR
Zwischensumme	20,00 EUR
19 % Umsatzsteuer	3,80 EUR
Summe Prozessverfahren	23,80 EUR
Gesamtbetrag beider Verfahren	**286,79 EUR**

F. Die Reisekosten

I. Grundsätzliches

Die Definition einer Geschäftsreise i.S.d. RVG findet sich in Vorbem. 7 Abs. 2 VV RVG. Danach liegt eine Geschäftsreise vor, wenn das Reiseziel außerhalb der Gemeinde liegt, in der sich die Kanzlei oder die Wohnung des RA befindet. Unter „Gemeinde" ist die politische Gemeinde gemeint.[45] Es ist irrelevant, wieviel Kilometer oder Zeit der RA für die Strecke benötigt. Der RA, der in ländlichen Regionen tätig ist, verlässt bereits nach wenigen Kilometern die Gemeindegrenze, der RA, der in einer Großstadt wie Berlin, Hamburg, Frankfurt oder München fährt, befindet sich mitunter noch nach 30 bis 40 km in derselben Gemeinde. 57

Liegen Kanzleisitz und Wohnort in unterschiedlichen Gemeinden, liegt auch eine Geschäftsreise vor, wenn der RA von seiner Kanzlei zu einem geschäftlichen Termin in die Gemeinde seines Wohnsitzes wahrnimmt. Allerdings stehen dem RA Reisekosten dann nicht zu, wenn er von seiner Kanzlei auf dem Weg nach Hause oder umgekehrt einem Termin beiwohnt. Diese Fahrt ist dann keine besonders veranlasste Reise, da er ohnehin zu/von seinem Wohnort gefahren wäre, und ist dementsprechend nicht gesondert zu vergüten.[46] Reisen von und zu einer Kanzleizweigstelle sind nicht anders zu behandeln, als handele es sich um einen Hauptsitz. 58

---

45 Gerold/Schmidt/*Müller-Rabe*, RVG, VV 7003–7006 Rn 9.
46 Schneider/Wolf/*N. Schneider*, RVG, VV Vorb. 7 Rn 44.

Dementsprechend sind Reisekosten nicht zu erstatten, wenn der Termin innerhalb der Gemeinde der Zweigstelle stattfindet. Gleiches gilt für Fahrten zwischen Hauptsitz und Zweigstelle.

59 Findet hingegen ein Termin vor einer Gerichtszweigstelle statt, die sich außerhalb der Gemeinde des Haupt- und Zweigstellensitzes der Kanzlei und der Wohnung befindet, liegt eine vergütungspflichtige Geschäftsreise vor.[47]

60 Sämtliche Reisen des RA sind vergütungspflichtig, sofern sie der RA den Umständen nach zur Durchführung des Mandates für erforderlich halten kann (§ 670 BGB). Unter solche Reisen können z.b. fallen:

- Wahrnehmung von Gerichts- oder Ortsterminen, etwa an einer Unfallstelle oder auf einer Baustelle,
- Wahrnehmung des vom Gerichtsvollzieher bestimmten Termins zur Abgabe der Vermögensauskunft (im Gerichtsgebäude oder beim Schuldner),
- Fahrten zum Mandanten für Besprechungstermine,
- Besuch bei Behörden, Organisationen oder Sachverständigen,
- Besuche beim Schuldner,
- Reisen zum Zwecke der Ermittlung, wie z.b. Befragung ehemaliger Mitbewohner oder Nachbarn.

61 Hat der RA die Reise angetreten und scheitert seine Ankunft aus von ihm nicht zu vertretenen Gründen oder wird der Termin während der bereits angetretenen Reise aufgehoben oder abgesagt, bleibt dies für das Entstehen des Erstattungsanspruches unerheblich. Dabei muss der RA sicherstellen, dass Nachrichten über Terminsaufhebungen während der üblichen Geschäftszeiten ihn auch tatsächlich noch erreichen.

II. Verschiedene Reiseziele

62 Dient die vom RA unternommene Geschäftsreise dem Zweck, verschiedene Reiseziele in unterschiedlichen Angelegenheiten zu unternehmen, ist nach Vorbem. 7 Abs. 3 S. 1 VV RVG zu verfahren. Danach sind die Auslagen gem. Nrn. 7003–7006 VV RVG (Fahrtkosten, Tage- und Abwesenheitsgeld, sonstige Auslagen) nach dem Verhältnis der Kosten zu verteilen, die bei gesonderter Ausführung der einzelnen Geschäfte entstanden wären. Die Berechnung des von dem jeweiligen Auftraggeber zu übernehmenden Anteils in Bezug auf seine Angelegenheit erfolgt in folgenden Schritten:

- Ermittlung der tatsächlich entstandenen vergütungspflichtigen Gesamtreisekosten,

---

[47] OLG Frankfurt MDR 1999, 958; OLG München JurBüro 1999, 644 mit zust. Anm. *Wedel*.

F. Die Reisekosten §7

- Ermittlung der fiktiven Einzelreisekosten, die entstanden wären, wenn der RA die Reisen für jeden Mandanten isoliert vorgenommen hätte,
- Addition aller errechneten fiktiven Einzelreisekosten.

Nach Ermittlung vorstehender drei Werte folgt die Anwendung der Formel:

$$\frac{\text{Fiktive Einzelreisekosten des Mandanten} \times \text{tatsächlich vergütungspflichtige Gesamtreisekosten}}{\text{Gesamtbetrag aller fiktiven Einzelreisekosten}}$$

Beispiel 63
Der RA hat seinen Kanzleisitz in Frankfurt am Main. In einer Angelegenheit für Mandant A hat er einen Gerichtstermin vor dem Amtsgericht Darmstadt (Frankfurt–Darmstadt 40 km) wahrzunehmen. Im Anschluss hieran fährt der RA mit seinem Pkw nach Mainz (Darmstadt–Mainz 45 km) zu Mandant B, um sich mit ihm zu besprechen. Schließlich sucht der RA in einer Forderungsangelegenheit für C den Schuldner in Wiesbaden (Mainz–Wiesbaden 13 km) auf. Nach dem Gespräch mit dem Schuldner fährt der RA wieder zurück in seine Kanzlei nach Frankfurt (Wiesbaden–Frankfurt 40 km).

1. Tatsächlich vergütungspflichtige Gesamtreisekosten
Fahrtkosten gem. Nr. 7003 VV RVG
(40 km + 45 km + 13 km + 40 km) × 0,30 EUR   41,40 EUR
Abwesenheitspauschale gem. Nr. 7005 Nr. 2 VV RVG
(4–8 Stunden)   40,00 EUR
Summe   81,40 EUR

2. Fiktive Einzelreisekosten
Mandant A:
Fahrtkosten gem. Nr. 7003 VV RVG (2 × 40 km) × 0,30 EUR   24,00 EUR
Abwesenheitspauschale gem. Nr. 7005 Nr. 1 VV RVG (bis 4
Stunden)   25,00 EUR
Summe   49,00 EUR
Mandant B:
Fahrtkosten gem. Nr. 7003 VV RVG (2 × 44 km) × 0,30 EUR   26,40 EUR
Abwesenheitspauschale gem. Nr. 7005 Nr. 1 VV RVG (bis 4
Stunden)   25,00 EUR
Summe   51,40 EUR
Mandant C:
Fahrtkosten gem. Nr. 7003 VV RVG (2 × 40 km) × 0,30 EUR   24,00 EUR
Abwesenheitspauschale gem. Nr. 7005 Nr. 1 VV RVG (bis 4
Stunden)   25,00 EUR
Summe   49,00 EUR

3. Gesamtbetrag der fiktiven Einzelreisekosten
(49,00 EUR + 51,40 EUR + 49,00 EUR)   149,40 EUR

4. Kosten anteilig im Verhältnis

Mandant A hat zu übernehmen:	
49,00 EUR × 81,40 EUR : 149,40 EUR	26,70 EUR
Mandant B hat zu übernehmen:	
51,40 EUR × 81,40 EUR : 149,40 EUR	28,00 EUR
Mandant C hat zu übernehmen:	
49,00 EUR × 81,40 EUR : 149,40 EUR	26,70 EUR
Die anteiligen Auslagen machen den Gesamtbetrag von aus, der korrekterweise identisch mit den tatsächlichen Gesamtreisekosten ist.	81,40 EUR

III. Kanzleisitzverlegung

64 Nach der Vorbem. 7 Abs. 3 S. 2 VV RVG kann der RA nach Entgegennahme des Auftrages bei Verlegung seiner Kanzlei nur die Reisekosten verlangen, die auch vom früheren Kanzleisitz aus entstanden wären. Bei der Vergleichsberechnung sind nicht einzelne Reisen gegenüberzustellen, sondern es ist eine Gesamtbetrachtung anzustellen.[48] Entstehen durch die Sitzverlegung geringere Reisekosten, dann sind diese maßgeblich.[49]

IV. Fahrtkosten

65 Die Höhe der Fahrtkosten ergibt sich aus Nr. 7003 VV RVG (Benutzung des eigenen Kraftfahrzeuges) und Nr. 7004 VV RVG (Nutzung anderer – öffentlicher – Verkehrsmittel). Grundsätzlich steht es dem RA frei, ob er sein Kfz nutzt oder die Reise mit öffentlichen Verkehrsmitteln bestreitet. Allenfalls, wenn die Kosten des öffentlichen Verkehrsmittels wesentlich geringer ausgefallen wären und für die Benutzung des Pkws kein sachlicher Grund bestand, kann eine Kürzung der Fahrtkosten mit dem Kfz in Frage kommen. Der RA ist auch nicht verpflichtet, zusammen mit seinem Auftraggeber in einem Fahrzeug zum Termin zu fahren.[50]

66 *Hinweis*
Umgekehrt kann der Rechtsanwalt – auch vor dem Hintergrund von Terminszeiten – nicht gezwungen werden, einen Pkw zu nutzen, wenn er mit öffentlichen Verkehrsmitteln anreisen möchte. Unter Umständen muss er allerdings am Vortag anreisen. Er kann sich also die Möglichkeit erhalten, mit dem Zug zu reisen

---

48 Schneider/Wolf/*N. Schneider*, RVG, VV Vorb. 7 VV Rn 57.
49 *Baumgärtel/Hergenröder/Houben*, RVG, VV Vorb. 7 Rn 20.
50 Gerold/Schmidt/*Müller-Rabe*, RVG, VV 7003–7006 Rn 154a.

und dort zu arbeiten bzw. sich auf den Termin vorzubereiten. Dabei dürfen auch gesamtgesellschaftliche Zielsetzungen wie der Umweltschutz betrachtet werden.

Die Wahl des Anreisemittels darf allerdings auch nicht als Instrument genutzt werden, um prozessual-taktisch zu agieren. Insoweit gilt eine allgemeine Missbrauchskontrolle. Gleiches gilt, wenn die Kosten eines Verkehrsmittels außer jedem Verhältnis zur Wahl des anderen Verkehrsmittels stehen. Jedenfalls zwischen Bahn und Kfz dürfte dies nicht der Fall sein.

1. Benutzung des eigenen Kraftfahrzeuges

Gem. Nr. 7003 VV RVG erhält der RA für jeden gefahrenen km einen Betrag von 0,30 EUR. Mit dieser pauschalen Km-Abgeltung sind nicht nur die laufenden Betriebskosten des Kraftfahrzeugs abgegolten, sondern gem. Anm. zu Nr. 7003 VV RVG auch die Anschaffungs- und Unterhaltungskosten sowie die Abnutzung des Fahrzeuges. Auch die Fahrtkostenpauschale ist umsatzsteuerpflichtig, so dass die gesetzliche Umsatzsteuer hinzuzuaddieren ist. Ob die Pauschale im konkreten Fall auskömmlich ist, bleibt angesichts der eindeutigen gesetzlichen Regelung unerheblich. Allerdings wird der Gesetzgeber gezwungen sein, in regelmäßigen Abständen die Angemessenheit zu überprüfen. Nicht von der Pauschale erfasst werden die in Verbindung mit einem Termin anfallenden Parkgebühren, die gesondert nach Nr. 7006 VV RVG verlangt werden können.

In Ansatz gebracht werden alle gefahrenen Kilometer, dementsprechend die erforderlichen Kilometer der Hin- und Rückfahrt, wobei die direkte Wegstrecke zu wählen ist. Längere Strecken kann der RA wählen, wenn sie zweckmäßig sind, wie z.B. bei überwiegender Nutzung von Autobahnen, wenn damit eine Zeitersparnis erreicht wird, die dem Auftraggeber dann auch im Rahmen des Tage- und Abwesenheitsgeldes zugutekommt. Der begonnene Kilometer ist auf volle Kilometer aufzurunden.

Als Kraftfahrzeuge sind Pkws, Motorräder und Mofas zu verstehen. Aufgrund der Definition aus § 1 Abs. 2 StVG, wonach Kraftfahrzeuge Landfahrzeuge sind, die durch Maschinenkraft bewegt werden, ohne an Bahngleise gebunden zu sein, kann ein E-Bike durchaus als Kraftfahrzeug gewertet werden; nicht aber ein Fahrrad.

Nr. 7003 VV RVG stellt auf ein „eigenes Kraftfahrzeug" ab. Der RA oder die Sozietät müssen zur Abrechnung nach Nr. 7003 VV RVG Eigentümer oder Halter des Fahrzeuges sein.[51] Dem steht gleich, wenn der RA oder die Sozietät Leasingnehmer sind. Nutzt er für die Reise einen Mietwagen, greift die pauschale Kilometergeld-Erstattung nicht, und er muss die ihm konkret entstandenen Mietwagenkosten abrechnen.

---

51 BGHZ 13, 351.

2. Nutzung anderer Verkehrsmittel

71 Unter anderen Verkehrsmitteln i.S.v. Nr. 7004 VV RVG sind Bus, Bahn, Taxi, Schiff und Luftverkehrsmittel zu verstehen.

72 Bei Nutzung der vorgenannten Verkehrsmittel sind die tatsächlich entstandenen Kosten zu erstatten, soweit sie angemessen sind. Eine Erstattung von Bus- und Bahnreisekosten hat immer zu erfolgen. Der RA kann entscheiden, ob er es vorzieht, mit Bus und/oder Bahn zu reisen statt mit dem Kfz. Ergangene Entscheidungen,[52] dass ein RA veranlasst werden kann, einfacher oder 2. Klasse zu reisen, können nicht geteilt werden. Zu Recht existiert in der Literatur[53] der Hinweis, dass es sogar dem Zeugen gem. § 5 Abs. 1 JVEG zugebilligt wird, 1. Klasse zu reisen. Wenn dieser etwas größere Komfort einem Zeugen zuerkannt wird, hat dies für einen RA ebenso zu gelten. Auch muss angesichts der niedrigen Tage- und Abwesenheitsgelder dem RA die Möglichkeit eröffnet werden, die Reisezeit zur Arbeit zu nutzen. Die 1. Klasse der Bahn ist auf arbeitende Geschäftsreisende ausgerichtet, so dass auch aus diesem Grunde deren Nutzung im Abrechnungs- wie im Erstattungsverhältnis anzuerkennen ist.

73 Auch beim Vorhandensein einer Bahncard hat der RA die tatsächlich aufgewendeten Verkehrsmittelkosten abzurechnen und nicht die Kosten, die ihm ohne Bahncard entstanden wären. Der RA ist allerdings nicht verpflichtet, zur Kostenminimierung für die einzelnen Auftraggeber eine Bahncard anzuschaffen.[54]

74 Streitig ist, ob die Anschaffungskosten einer Bahncard als anteilige Kosten auf die hinter dem Reisezweck stehenden Auftraggeber umgelegt werden können. Nach einer Ansicht[55] gehören diese Kosten zu den allgemeinen Geschäftskosten und sind daher nicht als zusätzliches Entgelt dem ermäßigten Fahrpreis hinzuzurechnen. Nach anderer Meinung sind die Anschaffungskosten einer Bahncard anteilig umlagefähig.[56] Hierzu soll der RA zunächst den Anteil seiner Privatfahrten abziehen und dann die verbleibenden Kosten anteilig auf alle unter Benutzung der Bahncard durchgeführten Geschäftsreisen umlegen.[57] Da ein Blick in die Zukunft unmöglich ist, wäre bei dieser Methode erst ein Abrechnen mit dem konkreten Auftraggeber möglich, wenn die Gültigkeitsdauer der Bahncard abgelaufen ist. Dieses Vorgehen erscheint impraktikabel, da der RA nach Ende der Angelegenheit seine Vergütung

---

52 OLG Frankfurt NJW 1971, 160.
53 Schneider/Wolf/*N. Schneider*, RVG, VV 7003–7006 Rn 23.
54 VG Freiburg 1996, 589.
55 OLG Celle AGS 2005, 175; OLG Düsseldorf RVGreport 2008, 259; OLG Karlsruhe JurBüro 2000, 145, AG Ansbach AnwBl 2001, 185.
56 OLG Frankfurt AGS 2007, 136 mit Anm. *Schneider*; OLG Koblenz Rpfleger 1994, 85; Gerold/Schmidt/*Müller-Rabe*, RVG, VV 7003–7006, Rn 46.
57 Schneider/Wolf/*N. Schneider*, RVG, VV 7003–7006 Rn 25.

F. Die Reisekosten § 7

insgesamt liquidieren sowie nach Zahlung den Vorgang weglegen will und nicht allein wegen der Berechnung der Reisekosten im Bestand laufen lassen möchte. Besser zu handhaben ist der Vorschlag des OLG Koblenz[58] in Bezug auf § 5 JVEG. Danach soll eine Ermittlung des für den jeweiligen Auftraggeber zu ersetzenden Anteils durch Schätzung ermittelt werden. Grundlage der Schätzung können Werte vergangener Jahre oder Zeitabschnitte sein, sowohl in Bezug auf den privaten Anteil als auch hinsichtlich der für die Auftraggeber insgesamt erfolgten Bahnreisen. Denkbar wäre auch die Errechnung des Privatanteils in analoger Anwendung der 1 %-Regelung aus dem Steuerrecht für pauschale Abgeltung der privaten Fahrten.

Um den vorstehenden Gedanken der Abrechnungsformen aus dem Weg zu gehen, bleibt dem RA noch die Möglichkeit, mit dem Auftraggeber eine Vergütungsvereinbarung zu treffen. Auch eine Vereinbarung, die sich ausschließlich auf die Reisekosten bezieht, ist möglich, allerdings im Hinblick auf § 3a RVG auch mit besonderen Anforderungen versehen. 75

a) Taxifahrt

Taxikosten hat der Auftraggeber ebenfalls i.S.v. Nr. 7004 VV RVG zu erstatten.[59] Unter Beachtung des Grundsatzes der Angemessenheit und Erforderlichkeit hat der RA, anstatt mit dem Taxi eine längere Strecke zurückzulegen, öffentliche Verkehrsmittel in Anspruch zu nehmen.[60] Die Erstattungsfähigkeit ist insbesondere für die Strecken von Bahnhöfen oder naheliegenden Flughäfen zum Gerichtsort anzunehmen.[61] 76

b) Schifffahrt

Entstandene, erforderliche Kosten für Schifffahrten sind zu ersetzen. Insbesondere z.B. bei der Nutzung einer Fähre, um lange Umwege mit dem Kfz zu vermeiden. In der Praxis zeigt dieses Verkehrsmittel mit Ausnahme von Fähren keine Bedeutung mehr. 77

c) Luftverkehrsmittel

Flugkosten werden erstattet, wenn die dabei entstehenden Mehrkosten nicht außer Verhältnis zu den Kosten einer Bahnreise stehen.[62] Es sollte deshalb stets eine Vergleichsrechnung zu den Pkw-Kosten und den Kosten einer Bahnfahrt 1. Klasse angestellt werden.[63] Welcher Prozentsatz an Mehrkosten noch angemessen ist, lässt 78

---

58 OLG Koblenz Rpfleger 1994, 85.
59 OLG Köln AGS 2009, 27; OLG Hamburg AGS 2011, 463.
60 Gerold/Schmidt/*Müller-Rabe*, RVG, VV 7003–7006, Rn 47.
61 OLG Köln AGS 2009, 27.
62 BGH AnwBl 2015, 529 = GRUR 2015, 509.
63 OLG Naumburg JurBüro 2006, 87; OLG Stuttgart JurBüro 2005 367.

sich abstrakt nicht bestimmen. Liegen die Kosten mehr als doppelt so hoch, wird die Erstattungsfähigkeit regelmäßig abgelehnt.

Die dem RA entstandenen, notwendig gewordenen Flugreisekosten sind ebenfalls erstattungsfähig, wenn für die Nutzung des Luftverkehrsmittels ein besonderer Anlass besteht. Dies ist z.b. dann der Fall, wenn durch den Flug im Verhältnis zu Reisen mit Kfz, Bus oder Bahn eine erhebliche (!) Zeitersparnis[64] erreicht wird *und* deshalb die Hin- und Rückreise an einem Tag erfolgen kann und damit Übernachtungskosten nicht anfallen. Das entspricht der Regelung in § 5 Abs. 3 JVEG. Ein völlig freies Wahlrecht wie zwischen Pkw und Bahn besteht insoweit nicht.[65]

79 *Hinweis*
Fallen erhebliche Kosten durch die Flugreise an oder weichen die anfallenden Kosten erheblich von den Beförderungskosten für Pkw oder Bahn deutlich ab, sollten der Mandant – ggf. im Wege der Vergütungsvereinbarung –, das Gericht und die übrigen Prozessbeteiligten hierauf hingewiesen werden, um eine nachträgliche Beanstandung als treuwidrig zurückweisen zu können.

80 Grundsätzlich sind dem RA die Flugreisekosten in der Economy-Class zu erstatten.[66] Da stets mit einer – auch kurzfristigen – Verlegung eines Gerichtstermins gerechnet werden muss, darf ein Flugpreistarif in der Economy Class gewählt werden, der die Möglichkeit zur kurzfristigen Umbuchung des Flugs gewährleistet.[67] Bei längeren Strecken kommt eine Reise in der Business-Class in Betracht, was bei Inlandsflügen allerdings kaum denkbar ist.

81 Ergibt die Vergleichsrechnung mit wertender Betrachtung zur Angemessenheit, dass die Flugkosten nicht erstattungsfähig sind, so sind die fiktiven Kosten der Anreise mit der Bahn 1. Klasse anzusetzen. Der Geldwert von Bonusmeilen ist mangels gesetzlicher Regelung, aber auch aus Gründen der Praktikabilität nicht zu berücksichtigen.

d) Kombination der Verkehrsmittel

82 Kosten der vorstehenden unterschiedlichen Verkehrsmittel können innerhalb einer Reise kombiniert werden.

---

64 Unter Einschluss der Zeiten für die Anreise, das Einchecken und die Sicherheitskontrollen. Im Inland ist deshalb mit einer wesentlichen Zeitersparnis kaum mehr zu rechnen.
65 BGH AnwBl 2015, 529.
66 OLG Frankfurt MDR 2008, 1005; OLG Düsseldorf NJW-RR 2009, 1422; OLG Saarbrücken NJW-RR 2009, 1423 je m.w.N.; OLG Stuttgart MDR 2010, 898.
67 BGH AnwBl 2015, 529 = GRUR 2015, 509; OLG Hamburg v. 3.3.2010 – 4 W 249/09; OLG Brandenburg NJW-RR 2014, 828; a.A. OLG Zweibrücken v. 6.5.2014 – 6 W 20/14; siehe zu den Schwierigkeiten aber auch OLG Köln JurBüro 2010, 480.

F. Die Reisekosten § 7

> *Beispiel* 83
> Der RA fährt mit seinem Pkw zum Flughafen. Am Zielflughafen angekommen, steigt er in die Bahn zur Innenstadt, um von dort mit dem Taxi zum Ort des stattfindenden Termins zu gelangen.

V. Tage- und Abwesenheitsgeld

Das Tage- und Abwesenheitsgeld gem. Nr. 7005 VV RVG ist als Ersatz für Mehrkosten, die dem RA während der Geschäftsreise entstanden sind, zu verstehen. Darunter fallen Aufwendungen für das auswärtige Essen und Trinken. Ferner soll es auch ein Ausgleich für die während der Reise nicht mögliche Ausübung der übrigen Geschäfte sein,[68] was angesichts der Höhe aber kaum noch zeitgemäß ist. Es fällt auch dann an, wenn sich der Rechtsanwalt selbst vertritt.[69] 84

Das Tage- und Abwesenheitsgeld ist eine pauschale Entschädigung, die nach Dauer der Reise gestaffelt ist: 85

Geschäftsreise
- nicht mehr als 4 Stunden: 25,00 EUR
- von mehr als 4 Stunden bis 8 Stunden: 40,00 EUR
- von mehr als 8 Stunden: 70,00 EUR

Die Zeit der Geschäftsreise wird ab dem Zeitpunkt des Verlassens der Kanzlei bis zur Rückkehr gerechnet. Der RA muss die Anreise zeitlich nicht knapp kalkulieren, sondern kann die Reise angemessen früher antreten, um einen Puffer für Unvorhersehbares wie Stau oder Zugverspätungen zu haben. Einen Sonn- oder Feiertagszuschlag erhält der RA nicht, so dass das Tage- und Abwesenheitsgeld dem RA in gleicher Höhe zusteht wie an Werktagen. Mehrtägige Reisen werden tageweise isoliert berechnet.

> *Beispiel* 86
> Der RA verlässt seine Kanzlei am 12.10. um 18.00 Uhr und kehrt in sein Büro am 14.10. um 16.00 Uhr zurück. Für den 12.10. stehen ihm 40,00 EUR, für den 13.10. und 14.10. jeweils 70,00 EUR, mithin insgesamt 180,00 EUR als Tage- und Abwesenheitsgeld zu.

Gem. Anm. zu Nr. 7005 VV RVG **kann** der RA bei Auslandsreisen einen Zuschlag von 50 % geltend machen. Durch die Kann-Formulierung kommt zum Ausdruck, dass der RA den Zuschlag in Anspruch nehmen kann, jedoch nicht muss. Ist der RA der Auffassung, mit den üblichen Sätzen sei auch die Auslandsreise adäquat abgegolten, kann er auf den Auslandszuschlag verzichten. 87

---

68 BayObLG MDR 1987, 870.
69 FG Hamburg v. 9.5.2016 – 3 KO 123/16 = EFG 2016, 1280.

VI. Sonstige Auslagen anlässlich einer Geschäftsreise

88 Mit Nr. 7006 VV RVG gibt das Gesetz Raum für die Geltendmachung sonstiger Reiseauslagen, die nicht unter Nrn. 7003–7005 VV RVG fallen. Hierzu gehören nach Maßgabe der Notwendigkeit, Erforderlichkeit und Zweckmäßigkeit z.B.:

- Übernachtungskosten,
- Parkgebühren,
- Pass- und Visakosten,
- Kosten der Gepäckaufbewahrung,
- Kosten des Aktenversandes,
- Kurtaxe,
- Reise-, Gepäck- und/oder Flugunfallversicherungen,
- Trinkgelder,
- Maut- und Vignettengebühren.

1. Übernachtungskosten

89 Übernachtungskosten sind zu erstatten, wenn die Übernachtung erforderlich war, weil eine Hin- und Rückreise am selben Tag nicht möglich oder zumutbar war. In der Kommentierung und in der Rechtsprechung werden unterschiedliche Zeiten als zumutbar erachtet, z.b. wird als unzumutbar erachtet, wenn der Reiseantritt vor 6.00 Uhr morgens und die Rückkehr nach 22.00 Uhr abends erfolgt[70] oder wenn die Hin- und Rückreise nicht zwischen 5.00 Uhr und 22.00 Uhr liegt.[71] Nach anderer Auffassung[72] ist es zumutbar, eine Reise ohne Übernachtung zu unternehmen, die zwischen 6.00 Uhr bis 21.00 Uhr liegt unter Hinzuziehung der Definition von Nachtzeit gem. § 758a Abs. 4 S. 2 ZPO. Bei der Beurteilung der Notwendigkeit einer Übernachtung spielt es auch eine Rolle, wie eine längere Fahrtstrecke überwunden wird. Fährt der RA mit dem Zug, ist diese Reiseform nicht so belastend wie eine Fahrt mit gleichem zeitlichen Aufwand mit dem Pkw. Beim Führen eines Fahrzeuges besteht eher die Gefahr der Übermüdung, so dass es durchaus angemessen sein kann, auch nur bei einer Reise von z.B. 10 Stunden die Kosten einer Übernachtung erstattet zu verlangen. Auch können persönliche Indikatoren in diese Überlegungen einfließen, wenn z.B. der RA älter oder kränklich ist.[73]

---

70 OLG Karlsruhe Justiz 1985, 473, OLGR 2004, 20.
71 OLG Koblenz AGS 2012, 50.
72 Gerold/Schmidt/*Müller-Rabe*, RVG, VV 7003–7006 Rn 72.
73 Gerold/Schmidt/*Müller-Rabe*, RVG, VV 7003–7006 Rn 75.

F. Die Reisekosten § 7

Hinweis 90
Fallen Übernachtungskosten an, sollten der Mandant – ggf. im Wege der Vergütungsvereinbarung –, das Gericht und die übrigen Prozessbeteiligten hierauf hingewiesen werden, um eine nachträgliche Beanstandung als treuwidrig zurückweisen oder – sofern möglich – auch eine für die Reise günstigere Terminierung erreichen zu können.

Dem RA sind grundsätzlich die ihm entstandenen tatsächlichen Übernachtungskosten zu erstatten, soweit sie angemessen waren. Eine pauschale Abrechnung ist nicht möglich. Ohne weitere Begründung angemessen sind Übernachtungskosten zwischen 80,00 EUR und 120,00 EUR. Darüber hinausgehend muss das besondere Preisniveau aufgrund der Örtlichkeit (Großstädte) oder des Zeitpunktes (etwa Messen o.ä.) begründet werden. Übernachtet der RA irgendwo unentgeltlich privat, kann er keine Übernachtungskosten geltend machen. Sind in dem Übernachtungspreis, z.B. auf der Hotelrechnung, Frühstücksleistungen enthalten, so sind diese Kosten in Abzug zu bringen.[74] Die Frühstücksverpflegung ist mit dem Tage- und Abwesenheitsgeld abgegolten. 91

Bei der Auswahl der Unterkunft hat der RA auf einen angemessenen Preis zu achten. Der RA kann eine Übernachtungsmöglichkeit wählen, die einen adäquaten Qualitätsstandard bietet. Die Rechtsprechung, die sich in den jeweiligen Fällen auf die entsprechenden Reiseorte bezieht, reicht von 75,00 EUR bis 170,00 EUR.[75] Sind Hotels wegen besonderen Anlässen, z.B. Messe, Konzert- oder Sportveranstaltungen stark ausgebucht, kann auch ein höherer Preis angemessen sein. Wird der RA von einer Person aus dem privaten Umfeld begleitet, wie z.B. Lebenspartner, Ehegatte oder Familienangehöriger, und wird aus diesem Grund die Nutzung eines Doppelzimmers erforderlich, hat der Auftraggeber nur die Übernachtungskosten zu erstatten, die bei alleiniger Nutzung des Zimmers durch den RA entstanden wären. Die Differenzkosten von Einzel- zu Doppelzimmer hat der RA privat zu übernehmen. 92

2. Weitere, sonstige Reiseauslagen

Die weiteren, sonstigen Reiseauslagen wie Parkgebühren, Visakosten, Kosten der Gepäckaufbewahrung, Kurtaxe, Reise- und Gepäckversicherung, Trinkgelder, Mautgebühren und Vignetten sind ebenfalls in der tatsächlich entstandenen Höhe dem RA zu erstatten, sofern sie erforderlich und angemessen sind und aufgrund einer Geschäftsreise i.S.v. Vorbem. 7 Abs. 2 VV RVG veranlasst wurden. 93

---

74 Fehlt es daran, wurde aber das Frühstück eingenommen, soll ein Abzug von 10% der Hotelkosten als Frühstückskosten geschätzt werden können, OLG Düsseldorf NJW-RR 2012, 1470.
75 OLG Karlsruhe NJW-RR 2003, 1654; OLG Brandenburg NJW-RR 2014, 828; KG JurBüro 2010, 428 Rn 11; OLG Dresden NJW-RR 1998, 1292; OLG Frankfurt AGS 2008, 409.

VII. Erstattungsfähigkeit der Reisekosten

1. Grundsätze

94 Die Erstattungsfähigkeit der Reisekosten ergibt sich aus § 91 Abs. 2 ZPO. Danach gelten folgende Grundsätze:
- Reisekosten sind immer dann erstattungsfähig, wenn sie notwendig waren (§ 91 Abs. 2 S. 1, 1. Hs. ZPO).
- Reisekosten eines RA, der nicht im Bezirk des Prozessgerichts niedergelassen ist und auch am Ort des Prozessgerichts nicht wohnt, sind nur insoweit erstattungsfähig, als die Zuziehung zur zweckentsprechenden Rechtsverfolgung oder Rechtsverteidigung notwendig war (§ 91 Abs. 2 S. 1, 2. Hs. ZPO).
- Der RA kann in eigener Sache die Reisekosten erstattet verlangen, soweit sie ihm entstanden wären, wenn er einen anderen Anwalt beauftragt hätte und diese dann auch notwendig gewesen wären (§ 91 Abs. 2 S. 3 ZPO).

95 Unter die zuerst genannte Alternative gem. § 91 Abs. 2 S. 1, 1. Hs. ZPO fallen z.B.:

Beispiel 1
Der RA, der in Frankfurt seinen Kanzleisitz hat und den Auftraggeber in einem Rechtsstreit vor dem Landgericht Frankfurt vertritt, hat einen Beweisaufnahme-Ortstermin in Königstein im Taunus wahrzunehmen.

Beispiel 2
Vor dem Landgericht Frankfurt ist der Rechtsstreit anhängig. Der Auftraggeber wohnt in Frankfurt, beauftragt jedoch einen RA aus Bad Soden am Taunus. Nach dem Wortlaut des § 91 Abs. 2 S. 1, 1. Hs. ZPO steht es dem Mandanten frei, einen RA aus dem Gerichtsbezirk zu beauftragen. Muss der RA seine Gemeinde verlassen, um den Termin vor dem erkennenden Gericht wahrzunehmen, sind diese entstandenen Reisekosten auch erstattungsfähig.

96 § 91 Abs. 2 S. 1, 2. Hs. ZPO regelt die Fälle, in denen der RA weder im Bezirk des Prozessgerichts niedergelassen noch wohnhaft ist. Bei einer solchen Konstellation sind die Reisekosten des RA insoweit erstattungsfähig, als die Zuziehung des RA zur zweckentsprechenden Rechtsverfolgung und Verteidigung notwendig war. Die Grundsatzentscheidung des BGH[76] lautet, dass sich die Partei für einen Rechtsstreit vor einem auswärtigen Gericht grundsätzlich immer eines RA am eigenen Ort bedienen kann und die hierdurch anfallenden Reisekosten des RA zum auswärtigen Gericht grundsätzlich erstattungsfähig sind. Dieser Grundsatz gilt selbst dann, wenn der RA, der die Sache für den Mandanten bearbeitet, einer überörtlichen Sozietät angehört, die auch am Sitz des Prozessgerichts vertreten ist.[77] Bei der Prüfung der Notwendigkeit einer bestimmten Rechtsverfolgung bedarf es nicht der

---

76 BGH AGS 2003, 97 m. Anm. *Madert.*
77 BGH AGS 2008, 368.

Feststellung im Einzelfall, dass zwischen dem Auftraggeber und dem RA, der den Termin wahrnimmt, ein besonderes Vertrauensverhältnis besteht.[78]

> *Hinweis* **97**
> Bei dem „eigenen Ort" muss es sich nicht nur um den Wohnort der Partei handeln. Denkbar ist auch der Ort der Arbeitsstätte des Mandanten. Hat der Auftraggeber zwar seinen Wohnsitz bei dem angerufenen Gericht, hält er sich jedoch im Rahmen seiner Berufstätigkeit werktags an einem anderen Orte auf, sind ihm die Kosten eines beim Arbeitsplatz ansässigen RA zu erstatten, da es ihm im Rahmen einer effektiven Rechtsverfolgung nicht zugemutet werden kann, für eine Beratung mit einem am Wohnsitz ansässigen RA extra Urlaub zu nehmen und ggf. zusätzliche Reisekosten auf sich zu nehmen.[79] Maßgeblich sind dabei die Verhältnisse zum Zeitpunkt der Beauftragung der Bevollmächtigten.

Bei Anwendung des vorstehenden Grundsatzes verbietet sich ein Vergleich mit den Kosten eines Terminvertreters oder eines Verkehrsanwalts, so dass die Reisekosten des nicht am Prozessgerichts ansässigen RA auch dann erstattungsfähig sind, wenn die Kosten der Einschaltung eines Terminvertreters oder eines Verkehrsanwalts geringer wären.[80] **98**

2. Ausnahmen

Von dem vorstehenden Grundsatz gibt es Ausnahmen. Die Erstattungsfähigkeit der Reisekosten kann verneint werden, wenn der Auftraggeber geschäftsgewandt und es ihm daher möglich ist, problemlos einen RA am Gerichtsort schriftlich oder fernmündlich zu beauftragen. Dies ist bei Privatpersonen regelmäßig nicht gegeben. Vielmehr sind damit Unternehmen mit eigenen Rechtsabteilungen, rechtsfähige Verbände, Insolvenzverwalter oder Steuerberater gemeint, wobei die Rechtsprechung auch insoweit zurückhaltend von einem Abweichen vom Grundsatz Gebrauch macht.[81] **99**

Beauftragt der Mandant in einem Rechtsstreit, der an seinem Sitz geführt wird, einen auswärtigen RA, sind diese Reisekosten grundsätzlich nicht erstattungsfähig. Zu erstatten sind nur die fiktiven Kosten eines im Gerichtsbezirk ansässigen RA. Diese ablehnende Haltung gilt auch dann, wenn sich der Mandant aufgrund eines besonders bestehenden Vertrauensverhältnisses zwischen Auftraggeber und RA für einen auswärtigen RA entschieden hat. **100**

---

78 *Schneider/Thiel*, Das ABC der Kostenerstattung, S. 263; BGH JurBüro 2010, 369.
79 LG Hanau Rpfleger 2004, 63; Zöller/*Herget*, ZPO, § 91 Rn 13 – Reisekosten.
80 *Schneider/Thiel*, Das ABC der Kostenerstattung, S. 264.
81 *Schneider/Thiel*, Das ABC der Kostenerstattung, S. 264 ff.; vgl. etwa auch OLG Zweibrücken ZIP 2016, 2378 zu den Reisekosten eines vom Insolvenzverwalter mit einer Vielzahl von Verfahren im ganzen Bundesgebiet beauftragten Rechtsanwalts.

3. Besondere Tatbestände, die eine Erstattungsfähigkeit bejahen

101 Etwas anderes kann bei folgenden Konstellationen gelten:
- Am Ort des RA befindet sich die Verwaltung des am Sitz des Prozessgerichts ansässigen Auftraggebers.[82]
- Der Mandant beauftragt bewusst außergerichtlich einen Anwalt am Sitz des Gerichts des zu erwartenden Rechtsstreits, der dann aber doch vor dem Gericht des Mandantensitzes stattfindet.[83]
- Bei Beauftragung eines auswärtigen RA als ausgewiesenen Spezialisten, wenn ein solcher am Ort des Gerichts nicht vorhanden ist.[84]
- Die vom Auftraggeber gewählte Anwaltskanzlei bearbeitet eine Vielzahl von ähnlich gelagerten Fällen, z.b. bei Masseninkasso.[85]
- Die ausländische Partei beauftragt grundsätzlich in ihren Rechtsangelegenheiten dieselbe Anwaltskanzlei in Deutschland.[86]

4. Fiktiver Erstattungsanspruch

102 Ist das Ergebnis der Prüfung, dass die Reisekosten des RA am eigenen oder am dritten Ort nicht erstattungsfähig sind, so sind wenigstens die Kosten geltend zu machen, die bei Einschaltung eines im Gerichtsbezirk niedergelassenen RA angefallen wären. Hierbei können die Reisekosten des am weitesten vom Gericht entfernten Ort mit einem RA im Gerichtsbezirk zugrunde gelegt werden.[87] Unter Umständen können dann ebenfalls fiktiv die Kosten der Unterrichtung des Prozessbevollmächtigten mit berücksichtigt werden.[88] Hierunter können fallen:
- bei Beauftragung eines RA an einem dritten Ort die fiktiven Reisekosten eines am Sitz des Auftraggebers niedergelassenen RA,[89]
- die fiktiven Reisekosten des Auftraggebers zu dem gerichtsansässigen RA bei Beauftragung eines auswärtigen RA,[90]
- die auf die Verfahrensgebühr anzurechnende Geschäftsgebühr, die bei einem anderen Prozessbevollmächtigten nicht angerechnet worden wäre,[91]

---

82 Schneider/Wolf/*N. Schneider*, RVG, VV 7003–7006 Rn 104.
83 Schneider/Wolf/*N. Schneider*, RVG, VV 7003–7006 Rn 105.
84 BGH AGS 2012, 434; BGH AnwBl 2007, 465; FG Hamburg RVGreport 2012, 426; Schneider/Wolf/*N. Schneider*, RVG, VV 7003–7006 Rn 106.
85 AG Berlin-Charlottenburg RPfleger 2006, 289; Gerold/Schmidt/*Müller-Rabe*, RVG, VV 7003–7006 Rn 143.
86 Schneider/Wolf/*N. Schneider*, RVG, VV 7003–7006 Rn 107.
87 Gerold/Schmidt/*Müller-Rabe*, RVG, VV 7003–7006 Rn 157.
88 Schneider/Wolf/*N. Schneider*, RVG, VV 7003–7006 Rn 113.
89 Gerold/Schmidt/*Müller-Rabe*, RVG, VV 7003–7006 Rn 156.
90 Gerold/Schmidt/*Müller-Rabe*, RVG, VV 7003–7006 Rn 156.
91 OLG Bamberg AGS 2014, 427; Gerold/Schmidt/*Müller-Rabe*, RVG, VV 7003–7006 Rn 156.

- die mit der Unterrichtung unmittelbar verbundenen Kosten für Post- und Telekommunikationsleistungen oder die Herstellung notwendiger Kopien von Unterlagen.

5. Reisen des RA in eigener Sache

Die zuletzt ergangenen überwiegenden Entscheidungen des BGH[92] haben eine Erstattungsfähigkeit der Reisekosten des RA für die Teilnahme am Termin in eigener Sache abgelehnt mit der Begründung, dass ein rechtskundiger RA einen RA am Gerichtsort beauftragen und diesen schriftlich unterrichten kann. Entscheidungen anderer Senate des BGH haben eine Erstattungsfähigkeit der Reisekosten des RA in eigener Sache für gegeben angesehen[93] unter Hinweis auf § 91 Abs. 2 S. 3 ZPO, wonach dem RA die Gebühren und Auslagen in eigener Sache zu erstatten sind, die er als Gebühren und Auslagen eines bevollmächtigten RA erstattet verlangen könnte. Die zuletzt genannte Auffassung kann nicht geteilt werden, da § 91 Abs. 2 S. 3 ZPO den RA in eigener Sache lediglich im Hinblick auf die Erstattungsfähigkeit der Gebühren und Auslagen gleichstellt mit einem RA, der von einem anderen Auftraggeber beauftragt worden wäre. Wenn schon eine Partei, die eine eigene Rechtsabteilung unterhält, in der Lage sein soll, einen RA am Gerichtsort zu beauftragen und zu informieren, wird dies doch für einen RA in eigener Sache ebenfalls möglich und zumutbar sein.

103

G. Berufshaftpflichtversicherung

Die Kosten der Berufshaftpflichtversicherung eines RA gehören grundsätzlich zu den allgemeinen Geschäftskosten und sind mit den Gebühren abgegolten. Anders verhält es sich, wenn im Einzelfall eine weitergehende Haftpflichtversicherung für Schäden über 30 Mio. EUR abgeschlossen wird. Die für die höhere Versicherung aufzuwendende Prämie ist nach Nr. 7007 VV RVG abrechnungsfähig. Ist die Mehrprämie nicht ausdrücklich ausgewiesen, ist diese verhältnismäßig zu bestimmen. Fällt die Prämie mehrfach an, weil die Versicherung über mehrere Versicherungsjahre erfolgt, ist diese wiederkehrend vom Mandanten zu erstatten.

104

H. Umsatzsteuer

I. Grundsätze

Die Vergütung des RA ist grundsätzlich eine Nettovergütung, so dass er Anspruch auf die hierauf entfallende Umsatzsteuer nach Nr. 7008 VV RVG hat.

105

---

92 BGH NJW-RR 2005, 1591; BGH NJW-RR 2012, 698; BGH NJW-RR 2007, 129.
93 BGH WuM 2004, 725; BGH NJW 2003, 1534.

106 *Hinweis*
Einem Verbraucher ist nicht immer deutlich, dass es sich um eine Nettovergütung handelt, so dass hier ein besonderer Hinweis erfolgen sollte. Auch in Vergütungsvereinbarungen sollte ausdrücklich klargestellt werden, dass es sich um eine Nettovergütung handelt und zusätzlich die „jeweils gültige gesetzliche Mehrwertsteuer" geschuldet wird. Gerade bei Pauschalen liegt es anderenfalls nahe, dass die Umsatzsteuer schon enthalten ist.[94]

107 Zu erstatten ist die Umsatzsteuer nur, wenn der RA nicht unter die Kleinunternehmerklausel des § 19 UStG fällt. Die geschuldete Umsatzsteuer wird von Unternehmern nämlich nicht erhoben, wenn der Umsatz zuzüglich der darauf entfallenden Steuer im vorangegangenen Kalenderjahr 17.500,00 EUR nicht überstiegen hat und im laufenden Kalenderjahr 50.000,00 EUR voraussichtlich nicht übersteigen wird. Anderes gilt nur dann, wenn der RA wegen des Vorsteuerabzuges auf die Anwendung von § 19 Abs. 1 UStG verzichtet hat.

108 Maßgeblich für die Höhe der Umsatzsteuer ist der zum Leistungszeitpunkt maßgebliche Steuersatz. Soweit vertraglich nichts anderes vereinbart ist, hat der RA nicht mit der Beauftragung, sondern mit dem Abschluss der Angelegenheit seine Leistung erbracht, § 614 S. 1 BGB, § 8 Abs. 1 S. 1 RVG. Nachdem die letzte Umsatzsteuererhöhung zum 1.1.2007 in Kraft getreten ist, kommt der Frage nach dem Stichtag aktuell keine besondere Bedeutung zu.

109 *Hinweis*
Wurde ein Vorschuss mit niedrigerer Umsatzsteuer erhoben, ist mit der Schlussrechnung die zum maßgeblichen Zeitpunkt der Leistungserbringung gültige Umsatzsteuer zu erheben, mithin die Differenz zu erstatten oder nachzuerheben.

II. Durchlaufende Posten

110 Legt der RA für den Mandanten Gerichts- oder Gerichtsvollzieherkosten vor, so handelt es sich hierbei nach Abschnitt 10.4. UStAE (Umsatzsteueranwendungserlass)[95] um durchlaufende Posten. Durchlaufende Posten gehören nicht zum Entgelt (§ 10 Abs. 1 letzter Satz UStG). Sie liegen vor, wenn der Unternehmer, der die Beträge vereinnahmt und verauslagt, im Zahlungsverkehr lediglich die Funktion einer Mittelsperson ausübt, ohne selbst einen Anspruch auf den Betrag gegen den Leistenden zu haben und ohne zur Zahlung an den Empfänger verpflichtet zu sein.

---

94 Vgl. hierzu etwa OLG Karlsruhe DB 1979, 447 = OLGZ 1979, 230.
95 Der Umsatzsteueranwendungserlass ist seit dem 1.1.2010 an die Stelle der Umsatzsteuerrichtlinien 2008 getreten, die gleichwohl vielfach noch zitiert werden.

Hinweis 111
Da der RA das Risiko der entsprechenden Einstufung trägt und nicht sicher sein kann, bei einer Nacherhebung – etwa nach einer Betriebsprüfung – beim Mandanten Regress nehmen zu können, empfiehlt es sich, zwei Grundregeln streng einzuhalten:
- Eine Auslage sollte stets ausdrücklich im Namen und auf Rechnung des Mandanten ausgelöst werden.
- Es sollte immer eine Rechnung an den Mandanten verlangt, eine abweichend adressierte Rechnung zurückgewiesen werden.

III. Vorsteuerabzug des RA

Der RA muss beachten, dass er bei den dem Mandanten weiter zu berechnenden Auslagen, die keine durchlaufenden Posten sind, seinerseits Umsatzsteuer gezahlt haben kann. Dies gilt etwa für Kosten einer Bahn- oder Taxifahrt oder einer Hotelübernachtung. Da der Rechtsanwalt diese Umsatzsteuer als eigene Vorsteuer geltend machen kann, darf er sie dem Mandanten nicht in Rechnung stellen.[96] Vielmehr sind zunächst lediglich die Nettobeträge zu berücksichtigen. 112

Hinweis 113
Nach § 15 Abs. 1 Nr. 1 UStG setzt der Vorsteuerabzug voraus, dass die Umsatzsteuer in der Rechnung über die Auslage oder sonstige Aufwendung ausgewiesen ist. Ist dies nicht der Fall – etwa auch beim Ansatz der Kilometerpauschale von 0,30 EUR/km[97] –, so bedarf es keiner Herausrechnung der Umsatzsteuer.

Da der RA auf seine gesamte Vergütung – Gebühren und Auslagen – die Umsatzsteuer entrichten muss, wird die Umsatzsteuer am Ende der Vergütungsberechnung auf den Gesamtnettobetrag berechnet. 114

IV. Erstattung von Dritten

Während im Abrechnungsverhältnis die Umsatzsteuer in vollem Umfang zu berücksichtigen ist, kann sich dies im Erstattungsverhältnis abweichend beurteilen. Auch hier gilt allerdings der Grundsatz, dass ein erstattungsberechtigter, jedoch zum Vorsteuerabzug nicht berechtigter Mandant die Umsatzsteuer ersetzt verlangen kann. Gerade im Rahmen der regelmäßig zur Anwendung kommenden Verzugsvorschriften ist die Umsatzsteuer dann ein (weiterer) Schaden. 115

Anders verhält es sich aber, wenn der Mandant seinerseits zum Abzug der Vorsteuer berechtigt ist. Das bringt § 104 Abs. 2 S. 3 ZPO zum Ausdruck. Danach gilt, dass Umsatzsteuerbeträge nur zu berücksichtigen sind, wenn der Mandant die Beträge 116

---

96 BGH AGS 2012, 268.
97 BGH AGS 2012, 268.

nicht als Vorsteuer abziehen kann. Hierüber muss sich die Partei im Kostenfestsetzungsverfahren erklären. Das gilt als allgemeiner Grundsatz auch außerhalb des gerichtlichen Verfahrens.

117

Hinweis
Maßgeblich ist dabei nicht, ob der Mandant im Allgemeinen vorsteuerabzugsberechtigt ist, sondern ob die Vorsteuerabzugsberechtigung sich gerade auf den Gegenstand der anwaltlichen Tätigkeit bezieht. §§ 4, 15 UStG kennen hier eine Vielzahl von Ausnahmen, die bei Übernahme des Mandates geprüft werden sollten. Als wichtige Beispiele können die Gewährung und Vermittlung von Krediten oder Versicherungsleistungen genannt werden.

Persönliches Nachwort der Autorin

Ich danke den Mitarbeiterinnen meines Inkassounternehmens für ihr Verständnis, dass ich in der Zeit des Schreibens nicht immer geduldige Ansprechpartnerin ihrer Belange war. Ganz herzlich danke ich Friedhelm, der mich seit Beginn meiner Tätigkeiten in seiner Anwaltskanzlei gefordert, in allen Phasen meines beruflichen Fortkommens fachlich und persönlich mit viel Zuspruch unterstützt und mir vor allem eine Begeisterung für das Auseinandersetzen mit juristischen Themen verschafft hat, was das Schreiben eines Buches erst möglich macht. Unseren Lektorinnen vom Deutschen Anwaltverlag, Frau Anna Kostinski und Frau Marieke Pritz, danke ich sehr für die harmonische, unkomplizierte Zusammenarbeit und die praktischen Tipps zur Gestaltung der Kapitel. Mein letzter Dank gilt dem Mitautor dieses Werks, Herrn Frank-Michael Goebel, für das nur erfreuliche Zusammenwirken, den konstruktiven, manchmal auch streitbaren Gedankenaustausch und viele inhaltliche Anregungen.

Claudia Wagener-Neef

Stichwortverzeichnis

fette Zahlen = Paragrafen, magere Zahlen = Randnummern

allgemeine Wertvorschrift
- andere Angelegenheiten **2** 40
- gerichtliches Verfahren **2** 40
- Hilfswert **2** 40
- Schätzung **2** 40
- vorgerichtliche Tätigkeiten **2** 40

Angelegenheit
- Auftrag, einheitlich **4** 173
- besondere ~ **2** 88 f.
- dieselbe ~ **2** 84 f.
- Rahmen, einheitlich **4** 173
- Sachzusammenhang, innerer **4** 173
- verschiedene ~en **2** 86 f.
- Vollstreckungsmaßnahmen **6** 124 ff.
- vorzeitige Erledigung **2** 74
- vorzeitiges Ende **2** 74

Angelegenheiten
- Vollstreckungsverfahren **6** 40
- Zwangsvollstreckung **6** 40

Anrechnung
- Antragsgegner **5** 54
- Antragsteller **5** 48 f.
- Auftraggebermehrheit **4** 114 ff.; **5** 52
- Auslagen **4** 98
- Bearbeiterwechsel **5** 68
- Bearbeiterwechsel, gerichtliches Mahnverfahren **5** 50
- Begrenzung **4** 111
- Beratungsgebühr **4** 93 ff.
- Beratungsgebühr, abbedungen **4** 51
- Beratungsgebühr, Höhe **4** 49
- Erstattung **5** 64 ff., 68
- Gebühr **4** 98
- Gebühr, Hälfte **4** 157
- Gebührensatzkappung **4** 157
- Gegenstandsidentität **5** 51, 59 ff., 62 ff.
- Gegenstandsidentität, Geschäftsgebühr **4** 102 ff., 108 ff.
- gerichtliches Mahnverfahren **5** 30, 47, 48 f., 50 ff., 54, 55 ff., 59 ff., 62 ff., 64 ff., 68
- Geschäftsgebühr **4** 93 ff., 96 f.; **5** 26, 48 f., 54, 59 ff., 64 ff., 68
- mehrfach **4** 113
- Mindestgebühr **4** 159
- Schreiben einfacher Art **4** 159
- Terminsgebühr **5** 62 ff.
- Verfahrensgebühr **4** 96 f.; **5** 30, 48 f., 52, 54, 55 ff., 59 ff., 64 ff., 68
- Verfahrensgebühr, Erkenntnisverfahren **5** 26
- Vollstreckungsbescheidsantrag **5** 26
- Voraussetzungen **5** 50
- Zeitgrenze **4** 117
- Zusammenhang, zeitlich **4** 46 f.

Anrechnung, Geschäftsgebühr
- Tatbestandsvoraussetzungen **4** 99 ff.

Ansprüche
- Addition **2** 44 ff.
- Auftragserweiterung **2** 44 ff.
- gesonderte Gegenstände **2** 44 ff.

Ansprüche, mehrere
- Gegenstandswert **4** 169 ff.

Antragsgegnervertretung
- Auftrag, unbedingt **5** 31 f.
- Gegenstandswert **5** 29
- gerichtliches Mahnverfahren **5** 28 ff.

Stichwortverzeichnis

- Verfahrensgebühr **5** 28 ff.
- vorzeitige Erledigung **5** 29
Anwendungsbereich
- RVG **2** 9 f.
Auftrag
- Angelegenheit, neue **2** 78 ff.
- Angelegenheiten **2** 55 ff.
- Auftragserledigung **2** 78 ff.
- Bestätigungsschreiben **2** 61 ff.
- Dokumentation **2** 61 ff.
- einheitlicher ~ **2** 90 ff.
- einheitlicher Rahmen **2** 90 ff., 93
- Gebührenarten **2** 55 ff.
- Gebühreninteresse **2** 1 ff.
- Gegenstände **2** 55 ff.
- gerichtliches Mahnverfahren **5** 4 f.
- Gesprächsvermerk **2** 61 ff.
- innerer Sachzusammenhang **2** 90 ff.
- Kappungsgrenze **2** 77
- Mandantenwille **2** 1 ff., 55 ff.
- Nachweis **2** 61 ff.
- neuer ~ **2** 77
- schriftlicher ~ **2** 61 ff.
- Tätigkeiten **2** 55 ff.
- Umfang **2** 55 ff.
- Zeitablauf **2** 78 ff.
Auftraggebermehrheit
- beigeordneter RA **3** 156 ff.
- Beratung **4** 41 f.
- Erhöhungsgebühr **3** 156 ff.
- gerichtliches Mahnverfahren **5** 16
- Geschäftsgebühr **4** 91
- Kappungsgrenze **4** 41 f.
Auslagen
- Anrechnung **7** 55
- bare ~ **2** 19
- Berufshaftpflichtversicherung **7** 104
- BGB **3** 190
- Dokumentenpauschale **7** 12
- Erforderlichkeit **7** 60
- Erstattungsanspruch nach BGB **7** 8
- Fahrtkosten **7** 65 ff.
- Geschäftskosten, allgemeine **7** 1 ff.
- Geschäftskosten, besondere **7** 1 ff.
- Geschäftsreise **7** 57 ff.
- Hebegebühr **3** 190
- Höhe **2** 19
- Kopierkosten **7** 12
- mandatsbezogene ~ **2** 19
- nach BGB **2** 21
- Pauschalaufwendungen **2** 19
- Post- und Telekommunikationsdienstleistungen **7** 39 ff.
- Reisekosten **7** 57 ff.
- Reiseziele **7** 62 ff.
- RVG **3** 190
- sonstige **7** 88
- Umsatzsteuer **7** 105 ff.
Auslagenersatz
- Angelegenheit **7** 26
- Auftrag **7** 10
- Auftraggebereinverständnis **7** 28
- BGB **7** 9
- Dokumentenpauschale **7** 13 ff.
- elektronische Dokumente **7** 30 ff.
- Erstattung, Gegner **7** 27 ff.
- Farbkopien **7** 22 ff.
- Höhe **7** 22 ff.
- Kopien Auftraggebereinverständnis **7** 21
- Kopien Gerichts-/Behördenakten **7** 15
- Kopien Zustellung/Mitteilung **7** 16 ff.
- Kostenfestsetzung **7** 29
- Pauschalabgeltung **7** 13 f.
- Scannen **7** 38
- Verfahrensarten **7** 13
Auslagenerstattung
- BGB **7** 8
- Erforderlichkeit **7** 8

Stichwortverzeichnis

Auslandsreise
- Tage- und Abwesenheitsgeld **7** 87
Außendienst
- Terminsgebühr **6** 32 f.
außergerichtliche Tätigkeit, tituliert
- Geschäftsgebühr **6** 123
- Verfahrensgebühr **6** 123
Auszahlung
- Kosten **3** 171
- Sicherheitsleistung **3** 171

Bearbeiterwechsel
- Anrechnung **5** 50
- Anrechnung, Mahnverfahren **5** 68
- Erkenntnisverfahren/Zwangsvollstreckung **6** 14 ff.
- Erstattungsfähigkeit **5** 50
- Gebührenabgeltung **6** 14 ff.
- gerichtliches Mahnverfahren **5** 50
- gerichtliches Mahnverfahren, Erstattung **5** 68
- Geschäftsgebühr **5** 68
- Verfahrensgebühr **5** 68
Bedingung
- auflösende ~ **3** 35 ff.
- aufschiebende ~ **3** 30
- Einigungsvertrag **3** 35 ff.
- Eintritt **3** 30
- Ereignis, zukünftig **3** 35 ff.
- Folge **3** 35 ff.
- umständehalber **3** 30
- vereinbarte ~ **3** 30
- Widerruf **3** 30
Begrifflichkeiten *siehe* Definitionen **2** 1 ff.
beigeordneter Anwalt
- Staatskasse **2** 36
- Tabelle **2** 36
- Wertgebühr **2** 36
beigeordneter RA
- Auftraggeber, mehrere **3** 156 ff.
- Erhöhungsgebühr **3** 163 ff.
- Streitgenosse mit PKH **3** 163 ff.
- Streitgenosse ohne PKH **3** 163 ff.
Beratung **4** 11 ff.
- Abgrenzung **4** 11 f.
- Abgrenzung, außergerichtliche Tätigkeiten **4** 3
- Angemessenheit, Höhe **4** 16
- Anrechnung, zeitlicher Zusammenhang **4** 46 f.
- Auftraggebermehrheit **4** 41 f.
- Definition **4** 10
- Erstgespräch **4** 40
- Form **4** 15
- Gebührenart **4** 16
- Geschäftsbesorgungsvertrag **4** 11 f.
- Höhe **4** 16
- Kappungsgrenze **4** 40
- Kappungsgrenze, Auftraggebermehrheit **4** 41 f.
- Verbraucher **4** 40
- Verbraucher, Kappungsgrenze **4** 39
Beratung, Anrechnung
- Angelegenheit, dieselbe **4** 45
- Zusammenhang **4** 45
Beratung, begleitend
- Anrechnung **4** 44
Beratung, keine
- Gebührenverhandlung **4** 14
Beratungsgebühr **4** 18 ff.
- Anrechnung **4** 43, 49
- Anrechnung, abbedungen **4** 51
- Erstattungsfähigkeit, prozessual **4** 18
Beratungshilfe
- Festgebühr **4** 79
Beschwerde
- gerichtliches Mahnverfahren **5** 44 f.
BRAGO
- Einleitung **1** 2

299

Stichwortverzeichnis

Definitionen
- RVG **2** 1 ff.

Dokumentenpauschale
- Abgeltungsbereich **7** 13 f.
- Angelegenheit **7** 26
- Auftraggeber **7** 19
- Auftraggebereinverständnis **7** 21, 28
- Auslagenerstattung **7** 12
- Beteiligte **7** 18
- elektronische Dokumente **7** 30 ff.
- Erstattung, Gegner **7** 27 ff.
- Erstattungsanspruch **7** 14
- Farbkopien **7** 22
- Höhe **7** 22
- Kopien Gerichts-/Behördenakten **7** 15
- Kopien Zustellung/Mitteilung **7** 16 ff.
- Kostenfestsetzung **7** 29
- Scannen **7** 12, 38
- Verfahrensarten **7** 13

Drittschuldnermehrheit
- Angelegenheiten **6** 41 ff.
- einheitlicher Vollstreckungsantrag **6** 41 ff.
- Zwangsvollstreckung **6** 41 ff.

Drittwiderspruchsklage
- Terminsgebühr **6** 122
- Verfahrensgebühr **6** 122

Duldungen
- Angelegenheit, besondere **6** 83
- Erstattungsfähigkeit Verfahrensgebühr **6** 82
- Gegenstandswert **6** 88
- Schuldnermehrheit **6** 83
- Terminsgebühr **6** 85 ff.
- Verfahrensgebühr **6** 81

Duldungs-/Unterlassungstitel
- Gegenstandswert **6** 140 ff.

Eidesstattliche Versicherung
- Terminsgebühr **6** 29

Einigung
- Anfechtung **3** 42 ff.
- Einigungsgründe **3** 5
- Formfreiheit **3** 23
- Gegenstandswert **3** 86
- gerichtliches Mahnverfahren **5** 15
- Glaubhaftmachung **3** 24
- konkludentes Handeln **3** 26 ff.
- mündlich **3** 24
- Nachweis **3** 24, 104
- Nichtigkeit **3** 42 ff.
- Ratenzahlung **3** 5
- Rechtsfrieden **3** 42 ff.
- schriftlich **3** 23
- Streitbeilegung **3** 5
- telefonisch **3** 24
- Wirksamkeit **3** 35 ff.
- Wirkung **3** 30
- Zahlungsaufnahme **3** 26 ff.
- Zahlungsregelung **3** 5

Einigung, Zustandekommen **3** 48

Einigungsgebühr
- Anhängigkeit **3** 59 ff.
- Anspruchssummen **3** 80
- Einmaligkeit **3** 67
- Erfolgsgebühr **3** 47
- Erledigung **3** 80
- Erstattung, Rechtsstreit **3** 98 f.
- Erstattung, vorgerichtlich **3** 101 ff.
- Erstattung, Zwangsvollstreckung **3** 100
- Gebührensätze **3** 58
- Gebührensätze, unterschiedliche **3** 67
- Gegenstände, verschiedene **3** 67
- Gegenstandswert **3** 80
- Gegenstandswert, 20 % **3** 85
- Gegenstandswert, reine Zahlungsvereinbarung **3** 85
- Gegenstandswertbegrenzung **3** 84

Stichwortverzeichnis

- Gegenstandswertminderung 3 85
- gerichtliches Mahnverfahren 5 3, 34 ff.
- Gerichtsbarkeiten 3 74 ff.
- Gerichtsvollzieher 3 74 ff.
- Glaubhaftmachung 3 105
- Hauptforderungen 3 80
- Höhe 3 58
- Immobiliarvollstreckung 6 107
- Immobiliarzwangsvollstreckung 6 99
- Kappungsgrenze 3 67
- mehrfach 3 71
- Motivation 3 9
- Nebenforderungen 3 80
- Rechtsmittelverfahren 3 60
- Rechtspfleger 3 74 ff.
- Richter 3 74 ff.
- Teilwerte 3 67, 80
- Titulierung 5 36 ff.
- unvertretbare Handlungen 6 80
- Verfahren, gerichtlich 3 59, 74 ff.
- Vertragsannahme, konkludent 3 106
- vertretbare Handlungen 6 77
- Voraussetzungen 3 9 f.
- vorgerichtlich 3 71
- Wegfall 3 39 ff., 45
- Zahlungsmodalitäten 3 84
- Zahlungsvereinbarung 3 16, 85

Einigungsvertrag
- Anerkenntnis 3 14
- Aufhebung 3 45
- Nachgeben 3 12
- Nichtdurchführung 3 45
- Rechtsverhältnis 3 12
- Rücktritt 3 38
- Streit 3 12
- Ungewissheit 3 12
- Vergleich 3 12
- Verzicht 3 14
- Wirksamkeit 3 38

elektronische Dokumente
- Auftraggebereinverständnis 7 30
- Dateibereitstellung 7 35
- Dateienanzahl 7 31 ff.
- Dateiüberlassung 7 35
- Dokumentenpauschale 7 30 ff.
- Erstattungshöhe 7 30 ff.
- Scannen 7 38

Erhöhungsgebühr 3 107 ff.
- Anrechnung, Geschäftsgebühr 3 139 f.
- Anrechnung, Verfahrensgebühren 3 136 ff.
- Anrechnungsmethoden 3 139 f.
- Auftrag, gemeinsam 3 116
- Auftraggeber 3 113 ff.
- Auftraggebermehrheit 3 109, 118 ff.
- Aufwand, erhöhter 3 109
- Berechnung 3 128 ff.
- Betragserhöhung 3 133 f.
- Bezeichnung 3 110
- Erhöhungen, mehrere 3 127
- Festgebühr 3 126
- Festgebühren 3 133 f.
- Gebühr, unselbstständig 3 110
- Gebührensätze, erhöht 3 128 ff.
- Gebührensatz über 1,3 3 141 ff.
- Gegenstand, derselbe 3 118 ff.
- gerichtliches Mahnverfahren 5 3
- Geschäftsgebühr 3 124
- Haftungsrisiko 3 109
- Immobiliarvollstreckung 6 107
- Immobiliarzwangsvollstreckung 6 99
- Kappungsgrenze 3 128 ff., 133 f.
- Personen 3 113 ff.
- Personenmehrheit 3 112 ff.
- RA-Funktionen 3 117

301

Stichwortverzeichnis

- RA-Tätigkeit, gemeinschaftlich 3 112 ff.
- Schwellengebühr 3 141 ff.
- Verfahrensgebühr 3 124
- Vollstreckungsbescheidsantrag 5 25
- Voraussetzungen 3 112 ff.
- Wertgebühren 3 128 ff.
- Zwangsvollstreckung 6 16 ff.

Erinnerungsverfahren
- Angelegenheit 6 117 ff.
- Terminsgebühr 6 117 ff.
- Verfahrensgebühr 6 117 ff.

Erstattung
- Auftrag 4 162 f.
- Auftraggebermehrheit 3 145, 154 f.
- Auftraggebermehrheit, obsiegende und verlierende 3 146 ff.
- Dokumentenpauschale 7 29
- Einigungsgebühr 3 98 ff.
- Gegenstände, verschiedene 3 154 f.
- gerichtliches Mahnverfahren 5 68
- Kopien/Ausdrucke 7 29
- Kostenfestsetzung 7 29
- Schadensminderungspflicht 5 68
- Schreiben einfacher Art 4 160 f.
- Tätigkeitsumfang 4 162 f.

Erstattung, Gegner
- Auftraggebereinverständnis 7 28
- Auslagen 7 27 f.
- Dokumentenpauschale 7 27 f.
- Kopien/Ausdrucke 7 27 f.

Erstattung, Geschäftsgebühr
- Anspruchsgrundlage 4 120
- Schaden 4 120
- Verzug 4 120 f.

Erstattung, materiell-rechtlich
- Anspruchsgrundlage 4 120
- Geschäftsgebühr 4 120

Erstattung, prozessual
- Geschäftsgebühr 4 119

Erstattungsanspruch
- Auslagen 7 9 f.

Erstattungsanspruch gerichtliches Mahnverfahren
- materiell-rechtlich 5 6 f.
- prozessrechtlich 5 6 f.

Erstattungsanspruch, Schuldner 4 124

Erstattungsfähigkeit
- gerichtliches Mahnverfahren 5 33
- Kosten, notwendig 5 33
- Mehrprämie 7 104
- RA, eigene Sache 7 103
- Reisekosten 7 94
- Reisekosten, fiktiv 7 102
- Reisekosten, notwendig 7 95
- Reisekosten, zweckentsprechend 7 96 ff.
- Versicherung 7 104

Fahrtkosten
- Höhe 7 65 ff.
- Kraftfahrzeug 7 65 ff.
- Kraftfahrzeugarten 7 69
- öffentliche Verkehrsmittel 7 65 ff.
- Taxi 7 76
- Umsatzsteuer 7 68
- Vergütungsvereinbarung 7 75
- Verkehrsmittel, andere 7 71 ff.

Festgebühr
- Beratungshilfe 2 127 f.

Flugreisekosten
- Angemessenheit 7 78 ff.

Forderungseinziehung
- BRAGO 1 2
- Komplexität 1 1
- Mandatsvertrag 1 16
- Pauschalgebühren 1 19
- RVG 1 4, 6
- RVG, Auslegung 1 17

Stichwortverzeichnis

Forderungspfändung
- Gegenstandswert **6** 65
- Gegenstandswert, Begrenzung **6** 129 f.
- Verfahrensgebühr **6** 64, 67
- Vorpfändung **6** 67

Form
- Formfreiheit **3** 20
- konkludentes Handeln **3** 20
- mündlich **3** 20
- stillschweigend **3** 20

Gebühr **2** 32 ff.
- Einmaligkeit, Auftraggebermehrheit **3** 107 f.
- Entstehung **3** 4
- erhöhungsfähig **3** 124, 126
- Erstattung **3** 4
- Geschäftskosten, allgemein **2** 17
- Höchstgebühr **2** 124
- Mindestbetrag **2** 32 ff.
- Mindestgebühr **2** 32 ff., 123
- Mittelgebühr **2** 118 ff.
- Streit, Höhe **2** 125 f.

Gebühr, volle
- Anlage 2 **2** 29 ff.
- Tabelle **2** 29 ff.

Gebühr, Vollstreckung
- Angelegenheit **6** 39
- Angelegenheiten, besondere **6** 40

Gebühren
- Abgeltungsbereich **2** 64; **7** 1 ff.
- Abgrenzung, Gebührentatbestände **4** 4 f.
- allgemeine ~en **3** 1 ff.
- Auftrag **2** 1; **4** 4 f.
- dieselbe Angelegenheit **2** 65 ff.
- Einigungsgebühr **3** 1 ff.
- Einmaligkeit **2** 65 ff.
- Erhöhungsgebühr **3** 1 ff.
- Hebegebühr **3** 1 ff.
- Mandantenwille **2** 1 ff.
- mehrere Angelegenheiten **2** 65 ff.
- Mehrfachberechnung **2** 86 f.
- Pauschalabgeltung **2** 64

Gebühren, Zwangsvollstreckung
- Einigungsgebühr **6** 4
- Erhöhungsgebühr **6** 4
- Hebegebühr **6** 4
- Teilauftrag **6** 5 f.
- Terminsgebühr **6** 4
- Verfahrensgebühr **6** 4

Gebührenbetrag
- Gebührensatz **2** 28
- Gegenstandswert **2** 28
- Vergütungsverzeichnis **2** 28

Gebührensatz
- Gegenstandsteile **2** 68 ff.
- höchster ~ **2** 68 ff.
- verschiedene Gebührensätze **2** 68 ff.

Gebührentabelle
- Gegenstandswert **2** 26
- volle Gebühr **2** 26
- Wertgebühr **2** 26

Gebührenvereinbarung
- Beratung **4** 6
- Form **4** 9
- Gebührenbestimmungen, gesetzliche **4** 17
- Gutachten, schriftlich **4** 6, 22
- Kappungsgrenze **4** 34
- Mediator **4** 6
- Pauschalvergütung **4** 17
- Sach- oder Naturalvergütung **4** 17
- Soll-Vorschrift **4** 7 f.
- Verbraucher **4** 34
- Zeitvergütung **4** 17

Gebührenvereinbarung, keine
- BGB-Vorschriften **4** 27

303

Stichwortverzeichnis

- Erstgespräch **4** 40
- Verbraucher, Kappungsgrenze **4** 39 f.
- Gegenstände, verschiedene
- Kappungsgrenze **3** 158 ff.
- Gegenstandswert **2** 39 ff.
  - Änderung **2** 53
  - Angelegenheit **2** 44 ff.; **4** 169 ff.
  - Anspruch, unstreitig **3** 91 ff.
  - Anspruchserweiterung **4** 169 ff.
  - Ansprüche, mehrere **4** 169 ff.
  - Antragsgegner **5** 71
  - Antragsteller **5** 70
  - Auftrag, einheitlich **4** 169 ff.
  - Auftragserweiterung **4** 174 ff.
  - Auftragserweiterung, später **4** 171 f.
  - Bewertung **2** 50 f.
  - Duldungen **6** 88
  - Einheitlichkeit **2** 44 ff.
  - Forderungspfändung **6** 65, 129 f.
  - Gegenansprüche **4** 174 ff.
  - Gegenstand **2** 50 f.
  - Gegenstand, derselbe **4** 177 ff.
  - gerichtliches Mahnverfahren **5** 70 ff.
  - Gerichtsverfahren **2** 52 f.
  - Gesamtschuldner **4** 177 ff.
  - Herausgabevollstreckung **6** 73, 137 ff.
  - Hinweispflicht **2** 54
  - Identität, wirtschaftliche **4** 177 ff.
  - Immobiliarzwangsvollstreckung **6** 149 ff.
  - innerer Zusammenhang **2** 44 ff.
  - Insolvenzverfahren **2** 42
  - Kappungsgrenze **3** 156 f.
  - Kurs-/Wertschwankungen **2** 53
  - mehrere Gegenstände **2** 44 ff.
  - Mobiliarzwangsvollstreckung **6** 128
  - Nebenforderungen **4** 167 f.
- Pfändung, Arbeitseinkommen **6** 131
- Räumungsvollstreckung **6** 73, 138, 147 f.
- Schuldneranträge **6** 146
- Schuldnerschutzanträge **6** 147 f.
- spezielle Regelungen **2** 42
- Streitgenossen, Gegner **4** 177 ff.
- Streitwertänderung **5** 72
- Tätigkeit, außergerichtlich **4** 166
- Teilaufträge **4** 169 ff.
- Teilungsvereinbarung, umfassend **3** 86
- Teilzahlungsvereinbarung, umfassend **3** 91 ff.
- Terminsgebühr **6** 55
- Unterhalt **6** 131
- Unterlassungen **6** 88
- Verfahrensgebühr **6** 48 ff.
- Vermögensauskunft **6** 133 ff.
- Versicherung, eidesstattliche **6** 133 ff.
- Verteilungsverfahren **6** 132
- vertretbare Handlungen **6** 75
- Verzicht, Gerichtsverfahren **3** 86
- Verzicht, Zwangsvollstreckung **3** 86
- Vollstreckung nach § 887 ff. ZPO **6** 140 ff.
- Vollstreckungsbescheidsantrag **5** 23 f.
- Vollstreckungsschutzanträge **6** 70
- Werteaddition **4** 169 ff.
- Wertvorschriften, Gerichtsgebühren **4** 166
- Zahlungsmodalitäten, ausschließlich **3** 86
- Zahlungsvereinbarung, **2** 42; **6** 177 ff.
- Zahlungsvereinbarung, reine **3** 86, 91 ff.; **4** 181
- Zeitpunkt **2** 50 ff.

Stichwortverzeichnis

- Zwangshypothek **6** 94, 176
- Zwangsversteigerung **2** 42; **6** 149 ff., 162 ff.
- Zwangsverwaltung **2** 42; **6** 149, 169
- Zwangsvollstreckung **2** 42; **6** 128

Gegenstandswerte
- GKG **2** 40
- RVG **2** 40
- ZPO **2** 40

gerichtliche Termine
- Terminsgebühr **6** 29 f.
- Zwangsvollstreckung **6** 29 f.

gerichtliches Mahnverfahren **5** 1
- Abgrenzung, vorgerichtlich **5** 4 f., 10 ff.
- Angelegenheit **5** 27, 55, 59 ff.
- Anrechnung **5** 30, 47 ff.
- Antragsgegner **5** 54
- Antragsgegnervertretung **5** 28 ff.
- Antragsteller **5** 48 f.
- Auftrag **5** 4 f.
- Auftrag, unbedingt **5** 31 f.
- Auftrag, Zeitpunkt **5** 13
- Auftraggebermehrheit **5** 16, 52
- Bearbeiterwechsel **5** 68
- Beschwerde **5** 44 f.
- Einigung **5** 15
- Einigungsgebühr **5** 3, 15, 34 f.
- Einigungsgebühr, Titulierung **5** 36 ff.
- Erhöhungsgebühr **5** 3, 16
- Erstattung **5** 6 f., 64 ff.
- Erstattungsanspruch, materiellrechtlich **5** 6 f.
- Erstattungsanspruch, prozessrechtlich **5** 6 f.
- Erstattungsfähigkeit **5** 33
- Gebühren **5** 3
- Gebührenanrechnung **5** 14
- Gegenstandswert **5** 15, 29, 70, 71 f.
- Geschäftsgebühr, Anrechnung **5** 47 ff.
- Hebegebühr **5** 3
- Kosten, notwendig **5** 33
- Kostenfestsetzung **5** 8 f.
- Kostentragungspflicht **5** 9
- Kostenvorteil **5** 2
- Mahnbescheidsantrag, Zurückweisung **5** 44 f.
- Post- und Telekommunikationspauschale **5** 27
- Schadensminderungspflicht **5** 68
- Streitwertänderung **5** 72
- Terminsgebühr **5** 3, 34 f., 62 ff.
- Terminsgebühr, Titulierung **5** 36 ff.
- Verfahrensgebühr **5** 3, 10 ff., 29, 33, 40 ff., 52
- Verfahrensgebühr, Anrechnung **5** 47 ff.
- Verfahrensgebühr, Antragsgegner **5** 28 ff.
- Verfahrensgebühr, Beschwerde **5** 44 f.
- Verfahrensvorteile **5** 2
- Vollstreckungsbescheidsantrag, Zurückweisung **5** 44 ff.
- Vorteile **5** 2
- vorzeitige Erledigung **5** 40 f.
- vorzeitige Erledigung, teilweise **5** 42 f.

Gerichtsverfahren
- Ansprüche, nicht anhängig **4** 67

Geschäftsgebühr
- Abgrenzung, Beratung **4** 58 ff.
- Abgrenzung, Beratung/Gutachten **4** 53
- Abgrenzung, Gerichtsverfahren **4** 64 ff.
- Abgrenzung, Gutachten **4** 63
- Abgrenzung, nach Titulierung **4** 71 ff.

Stichwortverzeichnis

- Abgrenzung, Schreiben einfacher Art 4 70
- Abgrenzung/Tätigkeit, gerichtlich 4 53
- Anrechnung 4 137
- Anrechnung, Auftraggebermehrheit 4 114 ff.
- Anrechnung, Begrenzung 4 111
- Anrechnung, Beratungsgebühr 4 93 ff.
- Anrechnung, Mahnverfahren 5 48 f., 54, 64 ff.
- Anrechnung, mehrfach 4 113
- Anrechnung, Verfahrensgebühr 4 96 f.
- Anrechnung, Zeitgrenze 4 117
- Anrechnungssatz 4 96 f.
- Ansprüche, nicht anhängig 4 67 ff.
- Anwendungsbereich 4 53
- Auftrag 4 64 ff.
- Auftraggebermehrheit 4 91
- außergerichtliche Tätigkeit, tituliert 6 123
- Beratungshilfe 4 76 ff.
- Betreiben des Geschäfts 4 54 f.
- Erhöhungssatz 4 91
- Erstattung 4 118, 162 f.
- Erstattung, Höhe 4 135 ff.
- Erstattung, materiell-rechtlich 4 120
- Erstattung, prozessual 4 119
- erstattungsfähig 4 131 ff.
- Gegenstandsidentität 4 102 ff.
- Gegenstandsidentität, verschiedene 4 108 ff.
- gerichtliches Mahnverfahren, Anrechnung 5 48 f., 54
- gerichtliches Mahnverfahren, Erstattung 5 64 ff.
- Information 4 54 f.
- Mittelgebühr 4 80
- Pauschalgebühr 4 56
- Rahmengebühr 4 80
- Regelgebühr 4 83
- Satzrahmen 4 80
- Schadensminderungspflicht 4 131 ff., 164
- Schwellengebühr 4 83
- Tätigkeit, außergerichtlich 4 53
- Tätigkeitsumfang 4 54 f.
- Umfang, überdurchschnittlich 4 88 f.
- Vertragsgestaltung 4 54 f.

Geschäftsreise
- Angelegenheiten 7 62 ff.
- Auslandsreise 7 87
- Bahn 7 82
- Bahncard 7 71 ff.
- Bus 7 82
- Erforderlichkeit 7 60
- Erstattungsfähigkeit 7 95 ff.
- Fahrtkosten 7 65 ff.
- Flug 7 78 ff.
- Gemeinde 7 57 ff.
- Gerichtszweigstelle 7 57 ff.
- Kanzleisitzverlegung 7 64
- Kanzleizweigstelle 7 57 ff.
- Kosten, fiktive 7 102
- Kraftfahrzeug 7 69
- Luftverkehrsmittel 7 82
- RA, eigene Sache 7 103
- Reisekosten 7 57 ff.
- Reisekosten, notwendig 7 95
- Reiseziele 7 62 ff.
- Schiff 7 82
- Schifffahrt 7 77
- sonstige Auslagen 7 88
- sonstige Reiseauslagen 7 93
- Tage- und Abwesenheitsgeld 7 84 ff.
- Taxi 7 76, 82
- Übernachtungskosten 7 89 ff.
- Vergütungsvereinbarung 7 75

Stichwortverzeichnis

- Verkehrsmittel, andere 7 71 ff.
- zweckentsprechende Rechtsverfolgung 7 96 ff.
- Geschäftswert 2 39 ff.
- gleicher Rechtszug
  - Abgabe 2 98 f.
  - Verweisung 2 98 f.
- Grundpfandrechte
  - Immobiliarzwangsvollstreckung 6 100 f.
- gütliche Erledigung
  - Einigungsgebühr 6 47
  - Verfahrensgebühr, Zwangsvollstreckung 6 44 ff.
  - Zahlungsvereinbarung 6 47
- Gutachten
  - Abgrenzung, Beratung 4 22
  - Abgrenzung, Rat 4 24
  - Anrechnung 4 22
  - Form 4 23
  - Inhalt 4 23
  - Werkvertrag 4 22
- Gutachten, schriftliches
  - Verbraucher, Kappungsgrenze 4 39

- Handlung
  - Gegenstandswert 6 140 ff.
- Hebegebühr
  - Angelegenheit, selbstständige 3 166
  - Aufträge, verschiedene 3 178 ff.
  - Auftrag 3 167 ff.
  - Auslagen 3 190
  - Auszahlung 3 167 ff., 177
  - Auszahlung vor Empfangnahme 3 174
  - Auszahlungsbetrag 3 185
  - Berechnungsformel 3 186 ff.
  - Entstehung 3 170
  - Erstattung 3 191
  - Erstattung, prozessual 3 192
  - Erstattungspflicht, Sachverhalte 3 193
  - Geldeinzug, zweckentsprechend 3 191
  - Geldverkehr 3 166
  - gerichtliches Mahnverfahren 5 3
  - Höhe 3 185, 186 ff.
  - Immobiliarzwangsvollstreckung 6 99
  - Kostbarkeiten 3 166, 184
  - Kostenweiterleitung, Auftraggeber 3 182
  - Kostenweiterleitung, Gericht 3 182
  - Kurswert 3 185
  - mehrfach 3 170 ff.
  - Mindestbetrag 3 186 ff.
  - Prozentsatz 3 185 ff.
  - Rückzahlung 3 167 ff.
  - Teilzahlungen, eingehend 3 177
  - Teilzahlungseingänge 3 178 ff.
  - Vergütungsverrechnung 3 182 ff.
  - Wertpapiere 3 166, 183
- Herausgabe von Sachen
  - Gegenstandswert 6 137 ff.
- Herausgabevollstreckung
  - eidesstattliche Versicherung 6 71
  - Gegenstandswert 6 73
  - Terminsgebühr 6 72
  - Verfahrensgebühr 6 71
- Höchstwert
  - Angelegenheit 2 49
  - Gegenstände 2 49
  - Personen 2 49

- Immobiliarzwangsvollstreckung
  - Abgeltungsbereich 6 108
  - Angelegenheit 6 108
  - Anwendung, umfassende 6 102
  - Auftraggeber 6 97
  - Begriff, gebührenrechtlicher 6 100 f.
  - Beschränkung der ~ 6 110 ff.

Stichwortverzeichnis

- Einigungsgebühr **6** 99, 107
- einstweilige Einstellung **6** 110 ff.
- Erhöhungsgebühr **6** 99, 107
- Gebühren **6** 95 f., 106
- Gegenstandswert **6** 149
- Hebegebühr **6** 99
- Terminsgebühr **6** 107, 115 f.
- Verfahrensaufhebung durch Vergleich **6** 110 ff.
- Verfahrensgebühr **6** 97, 107, 110 ff.
- Zwangsversteigerung **6** 95 f.
- Zwangsverwaltung **6** 95 f.

Klage auf vorzugsweise Befriedigung
- Terminsgebühr **6** 122
- Verfahrensgebühr **6** 122

Kopien Gerichts-/Behördenakten
- Dokumentenpauschale **7** 15
- Erforderlichkeit **7** 15

Kopien Zustellung/Mitteilung
- Auftraggeber **7** 19
- Beteiligte **7** 18
- Dokumentenpauschale **7** 16 ff.
- Erforderlichkeit **7** 16

Kopien/Ausdrucke
- Angelegenheit **7** 26
- Anspruchshöhe **7** 22
- Auftraggebereinverständnis **7** 21, 28
- Dokumentenpauschale **7** 21 ff.
- Erstattungsanspruch, Gegner **7** 27 ff.
- Farbkopien **7** 22
- Kostenfestsetzung **7** 29

Kopierkosten
- Auslagenerstattung **7** 12

Kosten **2** 23 ff.

Kostenerstattung
- Gesamtschuldner **6** 185 ff.
- Gläubiger **6** 190
- Kostenfestsetzung **6** 189
- Notwendigkeit Kosten **6** 180 ff.
- Schuldnermehrheit, Vollstreckung **6** 185 ff.
- vorläufig vollstreckbare Titel **6** 191 ff.
- Zwangsvollstreckung **6** 180 ff.

Kostenerstattung, vorgerichtlich
- Anspruchsgrundlage, Schuldner **4** 125 ff.

Kostenfestsetzung
- Dokumentenpauschale **7** 29
- gegen Mandanten **6** 200
- gerichtliches Mahnverfahren **5** 8 f.
- Vollstreckungskosten **6** 195
- Zuständigkeit Vollstreckungskosten **6** 197 ff.
- Zwangsvollstreckung **6** 10 ff., 195

Kostenfestsetzungsbeschluss
- Vollstreckungskosten **6** 196

Kostenfestsetzungsverfahren
- Vollstreckungskosten **6** 201

Mahnbescheidsantrag
- Zurückweisung **5** 44 f.

Mahnverfahren
- gerichtliches ~ **5** 1 ff.

Mandant
- Wille **2** 1 ff.

Mandatsvertrag **1** 16

Mediator
- Abgrenzung, Beratung **4** 25
- Anrechnung **4** 26
- Definition **4** 25
- Gebührenart **4** 26
- Gebührenhöhe **4** 26

Mindestbetrag
- Post- und Telekommunikationsdienstleistungen **7** 53

Mindestgebühr
- Terminsgebühr, Vollstreckung **6** 38
- Verfahrensgebühr, Vollstreckung **6** 38

Stichwortverzeichnis

Mitarbeiter
- Terminsgebühr **6** 32 f.
- Vermögensauskunft **6** 32 f.

Mitwirkung
- Beratung **3** 50
- Beweislast **3** 52
- Einigungsverhandlungen **3** 50
- Einigungsvertrag **3** 50
- Prüfung **3** 50
- Tätigkeit, mitursächlich **3** 48 ff.
- Vergleich **3** 50

neuer Rechtszug
- Zurückverweisung **2** 100 f.

Parteien
- Dritte **3** 11
- Einigungszeitpunkt **3** 11
- Rechtsverhältnis **3** 11

Post- und Telekommunikationsdienstleistungen
- Abrechnungsmethoden **7** 42 ff.
- Angelegenheit **7** 54
- Anrechnung **7** 55
- Anwendungsbereich **7** 39 ff.
- Auf-/Abrundung **7** 52
- Auslagenarten **7** 39 ff.
- Erforderlichkeit **7** 45 ff.
- Grundsätze **7** 39 ff.
- Höhe **7** 49
- Kappungsgrenze **7** 49
- konkrete Abrechnung **7** 42 ff.
- Mindestbetrag **7** 53
- pauschale Abrechnung **7** 42 ff., 49 ff.
- Rechnungsübersendung **7** 49
- Schutzschriftenregister **7** 48
- Tätigkeiten **7** 54
- Umsatzsteuer **7** 45 ff.

Post- und Telekommunikationspauschale
- gerichtliches Mahnverfahren **5** 27

Räumungsvollstreckung
- Gegenstandswert **6** 138 f., 147 f.

Rahmengebühren
- Bedeutung **2** 110
- Betragsrahmen **2** 105
- billiges Ermessen **2** 107
- Einkommensverhältnisse **2** 111
- Haftungsrisiko **2** 113 ff.
- Höchstbetrag **2** 105
- Höchstsatz **2** 105
- Höhe **2** 107
- Mindestbetrag **2** 105
- Mindestsatz **2** 105
- Satzrahmen **2** 105
- Schwierigkeit **2** 109
- Umfang **2** 108
- Vermögensverhältnisse **2** 112

Rechtsreferendar
- Terminsgebühr **6** 32 f.
- Vermögensauskunft **6** 32 f.

Reisekosten
- Angelegenheit **7** 62 ff.
- Auslandsreise **7** 87
- Bahn **7** 82
- Bahncard **7** 71 ff.
- Bus **7** 82
- Erforderlichkeit **7** 60
- Erstattungsfähigkeit **7** 94 ff., 101 ff.
- Fahrtkosten **7** 65 ff.
- fiktive ~ **7** 102
- Flug **7** 78 ff.
- Geschäftsreise **7** 57 ff.
- Kanzleisitzverlegung **7** 64
- kombinierte ~ **7** 82
- Kraftfahrzeug **7** 69
- Luftverkehrsmittel **7** 82
- notwendige ~ **7** 95
- RA, eigene Sache **7** 103
- Reiseziele **7** 62 ff.
- Schiff **7** 82
- Schifffahrt **7** 77
- sonstige Auslagen **7** 88

309

Stichwortverzeichnis

- sonstige Reiseauslagen 7 93
- Tage- und Abwesenheitsgeld 7 84 ff.
- Taxi 7 76, 82
- Übernachtungskosten 7 89 ff.
- Vergütungsvereinbarung 7 75
- Verkehrsmittel, andere 7 71 ff.
- zweckentsprechende Rechtsverfolgung 7 96 ff.

Rückzahlung
- Geldmittel, unverbrauchte 3 172

RVG
- Abrechnung 2 13
- Abschnitte 2 6 ff.
- Angelegenheit 2 1 ff.
- Anmerkungen 2 8
- Anwendung Teil 2 VV RVG 4 3
- Anwendungsbereich 2 9 f.
- Anwendungsbereich, persönlich 2 11 f.
- Auftrag 2 1 ff.
- Auslegung 1 17
- Begrifflichkeiten 2 1 ff., 13 ff.
- Darstellung 2 13
- Definitionen 2 1 ff.
- Einleitung 1 4 ff.
- Gebühr 2 14
- Gebühreninteresse 2 1 ff.
- Inkrafttreten 2 5
- Kostengesetze 2 5
- KostRMoG 1 7; 2 5
- KostRMoG, Auslagen 1 15
- KostRMoG, Einigungsgebühr 1 8
- KostRMoG, Mehrvertretung 1 9
- KostRMoG, Terminsgebühr 1 11
- KostRMoG, Vermögensauskunft 1 13
- Mandantenwille 2 1 ff.
- Mandatsvertrag 1 16
- Paragrafenteil 2 6 f.
- Pauschalgebühren 1 19

- Personenkreis 2 11 f.
- Rat 2 1 ff.
- Systematik 2 1 ff.
- Tätigkeit 2 11 f.
- Tätigkeit, außergerichtlich 4 2
- Taxe, keine 4 27
- Übergangsrecht 1 21
- Vergütungsanspruch, Grund 2 9 f.
- Vergütungsanspruch, Höhe 2 9 f.
- Vergütungsverzeichnis 2 5, 8
- Vorbemerkungen 2 8

Sachpfändung
- erneute Beauftragung 6 61 ff.
- mehrere Orte 6 61 ff.
- Verfahrensgebühr 6 57

Satzrahmen
- Ermessen, billiges 4 81
- Ermittlung, Gebührensatz 4 81

Schadensersatzpauschale 4 138 ff.
- Abschlagszahlung 4 141 ff.
- Anrechnung 4 144
- Anwendungszeitpunkt 4 147
- Ratenzahlung 4 141 ff.
- Rechtsverfolgungskosten 4 144
- Rechtsverfolgungskosten, extern 4 145 f.
- Rechtsverfolgungskosten, intern 4 145 f.
- Verbraucher 4 139 f.

Schadensminderungspflicht
- Geschäftsgebühr 4 131 ff., 164
- RA-Kosten, erforderlich 4 131 ff.
- RA-Kosten, zweckmäßig 4 131 ff.
- Schreiben einfacher Art 4 164
- Verzug 4 131 ff.

Schifffahrt
- Angemessenheit 7 77
- Reisekosten 7 77

Schreiben einfacher Art
- Anrechnung 4 157 f.
- Auftrag 4 149 ff.

Stichwortverzeichnis

- Auftragserweiterung **4** 154
- Definition **4** 148
- Erstattung **4** 160 f.
- Gebührensatz 0,15 **4** 158
- Gebührensatzkappung **4** 158
- Geschäftsgebühr, einheitlich **4** 157
- Mandantenwille **4** 153
- Schreiben, mehrere **4** 156
- Tätigkeiten, weitere **4** 152

Schuldnermehrheit
- Angelegenheiten **6** 41 ff.
- einheitlicher Vollstreckungsantrag **6** 41 ff.
- Vollstreckungskosten **6** 185 ff.
- Vollstreckungsmaßnahmen **6** 126 f.
- Zwangsvollstreckung **6** 41 ff.

Schuldnerschutzanträge
- Gegenstandswert **6** 146 ff.

Schwellengebühr
- Tätigkeit, schwierig **4** 84
- Tätigkeit, umfangreich **4** 84
- Toleranzrechtsprechung **4** 85
- Umfang, überdurchschnittlich **4** 88

sofortige Beschwerde
- Angelegenheit **6** 121
- Terminsgebühr **6** 121
- Verfahrensgebühr **6** 121

sonstige Auslagen
- Geschäftsreise **7** 88
- Reisekosten **7** 88

sonstige Reiseauslagen
- Gepäckaufbewahrung **7** 93
- Kurtaxe **7** 93
- Mautgebühren **7** 93
- Parkgebühren **7** 93
- Reise- und Gepäckversicherung **7** 93
- Trinkgelder **7** 93
- Übernachtungskosten **7** 89 ff.
- Vignette **7** 93
- Visakosten **7** 93

Streit
- Auffassungsunterschiede **3** 18
- Rechtsverhältnis, Folgen **3** 18

Streitgenossen
- Erstattung, Gegner **3** 145, 154 f.
- Erstattung, obsiegender Gegner **3** 146 ff.
- Erstattung, verlierender Gegner **3** 146 ff.
- Gegenstände, verschiedene **3** 154 f.
- Gegenstandswert **3** 154 f.

Streitwert **2** 39 ff.

Systematik
- RVG **2** 1 ff.

Tätigkeit, außergerichtlich
- Gegenstandswert **4** 166
- Geschäftsgebühr **4** 53

Tätigkeiten
- Abwicklungstätigkeiten **2** 94 ff.
- Nebentätigkeiten **2** 94 ff.
- Vorbereitungstätigkeiten **2** 94 ff.

Tage- und Abwesenheitsgeld **7** 84 ff.
- Auslandsreise **7** 87
- Höhe **7** 84 ff.
- Pauschalentschädigung **7** 84 ff.
- Zeitberechnung **7** 84 ff.

Taxikosten
- Angemessenheit **7** 76
- Reisekosten **7** 76

Terminsgebühr
- Abnahme Vermögensauskunft **6** 29
- Anrechnung, Erkenntnisverfahren **5** 62 ff.
- Anrechnung, Mahnverfahren **5** 62 ff.
- Auskunft, § 836 Abs. 3 ZPO **6** 34
- Auskunft, § 883 Abs. 2 ZPO **6** 34
- Auskunft, § 889 ZPO **6** 34
- Außendienst **6** 32 f.
- Besprechung Zwangsvollstreckung **6** 35

311

Stichwortverzeichnis

- Besprechungen 5 34 f.
- Dritter 6 37
- Drittwiderspruchsklage 6 122
- Duldungen 6 85 ff.
- eidesstattliche Versicherung 6 29, 34
- Erinnerungsverfahren 6 117 ff.
- Erkenntnisverfahren, Anrechnung 5 62 ff.
- Ermäßigung 6 35
- Erstattungsfähigkeit 6 37
- gerichtliche Termine 6 29
- gerichtliches Mahnverfahren 5 3, 34 ff.
- gerichtliches Mahnverfahren, Anrechnung 5 47, 62 ff.
- Immobiliarvollstreckung 6 107
- Klage auf vorzugsweise Befriedigung 6 122
- mehrere Termine 6 36
- Mitarbeiter 6 32 f.
- Rechtsreferendar 6 32 f.
- sofortige Beschwerde 6 121
- Titulierung 5 36 ff.
- Unterlassungen 6 85 ff.
- unvertretbare Handlungen 6 79
- Verfahrenserledigung 5 34 f.
- Verfahrensvermeidung 5 34 f.
- Vermögensauskunft 6 31 ff.
- Versteigerungstermin 6 29, 98
- Versteigerungstermin(e) 6 116
- vertretbare Handlungen 6 76
- Vollstreckungsgegenklage 6 122
- Zwangshypothek 6 93
- Zwangsversteigerung 6 98, 104, 115
- Zwangsverwaltung 6 98, 115
- Zwangsvollstreckung 6 27 f.

Terminsgebühr, Vollstreckung
- Mindestgebühr 6 38

Terminsgebühr, Zwangsvollstreckung
- Drittauskünfte 6 55
- erneute Vermögensauskunft 6 55
- Gegenstandswert 6 55
- Vermögensauskunft 6 55

Übergangsrecht 1 21
- Auftrag 1 22
- Gegenstände, mehrere 1 25
- Rechtsmittel 1 24

Übernachtungskosten
- Angemessenheit 7 89 ff.
- Erforderlichkeit 7 89 ff.

übliche Vergütung
- Berufsträger 4 29 ff.
- Ermessen, billiges 4 32
- Ortsüblichkeit 4 29 f.
- Rechtsanwälte 4 31

Umsatzsteuer
- durchlaufender Posten 7 110
- Erstattung 7 115
- Erstattungsfähigkeit 7 105 ff.
- Kleinunternehmerklausel 7 105 ff.
- Kostenfestsetzung 7 105 ff.
- Nettovergütung 7 105 ff.
- Steuersatz 7 105 ff.
- Vergütungsvereinbarung 7 105 ff.
- Vorschuss 7 105 ff.
- Vorsteuerabzug 7 112 ff.
- Vorsteuerabzugsberechtigung 7 116
- Zeitpunkt 7 105 ff.

Ungewissheit
- Anspruch 3 19
- Durchsetzbarkeit 3 19
- Fälligkeit 3 19
- Meinungsunterschiede 3 19
- Rechtsverhältnis 3 19
- Zahlungsfähigkeit 3 19

Unterlassungen
- Angelegenheit, besondere 6 83
- Erstattungsfähigkeit Verfahrensgebühr 6 82
- Gegenstandswert 6 88

Stichwortverzeichnis

- Schuldnermehrheit 6 83
- Terminsgebühr 6 85 f.
- Verfahrensgebühr 6 81
unvertretbare Handlungen
- Angelegenheiten 6 78
- Einigungsgebühr 6 80
- Terminsgebühr 6 79
- Verfahrensgebühr 6 78

Verbraucher
- Beratung 4 34, 40
- Definition 4 35
- Erstgespräch 4 40
- Kappungsgrenze 4 34, 40
- Kappungsgrenze, Beratung/Gutachten 4 39
- Schadensersatzpauschale 4 139 f.
- Unternehmer, Abgrenzung 4 37 f.

Verfahrensgebühr
- Abgrenzung, vorgerichtlich 5 10 ff.
- Anrechnung 5 14
- Anrechnung, Erkenntnisverfahren 5 55, 59 ff.
- Anrechnung, Mahnverfahren 5 48 ff.
- Anträge zur Versteigerung 6 58
- Aufenthaltswechsel 6 59 f.
- außergerichtliche Tätigkeit, tituliert 6 123
- Beschränkung der Immobiliarzwangsvollstreckung 6 110 ff.
- besondere Art der Verwertung 6 58
- Drittwiderspruchsklage 6 122
- Duldungen 6 81
- Durchsuchungsanordnung 6 58
- Einstweilige Einstellung Immobiliarzwangsvollstreckung 6 110 ff.
- Erinnerungsverfahren 6 117 ff.
- Erkenntnisverfahren, Anrechnung 5 55, 59 ff.
- Forderungspfändung 6 64 ff.
- gerichtliches Mahnverfahren 5 3, 10 ff.
- gerichtliches Mahnverfahren, Anrechnung 5 47 ff.
- gerichtliches Mahnverfahren, Erstattung 5 64 ff.
- Herausgabevollstreckung 6 71
- Immobiliarvollstreckung 6 107
- Immobiliarzwangsvollstreckung 6 97
- Klage auf vorzugsweise Befriedigung 6 122
- Korrespondenzgebühr 6 16 ff.
- mehrere Orte 6 61 ff.
- Sachpfändung 6 57
- Schuldnermehrheit 6 16 ff., 78
- sofortige Beschwerde 6 121
- Unterlassungen 6 81
- unvertretbare Handlungen 6 78
- vertretbare Handlungen 6 74
- Vollstreckungsauftrag 6 16 ff.
- Vollstreckungsbescheidsantrag 5 17 ff.
- Vollstreckungsbescheidsantrag, Anrechnung 5 26
- Vollstreckungsgegenklage 6 122
- Vollstreckungsschutzanträge 6 68
- Vorpfändung 6 67
- Widerspruch Mahnbescheidsgegner 5 20
- Zwangshypothek 6 89
- Zwangsversteigerung 6 109
- Zwangsverwaltung 6 109
- Zwangsvollstreckung 6 16 ff.

Verfahrensgebühr, Beschwerde
- gerichtliches Mahnverfahren 5 44 f.

Verfahrensgebühr, Vollstreckung
- Mindestgebühr 6 38

Verfahrensgebühr, Zwangsvollstreckung
- Drittauskünfte 6 48 ff.
- erneute Vermögensauskunft 6 48 ff.

313

Stichwortverzeichnis

- Gegenstandswert **6** 48
- Nachbesserungsverfahren **6** 48 ff.
- Verhaftung **6** 48 ff.
- Vermögensauskunft **6** 48 ff.

Verfahrenswert **2** 39 ff.

Vergütung
- Auslagen **2** 23
- Gebühren **2** 23
- Vergütungsrechnung **2** 23

Vergütungsvereinbarung
- Fahrtkosten **7** 75
- Geschäftsreise **7** 75
- Reisekosten **7** 75
- Umsatzsteuer **7** 105 ff.

Vergütungsverzeichnis
- Abschnitt **2** 18
- Aufzählung **2** 18
- Teil **2** 18
- Teil 1 **3** 1 ff.

Verkehrsmittel
- kombiniert **7** 82

Verkehrsmittel, andere
- Bahn **7** 71 ff.
- Bahncard **7** 71 ff.
- Bus **7** 71 ff.
- Luftverkehrsmittel **7** 71 ff.
- Schiff **7** 71 ff.
- Taxi **7** 71 ff.

Vermögensauskunft
- erneute ~ **6** 48 ff., 55
- Gegenstandswert **6** 48 ff., 55, 133 ff.
- Mitarbeiter **6** 32 f.
- Nachbesserungsverfahren **6** 48 ff.
- Rechtsreferendar **6** 32 f.
- Terminsgebühr **6** 29 f., 55
- Verfahrensgebühr **6** 48 ff.
- Verhaftung **6** 48 ff.

Versicherung
- Erstattungsfähigkeit **7** 104

Versteigerungstermin(e)
- Terminsgebühr **6** 116

vertretbare Handlungen
- Angelegenheiten **6** 74
- Einigungsgebühr **6** 77
- Gegenstandswert **6** 75
- Terminsgebühr **6** 76
- Verfahrensgebühr **6** 74

Verzugsschaden, sonstiger
- Schadensersatzpauschale **4** 138

Vollstreckungsbescheidsantrag
- Anrechnung **5** 26
- Beginn, gebührenrechtlich **5** 21
- Beginn, prozessual **5** 21
- Erhöhungsgebühr **5** 25
- Gegenstandswert **5** 19, 23 f.
- Verfahrensgebühr **5** 17 ff.
- Widerspruch Mahnbescheidsgegner **5** 20
- Zurückweisung **5** 44 f.

Vollstreckungsgegenklage
- Terminsgebühr **6** 122
- Verfahrensgebühr **6** 122

Vollstreckungskosten
- Festsetzung **6** 197 ff.
- Kostenerstattung **6** 189
- Kostenfestsetzung **6** 189, 195
- Kostenfestsetzungsbeschluss **6** 196
- Kostenfestsetzungsverfahren **6** 201

Vollstreckungsmaßnahmen
- Angelegenheit **6** 124 ff.
- Schuldnermehrheit **6** 126 f.
- Verfahrensgebühr **6** 124 ff.

Vollstreckungsschutzanträge
- Angelegenheit, besondere **6** 68
- Gegenstandswert **6** 70
- Verfahrensgebühr **6** 68

Vorläufig vollstreckbarer Titel
- Kostenerstattung **6** 191 ff.

vorläufiges Zahlungsverbot *siehe* Vorpfändung **6** 67

Stichwortverzeichnis

vorzeitige Erledigung
- gerichtliches Mahnverfahren 5 40 f.
- Verfahrensgebühr 5 40 f.

vorzeitige Erledigung, teilweise
- gerichtliches Mahnverfahren 5 42 f.
- Verfahrensgebühr 5 42 f.

Wert
- Gegenstandswert 2 39
- Geschäftswert 2 39
- Streitwert 2 39
- Verfahrenswert 2 39

Wertgebühren
- Gegenstandswert 2 103 f.
- Tabelle 2 103 f.
- Vergütungsverzeichnis 2 103 f.
- volle Gebühr 2 103 f.

Zahlungsvereinbarung
- Anspruchserfüllung 3 16
- Begrenzung, zeitliche 3 39 ff.
- Erledigung, gütlich 3 53
- Gegenstandswert 6 47
- Gerichtsvollzieher 3 53
- Kündigung, entbehrlich 3 39 ff.
- Mitwirkung 3 54 ff.
- Ratenzahlung 3 16, 53
- Stundung 3 16
- Untätigkeit 3 54 ff.
- Verfallklausel 3 39 ff.
- Vertragsabschluss 3 54 ff.
- Verwirkungsklausel 3 39 ff.
- vorläufiger Verzicht 3 16

Zahlungsvereinbarung, reine
- Gegenstandswert 3 85 f.
- Geschäftsgebühr 4 181
- wirtschaftliche Auswirkungen 3 88

Zusammenarbeit
- Auskunfteien 6 7 ff.
- Inkassounternehmen 6 7 ff.

Zwangshypothek
- Angelegenheit, besondere 6 89
- Gegenstandswert 6 94, 176
- Schuldnermehrheit 6 91
- Terminsgebühr 6 93
- Verfahrensgebühr 6 89
- verschiedene Grundstücke 6 89
- vorbereitende Tätigkeiten 6 92

Zwangsversteigerung
- Auftraggeber 6 102
- Gebühren 6 95
- Gegenstandswert 6 149, 161 ff.
- Tätigkeiten 6 109
- Terminsgebühr 6 98, 104, 163 ff.
- Verfahrensgebühr 6 109, 163 ff.
- Versteigerungstermin 6 98
- Verteilungsverfahren 6 109

Zwangsverwalter
- Vergütung 6 105

Zwangsverwaltung
- Auftraggeber 6 105
- Gebühren 6 95 f.
- Gegenstandswert 6 149, 169
- Tätigkeiten 6 109
- Verfahrensgebühr 6 109
- Verteilungsverfahren 6 109

Zwangsvollstreckung
- Abgrenzung RVG/BRAGO 6 10 ff.
- Angelegenheiten 6 16 ff., 40 ff.
- Anträge zur Versteigerung 6 58
- Bearbeiterwechsel 6 14 ff.
- Beginn, gebührenrechtlich 6 15
- Begriff, gebührenrechtlich 6 14 ff.
- Begriff, prozessrechtlich 6 14 ff.
- besondere Art der Verwertung 6 58
- Drittauskünfte 6 48 ff., 55
- Drittschuldnermehrheit 6 41 ff.
- Durchsuchungsanordnung 6 58
- Einigungsgebühr 6 47
- Erhöhungsgebühr 6 16 ff.
- erneute Vermögensauskunft 6 48 ff., 55
- Gebühren 6 4, 10 ff.
- Gebührenoptimierung 6 7 ff.

315

Stichwortverzeichnis

- Gegenstandswert **6** 48 ff., 55
- gerichtliche Termine **6** 29
- gütliche Erledigung **6** 44 ff.
- Handlungen, vorbereitende **6** 15
- Kostenerstattung **6** 180 ff., 194
- Kostenfestsetzung **6** 10 ff.
- Kostennachweis **6** 182
- Kostenrisiko **6** 3
- Nachbesserungsverfahren **6** 48 ff.
- Sachpfändung **6** 57
- Schuldnermehrheit **6** 41 ff.
- Schuldnertaktik **6** 2
- Teilauftrag **6** 5 f.
- Terminsgebühr **6** 27 f., 55
- Verfahrensgebühr **6** 16 ff., 48 ff.
- Verhaftung **6** 48 ff.
- Vermögensauskunft **6** 48 ff., 55
- Vollstreckungsarten **6** 1
- Vollstreckungsorgane **6** 1, 4
- Zahlungsvereinbarung **6** 47
- Zusammenarbeit, Auskunfteien **6** 7 ff.
- Zusammenarbeit, Inkassounternehmen **6** 7 ff.

Alles rund ums Zivilprozessrecht!

Diese und weitere Bücher finden Sie auf unserer Homepage unter:

www.anwaltverlag.de

Alles rund ums Gebührenrecht!

Diese und weitere Bücher finden Sie auf unserer Homepage unter:

www.anwaltverlag.de

Deutscher**Anwalt**Verlag